Tilman Röhrig

DER SONNENFÜRST VON KÖLN

Historischer Roman

REGIONALIA
VERLAG

Tilman Röhrig

DER SONNENFÜRST VON KÖLN

Historischer Roman

REGIONALIA
VERLAG

IMPRESSUM

Der Sonnenfürst von Köln
Tilman Röhrig

Copyright der Neuausgabe 2023: Tilman Röhrig

Die Veröffentlichung dieses Werkes erfolgt auf Vermittlung
der Autoren- und Verlagsagentur Peter Molden, Köln.

Das Buch ist in vorherigen Auflagen unter dem Titel
»Der Sonnenfürst« bei Pendo und bei Piper Taschenbuch erschienen..

Regionalia Verlag
Ein Imprint der Kraterleuchten GmbH,
Gartenstraße 3, 54550 Daun
Verlagsleitung: Sven Nieder

Alle Rechte vorbehalten.

Umschlaggestaltung: Björn Pollmeyer
Satz: Kerstin Fiebig
Titelabbildung: Johann Georg de Hamilton, Kaiserliche Wagenburg Wien –
Kladruber Hengst »Cerbero« in der Kapriole [Wikimedia Commons]
Korrektorat: Victoria Hammes, Tim Becker

Gedruckt in der Europäischen Union, Bookpress, PL

ISBN: 978-3-95540-388-1
ISBN E-Book: 978-3-95540-513-7

www.regionalia-verlag.de

INHALT

1

Unmerklich öffnete der Zwerg den Vorhang einen Spalt. Kerzenlicht flackerte in den Wandspiegeln. Er nahm das Gesicht etwas zurück, senkte die Lider, kein Widerschein seiner Augen durfte ihn verraten. Die Kerzen auf den Leuchtern waren fast niedergebrannt. Geruch nach Wachs, nach erloschenem Docht reizte, fest presste Albert die großen Nasenflügel zusammen. Nur keinen Laut. Erst als das Niesen ganz unterdrückt war, spähte der Bucklige wieder ins Vorzimmer zum Schlafgemach.

Sein Herr lehnte im Sessel, den hellen Hausmantel vor der Brust nur lose gebunden, das Rüschenhemd nicht mehr hochgeschlossen. Über den Rand des Weinglases lächelte er seinen Besucher an. »Ich bin müde und doch nicht müde. Johann, lieber, lieber Freund. Wenigstens zwei Tage für uns ...« Er nahm einen Schluck. »Jagen, Essen, etwas Musik. Seit Tagen sehne ich diesen Ausflug nach Brühl herbei.«

»Denke, das Wetter bleibt über die ganze Woche gut.« Johann Baptist von Roll schenkte sich aus der Karaffe nach, zu hastig, etwas vom schweren Roten schwappte ihm über den Handrücken. Für einen Moment starrte er auf die blutroten Spuren, dann wischte er sie mit einem Tuch weg. »Wünschte nur, wir wären wirklich allein.«

»Ärgere dich nicht. Die Jagdgesellschaft ist klein, wir sind neun ...«

»Verzeiht, mein Fürst. Auf mindestens vier von den Herren könnte ich gut verzichten. Würde ihnen gern das Fell abziehen.«

»Nicht Hasen, mein Johann. In Brühl jagen wir Reiher und die haben nun mal kein Fell.« Der Scherz erreichte den Freund nicht.

Clemens August sah die geballte Faust, das Zittern der breiten Schultern, sah in die funkelnden Augen. »Wie zornig du sein kannst. Ich wünschte, ich hätte etwas von deiner kraftvollen Energie.« Er räusperte sich, setzte den Pokal zurück auf den Marmortisch. »Du weißt genau, wie wichtig du mir bist. Wichtiger als alle Minister, Beamten und Gäste an meinem Hof. Aber ich muss auf der Hut sein, darf keinen meiner Höflinge vor den Kopf stoßen. Und gerade die engen Parteigänger meines Ersten Ministers Graf Plettenberg zählen genau und rechnen nach, wie oft sie zu einer Jagdpartie geladen werden.«

»Aber ich will verflucht sein, wenn ...« Johann wischte sich über die Stirn, sog den Atem durch die gespannten Lippen. »Verzeiht, mein Fürst. Es liegt am Wein.«

»Entschuldige dich nicht.« Clemens strich einige Mal mit der Handfläche über den hölzernen Knauf der Armlehne. »Alle müssen sich in der Wortwahl vorsehen, nur du allein sollst so mit mir sprechen, wie dein Herz es befiehlt.«

Hinter dem Vorhang zuckte der Zwerg zusammen. Ein leichtes Rascheln ließ ihn herumfahren und nach dem Dolch greifen. Kaum hatte er den Kammerdiener über sich im Halbdunkel erkannt, schüttelte er den Kopf und schob ihn zurück in den Audienzsaal. »Verdammt, Molitor«, zischte er. »Soll mich deinetwegen der Schlag treffen?«

»Schon gut, Buckel.« Der hagere Mann beugte sich zu ihm. »Wollte nur wissen – bleibt Freiherr von Roll? Benötigen sie noch Wein?«

»Sieht nicht danach aus. Unsere Durchlaucht ist müde. Könnte mir aber vorstellen, dass der Abend in Brühl morgen länger wird. So eine Mainacht ...«

Im Vorzimmer wurden die Stimmen lauter. Hart stieß Albert dem Diener in die Seite. »Zurück auf deinen Stuhl!« Und huschte selbst gleich wieder zum Vorhangspalt.

Die Männer hatten sich erhoben. Ein ungleiches Paar. Der Fürstbischof, schlank und hochgewachsen, trotz der zweiunddreißig Jahre noch jugendlich biegsam in der Bewegung, die Locken seiner dunklen Perücke lagen weich auf den Schultern. Der siebzehn Jahre ältere Freund und Komtur des Deutschen Ordens war kleiner und gedrungen, seine Gesten entschieden und das Haar kurz und schon angegraut.

Clemens streckte die Hand aus. Ehe von Roll sie ergreifen konnte, strich ihm der Fürst den Arm, tastete nach den Muskeln, streifte leicht den Hals. »Gute Nacht. Ich danke Gott, dass wir uns im letzten Jahr begegnet sind. Einen Freund zu haben, ist ein Geschenk. Mein Vertrauen, meine Zuneigung aber gehen noch darüber hinaus ...« Er senkte die Stimme. »Du darfst mich festhalten. Bitte!«

»Liebster Clemens.« Johann schloss die Arme um ihn und der Fürst senkte das Gesicht, für einen Moment berührten sich die Wangen. »Gute Nacht.«

Der Augenblick war vorüber, das Versteck der Sehnsucht wieder geschlossen. Sie lösten sich, sahen einander an, dann wandte sich Komtur von Roll zum Ausgang.

Schon wollte sich der Zwerg von seinem Beobachtungsposten zurückziehen, als Clemens den Freund aufhielt. »Ach, einen ... nein zwei Gefallen noch. Bitte! Ich werde morgen gleich in der Frühe aufbrechen. Allein. Ihr Herren aber werdet vor dem Jagdvergnügen noch eine Pflicht erfüllen müssen.« In die Augenwinkel stahl sich jungenhafte Schadenfreude. »Ihr werdet ohne mich an dem Requiem für die jüngst verstorbene Gräfin teilnehmen.«

Von Roll hob die Hand, wollte protestieren, doch der Fürst kam ihm zuvor. »Auch du, mein Freund. Wenn wir uns beide dieser lästigen Pflicht entziehen, schürt es die Eifersucht der Höflinge gegen dich nur unnötig weiter.«

Der Komtur zwang sich zu einem Lächeln. »Einer Laune füge ich mich nur ungern, aber wenn es Euer Wunsch ist, so soll er mir Befehl sein.«

»Rede nicht so galant!« Clemens drohte ihm mit dem Finger. »Sonst glaube ich wirklich, dass du verärgert bist.«

Von Roll dehnte die Brust. »Was ist die zweite Bitte?«

»So spät am Sonntagabend will ich den Hofmarschall nicht mehr herumschicken. Gib du morgen den Befehl rechtzeitig in meinem Namen an die übrigen Herren weiter. Niemand soll es wagen, sich zu weigern. Ohne Requiem keine Jagd. Dies ist eine Maßnahme, den höfischen Übermut der Parteigänger meines Ersten Ministers einzudämmen. Und du kannst mir dabei helfen.«

Im Vorhangversteck spitzte Albert die Lippen. Ob das so klug ist?, dachte er. Da soll ein Freiherr einem Grafen sagen, was zu tun ist? Er zog sich zurück, huschte zur Wandnische des Kammerdieners. Dort verneigten sich beide, als Johann Baptist von Roll ohne einen Blick zur Seite an ihnen vorbeischritt.

Einen Atemzug später schlug die kleine Glocke über ihnen an, und ehe sie verklungen war, eilten die Diener bereits ins Vorzimmer.

»Bringt mich zu Bett!«

Jeder kannte seine Aufgabe. Während Molitor den Fürsten vor den Spiegel geleitete, begann Albert die allabendliche Durchsuchung des Schlafgemachs. Er raffte die schweren Bettvorhänge zu den hölzernen Eckpfeilern und hob Kissen und Decken an. Er fiel auf die Knie, kroch um den hohen Kasten herum. Dann ein Blick hinter den Paravent. Kurz horchte Albert an der Seidentapete, ehe er mit einem Ruck die Geheimtür öffnete und in den schmalen Gang spähte. Zum Schluss noch sorgsam jede Fensternische. »Euer Durchlaucht ...«

Er trippelte auf Zehenspitzen bis zum zierlichen Tisch, auf dem Kämme und Bürsten und Scheren neben Onduliereisen und Puderdosen lagen. »Die Inspektion ist abgeschlossen. Kein Unbefugter hat sich hereingeschlichen. Ihr werdet ungefährdet schlafen können.«

»Danke, Spürhund.« Clemens wartete, bis der Kammerdiener ihm die Perücke abgenommen hatte. Dann betrachtete er den Zwerg, wie sich dieser immer noch auf Zehenspitzen hielt, und schmunzelte.

»Ohne dich wäre ich sicher längst im Schlaf stranguliert oder erstochen worden. Du bist mein ...« Er zögerte absichtlich, runzelte die hohe Stirn.

»Bitte sagt es, Herr!« Nur mühevoll gelang es dem Buckligen, mit dem großen Kopf auf dem schmächtigen Leib, nicht zu schwanken. »Bitte!«

»*Tu es mon Albert le Grand.*«

»*Merci.*« Der Zwerg verneigte sich feierlich. Aus keinem anderen Munde klang sein Name so elegant. Selbst als Clemens anfänglich nur seinen Spottnamen »Der Bucklige« ins Französische übersetzt und ihn »Albert le Bossu« genannt hatte, war es für ihn schon ein Ehrentitel gewesen. Und dann war der Tag der verdorbenen Fischsuppe gekommen. Albert hatte vorgekostet und seinen Herrn rechtzeitig gewarnt. Dankbar wurde ihm von Clemens ein Silberstück überreicht. »*Mon Albert le Grand.*«

Nach kurzem Verwundern gab der Zwerg ihm die Münze zurück. »Stattdessen behalte ich den Namen. Wenn Ihr erlaubt, Herr.«

Dabei war es geblieben. Albert war nicht der Hofnarr – diesen Posten hatte ein studierter Zwerg mit Doktortitel inne –, auch war er nicht der kleinwüchsige Krüppel für die Späße bei Gesellschaften.

»Ich bin mehr«, sagte sich Albert nicht ohne Stolz. Denn ausgerechnet ihn, den Niemand, den kurzbeinigen Buckel aus Köln, hatte der Fürstbischof hinauf zu sich, ganz in seine Nähe erhoben. Und Albert wachte über seinen Herrn bei allen Mahlzeiten und in den Privatgemächern, war aufmerksam, verschwiegen und liebte es, hin und wieder das »Albert le Grand« aus dem Mund des Herrn zu hören.

Längst war Clemens August entkleidet. Im knielangen Nachtgewand saß er vor dem Frisiertisch. Seine Perücke lüftete auf der Drahtkugel und Molitor löste die Spangen aus dem Kopfhaar, kämmte die verschwitzten Strähnen und scheitelte sie. »Wie scheußlich«, seufzte Clemens. »Warum nur konnte ich meine Locken nicht behalten? Bis weit über den Rücken fielen sie. Du kennst sie noch. Sag es!«

»Sie waren wirklich eine Pracht, Euer Gnaden.«

»Das will ich meinen. Und dann musste ich diese stolze Schönheit der Bischofswürde opfern. Abgeschnitten. Habt ihr beide eine Vorstellung, wie schrecklich es ist, wenn kraftvolles langes Haar einer Schere zum Opfer fällt?«

11

Die allabendliche Klage. Und wie stets schüttelten die Diener nachfühlend den Kopf.

Clemens erhob sich. Auf sein Schnippen hinüber zum Paravent brachte Molitor den mit kämpfenden Hirschen bemalten Porzellantopf. Der Fürstbischof schürzte selbst das Hemd bis hoch zum Nabel, und während sein Diener ihm das Geschirr, an beiden Henkeln gefasst, an die Mitte hielt, erkundigte er sich: »Hast du die blaue Kluft für morgen bereitgehängt?« Der volle Strahl tönte ins Porzellan. »Wir beizenden Reiher ...« Clemens senkte den Blick und schrie im selben Moment auf. »Da! O mein Gott!« Ohne das Wasserlassen zu unterbrechen, wandte er sich zur Seite. Urin spritzte in Richtung des Zwerges. »Ich verblute! Sieh doch!« Er lenkte den Strahl wieder ins Gefäß. Albert sprang hinzu. Auch Molitor beugte sich über den Topf, seine Hände zitterten. Dunkelrot strömte der Saft, schäumte im rötlichen See. Clemens rang nach Atem. »Gift. Es hat schon die Eingeweide zerfressen.« Sein Gesicht war erblasst. »Ein Anschlag. Nun ist es den heimlichen Feinden doch gelungen.« Der Strahl ebbte ab, vertropfte. Reglos starrte der Fürst nach unten. »Großer Gott.« Seine Stimme sank ins Düstere. »Ich werde ausbluten.«

Albert hob die Hand. »Wenn Ihr erlaubt, Euer Gnaden.« Er wartete nicht ab, tauchte einen Finger ins warme Nass, roch daran, leckte schließlich und schmeckte nach. Einen Moment lang wiegte er den Kopf, dann sah er zu seinem Herrn auf. »Es ist kein Blut, Durchlaucht.«

»Du willst mich nur schonen.«

»Verzeiht. Ich bin mir ganz sicher.«

Die verkrallten Hände lösten sich und das Hemd sank, verhüllte die Blöße. »Aber was ... Warum?«

Albert wagte ein zuversichtliches Lächeln. »Die Mahlzeit heute Mittag. Zum Rebhuhn gab es ein Gemüse aus der roten Rübe. Davon habt Ihr mit Genuss und herzhaft viel gegessen. Erinnert Euch!«

Clemens rieb sich die Stirn, atmete aus. »Und du meinst ...?«

»Meine Nase und meine Zunge täuschen mich nicht. Die Färbung rührt daher.«

Der Fürstbischof nickte. »Warne mich beim nächsten Mal vor. Auch ein Schreck kann der Gesundheit Schaden zufügen.« Damit stieg er ins Bett und sank mit tiefem Seufzer in die Kissen.

Das letzte Brausen der Orgel war noch nicht verklungen, als das Portal der Schlosskirche aufgestoßen wurde. Vier Männer drängten gleichzeitig ins Freie, behinderten sich gegenseitig. Die Mienen noch von der Andacht für die verstorbene Gräfin gesammelt, kein Wort, dafür sprachen Ellbogen und Schultern umso deutlicher.

Den Sieg errang Leutnant Freiherr Hubert von Burgau, schmal, spitzgesichtig zwängte er sich nach vorn, sein Schritt wurde schneller, nach wenigen Metern schon hastete er zu den mit den Pferden wartenden Knechten hinüber. Ihm dicht auf den Fersen folgte im Sturm Baron Friedrich Christian von Beverförde. Als ein Verwandter und Ziehsohn des allmächtigen Ersten Ministers genoss er die besten Beziehungen und war zum Vizeobriststallmeister aufgestiegen. Jetzt aber hieb er sich mit dem schwarzen Dreispitz in der Faust wie einem Gaul an die Rockseite. Dahinter eilten auf gleicher Höhe drei weitere Herren des Bonner Hofstaates zum Unterstand jenseits des Ehrenhofes. Ihnen nach, zwar auch schon im bequemen Reitzeug und mit Sporen an den Stiefeln, aber in angemessener Haltung schritten die beiden älteren Teilnehmer der Jagdgesellschaft: der fünfundvierzigjährige Generalleutnant August Wolfart von der Lippe mit dem frisch ernannten Minister für die Angelegenheiten des Deutschen Ordens, Johann Baptist von Roll.

»Wie losgelassene Hunde.« Der General bellte ein Lachen. »Wenn man sie so sieht, sollte man nicht glauben, dass bis auf den jungen von Zweiffel und unsern Domherrn Wolff-Metternich jeder schon das dreißigste Jahr überschritten hat. Aber ...« Wieder das Lachen.

»Aber die Kerle gefallen mir.« Ein Blick zur Seite. Vergorener Geruch nach übermäßigen Saufgelagen am Wochenende begleitete die Frage: »Wie steht's mit Euch, werter Freund?«

»Etwas mehr Disziplin könnte nicht schaden. Die Abstammung aus gutem Haus rechtfertigt keine schlechten Manieren.«

»Wie wahr. Und das aus Eurem Mund ...« Der Graf brach den Scherz ab, immer noch nicht ganz ausgenüchtert, wurde er vorsichtiger. »Ich verstehe. Ihr Ritter des Deutschen Ordens lebt nach strengen Regeln. Es zieren Euch Anstand, Treue, Sitte und vieles Gute mehr.« Ein anerkennendes Zungenschnalzen. »Deshalb steht Euch auch manch sonst verschlossene Tür mit einem Mal weit offen.«

»Was denkt Ihr von mir?« Komtur von Roll gab sich leicht. »Wenn Euch etwas drückt, nur heraus damit!«

»Nichts, werter Freund. Es wird ein schöner Tag heute.«

»Lenkt nicht ab, General! Wir waren beide damals in der Schlacht bei Malplaquet. Rückzug bedeutet Feigheit vor dem Feind. Und seit damals in Frankreich seid Ihr bekannt für Euren Mut.«

»Es sollte doch nur ein Geplauder ... Also gut. Ich bewundere Eure Karriere hier bei Hof. So rasch kann beim Militär selbst der Tüchtigste nicht aufsteigen. Vor wenigen Monaten noch wart Ihr in der Bonner Residenz ein Unbekannter und nun seid Ihr schon ganz in der Nähe unseres Fürsten, gehört zu seinen engsten Vertrauten.«

»Worauf zielt Ihr ab?« Der Ton schnitt die Luft.

»Ihr ... Ihr gebt Befehle weiter«, haspelte der General und war erleichtert, diese Antwort gefunden zu haben. »Heute in der Frühe ... Erinnert Euch. Das war schon ungewöhnlich.«

Von Roll atmete aus, nestelte am Halssaum des Schultermantels. »Der Beschluss wurde erst sehr spät gefasst«, murmelte er. »Die Zeit für den üblichen Weg war zu knapp.«

»Genau das meine ich.« Von der Lippe versuchte die Heiterkeit zurückzugewinnen. »Und alle haben wir die Exequien für die Gräfin gut überstanden. Und nun geht's nach Brühl: zur Falkenjagd.«

Kaum hatte sein Stallbursche ihm in den Sattel geholfen, wartete er nicht, ließ das Pferd traben und schloss sich der vorderen Gruppe mit Beverförde und Leutnant Burgau an. Weil die Breite der Straße in Richtung Brühl nicht mehr Platz bot, ritten nur Wolff-Metternich und Zweiffel gemeinsam mit dem Komtur an der Spitze der Dienerschaft mit den Ersatzpferden.

Bonn blieb zurück. In voller Blütenpracht standen die Obstbäume rechts und links. Auf den Wiesen grasten Kühe und Schafe. Ein heller, sonniger Maimorgen.

Nur mit halbem Ohr hörte Johann den Gesprächen der beiden jungen Herren zu, gab einsilbig Antwort auf ihre Fragen. Seit gut einer Stunde starrte er unverwandt nach vorn zur führenden Gruppe. Dort wurde palavert, übertrieben gestikuliert, und blickten einige kurz über die Schulter zurück, dann brach sogleich allgemeines Gelächter aus.

Sie meinten ihn! Nein, kein Zweifel: Sie spotteten über ihn. »Wartet nur«, flüsterte er. »Es kommt der Tag, da wird Kerlen wie euch das lose Maul gestopft.«

Nicht weit vor Brühl, in Höhe von Bornheim, war unvermittelt ein Wortgefecht zwischen dem General und Friedrich Christian von Beverförde entstanden. Beide stammten aus dem Münsterland. Mit deutlichen Handgesten versuchte von der Lippe den dickschädeligen Vizeobriststallmeister zu mäßigen, bewirkte aber nur das Gegenteil. Schließlich zügelte Beverförde den Gaul, ließ die zweite Gruppe näherkommen.

»Komtur von Roll, ist eine Frage erlaubt?« Das Schweigen deutete er als Einwilligung. »Damals bei Malplaquet. Ich hab da unterschiedliche Meinungen gehört. Und weil die Schlacht schon über zwanzig Jahre her ist, kann sich unser General auch nicht mehr so genau an den Hergang erinnern. Sagt, seid Ihr gleich in der Frühe beim ersten Angriff verwundet worden? Und sofort in Gefangenschaft geraten? Wie man weiß, war die Schlacht sehr blutig, und Ihr seid nicht besonders groß? Und da ist es ja verständlich, dass in dem Gedränge so ein Kleiner ...« Er hob entschuldigend die Hand. »Aber Ihr wisst ja selbst am besten, wie es war.«

Von Roll hielt die Zügel in beiden Fäusten, die Knöchel weiß. »Erst nachdem wir in die Stellungen der Franzosen eingedrungen waren, erlitt ich die Verwundung am rechten Arm. Das war gegen zwei Uhr nachmittags. Aber ich kämpfte weiter, bis ich zusammenbrach, und bin dann vom Feind weggeschleppt worden.«

Ein breites Grinsen. »Oh! Also doch ein Held. Ich sagte gleich zu meinen Freunden: In dem ehrenwerten Freiherrn von Roll muss etwas Besonderes stecken, sonst hätte ihn unser Fürst nicht sofort mit solch einem hohen Amt bedacht.«

Der Zorn schnürte dem Verspotteten die Kehle, blutleer war das Gesicht. Beverförde bedachte ihn noch mit einem gespielt ehrfürchtigen Kopfneigen und ließ sein Pferd auf die Hinterhand steigen, ehe er wieder zur vorderen Gruppe aufschloss.

Weiß und blau. Sonnenlicht flutete durch den Saal im ersten Stock des Jagdschlösschens Falkenlust. Ein Edelstein, geborgen im maigrünen Wald. Wie klobig wirkte dagegen die eine knappe Wegstunde entfernte große Schlossbaustelle am Rande von Brühl. In den Wandspiegeln vermehrte sich das Blau des Raums, erstrahlte das Weiß, mit dem die Rahmen eingefasst waren.

An der schlicht gedeckten Tafel nahmen die geladenen Herren das Mittagsmahl ein. Vorfreude auf das Jagdwochenende hob die Stimmung. Die Männer waren unter sich. Bier schäumte in den Krügen, Bratenduft verlockte, zwischen Geschmatze und Rülpsen ertönte zufriedenes Gelächter. Jeder schon bekleidet mit der für die Falkenjagd vorgeschriebenen Uniform: leuchtend blau der Stoff, silbern und weiß der Besatz. Als Spross der bayerischen Herrscherdynastie hatte Clemens August die Hausfarben der Wittelsbacher nicht nur als Grundton von Falkenlust bestimmt, sondern verlangte auch, sie in den Uniformen dieser höchsten Jagdkunst zu sehen.

»Meine Freunde!« Er hob den Krug. »Ein besonderer Tag verdient einen außergewöhnlichen Platz. Selbst wenn die Bauarbeiten an diesem Hause noch nicht abgeschlossen sind und die Fertigstellung gewiss noch Monate auf sich warten lässt, so freue ich mich, in Eurem Kreise heute diesen Salon vorab einzuweihen.« Er wartete das beifällige Klopfen auf den Tisch ab, lächelte zunächst Johann Baptist von Roll an seiner Rechten zu, dann erst bedachte er General von der Lippe zur Linken mit einem Nicken.

Der Graf hob die Brauen. Als Stellvertreter des Ersten Ministers hätte ihm heute diese erste Aufmerksamkeit zugestanden. Rasch wurden auch an der

Tafel empörte Blicke getauscht. War dies erneut ein bewusster Verstoß gegen die Rangfolge? Eine Ehrung dieses Emporkömmlings aus dem Deutschen Orden? Clemens schien nichts vom Unmut zu bemerken und grüßte die übrigen Herren besonders herzlich. Mit kurzem fragendem Blick nur streifte er seinen Zwerg Albert, der, ohne gerufen zu sein, mit dem Kammerdiener an der Saaltür erschien.

Erst als die Schüsseln abgetragen waren und private Gespräche einsetzten, kam Molitor unauffällig herein und beugte sich zu Komtur von Roll. »Verzeiht! Euer Stallbursche möchte Euch unbedingt sprechen.«

»Hat das nicht Zeit bis später?«

»Seiner Miene nach scheint es unaufschiebbar.«

»Ist etwas geschehen?«

»Ich fürchte ...« Molitor sprach nicht weiter. Von Roll wandte sich an den Fürsten, suchte nach einer Entschuldigung, doch Clemens August hatte die Szene verfolgt und gab ihm mit einem Handzeichen die Erlaubnis, sich zu entfernen.

Draußen auf dem Treppenabsatz wartete sein Reitknecht, die Kappe zwischen den Händen zerknautscht.

»Was störst du mich?«

»Herr, das Pferd ...«

Gleich fasste ihn von Roll am Kittel. »Ist etwas mit meiner Stute?«

»Nein, Gott bewahre.« Der Mann wischte sich mit der Kappe den Nacken. »Aber dieses Pferd ist kein Pferd, was Ihr da geschenkt bekommen habt.«

»Wovon redest du?«

»Na, von dem polnischen Schimmel. Der lohnt das Futter nicht.«

Verunsichert sah sich von Roll nach dem Zwerg um. »Verstehst du, was er meint?«

Albert nickte unmerklich. Leider nur zu gut, dachte er und versuchte zu beschwichtigen: »Ich halte den Vorfall für unbedeutend. Sicher nur ein Versehen.«

»Rede nicht so ... Verflucht.« Der Komtur stieß dem Stallknecht den Finger gegen die Brust. »Raus damit!«

»Wie befohlen hab ich gleich nach unserer Ankunft Eure Pferde drüben in den Marstall vom großen Schloss gestellt. Zu den Pferden unserer Eminenz, wie es seine Eminenz erlaubt hat.«

»Weiter. Schweif nicht ab!«

»Mit einem Mal kam Unterbereiter Varro mit dem abgemagerten polnischen Klepper. Ich sage: ,So einer kommt mir nicht zu unsern Pferden. Bring den Gaul zum Abdecker.' Da sagt der Varro: ,Der hier ist ein Geschenk vom Geheimrat von Satzhofen an den Komtur. Der gehört jetzt euch.'«

Von Roll furchte die Stirn. »Ich kenne keinen Satzhofen ... Nein, nein.« Langsam hob er den Finger. »Dahinter steckt eine infame Gemeinheit. Wer mir den Gaul geschickt hat, der führt etwas gegen mich im Schilde.« Sein Stallbursche strich die Mütze glatt. »Ich sag's ja nur, weil der Schimmel frisst und frisst. Und ich hab Angst, weil mit dem zusammen das mitgebrachte Futter für unsere Pferde nicht ausreicht. Was soll ich denn machen, Herr?« »Lass ihn saufen und dann raus damit. Bind ihn irgendwo an.« Die Stimme grollte. »Ich kläre die Sache.«

»Nur ein Vorschlag.« Albert trat hinzu. »Wenn der Schimmel entfernt ist, so richtet er keinen Schaden mehr an. Verehrter Komtur von Roll, könnte die Nachforschung dann nicht Zeit bis nach dem Jagdausflug haben?«

»Nein, nein, mein Bester. Das ist keine Bagatelle, das ist blanker Hohn. So lange ertrag ich die Schande nicht.«

Im Saal wurden die Stühle gerückt. Grimmig nickte von Roll. »Und ich kann mir schon denken, wer der Übeltäter ist.« An seinen Knecht gewandt befahl er: »Reite zurück und tue, was ich dir gesagt habe!«

Die Herren näherten sich der Flügeltür. Noch einmal versuchte Albert zu vermitteln. »Ein schlechter Scherz stirbt rasch, wenn ihn keiner beachtet.«

»Lass gut sein, Kleiner.« Von Roll schob ihn sanft, aber entschieden zur Seite. Kaum hatte Beverförde den Saal verlassen, rief er ihn mit klarer Stimme an: »Vizeobriststallmeister! Seit wann gebt Ihr Euch mit Schindmähren ab?«

Der Münsteraner vergewisserte sich rasch nach rechts und links, ob die Freunde nah genug waren. »Für Eure Pferde bin ich nicht zuständig «

Von Roll nahm den Hieb mit regloser Miene hin. »Und warum habt Ihr Unterbereiter Varro befohlen, mir einen abgehalfterten polnischen Schimmel in den Stall zu führen?«

»Sehe ich danach aus? Sicher habt Ihr selbst nach dem Tier verlangt.«

Von Roll verschärfte die Stimme: »Wagt es nicht ...«

»Herr! Ihr wisst wohl nicht, mit wem Ihr redet?«, fuhr Beverförde ebenso laut dazwischen.

Der Kammerdiener hob beide Hände. »Bitte, werte Herren. Nicht hier. Bitte!«

Sofort schwieg Johann Baptist von Roll und stürmte die Treppe hinunter, die Locken der schwarzen Perücke flogen, mit der Faust schlug er immer wieder gegen die bis hoch hinauf weiß-blau gekachelte Wand.

Beverförde gab von der Lippe und Burgau ein Zeichen, in seinen Augen glitzerte Vergnügen, gemächlich folgten die drei dem Zornigen. Unten im Hof breitete der Münsteraner die Arme aus. »Aber, Komtur, warum die Erregung?

17

Entweder ist der Gaul wirklich das Geschenk eines Freundes. Oder Ihr habt Euch beim Kauf übers Ohr hauen lassen.«

»Nichts, nichts davon ist wahr.«

Beverförde ließ sich nicht unterbrechen, nahm sogar den Hut, um die Gesten noch wirkungsvoller zu unterstreichen. »Über Eure Freunde will ich nicht urteilen. Und ob Ihr etwas von Pferden versteht, weiß ich nicht. Eins aber ist sicher, ich habe mit dem Klepper nichts zu tun.«

»Infam! Ich habe Euer Spiel durchschaut!« Von Roll trat einen Schritt auf ihn zu. »Alles, was Ihr sagt ...« Das Kinn bebte im Zorn. Scharf sog er die Luft ein, dann schrie er: »Alles ist erstunken und erlogen!«

»Herr!«, brüllte der Münsteraner zurück und drohte mit dem Hut. »Wer mich einen Lügner schimpft, den nenne ich einen elenden Hundsfott!«

Kaum noch vermochte von Roll die Fassung zu bewahren. »Bärenhäuter!«

Beide Männer hielten den Atem an.

Diese Worte! Die schlimmsten Beleidigungen für einen Ehrenmann waren gefallen, schallten an der Fassade von Falkenlust hinauf.

»Satisfaktion«, hechelten sie beinah gleichzeitig.

»Dafür sollt Ihr mir büßen.« Von Roll griff zum Gürtel, doch er hatte keinen Degen umgeschnallt.

»Stellt Euch, wenn Ihr auch nur einen Funken Mut im Herzen habt.« Auch Beverfördes Rechte blieb leer. Nicht einmal einen Hirschfänger trugen sie bei sich. Das Tragen jeglicher Waffe war an der Tafel des Fürsten bei Strafe untersagt.

»Ich schwöre bei Gott«, Johann Baptist von Roll hob die Faust, »diese Sache ist noch lange nicht zu Ende.« Erhobenen Hauptes schritt er zu seinem Pferd, stieg auf und lenkte es langsam zum Gittertor hinaus.

»Der Herr glaubt wohl, etwas Besseres zu sein? Euch wird der Hochmut noch vergehen!«, rief ihm der Vizeobriststallmeister nach. »Auch ich habe einflussreiche Freunde. Wartet nur ab!«

Bis zur Rückkehr nach Schloss Augustusburg bei Sonnenuntergang waren sich die Streitenden aus dem Weg gegangen. Während des Abendtrunkes in der Halle, vor der Flurtreppe zum gelben Appartement des Kurfürsten hinauf, standen sie zwar weit voneinander entfernt, warfen sich aber Blicke zu, die, wären sie Speerspitzen gewesen, den anderen niedergestreckt hätten. Selbst die vergnügten Melodien der Musikanten vermochten ihre Mienen nicht aufzuheitern.

Nahe dem Fass unterhielt sich General Lippe leise mit Hubert von Burgau. Es schien ein gutes Gespräch, denn immer wieder tranken sie einander zu. Von der Lippe genoss das Bier, nahm große Schlucke. Er ließ sich den Krug bereits erneut füllen, als der spitzgesichtige Leutnant den seinen nicht einmal halb geleert hatte.

Diener steckten Fackeln in die Wandhalter. Mitten im Lied setzten die Musikanten ihre Instrumente ab. Clemens August hüstelte und die Gespräche verstummten, alle Augen richteten sich auf ihn.

»Freunde. Wir sind gesättigt, unsere Falken aber bleiben die Nacht über hungrig ... Wir freuen uns auf die Reiherbeize, sie aber werden im Morgengrauen nach Futter gieren.« Die Stimme begann zu vibrieren. »Endlich, meine Freunde, endlich ist es wieder so weit. Die Brutzeit unserer Reiher ist zu Ende. Hoch oben auf den Bäumen stehen die Jungtiere schon in den Horsten, davon habe ich mich heute Nachmittag mit eigenen Augen im Tiergarten überzeugt.« Clemens hob das Gesicht. Im Fackellicht glich der ausgeprägte lange Nasenrücken für einen Augenblick dem Schnabel eines seiner geliebten Raubvögel. »Und wenn die Elterntiere morgen von der Futtersuche aus den Rheinsümpfen zurückkehren und unser Falkenlust überfliegen, dann werden wir sie in der Passage mit den Wanderfalken erwarten.«

»Bravo.« Graf von der Lippe schwenkte seinen Krug in Bierlaune und die übrigen Herren der Jagdgesellschaft stimmten mit ein.

Der Fürst hob den Finger. »Deshalb, Freunde, lasst den Abend nicht zu lang werden! Ich erwarte bei Tagesanbruch ausgeruhte und vergnügte Jäger an meiner Seite. Gute Nacht.«

Er schritt durch die Halle, zwei Diener geleiteten ihn. Clemens lächelte jedem seiner Gäste zu. Von Roll stand mit Wolff-Metternich und dem jungen von Zweiffel zusammen. Als der Fürst an dem Freund vorbeiging, stockte sein Fuß einen Moment; die Blicke begegneten, verabredeten sich, dann eilte er die Treppe hinauf.

Allein dieser Nebentrakt des Schlosses war schon bewohnbar. Hier befanden sich im ersten Stock die Zimmerfluchten des Kurfürsten, dazu gab es im Erdgeschoss noch einige wenige, behaglich ausstaffierte Räumlichkeiten für auserwählte Gäste. Dort logierten heute nur Komtur von Roll und Graf von der Lippe. Nicht als General, in seiner Eigenschaft als Stellvertreter des Ersten Ministers stand dem Grafen diese Ehre zu. Die übrigen Herren waren in den umliegenden Häusern der in Brühl arbeitenden Hofbeamten untergebracht.

Erst nach einer Weile entzog sich von Roll dem Gespräch. »Ich will etwas frische Luft atmen, ehe ich zu Bett gehe«, murmelte er. »Wir sehen uns morgen.« Langsam schlenderte er nach draußen.

Kaum hatte er den Saal verlassen, als Beverförde zu den jungen Männern trat und von Zweiffel leicht die Faust gegen die Schulter stieß. »Du weißt, was heute Mittag vorgefallen ist?«

»Ich ...« Der junge Novize des Deutschen Ordens schluckte. »Ich habe davon gehört.«

»Genügt. Das genügt.« Ein. kameradschaftlicher Schlag auf die Schulter. »Du gehst dem sauberen Herrn nach und erfragst in meinem Namen, was dieser Emporkömmling nun zu tun gedenkt. Der ‚Hundsfott' von mir hängt immer noch an ihm. Die zwischen uns vorgefallene Affäre muss bereinigt werden.«

»Bittet nicht mich. Bitte!« Die Wangen röteten sich. »Ich will den Komtur ... ich darf ihn nicht verärgern. Meine Laufbahn ... Er hat Einfluss beim Orden. Bitte versteht ...«

»Was verstehen?« In Begleitung des Freiherrn von Burgau trat der General hinzu, fragte mit breiter, bierlauniger Stimme: »Verstehen? Was verstehst du schon, mein Sohn?«

»Er weigert sich.« Beverförde winkte den Grafen näher. »Dabei hab ich ihn nur gebeten, den Roll zu fragen, ob er die schwere Beleidigung gegen mich zurücknimmt. Wollt Ihr für mich hingehen?«

»Ich? Also, ich würde nichts ...« Unbemerkt von den anderen schlug ihm der Vizeobriststallmeister den Ellbogen in die Seite. Von der Lippe beendete den Satz nicht, er schien sich an etwas zu erinnern, nahm einen tiefen Schluck und nickte. »Also gut. Ich werde für Frieden sorgen.« Ohne Eile wandte er sich dem Ausgang zu.

Beverförde wartete nicht, er trat dicht neben Burgau, kaum bewegte er die Lippen: »Alles vorbereitet?«

Ein Grinsen huschte über das Gesicht des Freiherrn. »Selbst erjagt und eigenhändig erschlagen.«

»Gut so. Dann jetzt, ehe alle aufbrechen.«

Und ohne aufzufallen, zog sich Leutnant Burgau langsam zurück und verschwand im düsteren Flur zu den Gästezimmern.

Die Nacht war mild. Ein breiter Lichtschein fiel aus der geöffneten Hallentür in den Innenhof des Schlosses. Nahe dem hellen Streifen stand Johann Baptist von Roll mit fest verschränkten Armen. Kaum hörte er dem General zu. Er starrte zum Firmament hinauf. Der Mond war nicht mehr voll und rund, die Sterne blinkten.

»Werter Freund, so antwortet doch.« Nun hustete von der Lippe ausgiebig und tippte ihm gegen den Arm. »Was gedenkt Ihr zu unternehmen? Ich meine, das ist doch eine Frage der verletzten Ehre. Aber wenn Ihr die Beleidigung nicht für so schwer erachtet ...«

»Sagt dem Vizeobriststallmeister«, unterbrach Johann ihn. »Wenn er den ,Bärenhäuter' auf dem Buckel behalten will, so kann ich die ganze Sache auf sich beruhen lassen.«

»Ihr meint vergessen?«, staunte der Haudegen.

»Wenn er zugibt, dass er mir den Schimmel untergeschoben hat, von mir aus.«

Ein Hoflakai trat zu den Herren. »Verzeiht. Seine Durchlaucht verlangt den Komtur zu sehen. Sehr bald.«

Ein Befehl. Im Fortgehen versicherte Johann dem General noch rasch: »Wir werden die Sache morgen weiter verhandeln. Eins noch: Ich habe einen Boten nach Bonn geschickt, um mir Degen und Pistolen zu bringen. Für alle Fälle.«

Auf das Pochen hin öffnete Molitor und legte gleich warnend den Finger auf die Lippen. Aus dem Audienzzimmer der fürstlichen Wohnung drang Musik. Nur kurz blickte Johann Baptist von Roll im Vorbeigehen zu dem großen Gemälde, das den Freund als stolzen Falkner zeigte, und blieb mitten im Raum stehen.

Clemens August hatte die Jaguniform gegen den hellblauen Seidenhausmantel getauscht. Kopf und Oberkörper leicht geneigt, saß er auf dem Hocker, die Viola da Gamba zwischen den Knien, seine Wange berührte beinahe den Hals der Schoßgeige, das Zusammenspiel von Finger und Bogen entlockte den Saiten eine schwermütige Melodie. Endlich bemerkte der Fürst den Freund und gleich eilten die Töne rascher, wuchsen heiter und hell hinauf und endeten in furios gestrichenen Akkorden. »Meine Variationen zu einer Kompositi on unseres Hofkapellmcisteis. Gefallen sie dir?«

Johann öffnete den Mund. Ehe er etwas erwidern konnte, lachte Clemens leise. »Gut, gut. Ich habe versprochen, dich nicht mehr zu fragen. Was solltest du Ärmster auch antworten, selbst wenn das Stück langweilig und mein Spiel verheerend wäre.«

»Ich verstehe zu wenig von Musik«, versuchte Johann dennoch sein Glück. »Aber was ich gehört habe, gefiel mir.«

»Schmeichler«, drohte der Fürst im Scherz, setzte fast übermütig den Bogen an und zog ihn quietschend über die Saiten. »Und was ist hiermit? Meine Minister und die Hofschranzen würden über solches Gejaule in Lobeshymnen ausbrechen.«

»Weil Ihr keine Kritik duldet, weder beim Gambenspiel noch bei Euren Schlossbauten.« Unvermittelt nahm der Ton an Schärfe zu.

»Das betrifft auch das Theaterspielen oder die Jagd.«

»Nicht weiter«, bat Clemens betroffen und sah den Freund an.

»Ich dachte, wir haben uns auf diesen Abend gefreut. Beide. Stattdessen ...?«
Er lehnte das Instrument an den Hocker und erhob sich.

»Wenn ich dich verletzt habe, so geschah es ohne Absicht.« Johann schüttelte nur den Kopf.

»Aber warum bist du so schroff zu mir? Was quält dich?«

»Ich kann nicht.«
Clemens nahm die Hand des Freundes, streichelte, drückte sie. »Vielleicht sollten wir uns ablenken? Molitor hat drüben im Schlafgemach den Tisch gedeckt. Kleine Köstlichkeiten, und als Krönung gibt es in heiße Schokolade getauchte Erdbeeren. Dazu trinken wir Honiglikör.«

»Nicht heute Abend ...« Kaum gelang es dem Komtur zu sprechen. »Ein Vorfall, eine Ehrensache beschäftigt mich. Ich kann mich nicht davon befreien, möchte auch nicht darüber reden.«

»Vertrauen?« Die Nasenflügel des Fürsten bebten. »Ich habe mich dir geöffnet wie bisher noch keinem Menschen. Und du willst mich an deinen Sorgen nicht teilhaben lassen?«

»Sie sind zu unwichtig, ich will Euch nicht mit ihnen belästigen.« Von Roll lächelte dünn. »Vielleicht können wir unsern Abend auf morgen verschieben. Dann ist die Sache aus der Welt. Ganz sicher.« Er neigte den Kopf. »Bitte erlaubt, dass ich mich zurückziehe.«

Clemens wandte sich abrupt zur Seite. »Ich halte dich nicht. Wenn du meine Gesellschaft nicht erträgst, so geh nur.«

»Zürnt nicht.« Aus einer Regung heraus wollte von Roll ihn umarmen, ließ es aber, sagte nur erstickt: »Auch wenn um uns herum nur Lügen sind, so weiß ich, dass mein Gefühl zu Euch wahrhaftig ist.«

Da ihm der Freund auch nach einer Weile keinen Blick schenkte, verneigte sich von Roll und verließ das gelbe Appartement. Auf dem Flur nahmen die beiden Leibwächter Haltung an, er bemerkte es nicht, stürmte die Treppe hinunter, durch die Gänge, vorbei am Zimmer des Generals, erst nahe seiner eigenen Tür verlangsamte er den Schritt. Immer noch in Gedanken griff Johann nach der Klinke und fuhr zusammen. Seine Finger fassten in etwas Pelziges. Er beugte sich vor. »Verflucht.« Eine tote Katze war über den Türgriff genagelt. Mit einem Ruck riss er den Kadaver ab und schleuderte ihn durch den Gang. »Ihr verdammten Bastarde. Irgendwann erwische ich einen von euch. Und dann gnade ihm Gott!« Er stieß die Tür auf und schlug sie hinter sich zu.

Clemens August hatte sich wieder umkleiden lassen, er trug jetzt den schweren, brokatbesetzten Hausmantel. Die Viola da Gamba war aus dem Audienzzimmer verschwunden. Eine Karaffe mit Wasser stand auf dem Tisch. Keine

Kerzen. Die hochgedrehten Öllampen rechts und links der Vorhänge und Gemälde gaben ein unpersönliches Licht.

Nach dem abrupten Weggang des geliebten Freundes, nach der Kühle zwischen ihnen hatte der Kurfürst zunächst benommen dagestanden. Als die Enttäuschung verebbt war, hatte er Molitor befohlen, alle Gemütlichkeit zu entfernen, und seinen Zwerg hinter den Fenstervorhang geschickt. »Achte auf jedes Wort.« Dann war der Leutnant seiner berittenen Leibgarde, Hubert von Burgau, zum Rapport zitiert worden. Nach dessen Bericht sah ihn der Kurfürst scharf an. »Und du weißt nicht, wer den Klepper in den Stall gestellt hat?«

»Aber, gnädiger Herr, sonst hätte ich den Übeltäter sofort benannt.« Der Brustton der Überzeugung gelang nicht ganz. »Ich bin dem ehrenwerten Komtur wahrhaftig näher als dem Vizeobriststallmeister. Schon weil wir beide aus dem Süden kommen. Ich aus Eurer Heimat, dem geliebten Bayern. Und von Roll wohl aus dem Badischen. Wenn ich so kühn sein darf: Wir sind doch von ganz anderem Menschenschlag als diese Westfalen.«

»Gut aufgesagt. Du weißt, was ich gerne höre. Dabei bin ich umgeben von Männern aus Westfalen. Mein Erster Minister, auch mein höchster General. Und selbst du hast deine ersten Sporen in meinem Fürstbistum Münster beim Regiment des Grafen von der Lippe verdient.«

»Hier bei Hofe aber fühle ich mich wohl und, wenn ich so kühn sein darf, so ganz in Eurer Nähe Euch dienen zu dürfen, beglückt mich Tag für Tag.«

»Das freut mich zu hören. Doch nun ...« Ein leichtes Handwedeln schickte den Leutnant fort. Noch ehe die Tür sich geschlossen hatte, verlangte Clemens, als nächsten Kavalier Graf von der Lippe zu sehen. Molitor huschte hinaus. Ohne Zögern näherte sich der Fürst dem Fenstervorhang. »Was hältst du von der Sache? Nein, bleib im Versteck. Sagt Burgau die Wahrheit?«

»Wahrheit?« Leises Lachen. »Kennt irgendeiner an Eurem Hof die Bedeutung dieses Wortes?«

Eine scharfe Falte sprang auf die hohe Stirn. »Keine Scherze jetzt. Antworte!«

»Auch wenn Johann Baptist von Roll darin verwickelt ist, der ganze Vorfall scheint mir so lächerlich durchschaubar.«

»Antworte!« Die Faust drohte zu den Spionlöchern im Stoff. »Ehe ich dir ...«

»Soweit ich den Streit heute nach dem Essen miterlebt habe, trifft es zu, was der Leutnant berichtet. Aber ansonsten halte ich ihn für ...«

»Genug«, raunte der Fürst, wandte sich um und ging dem General einige Schritte entgegen. »Verzeiht, dass ich Euch so spät noch herbitten musste.«

In der Eile hatte von der Lippe die Uniformjacke falsch geknöpft, schwerfällig nahm er Haltung an. »Jederzeit, Hoheit. Für Euch ...«

»Keine Förmlichkeiten! In der Angelegenheit zwischen Eurem Freund von Beverförde und dem Komtur des Deutschen Ordens, Minister von Roll, muss eine Eskalation verhindert werden.«

»Lasst mich nachdenken ...« Der Blick aus den wässrigen Augen wurde schärfer. »Also, dieser Streit scheint mir nicht so gefährlich ...«

»Umso besser«, schnitt ihm Clemens das Wort ab, »dann wird er auch leichter aus der Welt zu schaffen sein. Um ein Unglück zu vermeiden, schlage ich vor, beiden Gegnern Arrest anzudrohen.«

»Verzeiht, Durchlaucht. Solch eine Drohung schafft keine Klärung. Über kurz oder lang geraten die beiden doch wieder deswegen aneinander.«

»Aber es geht doch um nichts, nur um einen Klepper.«

Bei von der Lippe lichtete sich der Bierschleier mehr und mehr.

»Hier geht es um die Ehre. Und über diesen Punkt müssen sich die Herren aussprechen. Das halte ich fürs Beste.«

»Sprechen?« Clemens presste beide Handflächen an Wangen und Mund und zog sie langsam hinunter zum Kinn. »Sprechen heißt so viel wie Schlagen. Und das verbiete ich mit aller Strenge.«

»So hitzig wird's zwischen den beiden nicht zugehen.« Der General blähte den Brustkorb. »Vertraut meiner Erfahrung.«

Voller Unruhe ging Clemens August auf und ab, näherte sich einige Schritte dem Fenstervorhang und starrte die Falten an, als fände er dort Rat. Schließlich wandte er sich um. Die Farbe war aus dem Gesicht gewichen. »Also gut, ich will Euch vertrauen. Ihr werdet vorher mit jeder Partei einzeln sprechen. Teilt den Herren mit, dass ich, Kurfürst Clemens August, ihnen bei meiner höchsten Ungnade die Unterlassung jeglicher Tätlichkeit befehle. Außerdem befehle ich, dass die Herren umgehend zu einem gütlichen Vergleich kommen müssen. Sagt dies den Herren!«

»Ist schon erledigt.« August Wolfart von der Lippe verströmte väterliche Selbstsicherheit. »Sorgt Euch ...«

»Und bei der gemeinsamen Aussprache seid Ihr anwesend, unbedingt. Mit einem Zeugen. Nehmt Baron von Zweiffel dazu. Nicht ein Fausthieb darf ausgeteilt werden.«

»Sorgt Euch nicht länger!« Der Graf wagte nun sogar einen hörbaren Schnaufer. »Es wird schon zu keiner Rauferei kommen. Ich sorge dafür, dass sich die Hitzköpfe abkühlen.«

»Und zwar rasch, hörst du!«

»Jetzt gleich, Durchlaucht. Noch heute Nacht. Ihr könnt Euch ganz auf Euren General verlassen.«

24

2

L eise schnaubten die Pferde, neben ihnen lauerten die Windhunde im Gras. Verteilt entlang des Waldrandes nahe Falkenlust warteten die drei Reitergruppen. Und noch mit ihren Hauben versehen, hockten die Falken unbeweglich auf den Fäusten der Reiter, stille Majestäten, von Anmut eingehüllte Kraft. Die Jagdmeister zogen sich mit den Knechten und Laufjungen zurück. Etwas abseits des Proviantplatzes setzten sie die tragbaren Falkenrecke in einer Mulde ab. Gleich nach dem Überflug der Reiher zu den Sümpfen hatten sie ihre Schützlinge den Herren übergeben.

Weit dehnte sich die Ebene. Nebelschleier zogen bis hinüber zum Rhein. Vereinzelt ragten Baumkronen und Buschwerk aus dem weichen Grau. Und darüber färbte sich im Osten der Morgenhimmel.

»Wir müssen uns gedulden.« Um das Falkenweibchen auf dem Fausthandschuh nicht zu beunruhigen, sprach Clemens August mit verhaltener Stimme: »Der Dunst behindert die Reiher beim Fischfang.« Er nickte seinen beiden Jagdpartnern zu. »Aber ich denke, noch vor Sonnenaufgang werden sie genug erbeutet haben und zu ihren Jungen zurückkehren.« Nach den gestrigen Vorfällen hatte er sich bewusst heute Morgen die Freiherren von Beverförde und von Wolff-Metternich als Partner gewählt und überdies dafür gesorgt, dass sich General von der Lippe mit seiner Gruppe noch zwischen von Roll, Burgau und Zweiffel positionierte. So wusste er die Streithähne sicher voneinander getrennt und hoffte, dass die Beizjagd sie ablenken und wieder zur Vernunft bringen würde.

Er wandte sich an den Münsteraner, der Ton blieb verhalten: »Wie mir berichtet wurde, seid Ihr mit Komtur von Roll aneinandergeraten? Ich ermahne Euch ausdrücklich: Lasst es nicht zu einer Tätlichkeit kommen.«

»Durchlaucht«, raunte Beverförde. »Es liegt nicht an mir …«

»Genug«, schnitt ihm sein Herr das Wort ab, schnalzte dem Windhund und lenkte sein Pferd etwas tiefer in die Ebene hinein, um den Himmel besser beobachten zu können.

»Aber ich habe nicht den Anfang …« Der Vizeobriststallmeister brach die Verteidigung ab, sah zu seinem Nachbarn. »Meine Schuld ist es nicht.«

Von Wolff-Metternich hob unmerklich die Achseln. »Ich hörte nur, dass etwas vorgefallen ist, weiß aber nicht genau, worum es geht.«

»Völlig verrückt, sag ich Euch …« Halblaut berichtete Beverförde, stellte sich als den nicht nachtragenden, friedvollen Kavalier dar, von Roll aber als den Überempfindlichen und Reizbaren. »Dabei geht der ganze Streit nur um eine Bagatelle.«

Vor ihnen deutete der Kirchenfürst nach Osten: Reiher. Sie kehrten zurück. Hinter dem ersten folgten weitere – zwei, nein drei. Sie näherten sich im niedrigen Flug mit schwerem Flügelschlag. Clemens August ließ das Pferd antraben, bestimmte für seine Helfer die Richtung.

Sofort riss das Gespräch ab. Beverförde und Wolff-Metternich folgten. Schneller. Im Ritt haubten sie ihre Falken ab. Unterhalb der Flugbahn wies der Jagdherr zum vordersten der Reiher hinauf.

Nacheinander warfen die Freiherren ihre Raubvögel. Sie mussten die ersten Angriffe fliegen. In ungeahnter Geschwindigkeit stiegen die Falken, bedrängten den Reiher, von oben, von der Seite, immer wieder. Das Opfer wand sich, schlug mit den Flügeln. Schließlich spie es die erbeuteten Fische aus, wehrte sich nun mit dem langen, spitzen Schnabel, versuchte Höhe zu gewinnen.

Da warf der Kurfürst seine Königin … Sie, als genieße sie das Spiel, flog eine weite Spirale, stellte sich im Wind, dann fuhr sie auf den Reiher nieder, ihre Klauen griffen Hals und Kopf, verkrallten sich. Ein Federwirbel, Flügelschlagen, Beute und Jägerin überschlugen sich, sanken tiefer, Sieg und Niederlage waren unzertrennlich. Am Boden aber triumphierte die Königin, schlug wild mit den Schwingen, beherrschte ihr Opfer.

In scharfem Galopp näherte sich Clemens August, ihm nach hetzten die Freiherren, vor allen aber erreichte sein Windhund die Stelle, hielt den Reiher nieder, ohne ihn zu zerreißen. Das Gesicht des Fürsten glühte, die Augen strahlten. »Das ist Freiheit.«

Er sprang ab, zog ein blutiges Fleischstück aus der Jagdtasche und lockte damit seine Königin zurück auf den Lederhandschuh, ein zweites Stück zur Belohnung, dabei befestigte er die Lederschnüre, und ohne Gegenwehr ließ sich die Königin wieder die Haube aufsetzen. »Beringt den Reiher!«, befahl er den Jagdmeistern. »Und lasst ihn frei!«

Inzwischen hatten auch seine Begleiter ihre Falken wieder aufgenommen. »Das war ein guter Anfang.« Clemens August spähte über die Ebene zu den beiden anderen Gruppen. »Bisher scheint uns allen das Glück hold zu sein. Und der Morgen ist noch jung. Auf, Freunde, lasst uns die anderen treffen. Nur eine kurze Erfrischung, dann soll meine Königin mir den zweiten Fang bescheren.«

Graf von der Lippe wandte sich angeekelt ab, als ihm der Diener kühles Wasser anbot. »Schäm dich!« Der Becher mit Rotem aber versöhnte ihn wieder. Nach einem tiefen Schluck suchte er den Vizeobriststallmeister und fand ihn mit Bertram Ludwig von Zweiffel jenseits des Proviantplatzes. Beide starrten zum Brühler Wald. »Wen sucht ihr da? Die Vögel kommen aus der anderen Richtung.«

Der Cousin und Ziehsohn des Ersten Ministers wandte den Kopf, und ohne dass der Deutschordensnovize es bemerkte, tauschten sie einen langen Blick, dann erst antwortete Beverförde betont zornig.

»Ich bin fertig mit dem Hundsfott. Sag ihm, dass ich auf ihn warte. Und mein Freund Bertram wird mich begleiten.«

»Du willst eine Aussprache? Das ist gut. Und sollte es Gewitter geben ...« Kurz bellte das Lachen. »Dann klart die Luft endlich wieder auf.« Der Graf schlug dem jungen von Zweiffel auf die Schulter. »Verstehst du, mein Junge?«

»Man sagt so.« Sichtlich unbehaglich blickte der Freiherr zu Boden. »Nur weiß ich den Zusammenhang mit dieser Sache nicht.«

»Nicht nötig«, übernahm Beverförde. »Nach dem Willen unseres Fürsten sollst du als Beobachter dabei sein. Mehr nicht.«

»Ich hoffe, dass ich der Aufgabe genüge.«

Von der Lippe gab sich väterlich: »Nur weiter so, Junge. Und nach dieser Sache wirst du viel Lob einstreichen.« Er nahm einen Schluck.

»Ich sehe jetzt nach dem zweiten Streithahn. Frage, ob der auch bereit ist zu verhandeln. Danach gebe ich Bescheid.«

Clemens August hielt es nicht länger. Er saß schon wieder auf. »Meine Freunde!« Dieses Mal schloss sein Blick auch alle Jagdknechte mit ein. »Wertvolle Zeit verstreicht. Bis die Sonne höher steigt, werden die Eltern vielleicht noch zweimal in den Rheinsümpfen Futter für ihre Jungtiere beschaffen. Lasst unsere Falken beweisen, dass sie in der langen Winterpause nicht träge geworden sind. Wer schnell ist, darf sich mir anschließen.« Er trabte zu den Falken hinüber.

Keine Einteilung mehr nach Rang und Würde. Die Jagdmeister und Tragejungen eilten ihm als Erste nach. Auch Wolff-Metternich folgte mit zwei

Herren ohne Zögern. Wem es jetzt gelang, in der Nähe des Fürsten zu bleiben, dem winkte ganz sicher eine Belohnung, wenn nicht gar eine nächste Sprosse auf der Leiter zum Glück.

Von der Lippe trat Roll und Burgau in den Weg. »Werte Freunde, welch ein freudiger Anblick, wenigstens Ihr seid Euch nicht mehr gram. Und Ihr wollt Euch ganz gewiss nicht an dem Wettlauf beteiligen? Oder?« Er wandte sich direkt an den Komtur. »Euch ist die Gunst seiner Hoheit ohnehin sicher.«

»Mir steht nicht der Sinn nach Geplänkel, General.«

»Das ist gut so.« Von der Lippe leerte seinen Becher und warf ihn einem Bediensteten zu. »Wann seid Ihr zu einer Aussprache bereit?«

»Ich sage Euch etwas.« Von Roll trat dicht vor ihn hin. »Bestellt dem Bärenhäuter, es ist so weit. Ich bin nicht länger auf den Boten aus Bonn mit meinen Waffen angewiesen.«

»Ich ...« Spitzgesichtig schob sich Leutnant von Burgau dazwischen. »Ich bin für Gerechtigkeit, und in der Not unterstütze ich die Männer aus dem Süden. Das habe ich gestern schon vor unserm Fürsten erwähnt. Und deshalb leihe ich dem Komtur meinen Degen.«

»Aber die leidige Angelegenheit beruht auf einem Missverständnis«, gab Graf von der Lippe ohne Nachdruck zu bedenken.

»Schluss mit dem Gerede.« Johann Baptist von Roll rückte seine schwarze Perücke aus der Stirn. »Ich werde nun ausreiten, sagt das dem Bärenhäuter. Um genauer zu sein: In zwei Stunden werde ich drüben in Brühl vor dem Kölntor sein. Für eine Stunde werde ich dort in den Gärten spazieren. Wenn der Bärenhäuter mich treffen will, so weiß er jetzt, wo ich zu finden bin.«

Er stieg auf sein Pferd. Von Burgau hob den Finger und ergänzte: »Wir warten. Sagt ihm das, General!« Dann schwang auch er sich in den Sattel.

Junge Brennnesseln und Blätter vom Löwenzahn. Margaretha kauerte nahe dem Zaun, rupfte mit beiden Händen nach dem jungen Grün und stopfte es in den Leinensack. Hier entlang der Gärten gab es genug davon. »Geh, Grete«, ahmte sie die Mutter nach. »Heute soll's was Gutes für die Gänse geben.« Ein heftiges Kopfnicken. »Na, wartet nur, ihr Viecher. Irgendwann kommt eine von euch in den Tiegel. Vielleicht schon zu Mariä Himmelfahrt. Dann bekomm ich auch mal was Gutes.«

Margaretha hatte den Kittelrock bis übers Knie gerafft, so konnte sie sich ohne Aufrichten zur nächsten Stelle weiterbewegen. »Dass dich nicht einer so sieht«, warnte sie sich. »Du watschelst hier rum. Auch wenn du das Zeug nicht selbst frisst, denkt sich jeder gleich, was du bist.« Sie schob die Unterlippe vor und blies eine blonde Locke von den Augen. Gleich fiel sie wieder zurück. »Verflucht ...« Margaretha richtete sich nun doch auf und stopfte das Geringel fest unters Kopftuch. Mit einem Stirnband allein war ihr Haar kaum zu bändigen und ein Tuch half wenigstens, das Gesicht freizuhalten, im Nacken aber quollen die Locken und bedeckten die Schultern.

Stimmen. Margaretha fuhr herum. Von der Straße her näherten sich zwei Männer. Sie trugen die Uniform des Fürsten. Die blaue, die für die Falken. »Also ganz Vornehme«, flüsterte Margaretha. »Und wütend sind sie. Wenigstens der Kleinere mit der schwarzen Perücke. Vielleicht ist ihm einer von den Vögeln entwischt? Also ich hab keinen gesehen.« Bei den Vornehmen vom Schloss wusste man nie so genau – mal waren sie freundlich und dann wieder gab's ohne Grund einen Tritt. »Am besten ich drück mich vorbei und verschwinde.« Aber der Sack für die Gänse war nicht einmal halb gefüllt.

Da die beiden Männer auf dem Weg zwischen den Gärten stehen geblieben waren und zurück zur Straße schauten, beschloss die Siebzehnjährige zu bleiben. Sie sprang über einen kleinen Graben und ging in die große Obstwiese hinein. Am Rande wucherten genug Brennnesseln zwischen den Holundersträuchern und überall unter den blühenden Bäumen leuchtete der Löwenzahn. »Und wenn ich einen Falken sehe«, Margaretha blickte über die Schulter zu den Herren, »dann scheuch ich ihn weg.«

Sie krauste die Stirn. »Noch mehr Blaue?« Weiter vorn waren weitere drei Reiter mit ihren Pferdeknechten angekommen und stiegen am großen steinernen Kreuz aus dem Sattel. »Scheint ja wirklich was Wichtiges zu sein. Meinetwegen.«

Margaretha kümmerte sich nicht länger um die Reiter – bis in die Obstwiese würde schon keiner kommen – und bückte sich zwischen dem Holunder nach jungen Brennnesselblättern.

Vor dem steinernen Kreuz winkte Vizeobriststallmeister Beverförde seinem Knecht. »Bring den Degen!« Er schnallte den Gürtel mit dem Hirschfänger ab und hängte sich die Waffe um, zurrte den Gurt fest. »Du bist Zeuge, dass ich keinen Dolch heimlich unterm Rock habe. Auch keine Pistole.« Er rief General von der Lippe und dem jungen Freiherrn zu: »Ihr, Freunde, habt es auch gesehen? Nur den Degen.«

»Aber soweit ...« Bertram von Zweiffel hob den Finger. »Eine Aussprache. Warum jetzt der Degen? Bei dem Treffen hier sollte doch nur eine Aussprache stattfinden?«

»Kann auch sein.« Beverförde wandte ihm den Rücken zu und forderte den General auf: »Bestell dem Hundsfott, dass ich da bin.« Von der Lippe beschwichtigte erst noch den Freiherrn: »Es ist alles in bester Ordnung.« Dann schritt er auf die Gärten zu.

Ehe er in den Weg einbog, galoppierte ein Reiter aus dem Kölntor, hielt direkt auf ihn zu. »Halt. Wartet!« Domherr August Wilhelm von Wolff-Metternich zur Gracht sprang aus dem Sattel und riss den dreispitzigen Hut mit dem Federbüschel herunter. »Dringende Order. Vom Kurfürsten höchstpersönlich.« Hastig blickte er über die Schulter zu Beverförde, danach zwischen den Gärten hinüber zu von Roll. »Unter allen Umständen muss ein Duell verhindert werden. Ich soll Euch an die strengste Befolgung des kurfürstlichen Befehls erinnern. Zur Durchsetzung seid Ihr ermächtigt, die Hilfe von zwei Wachoffizieren anzufordern.«

»Nicht nötig.« Husten unterbrach den General, er keuchte und spuckte zur Seite. »Ich habe die Situation voll im Griff.«

»Seid Ihr sicher?«

»Wird alles zum Besten geregelt.« Der General deutete auf den Vizeobriststallmeister. »Da steht kein Hitzkopf. Überzeugt Euch selbst. Und dann kommt nach zum Komtur.« Ohne ein weiteres Wort schritt er in die Kamesgasse zwischen den Gärten hinein.

Der Domherr eilte zum steinernen Kreuz. »Wie ist die Lage?« Sein Blick fiel auf den Degen. »Wozu ...? O Gott, nein.« Er trat zu Bertram von Zweiffel. »Ihr seid verantwortlich. Nichts darf geschehen.«

»Die Waffe soll nur der Abschreckung dienen.« Heftig zuckte das Gesicht. »Ich hoffe es.«

Wolff-Metternich sah Beverförde an. »Was habt Ihr vor? Unser gnädiger Fürst hat jede Tätlichkeit ...«

»Schon gut. Alles gut.« Ein breites Lachen. »Nur Spiel, mehr nicht.«

»Also keine Rauferei?«

»An mir soll's nicht liegen. Der Herr vom Deutschen Orden muss nur lernen, das Maul nicht zu weit aufzureißen.«

Wolff-Metternich nickte, beschwichtigte mit beiden Händen und hastete zur Gruppe am Ende der Gärten.

Schon von weitem hörte er die laute Stimme des Grafen: »... und ich wiederhole. Nach Aussage von Unterbereiter Varro hat Beverförde nichts mit dem Klepper zu tun. Der Streit beruht auf einem verdammten Missverständnis.« Er stieß Leutnant Burgau in die Seite. »Nun helft doch. Sagt ihm, dass ich recht habe.«

»Nicht nötig.« Johann Baptist von Roll reckte dem General das Kinn entgegen. »Dies ist ein Komplott gegen mich.«

»Nein, verflucht. Nehmt doch Vernunft an!« Im Angesicht des herbeigeeilten Domherrn rang von der Lippe jetzt übertrieben die Hände. »Ich bitte, nein, ich flehe Euch an: Vergesst die Beleidigung!«

»Vergessen? Nur wenn der Kerl den Bärenhäuter auf dem Buckel behält, soll's mir recht sein.«

»Himmel, Herrgott!«, fluchte der General. »Beide. Ihr müsst beide den Bärenhäuter tragen. Sonst soll doch der Teufel drauf scheißen!«

»Niemals. Ich habe den Kerl zuerst gefordert. Er findet mich hier.« Fest verschränkte von Roll die Arme vor der Brust. »Ich suche ihn nicht. Ich gehe hier nur spazieren.«

Wolff-Metternich bemühte sich um einen sanften Ton. »Keine Auseinandersetzung. Das ist der dringende Wunsch Seiner Durchlaucht. Außerdem war der Fürst verwundert, dass gerade Ihr vorzeitig die Jagd verlassen habt ...«

Mit unerwarteter Schnelligkeit schlug ihm der Komtur den Dreispitz aus der Hand. »Unser Herr weiß nicht, was für ein infames Spiel hier mit mir getrieben wird. Sie drehen mir die Worte so lange im Mund herum, bis es dem Beverförde in den Kram passt.«

Der Blick war endgültig.

Wolff-Metternich bückte sich nach seiner Kopfbedeckung und rannte durch die Gärten zurück. Während er in den Sattel stieg, rief er dem Vizeobriststallmeister zu: »Lasst es nicht zum Schlimmsten kommen!«

Von der Lippe hatte inzwischen fast wieder das steinerne Kreuz erreicht, ihn beschwor der Domherr. »Ihr müsst sie zurückhalten. Wartet. Ich verständige unseren Fürsten. Wartet noch!« Er gab dem Pferd die Sporen.

Der General spuckte aus. »Das sind keine Weiber«, brummte er. »Hier geht es um die Ehre.« Und laut forderte er den Münsteraner auf: »Der Komtur ist zur Aussprache bereit. Und ... du hast es ja gehört, es soll nicht zum Äußersten kommen. Also vorwärts.«

Der Alte voran, hinter ihm stolperte der Novize des Deutschen Ordens zweimal, und den beiden nach schritt wiegend der Vizeobriststallmeister.

Bertram von Zweiffel nahm allen Mut zusammen und trat vor den Komtur: »Herr, es ist mir aufgetragen, Euch um Mäßigung in dieser Sache zu bitten, nein, sie zu verlangen. Ich meine, sie ...«

»Spar dir die Worte«, wischte ihn von Roll beiseite und starrte seinen Gegner an. »Ich hätte nicht geglaubt, dass ein Bärenhäuter sich bei Tageslicht ins Freie wagt.«

»Hundsfott. So einem Arschkriecher wie dir, dem sollte man mit einem Knüppel die Knochen zu Brei schlagen.«

»Selbst ein Hühnerdieb hat mehr Ehrgefühl im Leib als ein Bärenhäuter.«
»Schluss damit.« Beverförde umschloss den Degengriff. »Fangen wir an!«
Er zückte die Waffe. Zur selben Zeit zog auch Roll den Degen. Jeder für sich
ließ die Klinge im Kreuz durch die Luft peitschen.
»Ich gehe voraus.« Der Komtur sprang vom Weg über den Graben. »Wenn
der Herr Mut hat, so möge er mich angreifen.« Mit schnellen Schritten strebte
er auf die Mitte der Obstwiese zu.
»Soll mir ein Vergnügen sein«, stieß Beverförde hervor und setzte ihm nach.
In gebührendem Abstand folgten die Sekundanten Zweiffel und Burgau.

Zu Beginn hatte Margaretha die Männer nur hin und wieder beobachtet, als
die Auseinandersetzung lauter, drohender wurde, hatte sie sich halb hinter ei-
nen Holunderstrauch gedrückt. Jetzt aber duckte sie sich, beugte das Gesicht
tief über die Knie. »Heilige Maria, die meinen es ernst.« Nur nicht auffallen.
»O Himmel, wäre ich doch bloß woanders.«
Nahe ihrem Versteck schlug Eisen gegen Eisen. Rufe. Fordernde Schreie.
Und immer wieder das Klirren. Margarethas Neugierde siegte über die Angst.
Sie wagte es, den Kopf zu heben, schob behutsam einige Zweige beiseite, spähte durch die Blätter.
Hart bedrängten sich die Kämpfenden, jeder versuchte den Stich ... oben ...
unten ..., wurde von der Klinge des Gegners abgefangen. Gleichzeitig spran-
gen beide zurück, belauerten einander, dabei liefen sie im Kreis, die Degen-
spitze auf den Feind gerichtet. Ihre Sekundanten beobachteten nur den
Kampf. Für Vereinbarungen wie die Zusicherung von Ritterlichkeit war ihnen
keine Zeit geblieben.
Unvermittelt trat der Komtur, den linken Arm zur Fahne hinter dem Kopf
angewinkelt, direkt auf Beverförde zu, seine Rechte ließ die Klinge wippen.
»Nun zeig, wie schnell du bist!« Er wartete, lockte.
Der Vizeobriststallmeister sprang vor, brüllte, stach zu ...
Doch längst war Roll mit leichtem Schritt ausgewichen, dann Schlag und
Stich im Wirbel und gleich zwei Schritt zurück. Verblüfft starrte Beverförde auf
den geschlitzten Ärmel seiner Uniformjacke. »Bastard!« Er stürzte nach vorn.
Schneller Abtausch, vor und hinter einem Baumstamm, blühende Zweige
wurden abgeschlagen, wirbelten zu Boden, dann kreuzten sich die Klingen
über dem Handschutz. Jeder stemmte sich gegen den anderen. Beverförde war
größer, kräftiger, er drängte den Gegner, und Schritt für Schritt musste der
Komtur weichen. Dazu hieb ihm der Münsteraner noch die linke Faust ins Gesicht. Von Roll taumelte, tauchte weg, nur mit einem Sprung zur Seite konnte
er dem Stoß im letzten Moment ausweichen.

»Das war der Anfang«, knurrte der Vizeobriststallmeister und ging zum nächsten Angriff über. Von Roll tänzelte vor und zurück, bot dem Gegner kein Ziel, dann näherte er sich mit unerwarteter Schnelligkeit, führte den Ausfall gegen das Gesicht.

Beverförde stieß einen erschreckten Fluch aus. Quer über seiner Stirn klaffte ein Schnitt, Blut quoll. Schon war von Roll wieder außer Reichweite. »Genug?«, bot er an. »Ich denke, jetzt ist es genug.«

Der Vizeobriststallmeister schnaufte, nickte schließlich.

Beide Männer suchten mit der Degenspitze den Scheidemund an ihrem Gurt. Dabei drehte von Roll den Oberkörper leicht und ließ die Waffe mit nachdrücklichem Schwung eintauchen.

Jäh zückte Beverförde erneut seine Waffe, keine Warnung, er stieß zu, stieß die Klinge dem Verhassten von unten hinauf tief in die linke Brustseite und riss sie wieder heraus.

Mit verwundertem Blick wandte sich von Roll ihm zu. »Was ...? O Gott. Ist es genug?« Die Knie versagten, langsam sank er zu Boden.

Stille. Nichts, niemand rührte sich. Eine Ewigkeit lang.

Dann blickte Beverförde zu den Sekundanten. »Er ist mir reingelaufen, einfach so.«

Die Begleiter bewegten sich vorsichtig, tasteten mit den Füßen vor, als drohe an der Unglücksstelle ein Abgrund. Sie starrten auf den Reglosen. Leutnant Burgau nickte, fasste von Zweiffel am Ärmel. »So war es doch? Oder?«

»In den Degen gelaufen?« Der junge Freiherr rang nach Atem, da riss ihn Burgau herum. »Der Vizeobriststallmeister lügt nicht. Oder wollt auch Ihr ihn beleidigen? Wollt Ihr der Nächste sein?«

»Nein ...« Nur ein Flüstern. »Gott bewahre, nein.«

Graf von der Lippe erreichte den Tatort, beugte sich außer Atem über von Roll, keuchte und betastete den Hals. »Da lebt noch was.« Er richtete sich auf, blickte von einem zum anderen, als wolle er warnen: »Der Komtur ist nicht tot.«

»Noch nicht«, murmelte Beverförde. »Warte ab!«

»Dafür ist keine Zeit. Wir müssen uns in Sicherheit bringen. Wenigstens über die Grenze nach Köln. Komm!« Die Stimme wurde hart. »Sofort. Hast du mich verstanden? Jetzt sofort.« Der General zerrte den Cousin des Ersten Ministers an der Uniformjacke, der geschlitzte Ärmel riss weiter auf, dabei beschwor er die Sekundanten, auch mitzukommen.

»Ich bleibe«, flüsterte von Zweiffel. Und Leutnant Burgau rief Beverförde und dem General nach: »Sorgt Euch nicht. Ich kümmere mich schon um ihn.«

Auf dem Weg durch die Gärten kam den beiden Herren der Pferdeknecht von Rolls entgegengelaufen. »Was ist geschehen?«

»Ein Unglück«, rief von der Lippe, ohne stehen zu bleiben. »Dein Herr ist verletzt. Los, Kerl, hole einen Arzt. Beeil dich!«

Er selbst stieg mit ungeahntem Schwung in den Sattel und preschte dem Vizeobriststallmeister voran in Richtung Köln davon.

Margaretha wagte nicht, sich zu bewegen: Wenn der eine Herr sagt, dass der andere ihm ins Messer gelaufen ist ... Und dann der mit dem spitzen Gesicht jetzt auch sagt, dass es so war ... Und aber in Wirklichkeit es anders war. Dann halte dich nur still, Mädchen, sonst passiert dir auch noch was.

Von ihrem Platz aus sah sie, wie der Verletzte mit einem Mal den Kopf hin und her rollte. Gleich presste sie die Hand vor den Mund.

Burgau kniete nieder. »He, Freund, könnt Ihr mich verstehen?«

»Freund? Wer sagt das?« Aus dem Mundwinkel quoll Blut. Von Roll öffnete die Lider. »Ihr seid es ... Es war ... ich hatte den Degen schon ... eingesteckt ...« Ein neuer Blutschwall. Mühsam hob Johann den Arm an. »So war es doch ...?«

Der Leutnant starrte auf ihn nieder. »Ihr irrt Euch.« Verdeckt für Freiherr von Zweiffel umschloss seine Rechte den Griff des Hirschfängers, unmerklich zog er den langen Dolch aus dem Gürtel. Wie aus Fürsorge beugte er sich über den Oberkörper des Verwundeten, nestelte mit der Linken am Kragen der Jacke, während seine Rechte die Messerspitze langsam zum blutgetränkten Einstich des Degens auf der linken Brustseite führte. »Haltet durch, Freund! Bald ist Hilfe hier.« Er schob die Klinge in die Wunde, stieß mit einem kurzen, harten Ruck nach.

»O Gott!« Johann Baptist von Roll weitete die Augen, er bewegte die Lippen, rang um das nächste Wort. »Erbarm dich ... Erbarmen!« Sein Augenlicht brach, unendlich langsam neigte sich der Kopf zur Seite.

»Verstehst du mich?« Sein Mörder legte das Ohr auf die Brust, und noch während er horchte, wischte er den blutbeschmierten Hirschfänger am Wams des Komturs unbemerkt ab und ließ ihn wieder zurück in den Gürtel gleiten.

»Welch ein Unglück«, jammerte er laut. »Das hätte nie geschehen dürfen.«

Rufe von der Straße her. Quer über die Baumwiese kamen Leute gerannt. Burgau sprang auf, lief ihnen entgegen und führte den Arzt mit seinen Helfern zum Unglücksort bei den Holunderbüschen. »Vielleicht lebt er? Du musst ihn retten.«

Der Feldscher prüfte den Puls, hob die Lider an und schüttelte den Kopf. »Hier kann keine Kunst mehr helfen.«

Den Kopf gesenkt entfernte sich Freiherr von Zweiffel. »Mon Dieu, ich armer Kerl«, flüsterte er immer wieder vor sich hin. Zwischen den Gärten wurde sein Schritt schneller, am steinernen Kreuz warf er sich aufs Pferd und galoppierte den flüchtenden Herren nach. Kurz darauf sprengte Domherr Baron von Wolff-Metternich in Begleitung zweier Offiziere durchs Kölntor, sie bogen in die Kamesgasse ein, trieben ihre Pferde weiter, erst nahe der Baumwiese hielten sie an, sprangen ab, sprangen ohne Zögern über den Graben. »Wer ist es?«, rief der Domherr noch im Lauf, dann hatte er die still dastehende Gruppe erreicht und sah den Komtur in seinem Blut. »Ich bin zu spät.« Er schlug sich gegen die Stirn. »Wehe uns allen ... Oh, wie furchtbar.« »Niemand ist schuld. Und ich habe für ihn getan, was ich nur konnte.« Freiherr von Burgau deutete auf den Leblosen. »In meinen Armen ist er verschieden.« Die Stimme zitterte jetzt, gehorchte kaum. »Ein Christen-mensch durch und durch. Noch geflüstert hat er: Ich vergebe all meinen Feinden.« Der Handrücken wischte über die Augen. »Er war ein Freund. Ich ... ich bin ...« Der Blick zum Weg ließ ihn stocken.

Völlig unerwartet war dort der Zwerg des Fürsten mit seinem Hund und in Begleitung eines Pferdeknechts angekommen. Vom Sattel des Islandpferdes aus winkte Albert le Grand. »Seine Durchlaucht ist voller Ungeduld. Wie steht die Sache?«

Keine Antwort. Beide Höflinge waren auf der Hut, sie wussten, welche Stellung der Bucklige bei Clemens August innehatte. Schließlich hob Wolff-Metternich nur hilflos die Arme.

»Das sagt mir genug«, murmelte Albert. »Großer Gott, was für ein Tag.«

Auf sein Schnippen hin kniete der Knecht neben dem kleinen Pferd, und mit nur leichtem Aufsetzen des Fußes auf die Schulter stieg der Zwerg ab. Er pfiff leise. »Komm, Misca!« Die schwarze, schlanke Hündin setzte über den Graben und wartete, bis ihr Herr mit kleinen Schritten nachgekommen war.

Eilfertig holte ihn Leutnant Burgau zwischen den Bäumen ab. »Wir haben den Besten verloren. Durch ein Missgeschick. Im Eifer des Kampfes hat er sich selbst ... Ich kann es kaum fassen.«

»Ich auch nicht.« Scharf sah Albert zu dem Leutnant auf. »Ein so guter Fechter soll sich selbst erstochen haben? Sehr ungewöhnlich für einen Ritter des Deutschen Ordens.«

»Aber wenn ich es sage ...«

Albert kniete zu dem Toten nieder. Welch ein Verlust, dachte er bekümmert, nie zuvor hab ich meinen Herrn so warm und herzlich erlebt wie mit Euch. Er stockte, als er die Stelle des Einstiches sah. Von der Seite? Er wandte sich zu Burgau um. »Wo ist der Gegner?«

Seine Hündin schlug an. Mit leisem Pfiff brachte er sie zum Schweigen. Sofort gehorchte Misca, lief aber vor dem Holunderbusch sichtlich aufgeregt hin und her. »Um Verzeihung. Ich fragte, wo sind die anderen Kavaliere?«

»Sie sind ... Also Graf von der Lippe hatte eine dringende Besprechung in Köln. Die hatte er vergessen ... kein Wunder nach dem vielen Bier gestern. Und da sind Beverförde und von Zweiffel, also sie haben ihn begleitet.«

»Ihr seid demnach als Einziger zurückgeblieben?«

»Als guter Freund war es meine Pflicht.«

Wieder schlug Misca an. Da von ihrem Herrn keine Anweisung kam, schlüpfte die Hündin zwischen den Büschen hindurch, bellte und bellte lauter. Kleine Schreie mischten sich ins Gekläff und rückwärts floh Margaretha aus ihrem Versteck, versuchte, mit dem Kräutersack den Hund von sich zu halten.

Mit erneutem Pfiff beendete Albert den Lärm. Ehe er aber das Mädchen etwas fragen konnte, war Hubert von Burgau bei ihr. Grob riss er am Kittelkleid. »Was treibst du dich hier rum?« Drohend hob er die Hand zum Schlag. »Antworte!«

»Gerupft hab ich ...« Margaretha duckte den Kopf. »Brennnesseln. Bitte nicht, Herr, Brennnesseln für unsere Gänse.«

Burgau gab ihr einen Stoß. Margaretha stolperte und fiel auf die Knie. Nun bemühte sich Freiherr von Wolff-Metternich um sie. »Hab keine Angst, Mädchen. Niemand wird dir etwas tun. Du darfst nach Hause gehen.«

Margaretha rappelte sich hoch. Sie wagte nicht, den Kopf zu heben, funkelte die Herren aber von unten an. Dabei fasste sie den Sack fester und schüttelte ihn einen Moment lang in der Faust, ehe sie sich auf den Weg machte.

»Schönes Kind«, mit sanfter Stimme sprach Albert sie an, »sag mir deinen Namen.«

»Margaretha Contzen.«

»Verzeih, wenn meine Misca dich erschreckt hat.«

»Ein Köter ist das.«

»Nein, nein. Du kennst sie nicht.«

Margaretha sah ihn an, wusste nicht, ob er ein Herr war oder nur ein buckliger Zwerg. »Kann ich gehen?«

»Nur eine Frage: Hast du zufällig beobachtet, was hier vorgefallen ist?«

»Ich verstehe nicht ...«

Sofort mischte sich wieder Burgau ein. »Sie ist blöde. Eine Idiotin, das merkt doch jeder.«

»Verflucht.« Margaretha trat einen Schritt auf ihn zu. »Wenn Ihr einer von uns wärt, Herr, dann würd ich Euch ...«

Albert trat ruhig dazwischen. »Hast du den Kampf gesehen?«

»Ich konnte nichts dafür. Ich war eher hier, die Herren kamen später. Ich konnte ja nicht weg.«

Mit schmalem Lächeln wandte sich Albert an den Freiherrn von Wolff-Metternich. »Wir haben also eine Zeugin. Oder ...« In schnellen Trippel-schritten war er bei der Gruppe der Neugierigen. »Hat vielleicht noch jemand das Duell gesehen?«

Schweigen.

»Für eine Aussage gibt es ganz sicher eine Belohnung.«

Zögerlich traten zwei Männer vor. Einer war Knecht und sagte: »Ich war auf dem Weg zum Acker ...«

Der andere sagte: »Ich kam aus der Stadt, bin die Abkürzung gegangen ...«

Beide hatten den Zweikampf von jenseits der Baumwiese gesehen.

»Damit hätten wir drei Zeugen.« Albert kehrte zu den Kavalieren zurück. »Die Namen sollten von unseren Offizieren notiert werden. Denn, werte Herren, es wird eine Untersuchung geben. Da bin ich mir ganz sicher.«

Er nahm Margaretha bei der Hand. »Du warst dem Geschehen am nächsten. Du bist unsere wichtigste Zeugin.«

»Und es gibt was fürs Sagen?«

»Wenn du nicht lügst.«

»Fangt Ihr jetzt auch damit an? Ich ...«

»Schon gut. Es gibt eine Belohnung.«

3

August Wilhelm von Wolff-Metternich zur Gracht wiederholte die Auskunft der Torwachen, flüsterte sie vor sich hin:
»Der Fürst ist von Falkenlust zurück … Der Fürst hat seine Gemächer aufgesucht …« Jeder Satz vergrößerte die Last auf seinen Schultern. Im Innenhof von Schloss Augustusburg stieg er vom Pferd und sah sich nach Burgau um. Der Leutnant hatte es vorgezogen, an der Einfahrt beim Feldscher und den Knechten zurückzubleiben. Einzig der Hofzwerg war ihm nachgekommen. Gerade schwang sich Albert aus dem Sattel des Isländers und erreichte über den Rücken seines Knechtes den Boden. Aus Angst und Not ging Wolff-Metternich zu ihm. »Wollt Ihr nicht? Euch kennt er besser.«

»Aber Herr? Wer bin ich? Ein Knopfmacher aus Köln.«

»Ihr besitzt mehr Einfluss als all die Gesandten.«

»Gut geschmeichelt. Aber ehrlich gesagt, hätte ich nicht den Buckel und die zu kurzen Beine, hockte ich immer noch in meiner Werkstatt an St. Gereon.« Ein bitteres Lächeln erstickte den Scherz. »Nein, ich kann Euch den Gang nicht abnehmen. Ihr seid von feinem Blut, seid schon Domherr trotz Eurer Jugend und Euch hat unser Fürst geschickt, um das Unheil zu verhindern. Das war ein Beweis seines Vertrauens. Auch wenn das Schlimmste eingetreten ist, Ihr müsst dazu stehen, sonst verliert Ihr jede Chance auf eine wirklich große Karriere.«

»Es geht nicht um mich. Ich muss eine furchtbare Nachricht überbringen.«

»Ihr seid erst kurz an diesem Hof …« Albert trat einen Schritt näher und sah zu dem Freiherrn auf. »Darf ich einen Rat geben? So schrecklich die Botschaft auch ist. Und niemand weiß, wie unser Fürst sie aufnimmt. Teilt sie ihm schonend mit. Wie einem Freund … Und dann müssen wir alle hoffen.«

Wolff-Metternich ließ die Schultern sinken. Mit einem Mal schien der blaue Rock zu groß für ihn. Langsam schritt er in die Halle, schweren Fußes stieg er zum ersten Stock hinauf.

Albert folgte in angemessenem Abstand. Diese Höflinge, dachte er, bunte, aufgeblasene Schweinsblasen sind sie, mehr nicht, sobald es wirklich ernst wird, geht die Luft raus.

An der Tür zu den Gemächern wartete der Kammerdiener. Ehe Wolff-Metternich ihn erreichte, sah Molitor an ihm vorbei, sah fragend auf den Zwerg. Als Antwort schüttelte Albert den Kopf.

Heftig atmete der Kammerdiener, wollte das Kreuz schlagen, unterließ es und hatte die Fassung wieder erlangt.

»Melde mich dem Fürsten.«

»Ihre Durchlaucht erwartet Euch schon in großer Ungeduld.«

Der Domherr zog den Dreispitz ab, noch ein kurzes Zögern, dann folgte er durchs Vorzimmer und trat allein in den Audienzsaal.

Gleich war Albert neben dem Kammerdiener. »Lass die Tür angelehnt.« Und spähte durch den Spalt.

Clemens August stand am Schreibtisch über einen Bauplan gebeugt, scheinbar tief in die Skizzen versunken. Zwei Atemzüge lang ließ er den Domherrn warten, dann erst wandte er sich ihm zu. »Es geht nicht voran und doch wachsen die Kosten und wachsen. Manchmal habe ich den Eindruck, als würde mein Architekt sogar jeden Stein selbst entwerfen ...« Seine Miene verlor die gespielte Geschäftigkeit. »Was bringt Ihr? Sind die Streithähne getrennt und in Haft?« Kein Warten auf Antwort. »Oder haben sie Vernunft angenommen? Das wird es sein. Vernunft. Ich kenne den Komtur, er gerät rasch in Zorn, ebenso schnell aber ist er wieder versöhnt und sanft. Sagt es nur ... Ihr dürft sprechen!«

»Euer gnädigste Durchlaucht ...« Wolff-Metternich verlor den Hut aus der Hand, sah gebannt zu, wie dieser mit dem Federbusch zuunterst auf das Parkett fiel.

»So redet doch!« Ein Drängen mit der Hand.

»Das Duell. Es hat ... Es war nicht zu verhindern.«

Den Arm halb erhoben hielt Clemens August in der Bewegung inne. »Auch nicht von den Wachoffizieren?«

»Die wurden nicht angefordert.« Der Domherr verschränkte die Finger, riss sie wieder auseinander. »Darüber hatte ich Euch noch informiert. Eure letzten Befehle konnte ich nicht mehr weitergeben. Als ich zurück an den Schauplatz kam, war der Kampf schon entschieden.«

»Johann ist ein geübter Fechter. Ich hoffe, er hat sich nicht in Schwierigkeiten gebracht und dem Gegner rechtzeitig Schonung gewährt.«

»Schwierigkeiten? Nein ...« Wolff-Metternich senkte den Kopf, blickte auf seinen Dreispitz. »Schlimmer noch. Komtur Freiherr von Roll ist schwer verwundet worden. Er ... er hat nicht überlebt.«

Keine Reaktion. Als Wolff-Metternich nach einer Weile die Augen hob, löste sein Blick die Starre von Clemens August. Dessen Finger deutete mehrmals auf den Boten, dann wandte er sich ab und kehrte langsam wie ein Traumwandler zum Schreibtisch zurück. Dort nahm er das Pergamentblatt auf. Die Stimme sonderbar hell erhoben, sagte er: »Nichts geht voran. Die Ecktürme der alten Wasserburg müssten längst abgerissen sein. Meint Ihr nicht auch?«

An der Tür verengte Albert voller Unruhe die Augen. Was ist mit dem Herrn? Er winkte den Kammerdiener näher, beide sahen angespannt durch den Spalt, sahen das tränennasse Gesicht des Fürsten, beide waren bereit – nur ein Wink, nur ein Wort und sie würden ihm zu Hilfe eilen.

Im Saal hatte sich Wolff-Metternich einige Schritte dem Schreibtisch genähert. »Durchlaucht ...?«

»Platz für das Neue. Habt Ihr schon das Schlossmodell unten im Eingang studiert?« Der Bauplan sank, die Stimme gehorchte nicht mehr. »Was ... was habt Ihr gesagt?«

»Als der Arzt eintraf, lebte der Komtur schon nicht mehr.«

»Tot?« Für eine Weile rang Clemens nach Luft, dann straffte er mit großer Anstrengung die Brust. »Die Nachricht ist bedauerlich. Danke, werter Freund.« Er fasste nach dem Ärmel und zog den Domherrn beinah hastig mit zur Tür. »Dieser Vorfall ist alarmierend. Ein schärferes Gesetz muss her. Bei Kerkerhaft soll jedes Duell verboten werden. Seid Ihr ...?« Der Schwung erlahmte. »Geht jetzt!«

Wolff-Metternich verneigte sich, eilte wortlos durchs Vorzimmer zur Treppe, dort floh er die Stufen hinunter.

Clemens August kehrte zurück, wenige Schritte nur, dann verließ ihn die Kraft. Er sank in die Knie, den Oberkörper noch mühsam aufrecht, verbarg er das Gesicht in beiden Händen, er krümmte sich, mit leisem Aufschluchzen rutschte er zur Seite und blieb mitten im Saal liegen.

Molitor und Albert hasteten zu ihm. »Herr? Dürfen wir Euch aufhelfen?«

Nur ein Abwehren mit der Hand. »Lasst mich so hier ...«

Die Besorgten verständigten sich stumm. Auf dem Weg nahm Molitor den Dreispitz vom Parkett und brachte ein Kissen. Behutsam schoben es beide gemeinsam nah an das Gesicht des Kurfürsten.

»Herr, das wäre bequemer.«

Sie warteten. Irgendwann legte der Unglückliche die Wange auf einen der weichen Zipfel. Erleichtert sahen sich Albert und Molitor an und wachten weiter.

Nach einer langen Stunde der Stille setzte sich Clemens auf. Schmaler das bleiche Gesicht, die Augen dunkel umrändert, fast schwarz das Braun der großen Pupillen. »Außer euch soll mich niemand so sehen, sorgt dafür!« Er deutete auf sein Porträt als stolzer Falkenjäger an der Wand neben dem Eingang. »Da sollen sie hinschauen.«

Der Kurfürst erhob sich mühsam, wehrte die dargebotenen Hände ab und ließ sich auf der Bank nahe dem Schreibtisch nieder. »Es gibt Dinge zu regeln.« Ein Wink für Albert. »Bring mir den Hofmarschall! Auch soll sich Leutnant Burgau bereithalten.«

Zunächst musste Molitor die verrutschte Perücke wieder scheitelgenau richten und die Locken durchkämmen, dann durfte der Zwerg den Obersten aller Bediensteten rückwärts hereinführen und vor das Bildnis bitten.

»Alles hat sich an diesem Tag verkehrt, Hofmarschall.« Clemens sprach leise. »Ihr seht das Gemälde?« Seine Stimme hatte jede Melodie verloren. »Ihr seht mich und meine Falkenkönigin, und doch bin ich es heute nicht.«

»Eure Durchlaucht, verzeiht, ich verstehe nicht.«

»Wer von uns kann begreifen? Doch genug davon. Hört genau zu! Es ist mein ausdrücklicher Wunsch, dass der im Duell getötete Komtur Johann Baptist von Roll schon morgen in der Pfarrkirche von Brühl beigesetzt wird ...« Clemens suchte mit dem Ellbogen die Banklehne, stützte die Stirn in die Hand. Besorgt näherte sich Albert, doch da hatte sich der Fürst wieder gefasst. »In allen christlichen Ehren und unter Anteilnahme der gesamten Bevölkerung. Ein wertvoller Mensch ... einer ... einer der Besten. Für ihn sollen keine Kosten gescheut werden. Teilt dies dem Pfarrer und dem Rat der Stadt mit. Und schmückt ihn mit dem Kreuz des Deutschen Ordens!«

»Soll ich für Euch den hohen Stuhl in die Kirche bringen lassen?«

»Nein ...« Ein erstickter Aufschrei. Beherrscht setzte der Fürst hinzu. »Das ... das wird nicht nötig sein. Geht, Hofmarschall, die Vorbereitungen müssen sofort beginnen.«

Kaum hatte sich die Tür geschlossen, verlangte Clemens nach Wasser. Er führte den Becher mit zittriger Hand an die Lippen, verschüttete Wasser, während er gierig trank. »Jetzt den Leutnant meiner Leibgarde.«

Burgau empörte sich draußen im Vorsaal mit halblauter Stimme, dass er rückwärts den Saal betreten sollte. »Ich bin ein enger Vertrauter, bin nicht umsonst auch zu seinem Obristjägermeister für die Parforcejagd ernannt worden.«

»Heute war Falkenjagd«, erinnerte ihn Albert.

»Was meinst du?«

»Für gewöhnlich wird der Reiher nicht getötet.« Lauernd sah ihn der Zwerg von unten an. »Wisst Ihr eigentlich, wo sich Eure Freunde jetzt aufhalten?«

»Von wem sprichst du, Buckel? Mein bester Freund ist heute im Duell gefallen.«

»So? Dann seid Ihr gewiss ebenso erschüttert wie Ihre Durchlaucht. Und wer will sich bei der Trauer schon zusehen lassen?« Der Ton nahm an Schärfe zu: »Rückwärts! Dies ist der fürstliche Befehl. Befolgt ihn oder lasst es.« Albert wies zur halb geöffneten Tür.

»Ekelhafter Zwerg«, zischte Hubert von Burgau und betrat den Audienzsaal mit dem Rücken voran. Er gehorchte dem Fingerzeig und verneigte sich vor dem Bild über dem Kamin. »Euer Gnaden. Ich bin untröstlich, er war mir ein so guter Freund ...«

»Bitte, Leutnant, nicht weiter. Jetzt ist nicht die Zeit, darüber zu sprechen. Ich reise zurück nach Bonn. Sofort. Sorgt, dass die Kutsche unten bereitsteht. Das ist alles.«

Burgau salutierte zum Gemälde hinauf. »Durchlaucht.« Rasch verließ er den Raum.

Nach einem Seufzer winkte Clemens seinen Zwerg und den Kammerdiener näher. »Allein. Ich will allein im Wagen sein. Nur in Begleitung von euch beiden. Und verhängt die Fenster, das Sonnenlicht quält nur.«

Während der Fahrt saß Clemens zusammengesunken da. Die beiden Helfer hockten gegenüber in den äußersten Ecken der Bank, so würden sie, falls der Fürst aufsah, nicht im Blickfeld sein. Molitor hatte neben sich den Reisekorb, mit etwas Wein, auch Wasser, für die Pflege Tücher und Haarkämme, und, sollte das Verlangen nach Süßem erwachen, so gab es in einer silbernen Dose einige Pralinees aus Mandeln und Zucker.

Unter fast geschlossenen Lidern beobachtete Albert verstohlen den Herrn. Wie allein er jetzt ist, dachte er und seufzte unhörbar. Jetzt müsste mein Buckel aufbrechen – und da wären wirklich Flügel drin, so wie meine Tante Lisa es zu mir gesagt hat, wenn ich als Junge von den anderen verspottet wurde. Damit könnte ich ihn vor allem abschirmen, wenigstens bis er wieder etwas Ruhe gefunden hat. Fest presste er den Höcker an die gepolsterte Rückwand.

Jäh hob der Fürst den Kopf, das Kinn zitterte, Unruhe ließ die Hand flattern. »Ein Bote. Rasch!«

Molitor schob das Blendtuch beiseite, er mühte sich noch, die Scheibe herunterzuziehen, als Clemens ihn anfuhr: »Schläfst du, Kerl?«

Molitor reckte den Kopf nach draußen: »Wache!«

Sofort war einer der Leibgardisten neben ihm. Der Fürst stieß beinah grob seinen Kammerdiener beiseite: »Reite nach Bonn! Bei meiner Ankunft will ich Hofmarmelier Morneau in meinen Gemächern sprechen. Und, Bursche, er soll einige Muster von dunklem Marmor zur Ansicht bereithalten. Nein, schwarz sollen sie sein. Dieser Befehl hat höchste Dringlichkeit. Nun reite! Nein ... Halt! Er soll auch hellen Stein zeigen. Der Stein muss zu dem schwarzen passen. Reite, nun reite schon!«

Clemens warf sich zurück in die Kutsche. Er presste die Fingerspitzen beider Hände unter dem Kinn zusammen. »O Gott. Es war nicht genug ...« Er starrte Molitor und Albert an. »Hab ich alles getan, um das Unglück zu verhindern? Nein, antwortet nicht. Ich weiß ...« Er schloss die Lider, sprach nicht weiter, nur seine Nasenflügel bebten.

Sobald die Kutsche durchs Tor der Bonner Residenz gerollt war, verließ Molitor den Wagen. Er winkte Leutnant Burgau. »Auf Bitten Seiner Durchlaucht darf sich niemand vom Hofrat nähern, weder der Kutsche noch seiner Person selbst.«

Während der Offizier einige Männer der berittenen Leibgarde vorausschickte, eilte der Kammerdiener zu Fuß neben den Kutschpferden her und scheuchte die hinzulaufenden Knechte: »Wir benötigen Sichtschutz. Bringt Stangen und Seidentücher!«

Ehe sich etliche Höflinge zur Begrüßung aufstellen konnten, wurden sie von Leutnant Burgau zurückgedrängt. Auf ihre neugierigen Zurufe reagierte er nur knapp: »Ich habe meine Befehle.«

Allein der Geheimsekretär des Ersten Ministers Plettenberg ließ sich nicht vertreiben. Ruhig stand Bellanger da. Als Pferd und Reiter ihn fast berührten, fragte er mit halblauter Stimme: »Erfolg?«

Baron von Burgau blickte kurz nach rechts und links, beugte sich vor und tätschelte den Hals seiner Stute, kaum bewegte er die Lippen: »Das Unglück ist geschehen.«

»Wie bedauerlich.« Eine leichte Verbeugung, rasch entfernte sich nun auch der Sekretär und verschwand durchs Hauptportal in der Residenz.

Zwischen Stangen hatten Knechte die seidenen Wände gespannt. So vor Blicken geschützt verließ der Fürstbischof die Kutsche. Große schnelle Schritte. Die wehenden Mauern begleiteten Clemens August durch den Hallenhof bis zur Wohnung im Südflügel. Molitor voran, und Albert hatte laufen müssen, um den Anschluss nicht zu verlieren. Auf Wink des Kammerdieners sanken die Stangen mit den Tüchern, und die Knechte durften sich entfernen.

Ohne Halt eilte der Fürst durch den Empfangssaal, hinüber ins Vorzimmer zum Schlafgemach. »Schließt die Vorhänge!« Abrupt blieb er stehen, trommelte mit den Fingern auf seine Unterlippe und kehrte um. »Nein, öffnet wieder! Noch benötige ich Licht. Wo ist der Marmelier? Schnell, ich will keine Zeit verlieren.«

Molitor hastete hinaus, wenig später brachte er einen hageren Mann, der eine Kiste am Schulterriemen trug.

»Wo hast du gesteckt, Morneau?«, fuhr ihn Clemens an und nahm sich gleich zurück: »Hast du die Steinmuster?«

»Allergnädigster Herr, verzeiht, aus dem Befehl konnte ich mir keinen Reim machen. Gerade erst hab ich erfahren ... Verzeiht, hell und schwarz. Wo soll ...? Das passt nur für eine Gedenktafel.«

»So ist es.« Clemens senkte den Kopf, presste beide Hände gegen die Schläfen. »Ein Epitaph für ihn.« Er atmete tief ein. »Lege die Muster auf den Schreibtisch. Gruppiere die hellen um die schwarzen. Dann nimm Stift und Papier. Ich ... ich diktiere und du zeichnest.«

Es sollte eine ovale Tafel werden. Die Umrandung sollte im oberen Bogen das Wappen der Familie Roll unter einer Krone zeigen. Je länger der Fürst erklärte, umso fester wurde sein Ton. Genau beschrieb er, wo Helm und Deutschordenskreuz, wo das mit einem Tuch umwundene Schwert sich anfügen mussten. »Unten ...« Seine Hände modellierten mit. »Unter der Tafel sehe ich einen Totenkopf, beschwingt von den Flügeln der Fledermaus. Ja, sie sollen ihn tragen.« Das Planen hob ihn selbst hinauf. »Und als Einfassung rechts und links sehe ich zur Seite geschlagene Vorhanghälften.«

Marmelier Morneau skizzierte den Faltenwurf, gab noch Rosenknospen und Lilien hinzu, dann deutete er auf das Oval in der Mitte.

»Und nun der Text?«

»Was?« Clemens griff sich ans Herz, er stürzte zurück in die Finsternis, mühsam verbarg er das Erschrecken: »Ja, natürlich ... der Text.« Sein Finger glitt über das schwarze Marmorstück neben der Zeichnung. »Sta Viator ...« Er wiederholte: »Halt ein, Wanderer.« Die Stimme gehorchte kaum noch. »Ich will ... Jeder soll wissen, dass ich die höchste Sorgfalt für ihn aufgebracht habe und es dennoch nicht verhindern konnte, dass die Parzen seinen Lebensfaden zerrissen haben.« Er taumelte und ließ sich auf die Bank sinken. »Geh, guter Mann. Den Text gebe ich später.«

Tränen rollten haltlos über die Wangen. Wie ein Ertrinkender hob Clemens August die Hand. »Bringt mich weg von hier, bringt mich in Sicherheit!«

Albert verständigte sich mit Molitor. Das zweite Schloss in Bonn war nicht weit, war am Ende der großen Allee. Ein altes Gemäuer, die Renovierung hatte erst im letzten Jahr begonnen, aber es gab dort immer noch einige gut eingerichtete Zimmer aus früheren Jahren.

Der Zwerg kauerte vor der Bank nieder. »Zum Schloss Eures Vorgängers? Mit der Sänfte wärt Ihr in weniger als einer halben Stunde dort.«

Der Fürst nickte nur.

Bei einbrechender Dämmerung verließ Geheimsekretär Bellanger ohne seinen Knecht durch eine Seitenpforte die Bonner Residenz. Den Hut tief in der Stirn, den Mantelkragen hochgeschlagen, eilte er durch enge Nebengassen zum Rhein hinunter, erst nahe dem Tor des Plettenberger Hofes verlangsamte er den Schritt. Niemand in den Schreibstuben würde nachvollziehen können, ob er die Residenz verlassen hatte, und wenn doch, dann ganz sicher nicht, zu welchem Zeitpunkt.

»Melde mich unverzüglich dem Herrn!«, befahl er dem Hausdiener und starrte während des Wartens auf die prachtvollen Gemälde in der Empfangshalle, ohne sie wirklich zu betrachten.

Wenig später wurde er in die Bibliothek geführt. Bücher bis hinauf zur Decke, Gold schimmerte auf ledernen Rücken. Ein ausladendes Stehpult. Auf dem Holzsims prangte neben dem Tintenfass ein Büschel weißer Federkiele. Graf Ferdinand von Plettenberg stand vor dem Globus, in der einen Hand ein Dokument, die Finger der anderen ließ er über die kostbare Kugel wandern.

»Da bietet mir jemand eine Beteiligung an einer Goldmine an. Doch sie scheint nicht zu existieren oder sie ist so weit entlegen, dass ich nicht einmal das Land finde.« Er ließ das Schreiben mit einem leicht spöttischen Zucken der Mundwinkel zu Boden fallen und schritt darüber hinweg auf den Besucher zu.

»Mein Freund, so unerwartet?« Die Locken der Perücke wallten bis über den Samt des Schulterumhangs. Vor der breiten Brust prangte die goldene Ordenskette. Die wachen dunklen Augen prüften, während die Stimme leicht blieb. »Eine Erfrischung? Oder einen Likör?«

»Danke, Eure Exzellenz, nichts. Nicht jetzt.« Bellanger hielt dem Blick stand. »Seine Kurfürstliche Durchlaucht ist von der Jagd zurück. Vorzeitig.«

»Wie darf ich dies deuten? Gut oder schlecht?«

»Es hat ein Duell gegeben. Ein Toter ist zu beklagen. Es ist der Komtur von Roll.«

Das Lächeln gefror. »Dabei war der Ritter, soviel ich weiß, ein vorzüglicher Fechter. Gegen wen ist er angetreten?«

»Beverförde.«

Die Miene des Ersten Ministers veränderte sich nicht. »Ein tüchtiger Mann mit dem Herzen auf der richtigen Seite. Mit uns Westfalen ist nicht zu spaßen, dies hätte von Roll bedenken sollen, ehe er sich auf einen Streit mit meinem jungen, prachtvoll entwickelten Cousin einließ.« Beinahe beschwingt ging Graf Plettenberg zum Stehpult, zupfte einen Kiel aus dem Büschel und wischte mit der Feder einmal über die Schreibplatte. »Von wem hast du die Nachricht?«

Beim Namen Burgaus hoben sich die Brauen leicht. »Und haben es auch die anderen Herren bestätigt?«

Ihre Flucht schien dem Ersten Minister ein sicheres Zeichen. »Dann ist es also wahr. Und wir dürfen in Zukunft auf diesen Emporkömmling verzichten.« Ein gespielter Seufzer. »Sehr bedauerlich, nicht wahr? Und wie hat Ihre Kurfürstliche Durchlaucht den Verlust aufgenommen?«

»Den Gerüchten nach soll er zutiefst betroffen sein.« Bellanger berichtete vom Sichtschutz bei der Ankunft und der verschwiegenen Übersiedlung nach Poppelsdorf ins kleine Schloss. »Dort will er allein sein.«

»Großer Gott, wie zart besaitet.« Plettenberg rümpfte leicht die Nase. »Seit mehr als zehn Jahren bin ich in allen Fragen der Politik sein Lehrmeister und Freund. Genug, dass ich die wirklich großen Stürme mit meinem Rücken von ihm fernhalte. Der kühle Hauch, der ihn heute in Brühl gestreift hat, den muss er nun selbst überstehen. Und ich bin sicher, nach wenigen Tagen, spätestens wenn es zu neuen Jagdfreuden geht, wird er den Verlust überwunden haben. Und nun, mein Tüchtiger, sollten wir uns doch einen guten Tropfen erlauben.«

Ferdinand von Plettenberg ließ keinen Widerspruch zu. Er zog am schmalen Brokatband neben der Tür, draußen ertönte eine Glocke, und wenig später erhoben die Herren das Glas. »Auf die Fügung des Schicksals!«

Der Graf schmeckte dem Likör mit leichtem Zungenschlag nach, dann berührte er den Arm seines Geheimsekretärs. »Ich lasse unserm Sorgenkind etwas Zeit zur Erholung und werde dann morgen gegen Mittag nach ihm sehen. Bis dahin wünsche ich über jede neue Entwicklung sofort informiert zu werden. Und zwar von dir persönlich. Haben wir uns verstanden?«

Die Glocken der Pfarrkirche dröhnten. So laut waren die noch nie, dachte Margaretha und ging schneller in Richtung Kempishof weiter. Die Mutter war noch bei der Tante stehen geblieben, aber sie hatte nicht warten wollen. »Mir ist nicht gut.«

Seit gestern, seit dem Duell, bedrängten sie Bilder, jetzt am Tag waren sie nicht mehr so deutlich. Sobald sie aber in der vergangenen Nacht die Augen geschlossen hatte, sah sie wieder die Männer unter den Obstbäumen, hörte das Schlagen von Eisen gegen Eisen. »Da war ich noch wach gewesen«, flüsterte sie. »Aber dann der Traum ...«

Die Erinnerung ließ Margaretha erneut zittern. Der Mund des Sterbenden war riesengroß über ihr. Dann quoll Blut heraus, immer mehr ... das Blut besudelte ihr Kinn, floss über den Hals, ein ganzer Schwall ergoss sich über die Brüste und den Bauch, entsetzt schrie sie, versuchte den klebrig heißen Strom aufzuhalten, es gelang nicht; dann, ehe er tiefer bis zu ihrem Schoß gelangte, war sie hochgeschreckt ... und die Mutter hatte sie in den Armen gehalten. »Ist gut, Mädchen. Ist ja gut.«

»Hab Blut gesehen, überall ...«

»Still. Denk nicht mehr dran! War nur ein Traum. Nun ist er vorbei.« Damit war die Mutter zurück in ihr eigenes Bett. Margaretha hatte gewartet, bis sie die tiefen Atemzüge gehört hatte, dann war sie aufgestanden, hatte sich den Körper mit einem nassen Lappen abgerieben und nicht mehr gewagt einzuschlafen.

»Jetzt ist sicher wirklich Ruh«, flüsterte sie und sah über die Schulter zum Kirchturm. »Wenigstens eine schöne Beerdigung hat der arme Kerl gehabt. All die Leute. Und der Chor hat so feierlich gesungen.« Auf der Frauenseite im Hauptschiff war die Gruft für ihn ausgehoben worden. »Aber in die Bank gleich am Grab werd ich mich mein Lebtag nicht setzen.« Margaretha schüttelte sich.

Schon bald nachdem sie den Bach überquert hatte, hörte sie Hufschlag von der Stadtmühle her. Wenig später tauchte ein Reiter an der Wegbiegung auf. Der Kleidung nach war es ein Hofbediensteter. Bereitwillig trat Margaretha zur Seite, um ihn vorbeizulassen. Doch der Mann lenkte das Pferd direkt auf sie zu.

»He, was soll das?« Margaretha wich zurück, das Tier drängte weiter, stieg auf die Hinterhand, beim Niedersenken trafen sie beinah die Vorderhufe, das Schnauben der Nüstern schlug ihr ins Gesicht. Sie wandte sich um und floh in die Wiese. Der Reiter folgte, ließ den Gaul traben. Keine Hilfe weit und breit. Sie wandte den Kopf. »Weg! Lass mich in Ruhe!« Ihr Fuß blieb in einer Kuhle hängen und sie stürzte ins Gras. Da lachte der Kerl, sprengte an ihr vorbei und versperrte den Weiterweg. Außer Atem raffte sich Margaretha hoch, keuchte: »Was willst du von mir?«

»Noch geschieht dir nichts. Das kann sich aber sehr schnell ändern ...« Sein Blick zerschnitt ihr Kittelkleid, blieb auf ihren Brüsten. »So oder so. Könnte ein richtiger Spaß werden.«

»Ich kenn dich.« Die blaue Narbe am Kinn. Jetzt wusste sie es genau. »Du warst gestern auch dabei. Du bist der Knecht von dem Herrn, der mich beschimpft hat.« Sie biss sich auf die Fingerknöchel.

»Lass mich in Ruhe. Bitte!«

»Da wir gerade dabei sind. Vielleicht werden sie dich als Zeugin holen. Wenn du nach meinem Herrn gefragt wirst, dann sagst du, dass er, bevor's losging, alles versucht hat, den Kampf zu verhindern. Und später ist der Komtur in seinen Armen friedlich gestorben. Kein Wort mehr.« Der Knecht ließ die

Reitgerte vor ihrem Gesicht wippen, eine schnelle Bewegung, der Schlag traf ihren Hals. »Sonst gibt es mit der Peitsche so viel, bis du nur noch um dein Leben winseln kannst. Und sobald du wie ein quakender Frosch vor mir liegst, stopf ich dir mit meiner harten Rute das Maul. Und nicht nur dich nehm ich mir vor. Auch deine Mutter kommt dran. Vielleicht bring ich sogar noch einen Kameraden mit.« Er stieß einen leisen Pfiff aus. »Gerade eben hab ich mir da hinter der Mühle euern Hof angesehen. Klein, aber ein feines Plätzchen. Da hört uns keiner.« Wieder schlug er zu, »Hast du mich auch gut verstanden?«

Das heiße Brennen trieb ihr die Tränen in die Augen. Sie vermochte nur zu nicken.

Erneut fuhr der Arm mit der Gerte nach oben. »Sag es!«

»Dein Herr hat versucht, den Kampf zu verhindern. Und ... und dann später ist der Verletzte in seinen Armen gestorben. Friedlich.«

»Braves Kind.« Der Knecht wendete und trabte zurück, auf dem Weg gab er dem Gaul die Sporen.

Margaretha weinte, wünschte sich sehnlichst, der Vater würde noch leben. Der Müllerknecht hatte Riesenkräfte besessen. Ja, er würde diesen Kerl mit dem Kopf zuunterst in den Mahltrichter stopfen. Aber der Vater war im Herbst vor zwei Jahren beim Sturm von einem Baum erschlagen worden. Wer sollte jetzt helfen? »Ich kenn niemand, der stark genug ist. Und in Brühl hält jeder still, wenn die vom Fürstenhof kommen.« Der Reiter war längst verschwunden.

»Hast gewonnen, du Dreckskerl. Vom Dolch sag ich nichts.« Sie ballte die Fäuste und drohte hinter ihm her.

Am frühen Nachmittag erreiche Graf Plettenberg das alte Schloss in Poppelsdorf und verließ den leichten Einspänner vor der Außentreppe. Kurz dehnte er die Schultern, wollte gleich die Stufen hinaufeilen, aber der Duft des üppig blühenden weißen Flieders schien ihn zu überraschen. Für einen Moment hielt er inne und ließ den Blick über die heruntergekommene Gartenanlage schweifen, dann erst sah er wieder zur verfallenen Front des Haupthauses. »Hier gibt es in der Tat noch viel zu tun«, murmelte er. »Ich darf erst gar nicht an die Kosten denken.«

Aus dem Seitenweg sprang eine schwarze Hündin, ohne jeden Respekt beschnüffelte sie den Ersten Minister, bellte und knurrte.

»Wache! Her zu mir!« Sofort stürzten die beiden Posten vom Portal die Stufen herab, gleichzeitig war auch der Kutscher zur Stelle. »Schafft mir das Vieh aus dem Weg!«

Rufe. Klatschen. Nur halbherzig kamen die Männer dem Befehl nach. »Was ist?« Plettenberg stutzte: »Fürchtet ihr euch etwa?«

Ehe er Antwort bekam, ertönte ein Pfiff, die Hündin lief in den schmalen Weg, aus dem sie gekommen war, und kehrte gleich darauf an der Seite des Kammerzwerges zurück.

Oh, verflucht, dachte Albert und neigte tief den großen Kopf. »Ich bitte um Vergebung, wenn meine Misca Euch belästigt hat. Sie tat es aus friedlicher Absicht. Sie wollte Euch ganz gewiss nur zum Spiel verleiten.«

»Welcher Satan ...?« Jetzt begriff Plettenberg und zahlte mit kühlem Lächeln zurück: »Hüte deine Zunge vor dem Metzger. So manch vorlautem Spötter hat er sie schon abgeschnitten und den Hunden zum Fraß vorgeworfen.«

»Ich bitte um Gnade, Herr. Verzeiht meine Nachlässigkeit.« Wieder verneigte sich Albert. »Darf ich Euch Seiner Durchlaucht melden?«

»Du nicht, Buckel. Dies überlasse den gerade gewachsenen und dafür zuständigen Hofbeamten.« Plettenberg schritt die Treppe hinauf. Über die Schulter befahl er: »Sorge dafür, dass dieser Köter mir aus den Augen kommt, und beschränke dich künftig darauf, deinem Herrn möglichst unsichtbar zu dienen.«

Albert sah nicht hoch, bis das Knarren des Portalflügels signalisierte, dass der allmächtige Erste Minister verschwunden war.

Im halb abgedunkelten Audienzzimmer saß Clemens August zusammengekauert vor dem Kopf des langen Tisches und stützte die Stirn in beide Hände. »Wer hat Schuld? Diese Frage bohrt und bohrt in mir. Habe ich wirklich alles getan, um das Duell zu verhindern?«

»Zutiefst fühle ich mit Euch, teile mit Euch den Schmerz über diesen Verlust.« Plettenberg sprach wie ein guter Arzt, sprach leise und doch eindringlich, dabei kam er Schritt für Schritt näher an den Schreibtisch. »Auch wenn der Komtur schon das fünfzigste Jahr überschritten hatte, so ist es eine Tragödie, so unvermittelt aus dem Leben gerissen zu werden.«

»Redet nicht so über ihn!« Clemens sah auf, warnte mit dem Finger. »Er war nicht alt, weder im Geist und schon gar nicht sein Körper. Sieben Jahre war er Euch voraus, aber bei einem Vergleich zwischen Euch und ihm - wen hätte man da wohl für den Jüngeren gehalten?«

»Ganz sicher den Komtur von Roll, dies muss ich zu meiner Schande zugeben.«

»Das will ich meinen.« Der Kurfürst hob das Kinn.

Plettenberg hatte ihn erreicht, nun wagte sich seine Hand auf die Kante der Stuhllehne vor. »Erlaubt mir ein privates Wort?«

»Könnte ich es verhindern, mein ewiger Schulmeister?«

Plettenberg glaubte an einen Anflug von Scherz und lachte verhalten, dabei strichen seine Finger über die Schulter des Fürsten. Kaum spürte Clemens die Berührung, als er den Rücken durchbog und sich vorbeugte.

Der Erste Minister überging die Ablehnung. »Trotz aller Trauer möchte ich zu bedenken geben, dass Ihr zwar einen Freund auf schreckliche Weise verloren habt, aber es bleiben Euch andere, ebenso wertvolle Freunde.«

Langsam wandte Clemens den Kopf. »Wer? Kennt Ihr auch nur einen einzigen?«

»In der Tat.« Nachsicht und Selbstbewusstsein mischten sich. »An erster Stelle möchte ich mich selbst nennen. Es gibt wohl keinen Menschen in Euren fünf Bistümern, der Euch mit solch aufopfernder Treue und Liebe nahesteht, der für Euch die Lasten trägt, der Euch jeden Weg ebnet ...«

»Und den ich dafür reich entlohne.«

»Denkt nur ...« Leicht ungehalten über die Unterbrechung setzte der Erste Minister die Belehrung fort: »Denkt nur an die beiden vergangenen Jahre. Darf ich an das einträgliche Bündnis mit Wien erinnern? Mehr als hunderttausend Taler sind Euch zugeflossen, zudem seid Ihr mit Unterstützung des habsburgischen Kaiserhofes zum Hochmeister des Deutschen Ordens gewählt worden.«

»Ist das Freundschaft?« Unvermittelt sprang Clemens auf, stürzte zu einem der Fenster und riss die Vorhänge ganz beiseite. Sonnenlicht grellte. »Ihr wollt rechnen? Nun gut. Ja, ich bin in der Politik nicht so zu Hause wie Ihr. Und es war bisher ratsam und einträglich, keine Entscheidung ohne Euch zu treffen. Ihr sagtet, das Bündnis mit den Habsburgern bringt uns Vorteile, also stimmte ich dem zu. Bravo!« Clemens klatschte einmal in die Hände. »Für alle jemals erbrachten Dienste hab ich Euch großzügig beschenkt. Nehmt Euer Schloss in Nordkirchen. Welche Unsummen hat die Renovierung verschlungen? Ihr beschäftigtet sogar meine Architekten, Bildhauer, Maler und Kunsthandwerker. Ohne mich wärt Ihr allein für dieses Schloss im Schuldenmeer ertrunken. Dann die Herrschaft Wittern bei Aachen, die Euch die Grafenwürde einbrachte. Und noch in diesem Jahr verlieh ich Euch Besitzungen in der Eifel: Schloss Ulmen und die Nürburg. Außerdem habt Ihr die Stelle des Obriststallmeisters für Euren Sohn erbeten, sobald er das nötige Alter erreicht hat, und ich habe zugesagt, diese hoch dotierte Stelle für den Knaben freizuhalten.«

»Verzeiht.« Plettenberg konnte den überdrüssigen Seufzer nur schlecht verbergen. »Eure Gnade und Dankbarkeit beschämen mich immer wieder aufs Neue.«

Clemens stürmte auf und ab. »Doch das ist nicht die Freundschaft, die ich meine.« Im Schritt hielt er inne, sprach mehr zu sich selbst: »Liebe rechnet nicht. Bei ihr gilt eine andere Währung. Schutz vor Alleinsein, Geborgenheit und ...« Er sah seinen Ersten Minister prüfend an, dann schüttelte er langsam den Kopf. »Doch davon sollten wir nicht sprechen. Vielleicht aber ahnt Ihr, was ich verloren habe?«

»Ganz gewiss.« Plettenberg faltete die Hände unter der goldenen Kette. »Dennoch gehört es zu meinen Pflichten, Euch daran zu erinnern, dass jeder Tag neue Aufgaben bringt, die es zu meistern gilt. Da ich morgen zu einer Dienstreise aufbreche, die mich einige Tage von Bonn fernhalten wird, solltet Ihr möglichst rasch dieses Versteck hier verlassen und in die Residenz zurückkehren.«

»So weitermachen? Darüber hinweggehen?« Nässe glänzte in den Augen des Fürsten, für einen Moment zitterte die Stimme: »So, als hätte es Johann nie gegeben?«

»Das Private sollte natürlich nicht zu kurz kommen. Allerdings sollte es auch nicht überbewertet werden.«

»Wagt es nicht ...« In zwei Schritten stand Clemens drohend vor ihm, die Blicke maßen sich, nur kurz hielt er der Kraft seines höchsten Beamten stand, dann senkte er die Augen. »Ich werde beizeiten wieder hinunterkommen und den Amtsschimmel füttern. Zuvor aber ...« Jetzt ballte er die Fäuste. »Zuvor aber will ich Klarheit. Ich will wissen, was vorgestern ...? O Gott, es war erst vorgestern.« Die Schultern sanken, einen Moment gab er dem Gefühl nach, dann straffte er sich wieder. »Erst wenn ich den Hergang des Geschehens genau kenne, kann ich ruhiger werden!«

»Als Euer aufrichtiger Freund fühle ich mich auch dafür zuständig.« Plettenberg zog ein Schreiben aus dem Rockärmel. »Dieser Brief wurde mir gegen Mitternacht von meinem Geheimsekretär überbracht. Geschrieben hat ihn Graf von der Lippe, nachdem er zusammen mit Beverförde und Zweiffel bei Köln über den Rhein gesetzt war. Die beiden Knechte der Herren haben die ausgeliehenen Pferde gestern noch am späten Abend mitsamt dem Brief in der Residenz abgeliefert.« Er warf einen kurzen Blick darauf. »Offen und klar beschreibt Lippe den Vorfall. Beide, der General und Zweiffel, haben den Kontrahenten noch zugerufen, dass sie sich an Euren, den kurfürstlichen Befehl halten sollten. Doch da schlugen sie schon aufeinander ein. Dabei gebärdete sich der Komtur besonders wild. Nun ...« Der Finger schnippte aufs Blatt. »Nun gelang es Herrn von Zweiffel binnen einer Minute, die Kämpfenden zu trennen. Doch da war von Roll bereits verwundet. Und zwar ist er im Eifer der eigenen Attacke in den Degen seines Gegners gelaufen.« Mit einem bekümmerten Lächeln ließ der Erste Minister den Brief sinken. »So und nicht anders ist das Unglück geschehen. Graf August Wolfart von der Lippe kenne ich als einen Ehrenmann. An dem Wort des ersten Offiziers im Kurstaat ist nicht zu zweifeln.« Nach einer Pause setzte er hinzu: »Damit sollte die höchst bedauerliche Angelegenheit abgeschlossen sein und Ihr müsst Euch nicht weiter quälen.«

»Ganz einfach so. Ich verstehe.« In seltsamer Ruhe ging Clemens August zum Tisch und deutete auf die Wasserkaraffe. »Bitte schenkt mir ein!« Plettenberg zögerte, sah zur Tür. Da sich kein Bediensteter dort befand, bemühte er sich selbst und bediente seinen Herrn. In großen Schlucken leerte der Fürst das Glas. Fest setzte er es zurück auf den Tisch. »Wo bleibt Euer nüchterner Verstand?«

Plettenberg furchte überrascht die Stirn. »Wie meint Ihr?«

»Wenn vorgestern alles so verlaufen ist, wie der General es geschildert hat, warum hat der Gegner die Flucht ergriffen? Und nicht nur er, sondern Graf von der Lippe und auch Freiherr von Zweiffel gleich mit?«

»Mein Fürst, liebster Freund ...« Der Erste Minister neigte den Kopf, sah erst nach einem Atemzug wieder auf. »Aus einem schreckhaften Impuls, ganz sicher. Sie werden vor Entsetzen so kopflos gehandelt haben.«

»Alle drei? Und nur Burgau dachte an Nächstenliebe und blieb bei dem Sterbenden? Dafür hat sich der Leutnant mein besonderes Wohlwollen verdient. Was aber sind die beiden anderen nur für Menschen?« Clemens stemmte nun die Hände auf den Schreibtisch. »Und ausgerechnet diese beiden sind doch sehr eng mit Euch verbunden?«

»Gut bekannt. Sie stammen aus meiner Heimat, aus Münster, aus Westfalen. Also, ich will ergänzen, allein mit Beverförde besteht ein verwandtschaftliches Verhältnis. Da bleibt es nicht aus ...«

»Ich will eine Untersuchung.« Ungewohnt entschlossen stieß Clemens den Zeigefinger immer wieder auf die lederbezogene Platte. »Jeder Beteiligte soll vor einer Kommission aussagen.«

Plettenberg spitzte die Lippen. »Mit Verlaub, dies halte ich für Zeitvergeudung ...«

»Das ist ein Befehl!«

»Wie Ihr es wünscht. Ich werde noch heute geeignete Beamte einsetzen.«

»Die Auswahl überlasst mir.«

»Aber, Durchlaucht?« Unvermittelt schimmerte Schweiß auf der Stirn des Ersten Ministers. »Misstraut Ihr meinem Urteilsvermögen?«

»Aber nein. Erwähntet Ihr nicht, dass Ihr morgen eine Dienstreise antretet?« Clemens sah seinen Lehrmeister nicht an. »Bei Eurer knapp bemessenen Zeit nehme ich Euch nur etwas Mühe ab. Ich stelle den Ausschuss selbst zusammen. Das ist alles. Gute Reise!«

Plettenberg verneigte sich, war schon fast an der Tür, als der Fürst betont laut hinzusetzte. »Es gab zufällige Zeugen des Duells. Auch die müssen verhört werden.«

Eilfertig kehrte der Graf zurück. »Soll ich nach ihnen suchen lassen?«

»Nein. Sie sind gefunden.« Alle Kraft hatte sich wieder aufgelöst, verloren sah ihn Clemens an. »Ihr sagtet, das Private darf nicht überbewertet werden. Also kümmert Euch weiter um die wirklich wichtigen Dinge. Bitte, lasst mich jetzt allein.«

Schon nach wenigen Bissen musste Molitor am Abend das Essen wieder hinaustragen. Draußen im Vorzimmer ließ sich der Zwerg das Tablett zeigen. Von den vier im Fett gesottenen Wachtelbrüstchen lagen noch drei unberührt auf dem Teller. »Zumindest hat er die kandierten Früchte gegessen.« Albert sah zu dem Kammerdiener hoch. »Ich hatte so gehofft, dass er hier Ruhe findet und wieder Kraft schöpft. Aber dieser Besuch des Ersten Ministers hat ihn erneut zurückgeworfen.« Er ballte die Faust. »Und gerade deswegen tun wir jetzt das Richtige.«

»Bist du ganz sicher?« Molitor seufzte. »Ohne Erlaubnis? Sogar gegen den ausdrücklichen Befehl?«

»Du siehst doch, in welchem Zustand sich unser Herr befindet. Er weiß nicht, was jetzt gut für ihn ist.«

»Aber du ...?«

»Hör auf zu lamentieren. Sonst ...« Albert griff den schmalen Spieß vom Tablett. Die drohende Miene gelang ihm nicht ganz, gleich warf er die Waffe wieder zurück. »Verzeih, das war kein guter Einfall. Unser Unglück mit dem Komtur reicht mir ganz und gar.«

Er wartete, bis Molitor das Tablett am Gesindezugang dem Küchenboten übergeben hatte. »Mach dir keine Sorgen. Und sollte es wirklich falsch sein, so werde ich alle Schuld auf mich nehmen. Versprochen.«

Da zeigte Molitor ein dünnes Lächeln. »So weit kommt es noch. Hab ich mich jemals vor der Verantwortung gedrückt?«

Sie waren mehr als nur Diener desselben Herrn, in den Jahren der engen Zusammenarbeit war Freundschaft zwischen ihnen entstanden. Albert stieß ihm die Faust leicht an die Hüfte. »Hast du den breiten Paravent vor die Tapetentür gerückt? Und auch an den Hocker gedacht?«

»Alles steht bereit.«

»Dann geh zurück! Ich warte auf dein Zeichen. Sobald sie begonnen haben, komme ich nach.« Damit schlüpfte er durch die Tapetentür in den Gesindeflur.

Molitor brachte zwei Kissen. Das eine steckte er zwischen Sessellehne und Rücken, mit dem anderen polsterte er die Armstütze. In seinen Gedanken ganz verloren, ließ Clemens es geschehen.

»Durchlaucht, die Dämmerung nimmt rasch zu. Darf ich die Lampen an-
zünden?«
»Nur die hinter mir an der Kaminwand. Die zwischen den Fenstern lasse
aus. Ich möchte das Licht des Abends draußen im Park sehen.«
Ohne Hast wanderte Molitor mit dem Feuerstab von Leuchter zu Leuchter,
zuletzt entzündete er die Kerzen zwischen den Gobelins an der rechten Wan-
decke, nahe dem breiten Paravent. Leise pochte er gegen die Tapetentür, kehrte zum Kamin zurück und löschte mit einem feuchten Tuch die Flamme des
Feuerstabs.

Stille. Von seiner Position aus bemerkte Molitor, wie Schatten hinter dem
Paravent auftauchten. Einen Moment lang bewegten sie sich hin und her,
dann beruhigte sich das Bild. Durch die Leuchter von hinten beschienen,
zeichneten sich drei Personen ab, zwei standen und die mittlere von ihnen
hatte Platz genommen.

Musik, leise wehte sie herein, Flöte und Geige schmiegten sich ins Dämmer-
licht, dann liefen die Töne der Harfe auf und ab, gemeinsam, gegenläufig und
zögerten, wiederholten und vereinigten sich. Nun wetteiferten Geige und Flöte mit der großen Schwester um das Tragen der Melodie.

Wie wachgerufen setzte sich Clemens August langsam auf. Er wandte den
Kopf, die Augen groß, als erinnere er sich an schon vergessene Schönheit. Sein
Blick fand den Paravent und blieb bei den musizierenden Schattengestalten.

Ohne Laut war Albert hereingekommen und stellte sich zu dem Kammerdiener. Beide beobachteten ihren Herrn, sahen das matte Aufglänzen seiner
Augen. Molitor suchte die Hand des Zwerges und drückte sie, die Freunde
nickten einander zu.

So sanft wie hereingeweht, so fand das Musikstück auch sein Ende, und die
Harfe ließ den letzten Ton verklingen.

Erst nach geraumer Zeit klatschte der Fürst einige Male, weit bog er den
Kopf über die Sessellehne zurück und sandte einen tiefen Seufzer zu den De-
ckengemälden hinauf. »Für einen Moment war mir nicht mehr kalt.« Seine
Stimme wurde klarer. »Albert, Molitor, kommt her!«

Weil er den Kopf nicht bewegte, mussten sich beide, um das Gesicht zu sehen, dicht neben ihn stellen. »Ich will nicht fragen, wer ..., aber ich verzeihe
eure Eigenmächtigkeit. Danke, nun fühle ich mich etwas besser. Und Schuld
trägt nicht die Musik allein. Diese drei Künstler sind keine Angehörigen meines Hoforchesters, das hörte ich sofort, dafür spielen sie nicht perfekt genug,
nicht kühl berechnend. Nein, hier dirigierte kein Kapellmeister. Dafür aber
lebte die Musik aus dem Herzen heraus, jeder Ton erzählte mir ...«

Aus den Augenwinkeln blickte Clemens August zur Seite. »Was rede und rede ich, obwohl mir gar nicht danach ist ...« Ein schwacher Handschlenker. »Gebt jedem der Musikanten einen Silbertaler. Und richtet ihnen aus, dass mir ihr Spiel sehr gefallen hat.« Damit verlor er sich wieder in den gemalten Träumen über ihm.

Erst nur Geflüster hinter dem Paravent, dann eine halblaut geführte Diskussion, kurz darauf kehrten seine Diener zurück. Molitor schob den Zwerg vor. Einen Moment dachte Albert daran, die Angelegenheit gar nicht zu erwähnen und damit auch abzutun. Jedoch etwas in ihm drängte die Worte einfach hinaus: »Herr? Verzeiht, sie weigert sich.«

Die Bemerkung erreichte Clemens. »Wer? Von wem sprichst du?«

»Die Harfenspielerin. Sie will den Taler nicht.«

Der Fürst richtete sich im Sessel auf und Albert setzte hinzu. »Ich soll Euch die Münze zurückgeben.«

Ein ungläubiger Blick in Richtung der Musikanten, dann wandte sich Clemens wieder an den Zwerg. »Eine Frau hat die Harfe gespielt? Und sie nimmt mein Geld nicht? Ist es ihr etwa zu wenig? Sind ihre Kollegen denn mit dem Lohn zufrieden?«

Nun wagte sich auch Molitor vor und war bemüht zu vermitteln. »Sogar sehr zufrieden. Durchlaucht, es sind Vater und Bruder. Trotz ihrer strengen Ermahnung, sie konnten die junge Frau nicht umstimmen.«

»Eine Kränkung?« Das Misstrauen war erwacht. Scharf sah Clemens den Zwerg an. »Wer sind diese Musikanten? Zu welcher Partei gehören sie? Wenn du sie schon eigenmächtig bei mir einschleust, hast du sie vorher überprüft?«

»Aber ja, es besteht keine Gefahr«, beschwichtigte Albert rasch. »Bitte, Herr, seid ohne Sorge. Die Familie Brion ist eine einfache Musikerfamilie. Ohne Beziehungen, ohne jeden Mäzen. Der Vater ist privater Musiklehrer. Außerdem verdient er sich mit Sohn und Tochter ein Zubrot mit Hauskonzerten. Einer empfiehlt sie dem Nächsten. In der gehobenen Bürgerschaft von Bonn genießen sie einen guten Ruf. Deshalb habe ich die Brions ausgesucht. Nie würde ich Euch in dieser schweren Zeit ...«

»Sie spielen für Geld?«, unterbrach Clemens nicht mehr so schroff. »Und die Dame verweigert den Lohn? Nein, bemüh dich nicht, Molitor. Ich werde es selbst herausfinden. Bring sie her!« Er lehnte sich zurück und sah in den abendlichen Park.

Um die Aussicht des Fürsten nicht zu behindern, führte Molitor die Harfenspielerin nur seitlich an den Sessel heran und zog sich mit Albert bis zum Teppichrand zurück.

Schweigen. Schließlich wandte Clemens den Kopf. Die Blicke begegneten sich, erst nach zwei Atemzügen verneigte sich die Frau. Ihr goldrotes Haar, an der Stirn nur von einem Band gehalten, fiel in langen Locken, verhüllte Schultern, Hals und Dekolleté. »Allergnädigster Herr. Ihr habt mich rufen lassen.«

»Du darfst dich aufrichten.«

Das schlichte dunkelgrüne Kleid reichte in Falten bis zu den Knöcheln, war eng in der Taille und umspannte den vollen Busen. Die Lippen leicht geöffnet stand sie ruhig da, in ihren braunen Augen schimmerte Wärme, langsam legte sie die Hände vor dem Schoß zueinander.

Clemens räusperte sich, er deutete auf sie, nahm gleich den Finger wieder zurück. »Ihr habt diesen modernen Komponisten gespielt, diesen Händel?«

»Ja, Herr. Aus den deutschen Arien, das Lied ...«

»Ich kenne es.«

»Verzeiht ...«

Schweigen. Sie senkte die Augen nicht.

Ohne den Blick von ihr zu lassen, pochte der Kurfürst mit den Knöcheln einige Male auf die Armlehne. »Wer bist du, Weib, dass du mein Geld verschmähst? Lehnst den wohlverdienten Lohn für dein Harfenspiel ab? Ich will den Grund wissen.«

Jetzt schloss sie die Lider. »Weil ... weil ich mich nicht an Eurer Trauer bereichern möchte.«

»Was sagst du da?« Nur ein erschrecktes Flüstern.

Sie öffnete wieder die Augen. »Euer Diener hat uns eingeladen, vor Euch zu spielen. Welch eine Ehre. Wir konnten unser Glück kaum fassen. Doch dann erfuhr ich von Eurem furchtbaren Verlust. Und ich wollte Euch mit meiner Harfe etwas Trost spenden. Dafür nehme ich keinen Lohn. Auch wenn der Vater zornig ist.« Ein leichtes Lächeln zeigte sich in den Mundwinkeln. »Und jetzt, da ich vor Euch stehe, Euch ansehen darf, weiß ich umso mehr, dass ich richtig gehandelt habe.«

Clemens wischte sich mit dem Handrücken über die Augen, atmete gegen die Tränen an. »Sag mir deinen Namen!«

»Mechthild. Mechthild Brion.«

»Einen Silbertaler? Ich ... ich bin dir so wertvoll?«

»Aber, Durchlaucht ...« Langsam schüttelte sie den Kopf. »Warum kränkt Ihr mich? Ich messe den Wert eines Menschen nicht in Talern oder Gulden.«

Ruckartig erhob sich der Fürst aus dem Sessel, die Hände auf dem Rücken umschritt er die Harfenistin, musterte sie wie eine befremdliche Statue. Dann winkte er Albert mit ans Fenster, befahl ihn vor sich auf den Sims.

Geübt kletterte der Zwerg über einen Hocker auf die Brüstung, als die Gesichter in fast gleicher Höhe waren, erkundigte sich Clemens leise: »Diese Frau? Was hat sie für ungewöhnliche Ansichten? Glaubst du, sie ist ehrlich?« Das erwachte Interesse ließ Albert aufatmen. Ich ahnte gleich, dass Mechthild Brion eine besondere Person ist, dachte er. Und wenn sie ihn nur etwas von seinem Kummer ablenkt, war meine Wahl ein Erfolg. »So wie ich gute von vergifteter Speise unterscheiden kann, so spüre ich bei Frau Brion keine Hinterlist. Sie meint, was sie sagt.«

»Aber sie nimmt mein Geld nicht. Und gerade einem ehrlichen Menschen will ich nichts schuldig bleiben.«

»Grämt Euch nicht deswegen. Ich werde in den nächsten Tagen bei der Familie vorbeigehen und die Angelegenheit mit Herrn Brion regeln.«

Clemens schwankte leicht, musste sich an der Wand abstützen. »Nein, es ist nichts«, beruhigte er Albert. »Ich fühle mich nur mit einem Mal wieder so müde. Aber zurück zu dieser Frau. Ich ... ich will meine Schuld selbst begleichen.« Er bemühte sich, doch ein fester Schritt gelang nicht. Aus der Bodenvase entnahm er eine langstielige weiße Rose aus Porzellan, dabei klirrte der dornige Stiel leise und hell gegen Blätter der anderen Rosen. Er reichte ihr die Blume. »Nimm sie als Dank.«

Mechthild wagte den Kopf zu heben. »Bitte, hoher Herr, auch wenn sie wertvoll ist, gebt mir die Rose nicht!«

»Aber jedes einzelne Blütenblatt ist herausgearbeitet. Vollkommener noch als die Natur es fertiggebracht hätte. Sie duftet sogar.«

»Verzeiht.« Die Stimme zitterte. »Trotz der Schönheit, trotz des Parfums. Sie lebt nicht.«

»Du hast Mut, mir so zu widersprechen.« Er steckte die Rose zurück in den Porzellanstrauß. »Also gut.« Vor Mechthild verschränkte er die Hände im Rücken. »Das Musikstück vorhin. Händel hat die Arie für andere Instrumente geschrieben?«

Sie sah ihn an. »Hoher Herr, Ihr seid so blass? Vielleicht ... Meinetwegen solltet Ihr nicht ... Wollt Ihr Euch nicht besser setzen?«

Eine Anmaßung! Ganz in der Nähe presste Molitor erschreckt die Hand vor den Mund. Eine Bürgerin erteilte dem Herrn Ratschläge! Und der Fürst schien es hinzunehmen, denn er ließ sich im Sessel nieder.

»Nun will ich Antwort.«

»Der Vater hat die Partitur für Flöte, Geige und Harfe instrumentiert.«

»Kennst du den Text?«

»Deshalb habe ich dieses Stück für Euch ausgewählt.«

Clemens zitierte leise: »Meine Seele hört im Sehen ...«

Mechthild wartete, als er auch nach einer Weile nicht fortfuhr, ergänzte sie: »... wie, den Schöpfer zu erhöhen, alles jauchzet ...«

»Nicht weiter«, bat er. »Nicht jetzt.« Er hob die Hand. »Vielleicht später. Würde es dir gefallen, mit mir zu musizieren? Ich spiele die Viola da Gamba und liebe unsere neuen Komponisten. Vielleicht könnte dein Vater einige Stücke von Händel oder auch von diesem Johann Sebastian Bach für Viola und Harfe einrichten?«

»Hoher Herr«, heftig schluckte Mechthild, presste die Hand an den Busen. »Nicht nur ... Es würde mir nicht nur gefallen, es wäre mir die größte Freude.«

»Dann möchte ich auf diese Weise meine Schuld begleichen. Albert le Grand wird dich benachrichtigen.« Er reichte ihr den Handrücken.

Mechthild nahm ihn, küsste nicht den Ring, sondern berührte einen Hauch lang mit der Wange seine Haut. »Gute Besserung, hoher Herr«, flüsterte sie und ging rasch zum Paravent hinüber.

4

Nichts stinkt so wie Kuhmist, dachte Margaretha, besonders wenn man reingefallen ist. Sie verzog die Nase und hielt auf dem Weg vom Stall zum Brunnen die Holzschuhe weit von sich. Stimmt nicht, unsere beiden Schweine sind schlimmer, der Mist von den Biestern ist auch noch schmieriger. Wenn du da drauf ausgerutscht wärst, dann wär's wirklich ekelhaft ... Sie pfiff durch die Zähne. »Also hab ich immer noch Glück gehabt.«

Sie sah an sich hinunter, der Kittel besudelt, die Beine auch, beide Arme verdreckt. »Ist trotzdem schlimm genug.«

Drüben erschien die Mutter in der geöffneten Tür. »Was ist, Kind?«

»Nichts. Bin nur beim Misten rückwärts über die Karre gestolpert und dann war's passiert.«

»Ach, Kind ...«

»Fang nicht an zu schimpfen, ich ärger mich selbst schon genug. Nach dem Waschen zieh ich mir was anderes an und dann vergessen wir's.«

Die Gänse hatten ihre Stimme gehört und kamen gleich zu fünft schnatternd um die Scheunenecke. »Ihr auch noch? Na wartet.« Entschlossen streifte sie das schmutzige Kittelkleid über den Kopf, drehte den Stoff ein und schwang ihn wie eine Keule. So ging sie nackt einige Schritte auf die Neugierigen zu. »Verschwindet! Oder ich dreh einer von euch den Hals um.«

Die Gänse wichen bis hinter den Brunnen zurück, ließen das Mädchen aber nicht aus den Augen.

»Wasch den schlimmsten Dreck ab und komm in die Küche. Ich hab gerade heißes Wasser auf dem Feuer. Für ein kleines Bad reicht es.«

»Danke«, rief Margaretha und dachte, der Morgen wird ja immer besser. Wer darf denn schon am helllichten Montag in den Zuber? Wenig später stand sie bis zu den Knien im warmen Wasser und seifte sich ein. Die Mutter hielt eine Kanne bereit. Etwas bekümmert betrachtete sie ihre Tochter. »Bist ein recht schönes Weib geworden, Grete. Tüchtig bist du im Haus und im Stall. Und kochen kannst du, dass es schmeckt. Wenn du nur nicht so schnell mit der Zunge wärst. Das gefällt den Mannsbildern nicht.«

»Keine Angst, Mama. Ich krieg schon einen ab.«

Seit dem Tod ihres Gatten hoffte Frau Hildegund Contzen auf einen Schwiegersohn. Und da eine lockende Mitgift nicht zu leisten war – das wenige Vieh reichte für den persönlichen Bedarf, ihre Näharbeiten brachten gerade genug für notwendige Anschaffungen –, so musste die Tochter allein mit Wesen, Aussehen und Können für sich selbst werben. »Ein bisschen freundlicher. Sollst sehen, das genügt schon. Das meint die Tante auch.«

»Ihr alten Kupplerinnen. Wenn der Richtige kommt, dann weiß ich schon, wie ich's anstelle. So, der Dreck ist ab.«

Die Mutter übergoss sie, und Margaretha reckte und drehte sich unter dem warmen Wasser, half mit den Händen an Brüsten und Po nach, bis aller Schaum abgespült war. »Gib mir das Trockentuch!«

Draußen schrien die Gänse, schrien und hörten nicht auf. Frau Contzen ging zum Fenster. »Zwei Reiter? Und in Uniform? Ihre Pferde haben sie in der Einfahrt gelassen. Was die hier wollen?«

Margaretha schreckte zusammen. »Reiter?« Gleich war sie neben der Mutter und starrte in den Hof. »Das sind welche vom Schloss aus Bonn. O Jungfrau!« Sie stürzte zur Truhe und nahm die Pistole des Vaters heraus.

»Aber Kind ...«

»Komm schnell. Die meinen uns.« Sie zerrte die Mutter am Ärmel in den Flur und schob den Türriegel vor. »Ich hab dir doch von dem Kerl erzählt. Neulich, von dem mit dem Pferd. Das ist er bestimmt. Und er hat noch einen mitgebracht.« Beide hasteten die Stiege hinauf und verschlossen die Bodenklappe. Erst jetzt bemerkte Margaretha, dass sie nichts anhatte. »Verflucht.« Die Kleider waren in der Schlafkammer neben der Küche. Das Trockentuch musste genügen. Sie wand es sich um den Körper.

Pochen unten an der Tür, Klopfen lauter und lauter, dann wurde gerufen: »Ist jemand zu Hause?« Gleich darauf hämmerte es gegen das Holz.

Margaretha schlich zur offenen Giebelluke. Wegen der Hüte war von hier oben kein Gesicht zu erkennen. Einer der Uniformierten spähte durchs Küchenfenster. »Das Herdfeuer brennt. Also sind sie zu Hause.« Der andere hob den Stiefel. »Sag's. Und nur ein Tritt. Dann ist die Tür offen. Na, los sag es!«

Margaretha wartete nicht.»Verschwindet. Sonst schieß ich einem von euch in den Kopf.«

Die Männer sprangen zurück, starrten nach oben. Als sie das Mädchen und die Pistolenmündung entdeckten, wehrten sie mit den Händen ab.»Ruhig. Ganz ruhig, Fräulein!« Der Kerl mit der Narbe war nicht dabei. Margaretha sah kurz zum Stall, auch da entdeckte sie ihn nicht. Das Schwein hat sich versteckt. O heilige Mutter Maria, steh uns bei.»Wir kommen in friedlicher Absicht.«

»Verschwindet. Ich sag's nicht noch mal.« Sie wedelte mit dem Lauf in Richtung Mühlenweg, dabei rutschte ihr das Handtuch etwas von den Schultern. Gleich grinsten die Eindringlinge.»Wir wollten nicht stören.«

Der andere war unvorsichtiger.»Aber wie ich sehe, sind wir gerade richtig gekommen.«

Margaretha zielte direkt auf sein Gesicht, dann unter dem offenen Uniformrock auf die Hose.»Glaub mir, ich schieße dir alles ab.«

»Warte, Fräulein. Nicht aufregen.« Er hielt beide Hände schützend vor die bedrohte Stelle, verneigte sich immer wieder und ging dabei Schritt für Schritt rückwärts, sein Kamerad folgte ihm auf die gleiche Weise.»Wir holen nur neue Befehle. Dann kommen wir wieder.«

Kaum waren sie aus der Einfahrt verschwunden, fühlte Margaretha, wie sie am ganzen Leib zitterte. Sie sah auf die Pistole in ihrer Hand. Pulver und Blei hatte sie unten in der Truhe vergessen. Das ist jetzt auch egal. Sie drehte sich nach der Mutter um.»Die sind zu dritt.«

»Aber, Kind, vielleicht irrst du dich?«

»Ich hab gesehen, wie der eine Kerl gegrinst hat. Glaub mir, Mama. Dazu dieser Blick.«

»Aber du hast ja auch nichts an. Vielleicht ... Hier nimm wenigstens meine Schürze.« Frau Contzen glaubte, so die Gefahr zu mildern.»Mit dem Tuch zusammen geht's vielleicht.«

»Egal, was die tun. Wir bleiben hier oben.« Nachdem sie die Schürze angelegt hatte, schlang Margaretha wieder das Tuch fest um die Schultern.»Das Haus werden sie uns nicht abbrennen.«

»Gott, nur das nicht!«

Kaum erschienen die Uniformierten wieder in der Einfahrt, als Margaretha erneut an der Giebelluke Posten bezog.»Nicht näher!«

Beide gehorchten und einer rief:»Wenn du das Fräulein Contzen bist, dann will dich jemand sprechen.«

»Ich kenne keinen, der mich sprechen will.«

»Sag das nicht, schönes Mädchen.« Von hinten wurden die Uniformierten auseinandergeschoben. Margaretha sank die Pistole. Zwischen den Männern trat eine kleine, vornehm gekleidete Gestalt nach vorn und zog den Federhut vom übergroßen Kopf. »Vielleicht könntest du zunächst mit dem Kriegspielen aufhören und die Diener unseres geliebten Fürsten etwas höflicher behandeln.« Es war der Zwerg – der mit dem schwarzen Hund! Vor Erleichterung winkte Margaretha ihm begeistert zu, dabei fiel das Tuch, und als es ihr auffiel, hatten ihre bloßen Brüste einige Atemzüge lang ebenso freudig den Besucher begrüßt. »Oh, verdammt!« Nur ungenügend gelang es ihr, sich mit den Armen zu schützen.

Die Uniformierten feixten, dann lachten sie los. Sofort schlug Albert einmal rechts und links mit dem Hut nach oben in die Gesichter, und beide nahmen Haltung an. »Soll ich warten? Oder können wir uns unterhalten?«

Ich hab ja nichts für drüber? Margaretha dachte an die Schürze. Wenn ich die hochhebe? So bis tief runter können die mich von unten nicht sehen. Mit schnellem Bücken und einem Griff hatte sie den Stoffsaum bis ans Kinn gezogen. Ihr Lächeln gelang nicht. »Besser wir reden jetzt.«

»Du erinnerst dich an das Unglück vor zwei Wochen? An das Duell? Ich sprach davon, dass du als Zeugin gebraucht wirst. Und zwar in der Residenz.«

Nur das nicht, dachte sie, nicht in Bonn, wo der Herr mit dem ekelhaften Knecht ist. »Kannst du mich nicht hier fragen?«

»Das ist Aufgabe des Untersuchungsausschusses.«

»Da waren doch noch zwei, die den Kampf gesehen haben. Die genügen doch.«

»Du bist die wichtigste Zeugin. Deshalb bin ich auch persönlich hergekommen, um dich abzuholen.«

»Und wenn ich nicht will?«

Albert deutete mit dem Hut auf seine Begleiter. »Für den Fall habe ich diese tüchtigen Kerle mitgebracht. Sie haben Befehl und werden dich zwingen. Notfalls fesseln sie dich an Händen und Füßen.« Etwas ungehalten setzte er hinzu: »Vergeude nicht meine Zeit. Bitte! Wir fahren jetzt nach Bonn und morgen bist du zurück.«

»Unter zwei Bedingungen: Du bleibst immer in meiner Nähe. Und du bringst mich auch wieder hierher nach Hause. Kein anderer. Schwöre es.«

»Wenn dir daran so viel liegt ... Also gut, du hast mein Wort.«

»Und vergiss die Belohnung nicht!«

Albert wurde es zu viel. »Ich sollte dich doch besser in Fesseln legen lassen.« Ehe sie erneut fordern konnte, wedelte er mit dem Federhut. »Wenn du gut aussagst, gibt es eine Belohnung. Jetzt zieh dir etwas an. Alles Weitere erkläre ich dir auf der Fahrt.«

Freifrau Aloysia von Notthafft atmete heftig. Das Dekolleté recht knapp, die vollen Brüste quollen über, und nur ein Seidenschleier bewahrte den Anschein von Züchtigkeit. »Ich muss zu ihm.«

Ungerührt stand Molitor mit gleichbleibendem dünnem Lächeln wie ein Erzengel vor der Flügeltür. »Seine Durchlaucht bittet um Verständnis. Er trauert ...«

»Aber gerade deshalb bin ich hier. Der Arme bedarf des Trostes. Nach dem schrecklichen Unglück muss er aufgemuntert werden.« Sie griff in die Falten ihres lindgrünen Kleides und bauschte es mit raschelnden Schlenkern. Nun beschenkte sie den Kammerdiener mit einem Blick aus halb gesenkten Lidern.

»Molitor, wie lange kennt mich der Kurfürst?«

»Seit Jahren, Madame. Ebenso lange wie General von Notthafft ...«

»Lassen wir den schwerhörigen Greis außen vor.« Ein ärgerlicher Handwischer schob den Gedanken an ihren Gemahl beiseite. »Und hat der Fürst mit mir nicht schon gelacht?«

»Ich erinnere mich, Madame.«

»Da siehst du es. Ich weiß Geschichten zu erzählen, weiß am Spieltisch die Karten zu mischen, weiß auch sonst ... Ach, du weißt es. Kurzum, ich kann ihn aufheitern. So melde mich!« Da keine Reaktion folgte, griff sie unter dem Busen in eine bestickte Gürteltasche und bot ihm eine Münze an. »Lass mich die Fahrt hierher zum alten Schloss nicht umsonst gemacht haben.«

Molitor schüttelte den Kopf. »Es geht nicht, Madame. Nur wenige Besucher haben für heute eine Erlaubnis erhalten. Und Euer Name steht nicht auf der Liste. Vielleicht nächste Woche oder später.«

»Verspotte mich nicht.« Die grauen Augen erkalteten, ihre Stimme sank in ein gefährliches Grollen. »Das hat es am Bonner Hof noch nicht gegeben. Wer hat befohlen, den Fürsten so abzuschirmen? Von Roll sicher nicht, der ist tot. Wer? Etwa der Erste Minister? Nein ...«

Eilige Schritte hallten durch den Flur. Molitor sah an der Gräfin vorbei, nur ein Brauenheben, dann blickte er sie streng an. »Bitte, Madame, zeigt jetzt Verständnis. Bitte, tretet beiseite!«

Aloysia von Notthafft war von seinem Ton so überrascht, dass sie gehorchte. Zwei Herren: Baron von Magis aus der geheimen Kanzlei für auswärtige Angelegenheiten in Begleitung eines Klerikers. Ehe die Gräfin sich fasste, hatte Molitor ihnen bereits Einlass gewährt und war nach ihnen im Fürstentrakt verschwunden. Statt seiner bezog nun die Flurwache Posten vor der Flügeltür.

Aloysia gab auf. »Wieso Magis?«, flüsterte sie auf dem Weg zurück zur Kutsche vor sich hin. »Dieser Speckwanst! Der ist mir bisher noch gar nicht aufgefallen.«

Zart gestrichen liefen die Töne in Halbschritten hinauf, verharrten lang gezogen wie verloren ... und stiegen schweren Schritts hinab, bis der Bogen in der Tiefe mit einem Strich zwei Saiten nahm. Als die Schwingungen des Tons im Audienzsaal des alten Schlosses verklungen waren, straffte im Vorzimmer Geheimrat Baron von Magis die Aufschläge seines Rocks über dem spitz gewölbten Bauch. Schweiß überzog das rötliche Gesicht mit einer glänzenden Patina. »Ich glaube, jetzt ist es so weit«, raunte er dem Kleriker an seiner Seite zu. »Es wird eine Überraschung werden. Eine freudige dazu. Seit zwei Wochen schon hält tiefe Trauer unsern geliebten Herrn gefangen. Nichts vermochte ihn aufzuheitern. Durch Euch aber wird er zum ersten Mal wieder lächeln.« Im Eifer drückte er die Hand des Domdechanten und erntete dafür einen erstaunten Seitenblick, der ihn aber nicht davon abhielt, dem Gast aus Worms genaue Regieanweisungen zu geben. »Zunächst werde ich allein zum Fürsten hineingehen, von Euch berichten. Dann, auf mein Zeichen hin, wird Euch der Kammerdiener hereinführen. So erhält Euer Auftritt den größtmöglichen Effekt.«

»Werter Geheimrat, ich bin weder Landesfürst noch Schauspieler. Für beide mag solch ein Aufwand richtig sein.« Eine dunkle besonnene Stimme. In die Falten der Augenwinkel hatte sich leiser Spott eingenistet. »Glaubt Ihr nicht, dass für meine Person eine schlichte Ankündigung genügt?«

»Wo denkt Ihr hin, mein lieber Domdechant. Unser Fürst liebt die Bühne. In guten Tagen hat er sich sogar schon selbst als Schauspieler versucht. Stil und Inszenierung beeindrucken ihn.«

»Aber der Anlass meines Hierseins ist wahrhaftig nicht aus einer heiteren Laune geboren.«

Der Geheimrat tätschelte seinen Spitzbauch. »Vertraut mir. Jean François von Magis aus Lüttich weiß, was dem Gemüt seines Herrn jetzt fehlt.« Er schritt auf die Tür zu und bat Molitor, ihn zu melden.

Clemens August saß mit dem Rücken zum Fenster vor dem Notenständer. Die Viola da Gamba zwischen den Beinen, bestrich er die Bogenhaare mit Kolophonium. »Dieses Harz verhindert das unschöne Kratzen der Saiten. Was führt Euch her, Magis? Was ist so dringend, dass Ihr glaubt, mich in meiner Zurückgezogenheit stören zu dürfen?«

Tief verneigte sich der Geheimrat. »Verzeiht, Durchlaucht, als Euer ergebenster Diener leide ich mit Euch und habe nach Trost für Euch in diesen dunklen Stunden gesucht.«

»Ich habe keine Kraft für Geschwätz. Geht!«

»Bitte, schickt mich nicht fort. Hört mich an!«

Clemens August ließ den schon drohend erhobenen Bogen wieder sinken. »Eure Anteilnahme ehrt Euch. Fasst Euch bitte kurz.«

»Habt Dank.« Das Gesicht des Höflings war vor Erregung dunkelrot angelaufen. »Ich bin nur Vermittler. Trost findet Ihr ganz gewiss bei einem Manne, der selbst zutiefst von dem Verlust getroffen wurde. Nach Euch natürlich.« Der Blick des Fürsten erwachte. »Wen meint Ihr?« Geschickt nutzte Magis das gewonnene Interesse. »Kalt und nüchtern möchte ich die Art des von mir hochgeschätzten Obristhofmeisters und Ersten Ministers Graf Plettenberg umschreiben. Er sieht nur die Politik, denkt in großen Zusammenhängen, vor allem aber denkt und plant er den Ausbau der eigenen Macht. Dabei muss sein Blick für das Warme, Menschliche natürlich verkümmern.«

»Bitte, Baron Magis. Ihr mögt nicht so ganz falsch in der Beurteilung meines Ersten Ministers liegen, doch um aller Engel willen, wer hat Euch, der Ihr im Amt für auswärtige Fragen tätig seid, wer hat Euch danach gefragt? Und wen habt Ihr ...? Ihr meint doch nicht etwa ihn als Trostspender? Den Grafen Plettenberg?«

»Eure Verwunderung, allergnädigste Durchlaucht, verwundert mich nicht. Erlaubt mir, eines noch zu erwähnen, dann öffnet sich der Vorhang. Ich als Euer mitfühlender Diener habe keine Mühe gescheut, ich habe auf meine Kosten und Verantwortung Boten losgeschickt und den Mann überreden und herbringen lassen, der Eurem Herzen Linderung verschaffen kann.« Eine große Geste in Richtung Tür. »Allergnädigste Durchlaucht: Darf ich Euch den Domdechanten von Worms vorstellen. Es ist der ehrenwerte Baron Joseph Anton von Roll.«

Beide Flügel der Saaltür schwangen auf und in schlichter Ruhe betrat der Kleriker den Raum, blieb einige Schritte vor dem Notenpult stehen und neigte das Haupt. »Gott zum Gruße, Euer Gnaden.«

Nur langsam fasste sich der Fürstbischof. Ohne den Blick von dem Besucher zu lassen, stellte er das Instrument beiseite und erhob sich. »Ihr seid der Bruder des Verstorbenen? Der Bruder meines Johanns? Seid mir willkommen.« Immer noch benommen bot Clemens wie gewohnt seine beringte Rechte dar, bemerkte es und verzichtete mit einem entschuldigenden Seufzer auf die erzbischöfliche Geste. Dann reichte er dem Besucher wie einem Freund die Hand. »Von ganzem Herzen willkommen.«

»Habt Dank!« Mit festem Druck erwiderte der Domdechant von Worms den Gruß und zitierte aus der Bibel: »Gottes Wege sind unergründlich. So danke ich auch unserm Schöpfer, dass er uns hier und heute zusammengeführt hat.«

»Amen.« Baron Magis wollte mit energischem Räuspern an sein Mitwirken bei der göttlichen Fügung erinnern, fand aber keine Aufmerksamkeit.

Die Lippen des Fürsten vibrierten, dann zeigte sich ein vages Lächeln.
»So vieles, was mich bedrückt, ist bisher unausgesprochen geblieben.«
»Ich bin Euer Diener. Und möchte Beistand leisten. Gemeinsam könnten
wir nach Antworten auf Fragen suchen.«
»So seid Ihr nicht nur für einen kurzen Besuch nach Bonn gekommen?«
Joseph Anton von Roll hob die Brauen und nickte in Richtung des Barons.
»Herr von Magis ist mit meiner Familie gut bekannt. Er bat mich darum, einen
längeren Aufenthalt an Eurem Hof einzuplanen.«
»Wie vorausschauend.« Clemens bedachte den Vermittler mit einem offe-
nen Blick. »Eigenmächtig habt Ihr das Richtige getan. Mein Kompliment. Ich
werde Euch diese Überraschung nicht vergessen.«
Nun strömten Schweißbäche über die hochroten Wangen. Magis verneigte
sich, ging rückwärts, verneigte sich noch zweimal, ehe er die Tür erreichte,
dann eilte er mit wehenden Rockschößen aus dem Audienzsaal.
»Schokolade ...« Der Fürst dehnte das Wort, als wäre es lange nicht mehr
geübt. »Kann ich Euch mit heißer Schokolade eine Freude bereiten?«
»Wenn Ihr diese Freude teilt. Sehr gern.«

Zurück in der Residenz suchte Baron von Magis ohne Zögern eine der zahlrei-
chen Schreibstuben auf. »Besorge mir einen Kurier!« Damit schickte er den
Kontordiener fort und griff selbst nach Feder und Papier. Eilig kratzte der Kiel:

Hochverehrter Beschützer, geliebter Freund.

*Voller Stolz darf ich heute vermelden, dass ich einen großen Schritt in die Nähe
Seiner Kurfürstlichen Durchlaucht getan habe. Indem ich den Bruder des verstorbenen Roll aus Worms herbeischaffte, war S.K.D. so gerührt, dass ich gleichzeitig
einige erste scharfe Worte über Graf Plettenberg anbringen konnte, die durchaus
auf fruchtbaren Boden fielen. Und mehr werden bald folgen. Ich versichere Euch,
geliebter Freund, dass nun die Verwirklichung unseres Plans einen guten Anfang
genommen hat ...*

Eine Stunde später überreichte Magis das versiegelte Couvert nahe den Stallungen persönlich dem Kurier. »Nach Wetzlar. Der Präsident des Reichskam-
mergerichts, Graf von Virment, wartet dringend auf diese Depesche. Bei deiner Rückkehr meldest du dich sofort bei mir. Guten Ritt!«
Er wartete, bis der Kurier die Torwachen passiert hatte, dann kehrte er mit
zufriedener Miene ins Schloss zurück.

Margaretha folgte dem Zwerg die engen Treppen hinauf. Wie düster es hier ist. Ich dachte, in einem Schloss gäb es überall nur Lichter, und glitzern würde es an den Wänden vom vielen Gold und Silber. Aber hier bröckelt der Putz und sauber ist es auch nicht. Und dafür hab ich mein gelbes Sonntagskleid angezogen? Von oben näherte sich Getrappel.

Albert schnippte ihr.»Rasch. Drück dich an die Wand.«

Sie hatte kaum Zeit, dem Befehl zu folgen, als vier livrierte Diener an ihnen vorbeistürzten und am unteren Treppenabsatz verschwanden.»Die haben es aber eilig?«

Albert zog sie weiter.»Sobald ein Klingelzeichen ertönt, heißt es rennen und auf dem kürzesten Weg, so schnell wie möglich, zur Stelle zu sein. Für die Dienerschaft gibt es, verborgen hinter den Wänden, ein Labyrinth von Stiegen und Gängen. Und jeder Saal hat allein nur für sie einen verschwiegenen Zugang.«

»Das ist ja wie ein Fuchsbau?«

»Schlimmer noch.«

»Und da findet sich jeder zurecht?«

Ein leises Lachen.»Nur wenige. Die meisten Diener kennen nur ihren Bereich. Zum Beispiel Aufstieg und Gang von der Küche zum Speisesaal.«

»Und du?«

Keine Antwort. Dafür geriet der Schritt der kurzen Beine beinahe ins Tänzelnde. So führte Albert seinen Gast durch den oberen, etwas breiteren Flur und öffnete eine Tür.»Hier wirst du später übernachten. Meine Wohnung schließt sich gleich an. Du bist also wie versprochen nicht allein. Lege dein Bündel ab und richte dich etwas her. Doch trödle nicht, in einer halben Stunde musst du vor dem Untersuchungsausschuss erscheinen. Sobald du so weit bist, klopfe bei mir. Ich bringe dich dann hinunter.« Damit ging er weiter und verschwand durch die Nebentür.

Margaretha betrat die Kammer. Ein Bett, neben dem Stuhl der Nachttopf und auf der Kommode unter dem Dachfenster stand die Waschschüssel.»Da muss ich aber noch viel zur Einrichtung dazulügen, sonst glaubt mir in Brühl keiner, dass ich im Bonner Schloss übernachtet habe.«

Vor dem Vernehmungszimmer herrschte Geschäftigkeit. Damen und Kavaliere bunt gemischt. Umweht von einer Duftwolke aus Parfüm und Puder standen sie zu zweit oder in Gruppen beieinander, diskutierten, lachten über Scherze und ließen sich von den Dienern Getränke reichen.»Es ist noch Pause«, klärte Albert das Mädchen auf.

»Wollen die alle mich was fragen?«

»Aber nein. Diese vier Herren dort ...« Er deutete unauffällig zur Mitte des Flurs.»Sie werden die Vernehmung durchführen.«

»Und was machen die anderen hier?«

»Herumhorchen. Jeder hofft darauf, eine Information aufzuschnappen. Möglichst als Erster. Das ist wichtig bei Hofe. Aber das soll dich nicht kümmern.«

»Bist du auch so einer?«

Albert lächelte und führte sie zu einer Bank. »Setze dich bitte und warte! Ich besorge dir eine Limonade. Bin gleich zurück.«

Nach wenigen Schritten schon hatte sie den kleinen Mann zwischen all den hochgewachsenen Herren und üppig gekleideten Damen aus den Augen verloren.

»Sieh an. Welch eine Überraschung!« Der Klang der Stimme traf Margaretha ins Mark. Kaum wagte sie den Kopf zu drehen. Der furchtbare Kerl mit der Kinnnarbe war es. Diesmal in einer Uniform. Breit grinste er. Gleichzeitig spürte sie, wie seine Hand über ihre Schulter glitt, sich die Fingernägel in ihren Nacken krallten. »Mein Herr will wissen, ob du nicht vergessen hast, was du sagen sollst?« Das Grinsen blieb, schmerzhafter wurde der Griff. »Du weißt, was dir und deiner Mutter sonst blüht?«

»Ich ...« Jetzt erkannte sie auch, nur wenige Schritte von ihrer Bank entfernt, den feinen Baron, der sie am Tatort beschimpft hatte. Heftig schluckte sie. »Ich hab's nicht vergessen.«

»Braves Kind.« Der Knecht gab ihren Nacken frei und schlenderte davon.

»Was wollte er?« Von der anderen Seite näherte sich Albert mit der Limonade.

»Nichts. Ich ... ich. Er hat nur gefragt, was ich hier mache.« Prüfend sah Albert sie an. »Das war alles?«

»Ganz bestimmt.«

»Das war doch der Diener von Baron Burgau? Dieser Peter Stumpff?«

Margaretha zitterte und Limonade schwappte über ihre Hand. »Bitte ... ich weiß es nicht.« In hastigen Schlucken leerte sie das Glas.

Nachdenklich rieb sich Albert die Nase. Ehe er weiter nachfragen konnte, ging ein Lakai mit der Glocke herum. Die Pause war beendet. »Du bist jetzt an der Reihe.«

»Lass mich nicht allein!«

Er schüttelte den großen Kopf. »Ich würde gerne dabei sein. Aber das ist nicht erlaubt. Geh nur. Und bitte, sage genau, was du beobachtet hast.«

Alle drei Namen konnte sie sich nicht merken. Der mir die anderen vorgestellt hat, der in der Mitte, der heißt Baron von Droste, den behalte ich. Margaretha wagte noch einen Blick. Der trägt zwar auch eine silberne Perücke wie die andern, aber sein schön gezwirbelter schwarzer Schnauzbart, der gefällt mir.

Die Herren hinter dem langen Tisch schwiegen, warteten, bis Protokollführer Fehringer den neuen Zeugenbogen beschriftet hatte. Dann richtete Baron von Droste den Finger auf sie. »Du weißt, aus welchem Grunde du hier bist?«

»Ja, Herr. Ich soll sagen, was ich gesehen habe.«

»Und zwar alles, woran du dich erinnern kannst. Selbst die kleinste Kleinigkeit. Auch wenn sie dir selbst ganz unwichtig erscheint, berichte von ihr. Meine Kollegen und ich hören dir gerne zu. Haben wir uns verstanden?«

»Ja, Herr.«

»Gut so. Dann beginnen wir. Warum warst du an jenem Dienstagmorgen, dem fünften Mai, in der Baumwiese vor dem Kölntor?«

»Wegen unserer Gänse ... Nein, verzeiht, Schuld hat die Mutter, die hat mich geschickt.«

Die Spitzen des Schnauzbartes zuckten leicht. »Bitte versuche, dich klar auszudrücken.«

»Gleich, Herr.« Fest faltete Margaretha die Hände auf den Knien und atmete tief ein: »Auf Befehl meiner Mutter – sie heißt Frau Hildegund Contzen – musste ich Brennnesseln für unsere Gänse rupfen. Und in der Baumwiese zwischen den Holundersträuchern gab es viele Brennnesseln, das wusste ich.« Sie sah den Vorsitzenden an: »War das richtig?«

»Nur weiter so. Was geschah dann?«

Margaretha heftete den Blick auf die Tischkante, um nicht durcheinanderzukommen. »Vorher waren schon zwei Herren mit Knechten den Weg entlang durch die Gärten gekommen. Und gleich drauf haben weiter hinten beim Kreuz die anderen drei ihre Gäule festgemacht. Und weil ich an denen nicht vorbei wollte – man weiß ja nie, was die vom Hof für eine Laune haben –, da bin ich lieber zur Baumwiese rüber und hab nicht mehr hingeschaut.«

Baron von Droste pochte ermahnend mit den Faustknöcheln auf die Tischplatte. »Willst du sagen, du hast dann nichts mehr gesehen?«

Nur kurz hob sie die Augen. »Erst später wieder.« Sie öffnete die gefalteten Hände und verschränkte die Finger erneut. »Ich rupfe also Brennnesseln. Da höre ich mit einem Mal zwei Herren mitten im Baumgarten ...«

»Wer war es? Kannst du sie beschreiben?«

»Der eine war kurz von Positur. Und eine schwarze Perücke hat er gehabt. Der andere hatte längere Haare, war größer. Und der hat genau wie auch der andere den blauen Rock angehabt, den von den Falkonieren von unserm Fürsten. Beide ... ja, beide hatten den an.« Sie berichtete von ihrer Furcht, vom Versteck hinter dem Holunderstrauch und dass sich die Kämpfenden immer näher auf sie zubewegt hatten.

»Ist noch ein Herr in der Nähe gewesen?«

»Zwei. Aber die haben sich ziemlich weit weg von denen gehalten. Bestimmt aus Angst, dass sie was abkriegen.«

»Hat keiner versucht, die Duellanten zu trennen?«

Kurz lachte Margaretha. »Aber nein, war doch viel zu gefährlich. So wie die aufeinander eingeschlagen haben.« Sie stockte, dachte an die Drohung des Narbenkinns und was er ihr befohlen hatte.

»Oder ...? Doch einer, der Herr mit dem Spitzgesicht, hat was gerufen. Aufhören oder so.«

»Das scheint mir kein ernst gemeinter Versuch gewesen zu sein.« Der Vorsitzende schnippte dem Protokollführer zu. »Keiner der Sekundanten hat versucht, das Duell zu verhindern oder zu unterbrechen. Bitte, Fehringer, unterstreicht diesen Passus.« Ein Wink zur Zeugin. »Wie ging es dann weiter?«

»Als der Große an der Stirn geblutet hat, da hat der Kleinere gesagt: Genug. Hören wir auf. Und dann haben sie die Klingen weggesteckt, aber dann ...«, Margaretha brach ab, starrte auf die Tischkante.

Leise ermahnte Baron von Droste: »Erzähle es nur!«

Sie blies nach der Locke vor ihrer Stirn. »Also, der Kleinere hat gleich seine Waffe eingesteckt. Ganz rein in die Scheide. Und der andere nur halb, so als würde er warten, und dann hat er sie schnell wieder rausgerissen und sofort den kürzeren Mann von unten rauf in die Seite gestochen. Der ist dann noch ein paar Schritte und dann ist er hingefallen.«

Die Herren hinter dem Tisch tauschten ernste Blicke. Baron von Droste zwirbelte an einer Bartspitze.

»Glaubt mir, so hab ich es gesehen, Herr.«

»Demonstrieren wir es.« Der Vorsitzende erhob sich und kam um den Tisch. Margaretha wehrte mit beiden Händen ab. »Kommt nicht näher. Bitte, Herr. Ich weiß nicht, was Ihr meint, aber ich will es nicht.«

»Keine Angst. Schau nur her. Ich bin jetzt der kleinere Herr.« Er drehte schwungvoll den Oberkörper nach links. »Jetzt stecke ich meinen Degen weg. Und in diesem Moment hat dann der andere zugestochen?«

»Sag ich doch. Genau so war es.«

Der Vorsitzende deutete auf den Protokollführer. »Halten wir fest. Nach Aussage der Zeugin hatte Komtur von Roll demnach den Kampf bereits beendet, als er von seinem Gegner den tödlichen Stich erhielt.« Er blieb neben Margaretha stehen. »Was dann?«

»Der gestochen hat, ist dann gleich mit dem einen von den anderen, die auf dem Weg waren, weggegangen.«

»Gab es danach noch etwas Besonderes? Etwas, was dir aufgefallen ist?«

»Nein.« Viel zu schnell war es ihr rausgerutscht. Margaretha schluckte, sie senkte den Kopf. »Gar nichts.«

»Hast du gesehen, wie der Verletzte gestorben ist?«

Diese Frage. Wie einen Stich spürte sie Margaretha bis in den Magen. Sag nichts, sag nur nichts vom Dolch. Langsam nickte sie. »Als dann auch einer von den beiden Herren, die mit in der Baumwiese waren, als auch der weggelaufen war, da hat sich der übrig gebliebene Herr mit dem Spitzgesicht zu dem Verletzten hingekniet ..., hat ihn ... nur gehalten, bis der kurze Mann ganz friedlich in seinen Armen verstorben ist.« Sie atmete erleichtert. »So war es.«

Baron von Droste tätschelte ihre Schulter. »Du hast uns sehr geholfen. Für den Fall, dass wir dich noch einmal benötigen, haben wir deine Adresse. Du darfst dich entfernen.«

Den Kopf gesenkt, knickste sie vor ihm, und noch einen Knicks für die anderen Herren, dann huschte sie zur Tür. Der Saaldiener hatte die Tür schon geöffnet, als sie innehielt und sich umdrehte.

»Und ...? Verzeiht, aber was bekomme ich?«

Baron von Droste runzelte die Stirn. »Wovon sprichst du?«

Ehe sie antworten konnte, fühlte sie den festen Griff an ihrem Arm. »Schweig«, flüsterte Albert neben ihr und sagte laut zu den Herren im Vernehmungszimmer: »Zeugengeld. Der Fürst hat jedem Zeugen einen Groschen zugesagt. Ich bringe das Fräulein zur Hofkasse.« Damit zog er sie mit sich in den Flur.

»Nur einen Groschen?«, beschwerte sich Margaretha.

»Still!«, befahl der Zwerg. »Wir reden später darüber.«

Baron von Burgau stand vor ihnen. »Zurück aus der Löwengrube? Und hat sich das Fräulein auch brav an alles erinnert?« Margaretha sah hinter dem Herrn das Grinsen des Dieners, hörte das hässliche Knacken, mit dem er seine Fingerknöchel nacheinander eindrückte, und schwieg.

Albert blickte zu dem Leutnant auf. »Mit Verlaub. Ich wusste gar nicht, dass Ihr ebenfalls mit der Untersuchung betraut wurdet?«

Im Rücken des Kavaliers knurrte der Diener. »Halt's Maul!« Gleich brachte ihn ein Wink Burgaus zum Schweigen. Von oben lächelte er den Zwerg an. »Diese ganze Befragung ist überflüssig. Da werden Leute aus dem gemeinen Volk gehört. Leute, die kaum schreiben und lesen können. Was für ein Aufwand! Ich allein kenne den Hergang des Unglücks von Beginn an bis zum Ende. Das sollte genügen.«

Leicht verneigte sich Albert. »Demnach verpflichtet Bildung zur Wahrheitsliebe. Ihr seid ein Kämpfer für die Moral an diesem Hof. Wie vorbildhaft.«

»Was? Wovon redest du?«

»Vereinfacht ausgedrückt: Ihr werdet gewiss mit großer Spannung von den Herren des Ausschusses erwartet.« Damit führte er Margaretha weiter.

Im Vernehmungszimmer herrschte frostige Stimmung. Seit gut einer Viertelstunde verlangte Hubert von Burgau zu erfahren, welche Aussagen der Kommission schon vorlagen, ehe er selbst den Hergang der Tat schildern wollte. »Schon Bekanntes wieder und wieder zu erzählen, halte ich für Zeitverschwendung.«

Baron von Droste bemühte sich, die Fassung zu bewahren. »Leutnant, es ist unsere Aufgabe, die Wahrheit zu finden.«

»Sehr ehrenwert. Sagt mir, was gesagt wurde, und ich sage, ob es wahr ist.«

Nach kurzer leiser Beratung mit den Beisitzern bot der Vorsitzende an, die schriftlichen Aussagen Generals von der Lippe und des jungen Freiherrn von Zweiffel vom Protokollführer vorlesen zu lassen. »Das wären die wichtigsten Berichte. An den anderen zufälligen Zeugen seid Ihr sicher nicht interessiert.«

Burgau hob die Hand zum Protest, ließ sie aber gleich wieder sinken. »Gewiss nicht«, sagte er wenig überzeugend.

Nachdem Fehringer geendet hatte, räusperte sich Baron von Droste: »Nun, Leutnant? Möchtet Ihr Euch zu den Erklärungen äußern?«

»Zunächst bestätige ich die Ehrenhaftigkeit der beiden Herren. Außerdem bestätige ich, dass von Roll gleich zu Beginn des Duells den unglücklichen Stoß erhalten hat. Nicht gesehen habe ich, dass Lippe oder Zweiffel die Kämpfenden auseinandergebracht haben. Ich allein habe immer wieder versucht, sie zu trennen, was aber wegen der Wut von Rolls nicht gelungen ist.«

»Wie kam es zu der Verwundung?«

»Zunächst hat Roll den Beverförde bis an die Sträucher zurückgedrängt. Dabei habe ich mich gewundert, dass sich Beverförde nur eine Schramme am Kopf eingehandelt hat und nicht mehr. Ich kann aber nicht sagen, ob Roll selbst in den Degen gelaufen ist oder ob Beverförde ihm den Stich versetzt hat.«

Baron von Droste kratzte nachdenklich in den Brauenbüschen über den Augen. »Ist die tödliche Verletzung also nicht zu dem Zeitpunkt geschehen, als der Komtur seinen Degen bereits wieder einsteckte?«

Burgau fuhr hoch. »Wer sagt das? Unglaublich. Den Stich hat Herr von Roll während des Fechtens bekommen.« Er schlug mit der flachen Hand auf den Tisch. »Eine infame Schweinerei ist das! Wer behauptet, dass Roll den Stich bekommen hat, als er seinen Degen schon in der Scheide hatte, der ist ein Schuft, ein Erzverleumder, den sollte der Teufel ...«

»Bitte, Leutnant!«, ermahnte der Vorsitzende. »Bitte beruhigt Euch. Wir haben Eure Empörung notiert.«

»Und überhaupt ... Ich selbst habe den Degen Rolls vor dem Holunder-strauch liegen sehen. Daran erinnere ich mich genau.«

»So?« Ein Fingerzeig an den Protokollführer. »Auch das werden wir festhal-ten.«

Nase und Kinn des Leutnants vibrierten. »Ihr werdet doch wohl nicht der Aussage dieser beiden Landstreicher irgendwelche Bedeutung beimessen? Vor allem nicht dieser Bauerndirne. Ganz gleich, was sie über den Hergang erzählt.«

»Seid unbesorgt, wir sind unserer Aufgabe gewachsen.« Baron von Droste lächelte dünn dem Zeugen zu. »Das war es schon. Habt Dank für Eure Mühe.«

»Stets zu Diensten.« Burgau rückte am Gürtel seiner Uniform. »Denke, der bedauerliche Vorfall ist nun zur Zufriedenheit aufgeklärt. Wünsche noch ei-nen guten Tag.« Mit bemüht hartem Schritt verließ er die Kommission.

Als die Tür sich geschlossen hatte, blickte Baron von Droste nach rechts und links. »Sonderbar, meine Herren. Ein einheitliches Bild lässt sich nicht finden. Zu sehr unterscheiden sich die Ausführungen der adeligen Zeugen und ihrer Knechte von denen der drei zufällig anwesenden Zuschauer des Dramas. Wer deckt von den Kavalieren wen? Gottlob wird eine endgültige Bewertung der Sachlage nicht von uns erwartet. Wohl aber eine Empfehlung. Und dazu, liebe Freunde, müssen wir uns nun durchringen.«

Auf der Rückfahrt von Bonn am nächsten Morgen rutschte Margaretha vorn auf der Kante der Bank hin und her. Verflucht, ich kann nicht still sitzen. Ne-ben ihr lehnte der Zwerg mit halb geschlossenen Lidern tief im Polster, und weil die Beine so kurz waren, ragten die Schuhe mit den grünen Samtschmet-terlingen einfach gerade nach vorne raus. Wie kann der jetzt so ruhig sein?

Draußen regnete es. Verwaschen und blass wirkte das Weiß der Baumblüte. Ist mir egal. Ich sehe heute nur bunt. Wenn ich doch nur dürfte. Einmal nur, und gleich wär's mir besser.

Vorhin bei der Morgensuppe in der großen Schlossküche hatte sich Albert ge-räuspert und die Hand auf ihren Arm gelegt. »Unser gnädiger Fürst ist sehr zufrieden mit dir. Er hat mir aufgetragen, für deine Zukunft zu sorgen.«

Sie hatte noch überlegt, ob sie den Arm wegziehen sollte, hatte es dann aber vergessen. »Wieso? Woher kennt der gnädige Herr mich denn?«

»Ich habe ihm von deiner Zeugenaussage berichtet.«

»Wer's glaubt ...?«

»Es ist so.« Albert hatte leicht gelächelt. »Vertrau mir!«

Seine Augen sind nicht nur grün, die haben auch noch einen goldbraunen Rand. Ohne es zu wollen, hatte auch Margaretha gelächelt.

»Na ja, Angst hab ich bei dir nicht.«

Warm war die Hand auf ihrer Haut gewesen. »Kommen wir zu deiner Belohnung. Ich biete dir eine Stellung hier in der Residenz an.«

»Was? Schön wär's. Jede von uns Mädchen will ins Schloss, aber nur, um dort zu arbeiten. Und das schafft man nicht ohne Beziehung.« Vorsichtshalber hatte sie nun doch den Arm an sich gezogen. »Ich bin zwar jung, aber nicht blöde. Möchte nicht wissen, wie viele junge Frauen sich mit Versprechungen anlocken lassen. Und ehe sie sich versehen, werden sie nackt in einen Käfig gesperrt. Genug zu essen gibt es, aber jede Nacht werden sie dann von einem der feinen Herren ins Bett geholt. Nein danke. Nicht mit mir.«

»Deine Fantasie ...«

»Von wegen ausgedacht. Das hab ich gehört.«

»Du machst es mir wirklich nicht leicht. Ich biete dir eine Arbeitsstelle. Wenn du einwilligst, dann wird es auch einen Vertrag geben, unterschrieben und gesiegelt. Nein, keine Unterbrechung mehr, jetzt rede ich. Also, du hast sogar die Wahl. Entweder kannst du in die Wäscherei, dort wird auch genäht und gestickt. Oder du kannst in die Küche. Du musst dich nicht sofort entscheiden. Aber bis wir in Brühl sind, möchte ich eine Antwort.«

»Da gibt es nichts zu überlegen.« Margaretha hatte tief durch die Nase geatmet. Obwohl es noch Morgen war, duftete es von den Feuerstellen her schon nach Braten, nach Gewürzen und Köstlichkeiten, die sie nicht kannte. »Hier könnt ich bleiben. Köchin, das wär was für mich.«

»Gut. Einverstanden.« Einfach so.

Sie hatte ihn angestarrt. »Wirklich?« Und als er genickt hatte, war ihr mit einem Mal ganz leer im Bauch geworden. Sie hatte schlucken müssen und gleich darauf war ihr im Gesicht heiß geworden. Sie hatte schreien wollen, doch ehe ein Ton kam, war Albert bei ihr und hatte ihr den Mund zugehalten. »Still. Keinen Lärm.« Ein Blick über die Schulter, niemand in der Küche war aufmerksam geworden. »Du bist hier als Zeugin eines Unglücks«, hatte er geflüstert. »Das ist kein Grund zur Freude.« Nur vorsichtig hatte er ihre Lippen frei gegeben.

Sie war außer Atem gewesen. »Aber ich muss doch ...«

»Nicht hier. Frühestens, wenn wir in der Nähe von Brühl sind.«

Margaretha wischte an der Scheibe des Kutschfensters. Auf der Anhöhe sah sie das Kloster Walberberg. Wir sind an Bornheim schon vorbei. Das ist wirklich weit genug weg von Bonn. Köchin. Sie atmete tief ein, dachte noch, ich glaub's zwar noch nicht wirklich, aber ich werde Köchin. Dann drängte aus tiefstem Herzen der Jubelschrei hinaus.

Albert schreckte hoch. »Gott steh uns bei!«

Sie lachte ihn an. »Jetzt geht's mir besser.« Ihre Stirn krauste sich. »Und wenn die Mutter auch noch einverstanden ist, dann geht es mir erst recht besser.«

Albert wollte noch etwas zu dem Lärmen sagen, sah aber ihr Strahlen und verschob es auf später.

5

»Dlexisti iustitiam et odisti iniquitatem: propterea unxit te Deus, Deus tuus, oleo laetitiae prae consortibus tuis ...« Mit getragenem Singsang eröffnete Clemens August vorn am Altar die Messe. Domdechant Anton von Roll trat hinzu und las aus dem Psalm:»Von guter Rede strömet über mein Herz; ich weihe mein Werk dem König ...« Und beide schauten hinauf und priesen:»Gloria Patri ...«

In der letzten Bank der kleinen Kapelle seufzten Molitor und Albert und sahen einander erleichtert an. Es war wieder geschafft: Ohne Aufsehen bei den Frühaufstehern Bonns zu erregen, hatte die schlichte Kutsche noch vor Sonnenaufgang den Weg vom alten Schloss in Poppelsdorf hinunter bis zur Residenz zurückgelegt. Unbemerkt von Höflingen war der Fürstbischof mit Domdechant Joseph Anton von Roll aus dem Wagen direkt in die kleine Lorettokapelle an der Schlosskirche gelangt, um dort gemeinsam die Messe zu zelebrieren.

Seit einer Woche schon verlangte Clemens August, auf diese Weise den Morgen zu beginnen.»Niemand bei Hofe darf erfahren, dass ich mein Trauerhaus verlasse. Sorgt, dass wir ungestört von Neugierigen bleiben.«

Der Befehl war kurz und klar, er galt seinen beiden vertrauten Dienern. Ihnen aber raubte die Durchführung den halben Nachtschlaf. Während Albert beim ersten Morgengrauen für jede Fahrt einen anderen Wagen herbeischaffte und dem Kutscher für seine Verschwiegenheit Geld zusteckte, außerdem die Torwachen verständigte und auch ihnen bei Androhung harter Strafen absolutes Schweigen verordnete, hing Molitor zur selben Zeit im Uniformzimmer die erzbischöflichen Gewänder heraus und beachtete dabei genau, welche liturgische Farbe für den Tag vorgeschrieben war. Gegen vier Uhr hatte er dann den Fürsten zu wecken. »Eure Durchlaucht, guten Morgen.« Beim ersten Räkeln nannte er Datum und Wochentag, hiernach das Wetter. War es schlecht, umschrieb er es, so gut er Worte fand, war es schön, so kostete es ihn weniger Mühe.

Trotz der tiefen Trauer legte Clemens August großen Wert auf sein Äußeres. »Ein Bad nur nach Bedarf, dennoch soll meine Haut stets rein und gesund sein.«

Heute hatte ihn Molitor von Kopf bis Fuß mit feuchten Lappen abgerieben und sich mit besonderer Gründlichkeit den Körpernischen widmen müssen. In der Erinnerung runzelte der Kammerdiener die Stirn. Als vorn am Altar sein Herr mit klarer Stimme den Gesang anstimmte: »Erhebe Dich in Deiner Hoheit und Pracht! Selig ziehe dahin und besitze das Reich ...«, neigte er sich zu Albert. »Etwas beunruhigt mich.«

»Nicht nötig. Das Pallium sitzt fest um die Schultern. Für heute gilt die Farbe Weiß. Also, sei ganz entspannt.«

»Mantel und Mitra sind in Ordnung. Ich meine das Nachthemd.«

Sie hielten inne, schwiegen, bis sich nach dem Stillegebet die beiden Geistlichen wieder aufrichteten. »Alleluja, Alleluja ...« Warm und voll schwang die Bassstimme des Domdechanten durch den kleinen Gottesraum. »Adducentur regi virgines post eam ...«

Albert tippte Molitor auf den Arm. »Was ist mit dem Hemd?«

»Flecken. In der Mitte noch feucht, aber an den Rändern schon getrocknet. Da war der Stoff ganz hart.«

»Dafür gibt's doch eine einfache Erklärung.« Albert unterdrückte das Schmunzeln und flüsterte: »Wirst du alt? Seit wann sorgst du dich um Freudenflecken?«

»Die wären tiefer unten im Hemd. Diese Flecken sind aber in Brusthöhe. Genau da, wo sich die Warzen befinden.«

»Was?« Mit einem Ruck hob Albert den Kopf: »Was sagst du?« Viel zu laut, er presste die Hand vor den Mund, vergewisserte sich nach vorn und wartete. Nein, er hatte die Messfeier nicht gestört. Gerade war die Kommunion beendet und der Fürst richtete den Blick zum bemalten Gewölbehimmel. »Herr, Du hast Deine Familie mit den heiligen Gaben gesättigt ...«

Erst jetzt wagte Albert zu fragen: »Diese Flecken? Blut?«

Leichtes Kopfschütteln. »Gelblich wie eingetrocknete Milch.«

»Großer Gott.« In den Schreck mischte sich Unglaube.

Zur selben Zeit spendete der Fürstbischof den Segen auch in Richtung seiner Diener: »Benedicat vos omnipotens Deus: Pater et Filius et Spiritus Sanctus.«

Vernehmlich bekräftigten Zwerg und Kammerdiener die göttliche Gnade mit dem gemeinsamen:»Amen.«

Keine Zeit blieb jetzt.»Wir sprechen später darüber«, raunte Albert und beide eilten zum Altar, schlüpften noch vor den Geistlichen in die Sakristei und von dort durch eine schmale Tür ins verschwiegene Besprechungszimmer.

Der Tisch war eingedeckt. Ohne höfisches Gepränge, bescheiden und einfach wie befohlen: Zwei silberne Kerzenleuchter spendeten mildes Licht. Die Porzellanterrine war übervoll mit frisch gepflückten Erdbeeren. Warmer Kuchen stand bereit. Duft von heißer Schokolade entstieg der Kanne. Gebratene Hühnerschenkel häuften sich auf einer Silberplatte. Molitor zeigte sich zufrieden. Albert begann mit dem Vorkosten. Er wählte einen der obersten Schenkel, kaute, drückte das Fleisch lange mit der Zunge gegen den Oberkiefer. Nichts brannte, nichts Bitteres, kein ungewöhnlicher Geschmack stellte sich ein. Dann kostete er, stets im Wechsel mit einem Schluck Wasser, von der heißen Schokolade, dem Kuchen und den Erdbeeren. Als die Herren ins Gespräch vertieft den Raum betraten, stand Albert bereits wieder neben dem Kammerdiener an der Wand, schluckte noch unauffällig den letzten Bissen herunter.

»Lieber Freund, ich weiß nicht, ob ich schon die Kraft für solch einen Ausflug habe.«

Clemens August hatte Mitra und Pallium in der Sakristei zurückgelassen, auch Domdechant Roll war barhäuptig und ohne Kasel, beide trugen nur das weiße, an der Hüfte mit dem Zingulum gebundene Kleid.

»Wir schreiben heute Freitag, den neunundzwanzigsten Mai. Die körperliche Kraft habt Ihr inzwischen gewiss wiedererlangt, Durchlaucht. Wenn nun auch der Wille hinzukäme, wäre die Fahrt nach Brühl sicher ein großer Schritt aus der Traurigkeit. Ihr habt mir so viel von Euren großartigen Bauvorhaben erzählt, dass ich darauf brenne, Schloss Augustusburg und auch das Kleinod Schloss Falkenlust mit eigenen Augen zu sehen und direkt vor Ort aus Eurem Munde zu hören, welche Pläne noch verwirklicht werden sollen.«

Bei der Erwähnung seiner Schlösser öffnete ein Lächeln das Gesicht des Fürsten.»Es ist wahr – nach der Musik erfreut die Architektur mein Herz. So setzt Euch doch, lieber Freund. Ich liebe es, hier in der schlichten Kammer mit Euch zu speisen. Bitte greift zu!«

Er selbst nahm eine Erdbeere, die Süße verführte, und so aß er gleich eine Handvoll Früchte hintereinander. Noch kauend sagte er:»Ihr meint, ich müsste mich endlich überwinden?«

»Mir steht es nicht zu, Euch vorzuschreiben ...«

»Schon gut. Dieses Recht nehmt Euch von Herzen gern heraus.« Clemens griff nach einem Hühnerschenkel. Erst war es nur ein kleiner Biss, dann aber schlug er die Zähne ins Fleisch, riss Stücke ab, kaute kaum und würgte sie hinunter. Fremdes Feuer glomm in den Augen.

Albert sah die Veränderung und hielt den Atem an. Kein Gift, beruhigte er sich, es ist gutes Fleisch.

Jäher Heißhunger überkam den Fürsten. Erst nachdem er den zweiten, auch den dritten Schenkel verschlungen hatte, bemerkte er den erstaunten Blick des Domdechanten und nahm wie ertappt das Tuch, wischte sich Mund und Finger.

Die Spannung fiel von ihm ab, die Glut erlosch, im Plauderton erkundigte er sich:»Wisst Ihr, wie viele Küken ein hungriger Adler in einer Minute verschlingen kann? Mein Falkenmeister hat mitgezählt. Er berichtet von sieben. Stellt Euch vor, sieben Küken!«

»Erstaunlich.« Der Domdechant führte ein kleines Kuchenstück zum Mund und wechselte das Thema:»Sollten nicht wie jeden Morgen auch Freiherr von Wolff-Metternich und mein Bruder Ignatius an unserm heimlichen Mahl teilnehmen? Sie warten sicher ungeduldig vor der Tür.«

»Mag sein. Heute aber möchte ich allein bleiben. Nur mit Euch.« Clemens schnippte.

Gleich trat Molitor näher.

»Sage den beiden Kavalieren da draußen, sie müssten heute verzichten. Warte ... Und bestelle ihnen, sie sollten sich ohne jedes Aufsehen für morgen bereithalten, um mich und den Domdechanten nach Brühl zu begleiten.«

Während der Kammerdiener hinausging, breitete Clemens die Arme aus und legte die offenen Hände auf den Tisch.»Nun? Seid Ihr zufrieden mit mir?«

»Aber, Durchlaucht, Ihr beschämt mich.«

»Nicht doch. Ihr seid mir sehr wertvoll. Ich schätze Eure Meinung über alle Maßen. Gerade jetzt brauche ich Menschen um mich, denen ich vertrauen kann. Deshalb befolgte ich gerne Euren klugen Rat, auch Euren Bruder Ignatius von Roll an meinen Hof zu berufen. Über ihn werde ich später noch sprechen. Zunächst sollt Ihr wissen, dass ich zum Zeichen meiner Treue Eurer Familie gegenüber auch alle Knechte meines geliebten Johann weiter in Lohn und Brot am Bonner Hofe beschäftigen werde.« Allein die Erwähnung des Namens ließen die Tränen steigen.

Der Domdechant schenkte von der heißen Schokolade ein. Clemens schlürfte und sah zum schmalen Fenster. Nach einer Weile stellte er die Tasse zurück.»Ich muss Klarheit haben, vielleicht werde ich dann zumindest wieder schlafen können. Heute Nachmittag plane ich, drüben im alten Schloss eine Audienz abzuhalten. Baron von Droste soll mir das Ergebnis der

Untersuchungskommission vortragen und im Anschluss daran will mir Baron von Magis unbedingt wieder seine Aufwartung machen. Seit er mir Euch beschert hat – wofür ich ihm wirklich dankbar bin –, nutzt er meine Gunst weidlich aus.«

»Und morgen fahren wir nach Brühl.« Der Domdechant sah den Fürsten mit großem Ernst an. »Ich hoffe so sehr, dass die Rückkehr an diesen Ort Eure Seele von den Fesseln befreien wird.«

Ein Brief aus Bayern! Noch vor der Audienz überreichte der Hofmarschall im Privatgemach das Schreiben auf einem silbernen Tablett.

»Endlich.« Clemens seufzte auf. »Sie hat geantwortet. Seit Tagen warte ich schon voller Ungeduld.« Hastig griff er nach dem Brief, sah das Siegel und die Schultern sanken. »Merde. Nur von meinem Bruder.« Er warf das Couvert zurück und presste die Faust unters Kinn. »Warum von ihm? Und nicht von ihr?«

Er sah den Hofmarschall an. »Wie viele Tage benötigt eine Depesche von Kaufbeuren länger nach Bonn als eine von München?«

»Durchlaucht, ich weiß es nicht, vielleicht ...«

»Ach, schweig!« Clemens schnippte seinem Zwerg. »Was meinst du?«

»Die Eilkuriere des gnädigen Kurfürsten Karl Albrecht sind handverlesen und sicher schneller als die gewöhnlichen Reiter, welche den Brief der ehrwürdigen Nonne transportieren.«

»Hör auf mich beruhigen zu wollen, sonst ...«

»Verzeiht!« Um Albert zu schützen, trat Domdechant von Roll rasch einen Schritt vor und neigte leicht den Kopf. »Verzeiht, aber Ihr habt mir Neugierde befohlen. Deshalb frage ich: Von welcher Nonne ist die Rede?«

»Nicht nur eine Nonne – sie ist die ehrwürdige Novizenmeisterin des Klosters zu Kaufbeuren. Doch sie ist noch viel mehr.« Der Zorn wechselte in helles Schwärmen. »Ich habe Schwester Crescentia im letzten Jahr aufgesucht und seitdem weiß ich, welche Kraft ihr innewohnt. Sie spendet Licht, Trost und Hilfe, weil sie Gott näher ist als wir gewöhnlichen Menschen. Ich habe mich gleich nach dem Unglück brieflich an sie gewandt.«

»Und was erwartet Ihr von Schwester Crescentia?« Eine leise, drängende Frage. Clemens sah den neu gewonnenen Freund beinah erstaunt an.

»Gewissheit über das Schicksal von Johanns Seele. Ich kann erst ruhig sein, wenn ich weiß, dass seine Seele nicht verloren ist. Versteht Ihr, diese heiligmäßige Frau kann einem die Wahrheit so gut sagen, als sei sie ein Beichtvater.«

»Ihr seid von wahrhaft reinem Gemüt.« Der Domdechant nickte nachdenklich. »Und deshalb umso verletzbarer. Wie gern diene ich Euch.« Er deutete auf den Brief. »Wollt Ihr nicht wissen, was Euer Bruder schreibt?«

»Ermahnungen. Ich kenne ihn ...« Clemens zögerte, so stark waren in den vergangenen Monaten die politischen Zerwürfnisse zwischen den Brüdern gewachsen, dass die Kühle auch das persönliche Verhältnis getrübt hatte. »Karl Albrecht ist verärgert, weil ich mich auf Anraten meines Ersten Ministers im letzten Jahr offen an die Seite Habsburgs gestellt habe.« Er fuhr mit dem Finger über den ausgeprägten Nasenhöcker. »Es geht um die rechtmäßige Thronfolge. Der Kaiser hat keinen Sohn, und soweit ich Plettenberg verstanden habe, soll durch seine älteste Tochter Maria Theresia der habsburgische Anspruch auf die Kaiserwürde aufrechterhalten werden. Dem stimme ich zu. Wie auch die meisten Fürsten Europas. Bis auf ...« Er hob bedauernd die Achsel. »Bis auf meinen Bruder und den französischen König.«

»Wenn ich einen Rat geben darf, so werft doch einen Blick auf das Schreiben. Vor der Audienz. So kennt Ihr die neuesten Nachrichten aus München und seid gut gewappnet.«

Clemens nahm den Brief vom Tablett und führte den Domdechanten zum Kamin auf der anderen Seite des Raums. Dort reichte er ihm das Schreiben. »Ihr sollt mir vorlesen. Anschuldigungen oder Klagen spart bitte aus, denen widmen wir uns später!«

Sorgfältig brach Anton von Roll das Siegel und überflog den Text. »In der Hauptsache ist es ein Kondolenzschreiben. Euer Bruder scheint wirklich besorgt wegen Eurer tiefen Verzweiflung. Hier schreibt er, Ihr möget Euch den unglücklichen Zufall nicht gar so sehr zu Herzen nehmen, da doch an der Sache nichts mehr zu ändern sei. Und damit Eure so sehr geschätzte Gesundheit nicht weiter Schaden nehme, solltet Ihr die Betrübnis möglichst rasch beiseiteschieben.«

»Zufall?« Clemens drohte dem Bruder mit dem Finger. »Du nennst dieses furchtbare Unglück einfach nur Zufall. Aber schon als Knabe hast du meine Empfindungen nie ernst genommen. Genau wie meine anderen Brüder. Ihr habt mich verhöhnt und verspottet.«

Er wischte die Jugendzeit mit den Geschwistern mit einer müden, enttäuschten Geste von sich. »Was schreibt Karl Albrecht noch?«

Der Domdechant übersprang einige Zeilen, dann tippte er auf den folgenden Absatz: »Hier appelliert seine Hoheit an Eure Großmütigkeit. Seine Fürbitte gilt den Beteiligten an diesem Duell. Namentlich erwähnt er Beverförde, Lippe und Zweiffel und fährt fort: Ich habe vernommen, dass sie ehrliche, gerade Männer sind. Und dass all ihre großen Bemühungen, in dieser Affäre noch vor dem Fechten zu vermitteln, fehlgeschlagen sind. Nicht zuletzt, weil der Entleibte dies auch gar nicht wollte. Deshalb besteht kein Zweifel, dass er selbst am unglücklichen Ausgang die meiste Schuld trägt ...« Kopfschüttelnd musste nun auch Anton von Roll seufzen. »Hier wird mein Bruder als unbelehrbarer Wüterich dargestellt. Bei Gott, ich kenne ihn anders.«

»Grämt Euch nicht!« Clemens schnappte nach dem Blatt, zerknüllte es und warf es in die Kaminhöhle. »Ich habe von Karl Albrecht nichts Besseres erwartet.«

»Verzeiht, aber ihm ist, was den Brief angeht, kein Vorwurf zu machen. Er gibt nur das wieder, was ihm mitgeteilt wurde ...« Der Domdechant hielt inne, wartete, bis Clemens selbst die Schlussfolgerung zog: »Wer also hat meinen Bruder in dieser Weise informiert? Der Erste Minister? Ein Mittelsmann der Beteiligten?« Bitter lachte er. »In Wahrheit könnte es jeder an meinem Hofe gewesen sein, jeder, der sich dadurch irgendeinen Vorteil aus München erhofft. Und diesen heimlichen Schreiber zu enttarnen, ist schier unmöglich.«

»Wenigstens solltet Ihr den Brief als Dokument aufbewahren.« Anton von Roll bückte sich zum Kamin.

»Doch nicht Ihr«, behutsam richtete ihn Clemens wieder auf und winkte seinem Zwerg. »Albert le Grand, glätte das Papier und lege es zu den anderen Depeschen auf meinen Schreibtisch.« An den Hofmarschall gewandt fuhr er fort: »Melde drüben den Versammelten, dass ihr Fürst nun zur Audienz erscheinen wird.«

Auf seine Anordnung hin war der hohe Stuhl mit der Rückenlehne zum Fenster gerückt worden. Auf diese Weise blieb das Gesicht für die Anwesenden im Schatten. Trotz dick aufgetragener Schminke fürchtete er, dass die tiefen Spuren der Trauer um Mund und Augen immer noch zu erkennen waren.

Mit Gobelins und üppigen Arrangements von Blumen hatte der Hofmarschall den bröckelnden Wandputz und die verblasste Pracht des Saales verschleiern lassen.

Da Graf Plettenberg auf seinen Besitzungen nahe Aachen bei der Einweihung einer Kirche weilte, eröffnete sein Vertreter aus dem Ratskollegium offiziell die Audienz und schloss mit den Worten: »Seid versichert, allergnädigste Durchlaucht, dass nach Wochen des bangen Wartens und Hoffens uns alle Eure Anwesenheit heute auf das Höchste beglückt.«

Clemens wartete den Beifall seiner Räte, der hochrangigen Höflinge und der ausländischen Diplomaten mit huldvollem Lächeln ab. »Habt Dank, werte Herren. Die Wunde ist noch nicht verheilt, deshalb verzichten wir auf die Beschwerdestunde. Wer etwas vorzubringen hat, der wende sich mit einer schriftlichen Eingabe an das Ratskollegium. Wir aber widmen uns gleich dem Kern dieser Audienz ...« Auf das Hüsteln des Ratsvorsitzenden hin unterbrach er und blickte fragend zu ihm hinüber. »Woran wolltet Ihr mich erinnern?«

»Verzeiht! Wenn es Eure Kraft erlaubt, so nehmt zumindest zwei Grußworte der Gäste an Eurem Hofe entgegen. Auch sie waren in tiefer Sorge.«

Mit einer Handgeste stimmte der Kurfürst zu.

Als Erster trat der Gesandte des Wiener Hofes vor und verneigte sich. »Eure gnädige Durchlaucht, ich übermittle Euch die herzlichsten Genesungswünsche seiner Kaiserlichen Hoheit Karl, dem sechsten diesen Namens, verbunden mit der Hoffnung, dass Ihr bald wieder wohlauf seid, und verbunden auch mit der Zuversicht, dass die erneut gewonnene Freundschaft mit dem Hause Habsburg ein dauerhaftes Band der gegenseitigen Treue sein wird.«

»Ich danke Euch.« Clemens schenkte ihm ein Lächeln und neigte unmerklich das Haupt.

Der Diplomat trat in die Reihe der Gäste zurück. Gleich darauf löste sich am anderen Ende der französische Gesandte. Grazilen Schritts näherte er sich und vollführte eine galante Verbeugung.

»Eure tief bewunderte Durchlaucht! Mein Herr und König Ludwig war schmerzlich bewegt, als er von dem furchtbaren Unglück hörte. Seine Majestät appelliert an das seit Jahren gute Verhältnis Frankreichs mit dem Hause Wittelsbach und lässt Euch durch meinen Mund sagen, dass Ihr stets ein hochwillkommener Gast in Versailles seid. Dort in den Gärten oder auch bei ausgedehnten Jagdausflügen in den nahen Wäldern könntet Ihr Erholung finden.«

»Ich danke Euch.« Ihm lächelte Clemens nicht zu, ließ sich nur zu einer knappen Geste herab. Ohne die Heiterkeit zu verlieren, zog sich der französische Gesandte mit vollendeter Eleganz auf seinen Platz zurück.

Clemens winkte den Ratsvorsitzenden näher, raunte ihm etwas zu, und gleich darauf wurden alle Gäste mit Dank entlassen. Bis auf das oberste Kollegium und einige namentlich genannte Kavaliere – Leutnant Burgau war sehr zu seinem Ärger nicht dabei, dafür aber Geheimrat Magis – mussten auch die Höflinge hinaus, und kaum war die Saaltür wieder geschlossen, als Clemens sich vorbeugte: »Fahren wir fort. Baron von Droste, ich bin begierig zu erfahren, was das Verhör der Beteiligten und Zeugen erbracht hat.«

»Mit Verlaub, gnädiger Herr.« Die Spitzen des gepflegten Lippenbartes vibrierten, während der Vorsitzende des Untersuchungsausschusses seine Ledermappe öffnete und einzelne Notizen nach oben schob. »Wie befohlen wurden die Aussagen der adeligen Beteiligten auch an die von Euch benannten Komture des Deutschen Ordens zur Beurteilung gesandt. Ihre Antwort habe ich in der Gesamtbeurteilung mit berücksichtigt.«

»Weiter, weiter!« Clemens ließ die Fingerkuppen auf der Armlehne wirbeln. »Die Schlussfolgerung?«

»Mehrheitlich schenken die Gutachter den Aussagen der direkt Beteiligten Glauben. Und sie sprechen sich mit Entschiedenheit dafür aus, dass die Hauptschuld den Toten selbst trifft. Baron von Roll habe den Streit hervorgerufen, auch das Duell begonnen und ist dann im ehrlichen Kampf besiegt worden.«

»Nein, nein«, flüsterte der Fürst vor sich hin. »Das ist nicht ehrlich ... So kann es nicht gewesen sein.« Er sah auf. »Ist das alles?«

Baron von Droste nahm ein zweites Blatt zur Hand. »Einer der Gutachter allerdings kommt zu dem Schluss, dass ein Mord stattgefunden hat.«

Erschrecktes Atemholen ringsum. »Mord?!« Wie getroffen fuhr Clemens im Stuhl zurück, gleich wuchs er dem Berichterstatter wieder entgegen. »Mit welcher Begründung?«

»Der anerkannte Jurist kommt zu diesem Schluss, weil beide Sekundanten, von der Lippe und Zweiffel, entgegen Ihres ausdrücklichen Auftrags, das Duell geduldet haben, welches den Tod des Komturs dann zur Folge hatte. Somit hat ein Mord stattgefunden.«

Ohne aufgefordert zu sein, trat der Domdechant sichtlich erschüttert einige Schritte vor: »Ihr meint, nicht nur dieser Beverförde, sondern auch die Sekundanten tragen Schuld am Tod meines Bruders?« Jetzt erst bemerkte er seine Kühnheit und neigte sich vor dem Fürsten. »Verzeiht. Ich vergaß ...«

»Nicht doch, Freund«, erstickte Clemens die Entschuldigung und deutete auf Baron Droste. »Ich ahnte es, wusste es in meinem Herzen. Sagt, wird diese Schlussfolgerung durch andere Aussagen erhärtet?«

»Sie findet Unterstützung durch die Beobachtungen der zufälligen Zeugen aus Brühl, welche dem Juristen zum Zeitpunkt seines Gutachtens allerdings nicht vorgelegen haben.«

»Dann wiegt sein Urteil doppelt schwer. Was sagen die einfachen Tatzeugen?«

»Einhellig wird von den beiden Arbeitern die Aussage der Jungfer Margaretha untermauert: Komtur von Roll hat erst die Waffe eingesteckt und danach von Beverförde den tödlichen Stich erhalten.«

»Einhellig.« Clemens August ballte beide Fäuste. »Der oberste General meines Kurstaates hat mit einem Sohn aus vornehmstem Hause diesen Tod begünstigt. Und ein Mann aus meiner Nähe, mein Vizeobriststallmeister persönlich, hat die Meuchelklinge geführt. Ist das Zufall? Wie ich gerade in einem Brief habe lesen müssen ...«

Baron von Droste straffte den Rücken. »Eure gnädigste Durchlaucht, das zu beurteilen, steht mir nicht zu. Als Untersuchungsbeauftragter beschränkte ich mich auf das Sammeln von Fakten.«

»Ihr müsst niemanden beschuldigen. Habt Dank für Eure Mühe und Umsicht. Diese Zeugin? Gewiss kann sie noch einmal hergeschafft werden. Ich möchte ihr selbst einige Fragen stellen.«

Nun meldete sich der Hofmarschall. »Diese Jungfer Margaretha ist ein Protegé Eures Kammerzwerges. Es liegt ein Antrag vor, dass sie künftig in der Schlossküche arbeiten und auf den Beruf einer Köchin vorbereitet werden soll.«

Ein dünnes Lächeln glitt über das Gesicht des Fürsten. »Jetzt erinnere ich mich. Albert le Grand hat mir von ihr berichtet. Der Antrag ist genehmigt. Ich verlange die beste Behandlung dieser Jungfer. Und nun kommen wir zum Schluss der Audienz.«

In der Verbeugung entfernte sich der Hofmarschall rückwärts einige Schritte vom hohen Stuhl, ehe er im Namen des Fürsten den Versammelten dankte und ihnen einen guten Tag wünschte.

Eilig strebten die Herren zum Ausgang, und Clemens erhob sich, wollte in Begleitung des Domdechanten in seine Zimmer zurück, da rief Baron Magis mit Flehen im Tonfall. »Vergesst mich nicht. Bitte, hoher Herr!«

Der Fürst wandte sich nicht um. »Habt Verständnis, lieber Baron. Nehmt den nächsten Termin wahr. All diese Neuigkeiten lassen mich nicht ruhen. Die Suche nach den Schuldigen hat jetzt Vorrang.«

In seinem Rücken wagte sich Magis einige Schritte näher. »Wenn Ihr erlaubt. Euer ergebenster Diener hat genau über diesen Fakt nachgedacht ...« Die gedehnte Pause sollte den nächsten Satz hervorheben: »Und er hat eine klare Spur zu dem Mann im Hintergrund entdeckt.«

Beide Herren fuhren herum. Beide wollten fragen, der Domdechant nahm sich gerade noch rechtzeitig zurück und Clemens verlangte: »Heraus damit!«

Unruhig blickte der Geheimrat zu den Türen, zu den Wandteppichen und benetzte die Unterlippe, flüsterte beinah: »Die Information ist nur für Euch bestimmt. Hier fürchte ich zu viele Ohren.«

Domdechant Roll nickte zustimmend. »Ein Spaziergang durch den Garten bietet den größten Schutz.«

Clemens August war einverstanden. Sofort informierte der Hofmarschall die Saaldiener, der Befehl lief von Tür zu Tür bis zur Wache am Portal. Dort nahmen zwei Bewaffnete die Herren in Empfang und folgten ihnen durch den Park. Sie blieben außer Hörweite, aber behielten sie stets im Blick.

»Nun?«

»Eure gnädigste Durchlaucht, der Himmel ...«

»Respekt, ja ...«, unterbrach ihn Clemens. »Doch bitte verzichtet möglichst auf die Schnörkelei. Also, wer ist der Hintermann?«

»Darf ich meine These frei äußern, ohne bei Missfallen Eure Strenge fürchten zu müssen?«

»Niemand wird Euch antasten.«

Jean François von Magis hastete einen Schritt vor, wandte sich dem Fürsten und dem Bruder des Getöteten zu und musste ab jetzt seitwärts gehen, um den Blickkontakt zu halten. »Ich sage nur Westfalen. Von dort stammt der bewusste Herr und dort laufen alle Spuren zusammen. Steht nicht das Stammhaus des Grafen von Plettenberg in Nordkirchen, in Westfalen?«

«Ihr seid wahrhaft kühn ...« Mit Zeigefinger und Daumen strich sich Clemens über den Nasenrücken. »Könnt Ihr mit irgendetwas diese ... diese Vermutung untermauern?«

Die Spitze war gesetzt. Mit raschem Blick zur Seite stellte Magis fest, dass er auch den Domdechanten getroffen hatte, und mit aller Vorsicht drückte er den Stachel tiefer: »Ihr bezweifeltet vorhin zu Recht, dass ein Zufall den Tod des Komturs begünstigt hätte. Beginnen wir bei dem Duellgegner. Sollte es Zufall sein, dass Beverförde der junge Cousin und Ziehsohn des Ersten Ministers ist? Also ein Westfale. Zufall auch, dass Graf von der Lippe, ebenso Westfale und dazu noch Protestant, ein enger Freund des Herrn von Plettenberg ist? Und über den jungen Freiherrn von Zweiffel ist nur zu berichten, dass er, weil unbedarft, leicht von einem Westfalen zu beeinflussen ist.«

Immer wieder schüttelte Clemens den Kopf. »Ich kann es nicht glauben ... Aber Tatsache ist, dass ein enger Verwandter meines Ersten Ministers die Meuchelklinge geführt hat.« Er sah den Informanten an. »Ihr habt mir die Augen geöffnet, doch dieses Bild kann und darf ich nicht sehen wollen. Dennoch bin ich Euch zu Dank verpflichtet.«

Das Lob trieb den Schweißfluss über das rote Gesicht. »Ich habe nur meine Pflicht getan.«

»Ich weiß Eure Hingabe zu schätzen und Ihr dürft Euch meiner Gunst sicher sein. Und was ist mit Burgau? Meinen Leutnant und Jagdmeister habt Ihr nicht erwähnt? Nein, schon gut. Ich werde ihn selbst befragen. Lasst uns für heute allein.«

Baron von Magis kratzfüßte, dass der Schwung des Beines ihn beinah aus dem Gleichgewicht brachte, dann eilte er gesenkten Kopfes den Kiesweg zurück. Als er außer Sicht war, richtete er sich auf, ballte versteckt in den Mantelfalten die Fäuste und seine Augen strahlten wie nach einem Sieg.

»Zurück zur Residenz«, befahl er seinem Kutscher, »eil dich!«, und warf sich in den Fond des Wagens. Zwei Stunden später verließ er die Schreibstube. Bei den Stallungen übergab er die Depesche dem Eilkurier. »Nach Wetzlar. Und kein Wort über den Empfänger.« Eine Münze wanderte von Hand zu Hand.

»Melde dich bei mir, sobald du wieder hier bist. Dann gibt es eine Prämie obendrauf.«

Magis wartete, bis sein Mann die Wachen passiert hatte, und wandte sich um. »Wie interessant, Euch hier zu treffen.«

Er fuhr einen Schritt zurück, sein Bauch wippte nach oben. »Freifrau ...?« Gleich hatte er sich wieder in der Gewalt und neigte leicht den Kopf. »Baronin von Notthafft, welch eine Freude. Habt Ihr so wichtige Schreiben zu versenden, dass Ihr Euch selbst zu den Kurierstallungen begebt?«

»Aber nein, werter Geheimrat, doch könnte ich Euch die gleiche Frage stellen. Als meine Zofe mir meldete, dass ich Euch hier antreffen würde, da entschloss ich mich zu diesem kleinen Spaziergang.«

Magis tupfte die Schweißperlen mit seinem Sacktuch von der Stirn. »Wie darf ich Euer gnädiges Interesse an mir deuten?«

»Diese naheliegende Frage stelle ich nicht, dafür jedoch eine andere.« Ihre dunkle Stimme sank ins Knurren. »Was hat Euch so sehr in die Nähe unseres Fürsten gebracht? Versteht mich recht. Ich versuche es nun schon seit zwei Wochen, aber vergeblich. Und an mir hätte er sicher seine Freude. Wieso also Ihr?«

Magis wölbte die Unterlippe vor. »Bei allem Respekt vor Eurer Schönheit, Baronin. Aber Seine Durchlaucht sehnt sich zurzeit nicht nach Zerstreuung, sondern nach umsichtigem Rat. Wenn Ihr versteht. Und nun entschuldigt mich.«

Margaretha horchte. Von Brühl herüber schlug die Kirchturmuhr. Zehn Schläge. Sie richtete die weiße Haube, prüfte, ob die blonden Locken noch gleichmäßig verteilt auf den Schultern lagen. Nun konnte es nicht mehr lange dauern. Albert le Grand hatte ihr befohlen, um Glock zehn genau hier zwischen den Lindenbäumen am Rande der Hauptallee nach Falkenlust auf den Fürsten und seine Begleitung zu warten. »Seine Durchlaucht will dich sehen und dir eine Frage stellen. Putze dich heraus, ich will mich nicht mit dir blamieren.«

Den letzten Satz hätte er sich auch sparen können, dachte sie. Selbst ist er nun wirklich keine Schönheit. Wenn einer einen Buckel hat und so klein ist, dann sollt' er ganz still sein. Und blamieren kann der sich mit mir schon gar nicht. Sie wagte einen Schritt auf die Allee hinaus. Nichts. Drüben war das Portal noch geschlossen. Die Wachen am Hoftor standen genauso unbeweglich wie vorhin.

Sie trat zurück und hob einen Tuchzipfel von ihrem Handkorb. Die Küchlein dufteten, und vor allem war ihr keines unterwegs zerbrochen. Hoffentlich mag der hohe Herr Süßes. Diese Überraschung hatte sie sich selbst ausgedacht.

Wenn ich schon bei ihm Köchin lernen darf, dann zeig ich ihm, was ich sonst noch kann, nämlich backen. Knusprige Kuchentaler. Weißes Mehl hatte sie in der Mühle nebenan besorgt. Keine Hühnereier – für diesen besonderen Anlass mussten es schon zwei Eier von den Gänsen sein, dazu Haselnüsse, Butter und Salz, viel Honig und etwas Zimt. Alle Küchlein im Korb waren gelungen und goldgelb; die leicht angebrannten hatte Margaretha heute in der Frühe selbst gegessen. »Haben auch nicht schlecht geschmeckt«, flüsterte sie vor sich hin. Nachdenklich betrachtete sie die Kuchentaler, dabei fuhr ihre Zungenspitze über die Unterlippe. Vielleicht sollte ich besser auch einen von den gelungenen ...?

Pferdetrappeln. Wie ertappt deckte sie das Tuch rasch wieder über die Köstlichkeiten.

Zwei Wachen der Leibgarde ritten aus dem Tor, ritten langsam an den Alleerändern entlang, sahen rechts und links zwischen die Lindenbäume und warfen prüfende Blicke in den Wald.

Oh, verflucht, die suchen nach Gesindel, bevor der hohe Herr kommt. Das Herz schlug hinauf. Es war verboten, ohne wichtigen Auftrag so nahe am Schloss herumzulaufen.

Eng drückte sich Margaretha an einen Baumstamm. Wenn ich jetzt renne, dann fangen sie mich. Aber Herr Albert hat doch gesagt, dass ich hier warten soll. Die Reiter waren nur noch einige Pferdelängen entfernt. Egal, besser ich zeig mich, sonst schießen die am Ende noch.

Zuerst streckte sie den Korb vor, dann kam sie langsam aus dem Baumschatten.

»Bleib stehen!« Sofort waren die Gardisten bei ihr. Einer riss den Korb an sich. Griff mit der Hand hinein.

Rufe von Falkenlust her. »Wartet! Halt!« Auf seinem Isländer kam Albert eilig näher. Kein Auf und Ab wie im Galopp – obwohl das Pferd schnell lief, saß der Zwerg beinahe ruhig im Sattel. »Das Mädchen gehört zu mir!«

»Davon hat uns niemand unterrichtet«, beschwerte sich einer der Männer. »Auf dem Plan für den Morgen steht nur der Spaziergang Seiner Durchlaucht mit dem Domdechanten. Und Ihr als Kammerherr in Rufbereitschaft.«

»Entschuldigt, Freunde. Mein Fehler ...«

»Da! Seine Durchlaucht kommt.« Der andere Wächter deutete zum Schloss. »Was jetzt? Übernehmt Ihr die Verantwortung?«

Rasch lenkte Albert sein Pferd neben einen der hohen, eckigen Steinklötze am Rand der Allee, erreichte über diese Steighilfe den Boden. »Der Fürst hat verlangt, mit ihr zu sprechen.« Er senkte die Stimme. »Ohne Aufsehen, wenn ihr versteht ...?«

Da sahen sich die Gardisten an, sie hatten gut verstanden und grüßten. Ehe sie ihren Kontrollritt fortsetzen konnten, bat Margaretha:»Und mein Korb?« Der Gardist reichte Ihn hinunter.»Kuchen?« Er grinste anzüglich.

»Versuchst du es damit?«

Sie riss ihm den Korb aus der Hand und fauchte den Reitern nach:»Gemeine Kerle!«

Neben ihr zog Albert bereits den Federhut vom Kopf. Noch aber war der Fürst mit seinem Begleiter nicht heran.»Was hast du da bei dir? Kuchen?«

»Weil ich dankbar sein will. Da hab ich ihm was gebacken.«

»Untersteh dich ...« Ohne den Satz beenden zu können, verneigte sich Albert.»Eure Durchlaucht. Wie es Euer Wunsch war, bringe ich Euch die Tatzeugin. Es ist die Jungfer Margaretha Contzen. Sie wird ab nächster Woche in der Küche ihre Lehrzeit beginnen.«

Clemens streifte sie mit kurzem Blick und erkundigte sich bei seinem Zwerg:»Wer aus dem Hofrat weiß von dieser Begegnung?«

»Niemand. Wie Ihr befohlen habt. Keiner hatte Gelegenheit, das Mädchen vorher zu beeinflussen.«

Nun wandte sich der Fürstbischof ihr zu, nahm sich sogar Zeit für ein kleines Lächeln.»Du bist also noch unverdorben?«

»Wie? Noch Jungfrau, meint Ihr?« Margaretha schluckte.»Ja, Herr.«

»Auch das ist gut zu wissen.« Die Freundlichkeit um die Mundwinkel blieb, ein Trauerschleier aber legte sich über die großen Augen.»Du warst dabei, musstest mit ansehen, wie der Komtur von Roll starb. Dies hier ...« Er deutete auf seinen Begleiter.»Dies ist der Bruder des Toten. Du kannst also ohne Scheu antworten. Sag mir, wann traf den Komtur der Stich? Hatte er das Duell beendet? Hatte er da schon aufgehört zu fechten?«

»Aber ja. Er hat sogar noch zu dem größeren Herrn gesagt: ,Es ist genug jetzt. Lass uns aufhören!' Das hat er gesagt, weil sein Gegner an der Stirn geblutet hat. Dann hat er den Degen ganz eingesteckt und hat erst dann hat ihn der Größere in die Seite gestochen. Und dann ...«

»Danke, Jungfer Margaretha«, unterbrach Clemens sie und ergriff den Arm des Domdechanten.»So ist es Mord. Johann hat nur ein Scheinduell geführt, um der Ehre Genüge zu tun. Versteht Ihr? Er hat den Kampf rechtzeitig beendet und hatte nie vor, bis zum Äußersten zu gehen. Damit ist seine Seele rein und hell.«

»Sorgt Euch nicht!« Besänftigend drückte Anton von Roll seine Hand.»Niemand wird Euch vorwerfen, dass Ihr ihn mit allen christlichen Ehren habt zu Grabe tragen lassen.«

»Ich ordnete es an, weil er unschuldig war.« Mit heftigem Kopfnicken bestätigte sich Clemens selbst.

Albert verneigte sich. »Durchlaucht, hat die Jungfer Erlaubnis, sich zu entfernen?«
Erneut ein Blick für sie. Margaretha spürte die Wärme auf den Wangen. »Geh nur! Und wenn du an meinen Hof kommst, so vertraue Albert le Grand, so wie auch ich ihm mein Vertrauen schenke.«

»Danke, hoher Herr.« Sofort wollte der Zwerg sie zum Rand der Allee wegziehen, doch Margaretha schüttelte seine Hand ab. »Entschuldigt, hoher Herr. Ich habe Euch etwas Kuchen mitgebracht.« Mit einem Knicks reichte sie ihm den Korb. Da der Fürst keine Regung zeigte, ermunterte sie ihn »Selbst gebacken.«

»So?« Jetzt folgte ein Stirnrunzeln.

»Goldgelb sind sie geworden.« Margaretha entfernte das Tuch, sah hinein, erblasste und zog den Korb langsam zurück. »Aber ... Aber Ihr mögt sicher keine Kuchentaler so früh am Morgen.« O Heilige Jungfrau, flehte sie, steh mir bei.

»Im Gegenteil.« Die Verwunderung war in Interesse umgeschlagen. »Oft verspüre ich sogar Heißhunger nach Honiggebäck.« Clemens schnippte seinem Zwerg. »Du zuerst.«

Nun sah auch Albert in den Korb und gleich wieder auf den Herrn.

»Da ist nichts, was sich lohnt, angeboten zu werden. Diese Kuchentaler sind alle zerbrochen.«

Margaretha war dem Weinen nahe. »Dieser verfl... dieser Kerl von der Leibgarde. Er hat den Korb nach Waffen durchsucht und dabei ...«

»Ich will dennoch davon kosten.«

Hastig nahm Albert ein Stück und nickte wenig später. »Der Geschmack ist sehr gut.«

Mit spitzen Fingern griff der Kurfürst hinein.

Margaretha hielt den Atem an, sah zu, wie er kaute, und als er gleich sogar das nächste Stück nahm, setzte Rauschen in ihren Ohren ein und das Herz klopfte hinauf.

Auch der Domdechant kostete von den zerbrochenen Kuchentalern, auch er schien zufrieden.

»Danke«, hauchte Margaretha ergriffen von ihrem Erfolg. »Danke.« Ein Hornsignal ertönte vom Schloss her. Gleich darauf näherte sich ein Reiter flankiert von zwei Gardisten. »Eure Kurfürstliche Durchlaucht. Der Eilkurier aus Bayern. Ihr habt befohlen, dass er zu jeder Zeit vorgelassen werden soll.«

Clemens August schluckte noch an den Plätzchen. Statt seiner streckte der Domdechant die Hand aus und nahm die Depesche entgegen.

»Wartet, Herr«, der Kurier griff noch einmal in die lederne Schultertasche. »Noch ein zweiter Brief.«

Anton von Roll warf einen Blick auf den Absender. »Beide aus dem Kloster Kaufbeuren? Dieses Datum? Der eine vom elften, der zweite vom fünfzehnten Mai?«

Ehe er weiter fragen konnte, erklärte der Reiter: »Verzeiht diese Verspätung. Aber das Unwetter bei Mannheim.« Das Pferd seines Kollegen sei in der Dämmerung über einen quer liegenden Baum gestürzt. Verletzt habe sich der Mann bis zur Wechselstation geschleppt. »Dort lagerte die Tasche, bis ich kam und sie auf meiner Tour mitgenommen habe.«

»Danke, guter Mann.« Der Domdechant ging mit den Briefen auf den Fürsten zu. »Von Schwester Crescentia. Welch ein Glück.«

»Bitte. Gebt ... So gebt sie mir.« Mit schnellem Griff nahm Clemens die Schreiben und presste sie an die Brust, eilig verließ er die Allee, als müsse er eine Beute schützen. Zwischen den Bäumen erbrach er das Siegel des ersten Briefes und las. Gleich darauf den zweiten, dieses Mal schritt er bei der Lektüre auf und ab.

Albert stieß Margaretha leicht in die Seite »Komm!« Kaum bewegte er die Lippen. »Nun komm schon.«

Noch einmal knickste sie, doch keiner der Herren bemerkte es, und ließ sich zum gegenüberliegenden Rand der Allee führen. »Geh jetzt.«

»Aber der Kuchen hat ihm doch geschmeckt?«

»Darüber reden wir später. Entferne dich. Nein, kein Wort mehr. Später, alles später.« Er drehte sie, schob sie auf einen Pfad in Richtung Brühl und wartete, bis sie zwischen den Büschen entschwunden war. Erleichtert kehrte er um und näherte sich dem Domdechanten. Beide verständigten sich mit einem Blick, dann sahen sie zum Kurfürsten hinüber. Der presste den Brief an die Lippen. So hob er das Gesicht gen Himmel, um gleich darauf das Schreiben erneut zu lesen. Nach geraumer Zeit kehrte Clemens auf die Allee zurück. Sein Gesicht war verändert, neuer Glanz schimmerte in den braunen Augen. »Ich will ... ich muss zu ihr. Nur von ihr kann ich Gewissheit über das Schicksal der Seele meines Johanns erfahren. Wir reisen nach München.« Er deutete auf Albert. »Sobald wir von diesem Spaziergang zurück sind, wirst du nach Bonn den Befehl für die Vorbereitungen zur Abreise weitergeben. Ich ...« Er unterbrach sich, stand vor dem Domdechanten wie ein bittender Schüler. »Nein, wir ... Und sagt nicht Nein, lieber Freund. Wir werden gemeinsam der heiligmäßigen Schwester einen Besuch abstatten.«

Anton von Roll neigte den Kopf. »Wenn Ihr es wünscht und mein Bischof mir die Erlaubnis ...«

»Kein Wunsch. Es ist ein Flehen. Ich kann nicht ohne Euch sein. Zumal wir bei meinem Bruder wohnen werden. Mit Euch an der Seite werde ich seine Überheblichkeit leichter ertragen.«

Behutsam erkundigte sich der Domdechant:»Was hat Schwester Crescentia Euch mitgeteilt, dass Ihr in solch eine Euphorie geratet?«

»Ich bat sie in meiner großen Not, nach Johanns Seele zu schauen, ob sie verloren oder gerettet ist.« Clemens tippte den Finger auf die Depesche.»Im ersten Antwortbrief teilt sie mir ihr tiefes Bedauern über meinen Verlust mit. Und setzt dann fort ...» Er fand gleich die Stelle:»,... Ich arme Sünderin werde nicht nachlassen, mit all meinen schwachen Kräften zu bitten und die göttliche Majestät anzuflehen, wenn es sein Wille ist, mir diese Sache zu offenbaren ...' Und später schreibt sie noch: ,... Habt Geduld. Sobald ich eine Antwort erhalte, werde ich Euch sofort davon berichten.'« Der Blick erglühte.»Und nach wenigen Tagen schon hat sie den zweiten Brief losgeschickt. Hier schreibt sie: ,... Mein dreimaliges Gebet um gnädige Offenbarung, was mit der abgelebten Seele sei, ist erhört worden. Die Seele, so hat mir die göttliche Gütigkeit geantwortet – '« Clemens zitierte und betonte jedes Wort einzeln:», – ist nicht auf ewig verunglückt oder verloren, sondern in dem Stande der Gnade.'«

Er sah bedeutungsvoll vom Domdechanten zum Zwerg, dann wieder auf das Blatt.»,Die göttliche Gütigkeit sagte noch weiter: Aber es wird viel brauchen ... ' Dann riss das Gespräch ab. Was dieser Nachsatz bedeutet, ist der Schwester Novizenmeisterin bisher nicht klar geworden.« Er drückte die Blätter wieder an seine Brust.»Ich ... wir werden sie aufsuchen. Vielleicht, nein, ganz gewiss hat Gott ihr dann noch viel mehr offenbart. Morgen schon müssen die Eilkuriere zu meinem Bruder losgeschickt werden. Meine Zimmer im Schloss Nymphenburg sollen für meinen Besuch vorbereitet werden. Auf nach Bayern!«

Die Flügeltüren zur Terrasse hinaus standen weit offen. Draußen verwelkten Tulpen und Narzissen und überließen den Poppelsdorfer Park dem Duft nach gerade aufgeblühtem Flieder. Mittagssonne flutete den Salon.

Mechthild Brion wartete. Auf Befehl des Kammerdieners hatten die Pagen ihre Harfe zum Notenpult mit dem Hocker gebracht. Vor dem zweiten lehnte am gepolsterten Sessel die Viola da Gamba des Kurfürsten.

»Bleib ruhig«, flüsterte sie und blickte noch einmal in die Ledermappe. Zwischen den Fingern zählte sie die Blätter.»Du hast alle Noten, alle Texte. Und alles zweifach.«

Sie überprüfte den weiten dunkelblauen Rock, rückte am Taillenband und zog das lose geschnürte Mieder etwas höher über den Busen.»Und mit dem weißen Brusttuch bin ich züchtig genug.« Sie fasste zum Nacken, die Spange hielt ihr langes Haar auf dem Rücken zusammen.

Das Öffnen der Tür erschreckte sie.

»Ich erinnere mich ...« Mit leichtem Lächeln auf den Lippen kam Clemens August auf sie zu. »Die Künstlerin. Welch erholsamer Anblick, denke ich an die gepuderten und aufgerüsteten Damen an meinem Hof. Als Schmuck genügt dir das Gold deiner Lockenpracht. Sei mir willkommen!« Mechthild verneigte sich. »Hoher Herr, habt Dank für die Einladung, und danke vor allem, dass Ihr Euch an mich erinnert.«

»Das fällt mir in deinem Falle nicht schwer.« Er nahm seine Viola zur Hand und während er sprach, zupfte er an zwei Saiten und prüfte den Klang. »Weißt du, wer zu mir kommt, der möchte in der Regel etwas von mir. Sei es nun ein Diplomat oder gar ein Bürger.« Er wählte etwas tiefere Töne, zupfte und horchte. »Der eine verschleiert geschickt seine gierige Absicht, der andere sagt sie plump heraus. Du aber hast das Gegenteil getan, hast das von mir angebotene Geld zurückgegeben. Solch ein Benehmen ist an meinem Hofe so ungewöhnlich, dass es mir trotz aller Seelennot nicht entfallen ist.« Er zupfte erneut, war unzufrieden und sah sie an. »Bitte, sage etwas!«

»Ihr habt mich nichts gefragt.« Mechthild deutete zur Tür und war bemüht ernst zu bleiben. »Eure beiden Anstandswächter ...«

»Welche Wächter?«

»Der etwas klein geratene und der vornehme, schmale Herr, verzeiht den Scherz, ich meine Eure privaten Diener. Sie haben mich auf dem Flur einem kurzen Benimmkurs unterzogen. Und eine Regel war, dass ich nur auf Fragen antworten darf und sonst zu schweigen habe.«

Darauf ging der Fürst nicht ein, mehrmals schlug er beide Saiten an und hob das Instrument prüfend näher zu seinem Ohr.

Sie wagte sich einige Schritte näher. »Um Vergebung, Ihr sucht sicher den Dur-Akkord.« Sie griff in die Rocktasche. »Ich könnte Euch mit meiner Stimmgabel ...«

»Bemühe dich nicht. Den Kammerton für die Instrumente finden wir gleich gemeinsam. Ich suchte nach dem Klang deiner Stimme.« Er zog den Bogen über die Saiten. »Genau so würde ich das Timbre wiedergeben.«

Mechthild hob überrascht die Brauen. Ehe sie versuchte zu begreifen, ging er leicht über das Gesagte hinweg und setzte hinzu: »Dies nur als kleine Vorübung für Finger und Gehör. Lass uns beginnen, denn viel Zeit kann und darf ich nicht für unser Spiel erübrigen.« Er deutete auf die Ledermappe. »Wie ich sehe, hast du Partituren mitgebracht.«

»Euer Wunsch, etwas von diesem Johann Sebastian Bach zu spielen, hat den Vater zunächst in große Not gestürzt. Weil in Bonn keine gedruckten Werke zu haben sind. Dann aber haben wir gottlob von einem befreundeten Cembalisten aus Leipzig die Abschrift einer Cantate erhalten.«

Sie bot dem Fürsten die Notenblätter an. Der nahm sie und als hätte er Glut berührt, ließ er sie sofort fallen. »Was hast du vor mit mir?«

»Herr?« Erschreckt wich sie zurück. »Ich verstehe nicht ...«

»Du stehst hier vor deinem Oberhirten, vor dem Erzbischof über die kurkölnischen Lande.« Seine Stimme wurde drohender. »Und wagst es, ihm die Traktate eines Ketzers, eines Protestanten, anzudienen?«

»Aber Ihr habt doch selbst ...? Hoher Herr, das ist reine Musik. Niemals würde ich ...« Sie gewann wieder an Kraft. »Und der Text? Er bezieht sich auf Salomons Hohes Lied. Bitte, Herr, wenn Ihr es verlangt, dann entferne ich mich sofort.«

»Gehört deine Familie etwa dem protestantischen Lager an?«

»Die Brions sind Katholiken. Vor allem aber hat der Vater mich und meine Brüder als Christen erzogen. Und wir fragen bei Komponisten nicht nach ihrer Konfession, sondern nur, ob sie gute Stücke geschrieben haben. Und dies hier ...« Sie stopfte die Notenblätter zurück in die Ledertasche. »Dies hier ist gute Musik.«

»Bravo.« Clemens schlug einige Male mit dem Bogenrücken leicht auf das Notenpult. Sichtliches Vergnügen war in seiner Miene zu lesen. »Du hast mir den Zorn geglaubt? Nicht wahr? Ich will eine ehrliche Antwort.«

»War denn Euer Zorn nicht ernst gemeint?«

Da lachte der Fürst auf und erstickte das Lachen gleich wieder.

»Schauspielerei. Ich wollte nur prüfen, ob ich mein Talent nicht verloren habe.« Beinah vertraulich setzte er hinzu: »Du musst wissen, in guten Tagen bin ich gern auf der Bühne, verkleide mich, ich habe sogar schon Bauern oder Handwerker gespielt.«

Mechthild hob die Brust und seufzte. »Mich habt Ihr erschreckt. Und wenn ich wirklich ehrlich sein darf. Ich sehe mir gerne Aufführungen im Theater an. Euch aber möchte ich so sehen, wie Ihr wirklich seid. Wie es Euch ums Herz ist.«

Lange sah er sie an, alles Gespielte verließ sein Gesicht. Übrig blieben der verlassene Blick und ein bitteres, ratloses Lächeln. Er räusperte sich. »Setze dich doch!«

Sie nahm auf dem Hocker Platz, wollte nach der Harfe greifen, als er den Finger hob. »Ich bin nicht engstirnig. Und als Privatmann sehe ich genau wie du erst den Menschen. Als Kurfürst setze ich die Fähigkeiten eines Mannes über seine Konfession. Ich habe sogar einen Protestanten zum obersten Befehlshaber meiner Truppen ernannt. Auch wenn mich General von der Lippe gerade zutiefst enttäuscht hat. Dieser Mensch war am Tod meines Freundes mitbeteiligt ...« Er musste innehalten, erst heftiges Räuspern half ihm über die Erinnerung hinweg.»Was ich sagen wollte – auch dieser Vorfall hat mich in meiner Einstellung nicht erschüttert.« Er bemühte sich um einen leichten Ton.»Als Erzbischof allerdings müssen mir die Protestanten ein Gräuel und eine Plage sein. Einen Künstler jedoch messe ich immer nur an seiner Kunst. Auch diesen Johann Sebastian Bach.«

»Wer bin ich, hoher Herr?« Mechthild hielt ihn mit dem Blick umfangen. »Ihr sprecht mit mir, vertraut mir Gedanken an, als käme ich nicht aus dem bescheidenen Haus der Brions in der Neugasse hinter dem Markt.«

»Wie meinst du?« Verwundert runzelte er die Stirn.»Das, das ergab sich so.« Dann war er bemüht, darüber hinwegzugehen.»Genug mit der Plauderei.« Er zog eine Stimmpfeife aus der Rocktasche.»Stimmen wir die Instrumente mit deiner Gabel oder mit meiner Pfeife?«

Mit unmerklichem Schalk in den Augenwinkeln neigte sie sich leicht vor. »Ihr gebt den Ton an, hoher Herr.«

Rasch fanden sie zu dem gemeinsamen A. Dann gab Mechthild eine Terz vor und der Fürst spannte die Wirbel seiner Viola, bis beide zufrieden nickten.

»Und was spielen wir?«

Mechthild unterbrach den Fingerlauf.»Die Cantate von Bach ... Sagte ich es Euch nicht schon?«

»Kein Wort und nicht eine Note. Bisher durfte ich nur Blätter sehen, die du sofort wieder eingesteckt hast.«

»Um Vergebung, hoher Herr.« Mechthild stellte die Harfe zurück und fingerte eilig die Blätter aus der Mappe, stand auf und ordnete zwei Seiten auf seinem Notenständer. Sie hatte sich schon abgewandt, als er leise sagte:»Es ist schön, dir zuzusehen.«

Einen Moment hielt sie in der Bewegung inne, dann legte sie die Noten auf ihr Pult, dabei rutschte ein Blatt zu Boden, blieb vor seinen Füßen liegen.»Wie ungeschickt.« Rasch kauerte sie sich nieder, spürte gleich, wie auch Brusttuch und Mieder verrutschten. Beschämt sah sie hoch und begegnete seinem Blick.

Mit verlegenem Lächeln kehrte sie auf ihren Platz zurück.»Die Cantate hat den Titel 'Wachet auf, ruft uns die Stimme'. Wenn Ihr erlaubt, spielen wir den ersten Chorteil gemeinsam und Ihr ... ich meine, ich übernehme die Sopranstimme, Ihr dann den Bass.«

»So wie es hier steht. Dein Vater hat sorgfältig gearbeitet.«

»So meinte ich es.«

Er zählte den Takt vor, gab dann mit Kopfnicken den Einsatz. Nicht mehr Fürst, nicht mehr Bürgersfrau, Violine und Harfe fanden zusammen, ließen die Wächter dort hoch auf der Zinne rufen: ‚Wach auf, du Stadt Jerusalem!' Bei der Suche nach den klugen Jungfrauen setzte der Kurfürst den Bogen ab. »Bitte, lass uns einen Takt vorher noch einmal einsetzen!«

Ohne weitere Unterbrechung gelangten sie bis zum Hosianna und folgten den Töchtern Zions in den Freudensaal. Clemens wartete, bis sie das Fließen der Töne durch Heben der Hand zum Ende geführt hatte. »Welch Harmonie!«

»Es ist wahr. Bach und auch der Vater haben ein Juwel geschrieben.«

»Ich meine, auch wir dürfen uns loben.« Er beugte sich zu der Partitur. »Für heute müssen wir leider abbrechen.«

Angezogen vom Text unter den Notenlinien nahm er das Blatt zur Hand und zitierte halblaut: »So geh herein zu mir, du mir erwählte Braut ...« Er sah sie stirnrunzelnd an. »Sehr anzüglich. Wer hat diese Verse verfasst?«

»Das war nirgendwo festzustellen.« Röte stieg ihr ins Gesicht.

Der Fürst las weiter: »Ich habe mich mit dir von Ewigkeit vertraut ...«

»Bitte ... das Hohe Lied ... Verzeiht, hoher Herr«, haspelte sie und schüttelte über sich selbst den Kopf. »Dieser Text geht auf das Hohe Lied von Salomon zurück. Sollen wir die Verse nicht besser auf den Instrumenten spielen? Dann ... dann bleibt der Inhalt etwas mehr im Klang verborgen. Sollen wir?«

»Nein, wir müssen abbrechen.« Noch in die Zeilen vertieft, las er flüsternd eine nächste Stelle vor: »... Vergiss, o Seele mein, nun die Angst; den Schmerz, den du erdulden musstest ...« Er unterstrich den Satz mit der Fingerkuppe.

»Gab es nur diese eine Cantate von Bach?« Mechthild sah zu Boden. »Zwei, wir erhielten zwei Stücke. Aber ich dachte ... Gerade diese Cantate hilft etwas, auch der Text. Bitte zürnt mir nicht!«

Clemens August erhob sich und zog das zweite Blatt vom Notenständer. »Ich werde diese Partitur an mich nehmen und sie etwas näher studieren.«

»Verzeiht.« Mechthild stand rasch auf. »Ich habe so gehandelt, wie ich es empfinde. Mit so hochgestellten Persönlichkeiten fehlt mir jede Erfahrung. Vielleicht war die Auswahl der Cantate ungeschickt von mir.«

»Im Gegenteil.« Er hob die Blätter. »Ich werde diese Partitur mit auf die Reise nach München nehmen. Zur Erinnerung. Und bei meiner Rückkehr erwarte ich, dass wir sie gemeinsam zu Ende spielen.«

»Hoher Herr ...«

»Danke nicht mir. Du hast mich mit deiner Gegenwart sehr beschenkt.« Er kam auf sie zu, wollte ihre Schulter berühren, besann sich und ließ eine Haarsträhne durch die Hand gleiten. »Es ist tatsächlich Gold.« Ein Lächeln für sie. »Ich möchte, dass du dich nicht veränderst, bis wir uns wieder sehen.«

Kaum hatte Mechthild den Raum verlassen, als Freiherr von Wolff Metternich unverzüglich vor dem Fürsten erscheinen musste. »Ein Auftrag von höchster Dringlichkeit.« Clemens deutete mit dem Geigenbogen auf den jungen Mann. »Und Ihr seid mir persönlich für die Erfüllung verantwortlich.« »Eure Durchlaucht, was es auch sei. Ich stehe zur Verfügung.« »Da gibt es in der Neugasse eine Musikerfamilie ...« Clemens stellte die Brions unter den direkten Schutz des Domherrn. »Ihr werdet dort wöchentlich nachfragen. Und falls Belästigungen vonseiten des Hofes oder durch andere, vermutlich gedungene Personen stattfinden, so werdet Ihr unverzüglich Meldung an den Hofrat geben. Und Ihr habt außerdem für sofortige Abhilfe zu sorgen. Wenn nötig auch mit Unterstützung der Wachoffiziere. Bei Gott, ich dulde dieses Mal kein Versagen.«

»Aber, Eure Durchlaucht, für das Unglück ...« Der Blick des Herrn ließ kein weiteres Wort der Rechtfertigung zu. Wolff-Metternich verneigte sich. »Ihr könnt Euch in allem auf mich verlassen.«

Draußen in der Vorhalle trat Albert dem Domherrn in den Weg. »Kein schwieriger Auftrag dieses Mal. Es droht kein Duell.«

»Beschwört es nicht!«

»Allerdings gibt es noch eine Nebenaufgabe. Eine zweite Person muss geschützt werden. Und zwar eine Küchenmagd.«

»Ihr haltet mich zum Narren?«

»Das ist kein Scherz«, blaffte Albert. Rasch berichtete er von Margaretha und ihrer Kochlehre. »Sie wohnt oben in der Kammer neben meinen Zimmern. Weil sie die wichtigste Zeugin im Prozess um das Duell ist, besteht während der Abwesenheit Seiner Durchlaucht und mir höchste Gefahr für sie. Und Ihr müsst sie beschützen.«

»Kommt dieser Befehl vom Fürsten?«

Albert starrte zu dem Freiherrn hoch. »Was denkt Ihr? Seid wachsam, denn sollte dieser Margaretha auch nur das Geringste angetan werden, dann gnade Euch Gott, dann könnt Ihr jeden Traum von einer Karriere hier bei Hofe begraben.«

Graf Plettenberg krampfte die Hände unter der goldenen Ordenskette ineinander. Er stand am Fenster des kurfürstlichen Privatgemachs und starrte auf die abfahrtbereite Wagenkolonne unten im Schlosshof. Dann hob er den Blick in den rot gefärbten Morgenhimmel des zwölften Juni, als fände er dort die nötige Mäßigung. »Durchlaucht, Eure Selbstständigkeit in der vergangenen Woche ist befremdend und ihre Ergebnisse verlangen nach Korrektur.« Er wandte sich um, zwang sich ein Lächeln ab. »Und zwar noch vor Eurer Abreise.«

Entschlossen, mit hartem Stakkato der Stiefelabsätze kehrte er zum Schreibtisch zurück. Sein gestreckter Finger deutete auf die vorbereiteten Dokumente. »Setzt Eure Unterschrift. Das Übrige erledige ich schon. Zögert nicht, mein Lieber. Ihr braucht keinen Gesichtsverlust zu befürchten. Ich werde zwei weitere Reisewagen dem Tross nachschicken. Vertraut mir.«

Sein forscher Ton, das Vorwärtsdrängen hatte ihm, dem Lehrmeister, bisher stets den gewünschten Erfolg bei seinem Schüler eingebracht. Dieses Mal jedoch bewegte Clemens nicht einmal die Hand in Richtung Federkiel und Tinte. »Vertrauen? Lasst uns den Sinn des Wortes nicht entwerten.« Er stemmte beide Ellbogen auf die Sessellehnen. »Ihr wundert Euch, dass in meinem Kurstaat etwas ohne Eure Erlaubnis entschieden wird? Ihr werdet Euch daran gewöhnen müssen.«

»Aber die Liste Eurer Begleiter weist keinen Kavalier auf, der sich wirklich auf dem politischen Parkett auskennt. Magis, Juanni, Steffné oder wie sie auch heißen mögen, sie sind zweite Wahl und als Ratgeber untauglich.«

»Warum nennt Ihr nicht gleich auch Anton und Ignatius von Roll, die Brüder des Ermordeten?« Die Stimme wurde schärfer. »Oder gar die Damen? Allen voran Freifrau Aloysia von Notthafft. Ganz sicher passen sie und die anderen auch nicht in Euer Konzept. Ich aber bin der, der verreist, werter Plettenberg, und ich erwähle mir meine Begleitung nach meinem Belieben, ob Euch die Liste gefällt oder nicht.« Der Graf atmete ein und langsam aus. Er beschwichtigte einige Male mit der Hand, ehe er ruhig entgegnete: »Bisher wart Ihr mir dankbar, wenn ich die Reisegesellschaften zusammengestellt habe ...«

»Dieses Mal ist es eben anders.«

»Das nehme ich zur Kenntnis. Seid versichert, über Freifrau von Notthafft und den Domdechanten Anton von Roll erlaube ich mir kein Urteil.« Nun näherte er sich bis auf Tuchfühlung, gleich wich Clemens zum Kamin aus, doch er folgte ihm. »Wohl aber habe ich zu dem anderen Mitglied dieser bedauernswerten Familie eine Frage. Warum? Warum habt Ihr ihn ernannt? Dieser Ignatius von Roll ist ein unbeschriebenes Blatt, ein Soldat, ein unbedeutender Komtur im Ritterorden, er ist nur wenige Tage hier bei Hofe, und Ihr ernennt ihn, nein, beschenkt ihn mit dem Amt des Obriststallmeisters. Warum?«

Clemens entfernte sich bis zum Kanapee. »Ich halte ihn für dieses Amt sehr geeignet.«

Schweren Schritts kam Plettenberg ihm nach. »Verzeiht das offene Wort! Ihr habt mir Euer Versprechen gegeben. Die Zukunft meines Sohnes steht auf dem Spiel.«

Clemens floh erneut aus der Nähe des machtvollen Mannes. »Für den Knaben wird sich zur rechten Zeit ein Ausgleich finden.« Mehrmals zog er am

Brokatband, dass sich draußen die Glocke überschlug.

»Verzeiht, mein Lieber.« Schon stand der Erste Minister dicht neben ihm. »Oder muss ich Euren Wortbruch als persönliche Demütigung ansehen? Und das in aller Öffentlichkeit?«

»Haltet Abstand!«, flüsterte Clemens. »Bitte.«

In diesem Moment öffnete sich die Tür und der Kammerdiener verneigte sich. »Eure Durchlaucht? Der Mantel?«

»Nein, warte, Molitor. Gleich bin ich so weit. Warte hier!« Aus der Enge erlöst, wagte Clemens, seinem Ersten Minister in die Augen zu sehen. »Demütigung? Nein, das versteht Ihr falsch. Ich benötige einen Obriststallmeister, der mich auf meinen Reisen begleitet, der stets in meiner Nähe ist. Und da sich der Platzhalter für dieses Amt, Euer enger Verwandter Beverförde, als Mörder auf der Flucht vor mir befindet, kann ich nicht warten, bis nun der nächste Verwandte, Euer Sohn, herangewachsen ist. Aus diesem Grunde hab ich Ignatius von Roll mit diesem wichtigen Amt betraut.« Ein Wink für Molitor.

Plettenberg wartete mit versteinerter Miene, bis der Kammerdiener die Schnüre des leichten Schultermantels befestigt hatte. Dann nahm er Haltung an. »Gott befohlen und gute Reise, Durchlaucht.« Er versuchte einen leichten Ton, der aber misslang. »Ich werde während Eurer Abwesenheit das Haus hüten.«

»Ihr seid nicht allein.« Auch Clemens lächelte nicht. »Zu Eurer Unterstützung stehen die Herren des Ratskollegiums bereit. Lebt wohl!«

Ohne eine versöhnliche Geste wandte er sich ab und verließ erhobenen Hauptes den Raum.

6

Spät war es. Zu spät für eine lange Begrüßung. Im Hof von Kloster Elchingen dankte der übermüdete Fürstbischof dem Abt für den kurzen, aber herzlichen Willkommensgruß und ließ sich zu seinen Zimmern im Gästetrakt führen.

Weil der Nachthimmel wolkenlos zu bleiben versprach, war der fürstliche Reisetross noch am Nachmittag von Cannstatt aufgebrochen und hatte bei fast vollem Mond und gutem Fahrlicht kurz nach Mitternacht die Benediktinerabtei nahe Ulm erreicht.

»Nur noch etwas Wein«, Clemens ließ sich von Molitor den Reisemantel abnehmen, »dann in die Federn ...« Er unterbrach sich und blickte auf die schlichte Bettstatt. »Oh, ich vergaß, wo wir gelandet sind.« Ein Fingerzeig für seinen Zwerg. »Stelle fest, ob bei der Matratze oder beim Plumeau überhaupt Federn verwendet wurden.« Albert unterbrach die Durchsuchung der Räume und drückte unter dem Laken die Matratze, griff in den Bezug der Decke. »Das Lager ist recht klösterlich. Federn scheinen gestopft worden zu sein, jedoch kein Flaum, sondern zerkleinerte Federn und Kiele von eher ausgewachsenen Gänsen.«

»Ein Stachelbett. Ich hab's befürchtet.«

»Wollt Ihr, dass Euer eigenes Bett hergeschafft wird? Ich könnte im Tross Bescheid geben ...«

»Nein, lass nur! Die eine Nacht als Büßer wird mir nicht schaden. Dennoch bin ich froh, wenn wir übermorgen in München anlangen.«

Nachdem Molitor ihn auch vom Rock befreit hatte, nahm er – nur mit dem Rüschenhemd bekleidet – am hell gescheuerten Holztisch Platz. Beide Diener sahen die großen nassen Flecken in Höhe der Brustwarzen und tauschten besorgte Blicke.

Immer noch keine Besserung, dachte Albert, dieser Zustand darf nicht weiter verschleppt werden. Mit gerunzelter Stirn zog er den Silberlöffel an der Kette aus dem Gürtel, kostete vom Roten und schenkte ein. Sein Herr nahm einen tiefen Schluck, schmeckte ihn und setzte den Pokal erneut an. Für einen Moment unbeobachtet, gab Albert dem Kammerdiener einen verstohlenen Wink; das ebenso unmerkliche Nicken wartete er ab, dann murmelte er: »Ich werde im Flur nachsehen, ob die Leibwache schon Posten bezogen hat.« Geschäftig eilte er zur Tür.

Clemens sah ihm nach und bedachte Molitor mit einem warmen Lächeln. »Wenn doch alle so besorgt um mich wären wie ihr beide. Du darfst mir jetzt die Perücke abnehmen. Mein Kopf sehnt sich nach dem ausgiebigen Kratzen des Kamms.«

Umständlich öffnete der Kammerdiener die Reisetruhe, entnahm den lederbezogenen Frisierkoffer. Langsam bewegte er sich zum Tisch, sah dabei immer wieder zur Tür.

Clemens bemerkte nichts von seinem Zögern, er trank und sprach von der schnellen Reise. »Seit Mannheim sind wir gut vorangekommen. Von Schwetzingen über Heilbronn und Cannstatt bis hierher – und diese ganze Strecke in nur zwei Tagen und einer halben Nacht. Das Wetter meint es gut mit mir.« Erneut nahm er einen tiefen Schluck, der Wein verlangsamte die Zunge schon etwas. »Ich hoffe nur, dass mein Bruder Karl Albrecht mich nicht mit Unwetter empfängt. Ich hasse seine Stürme und unberechenbaren Gewitter.« Immer noch war Molitor nicht so weit, die Perücke abzunehmen.

Es klopfte. Wie erlöst eilte er zur Tür, kam gleich zurück. »Der Domdechant entschuldigt sich für die Störung und bittet um Erlaubnis, trotz der späten Stunde eintreten zu dürfen.«

»Aber gern. Wie gut, dass ich noch halbwegs bekleidet bin.« Clemens winkte leutselig. »Nur herein!«

Schon im Hausmantel trat Anton von Roll ein. »Verzeiht, Durchlaucht, verzeiht.« Er ging direkt bis zum Tisch, während hinter ihm Albert unbemerkt wieder ins Zimmer schlüpfte.

Der Domdechant faltete die Hände. »Ehe ich mich zur Ruhe begebe, wollte ich wissen, ob Eure Durchlaucht morgen die Frühmesse mit mir gemeinsam in der Klosterkirche feiern möchte. Wir könnten vor der gesegneten Gnadenmutter 'Maria von den sieben Schmerzen' für die ersten Wallfahrer zelebrieren.«

»Ein guter Vorschlag.« Clemens lud den so lieb gewonnenen Bruder seines getöteten Johann zu einem Schluck ein.

»Danke.« Anton von Roll nahm den Pokal, setzte sich aber nicht. Nach dem ersten Schluck fuhr er nachdenklich fort:»Maria von den sieben Schmerzen ... Ihr wisst, wie mir die Gesundung Eurer Seele am Herzen liegt. Der Erfolg aber kann sich nur einstellen, wenn auch der Körper wohlauf ist.«

»Gerade noch sprach ich von den wenigen Menschen, die ernsthaft besorgt um mich sind.« Clemens trank ihm zu.»Ihr seid eine der wichtigen Säulen dieses engen Kreises.«

»Ich möchte von meinem Recht der Neugierde Gebrauch machen.« Behutsam deutete von Roll auf die nassen Stellen am Hemd des Fürsten.»Wenn Ihr dort Schmerzen leidet, so könnten wir die Gnadenmutter um Hilfe bitten.«

Hastig setzte Clemens den Pokal ab und sah an sich hinunter.»Wie peinlich, verzeiht den Anblick. Ich hätte einen Mantel darüber ziehen müssen. Oder eine Stola ... Es bedeutet nichts.« Verunsichert suchte er bei seinen Dienern nach Unterstützung.»Nicht wahr? So sagt doch etwas.«

Beide zeigten keine Reaktion, sahen ihn nur ernst an.

Er lachte gekünstelt.»Da haben wir es. Weil die Schmerzen erträglich sind, wollte ich über diese kleine Unpässlichkeit hinweggehen. Diese Quälgeister aber liegen mir nun schon seit Tagen in den Ohren, dass ich die Ärzte bemühen müsste.« Er stockte kurz.»Aber warum nicht bei der Gnadenmutter um Hilfe bitten? Sie ist verschwiegen.«

»Was befürchtet Ihr?«

»Das Gerücht.« Clemens zerrte an seinem Hemd.»Seht Euch den Stoff doch an. Flecken wie bei einer Saugamme. Ich will nicht, dass in Bayern hinter meinem Rücken getuschelt wird. Und wenn erst der Bruder hört, dass meine Brüste angeschwollen sind und Milch absondern, dann wird er sich vor Lachen nicht halten können. Dies darf niemals geschehen. Niemals!«

Ehe er antwortete, leerte der Domdechant seinen Pokal bis zum Grund.»Außer uns hier im Raum weiß bisher niemand von dieser Unpässlichkeit. Ihr benötigt aber den Rat Eurer Leibärzte. Also lasst sie kommen!« Er schenkte sich selbst nach, nahm gleich noch einen Schluck.»Ich bin zwar für gewöhnlich ein friedfertiger Mensch, jedoch in diesem Falle würde ich den Herren Medici äußerst harte Strafen androhen. Gefängnis und Folter, wenn sie auch nur ein einziges Wort darüber vor anderen verlieren. Und sie können sich nicht verstecken. Denn entsteht ein Gerücht, so kann es nur von ihnen stammen.«

»Ihr gebt mir Mut, mein Freund.«

Erleichtert warf Albert dem Kammerdiener einen Blick zu. Endlich, dachte er, endlich wird etwas unternommen. Nur gut, dass ich den Domdechanten eingeweiht habe.

Hoch oben zogen weiße Wolkenballen am tiefdunklen Blau und begleiteten die kurfürstliche Karawane. Den ganzen Morgen des vierundzwanzigsten Juni über bescherte das Wetter den Reisenden einen prachtvollen Wittelsbacher Himmel. Gegen Mittag gab es noch einen Halt in Augsburg. Für zwei Stunden wurde das Gasthaus »Zu den drei Mohren« zum pulsierenden Zentrum für das höchste Adelsgeschlechts Bayerns, und die Wirtsleute zerbrachen beinahe unter der Ehre. »Vite! Vite!«

Im Schankraum musste die Reisegesellschaft von mehr als dreißig Personen verköstigt werden, dazu die Offiziere der Leibgarde. »Alle Zimmer des ersten Stocks nur für den Fürsten ...« Koffer und Kisten mussten hinaufgeschleppt werden. Warmes Wasser für ein kurzes Bad. »Holt Schneider und Bügelfrauen für die Garderobe!« Ein leichtes Mahl zwischendurch. Frischen Puder für die Perücke, der alte war während der Fahrt feucht geworden! Boten hetzten hin und her.

»Ausgeruhte Pferde für die Karosse des Fürsten!« Hornsignal. Die Leibgarde formierte sich. Der Kutscher schnalzte und der Tross rollte wieder an.

Hochrufe zum Abschied. Winken mit weißen Tüchern, bis der Wirtin der Arm lahmte. Erschöpft sank sie an die Schulter ihres schweißgebadeten Gatten. »Fürstenbesuch. Allzu oft brauche ich dieses Glück nicht.«

»Still, Frau! Alles ist gut gegangen. Das wird er uns nicht vergessen. Dafür wollen wir dem Herrgott dankbar sein.«

Die Steigung verlangsamte die Fahrt, riss die Karawane auseinander. Unterhalb der Anhöhe hielt der kurfürstliche Wagen kurz an. Als die Kutsche mit den Leibärzten nahe genug herangekommen war, öffnete sich vor ihr der Schlag und Domdechant von Roll gab ein Handzeichen. Sofort verließ Medicus Fährmann die Kutsche, eilte nach vorn und stieg in die Karosse seiner Durchlaucht.

Schon zogen die Pferde wieder an.

Clemens August ruhte im Polster. Er trug eine Maske vor den Augen. »Der Fürst schläft«, flüsterte Anton von Roll. »Unterrichtet mich. Später werde ich ihm das Ergebnis Eurer Beratung mitteilen.«

»Der Fall ist ungewöhnlich. Auch in der Literatur haben wir wenig Vergleichbares gefunden ...«

»Schweift nicht ab. Ich benötige eine klare Auskunft.«

Noch in der vergangenen Nacht waren die beiden Leibärzte zum Fürsten gerufen und eindringlich zur Verschwiegenheit verpflichtet worden. Danach hatten sie sich von den feuchten Stellen im Hemd überzeugen können, hatten befühlt und berochen. Auch durften sie die angeschwollenen, entzündeten

Brustwarzen betasten. Mehr erlaubte Clemens nicht.»Morgen will ich Antwort.« Damit waren die Ärzte wieder weggeschickt worden.

Doktor Fährmann zog ein Couvert aus der Tasche, entnahm ein eng beschriebenes Blatt. Mit Blick auf den Schlafenden begann er:»Nach langer Beratung sind wir zur einzig möglichen Diagnose gekommen. Der Klarheit halber beschränke ich mich auf das Wesentliche.« Er suchte die Zeile.«... Weil der Herr für gewöhnlich täglich sehr viele Kommotionen unternommen hat ...«

»Bitte in verständlichem Deutsch.«

»Also Bewegungen unternommen hat, vor allem bei der Jagd, produziert sein Körper nach wie vor viele Säfte. In letzter Zeit aber, durch das Unglück bedingt, hat er sich gar nicht bewegt. So treibt jetzt die Natur die überschüssigen Säfte durch die Brustwarzen hinaus. Säfte, die gewöhnlich per sudores ... verzeiht, die durch das Schwitzen ausgeschieden werden.« Der Doktor blickte auf, erwartete Lob, doch Anton von Roll furchte nur die Stirn.»Und? Was tun?«

»Dieser Zustand sollte nicht lange anhalten, weil sonst Schäden zu erwarten sind. Deshalb empfehlen wir, dass Ihre Durchlaucht möglichst rasch wieder zur Bewegung zurückfindet, damit auch die Säfte wieder auf normalem Wege hinausgetrieben werden.«

»Keine Pillen? Kein Trank?«

»Wir haben auch einen Aderlass in Betracht gezogen, doch dann wieder davon Abstand genommen.« Er zog ein Töpfchen aus der Tasche.»Ich empfehle dies zur Pflege. Ein Extrakt der Ringelblume mit Fett aufbereitet. Außerdem sollten die entzündeten Brustwarzen durch eine Bandage geschützt werden.«

Von Roll nahm die Salbe an sich und streckte erneut die Hand aus. Der Medicus verstand nicht.

»Her mit dem Blatt.«

»Aber, Ehrwürden, dies ist das Bulletin.«

Ungehalten schnappte der Domdechant nach dem Papier und zerknüllte es in der Faust.»Hast du in der vergangenen Nacht nicht richtig zugehört? Jede Mitteilung in dieser Sache, jedes Wort nach außen ist bei höchster Strafe untersagt. Und was wäre, wenn dieses Blatt in falsche Hände geriete? Es wäre das Ende deiner Karriere, wenn nicht gar der letzte Tag, den du und der Kollege in Freiheit verlebt hättet. Nun geh und schweige!« Das Klopfzeichen zum Halt für den Kutscher und stumm vor Schreck zwängte sich Doktor Fährmann aus der Karosse.

Kaum hatte sich der Schlag wieder geschlossen, nahm Clemens August die Maske ab.»Welch ein beschämendes Leiden. Ach, lieber Freund, meinen Ohren fiel es schon schwer, dies anhören zu müssen. Den Arzt dabei ansehen oder gar mit ihm darüber zu diskutieren, wäre ich nicht im Stande gewesen. Ihr seid mir ein wahrer Retter aus der Not.«

In Oberschleißheim nahe München hatten sich alle Mädchen und Jungen des Ortes zwischen sechs und zehn Jahren mit Pfarrer und Lehrer beim Schloss einfinden müssen. Körbe mit Blumensträußen standen bereit. Für die Mädchen wurden weiße, für die Buben blaue Capes ausgeteilt. »Streift die Kittel über eure Sachen!« Zweiundzwanzig zählte der fromme Mann und ging mit erhobenem Finger durch die Reihen »Keinen Zank! Und haltet euch sauber. Unser hoher Gast will reine Kinder sehen ...« Ohne seine Predigt zu beachten, prügelten derweil zwei Knaben aufeinander ein. Mit kurzen, aber heftigen Ohrfeigen schlichtete der Gottesmann den Streit und fuhr lächelnd fort. »Mit gottgefälliger Sanftmut wollen wir nachher den Bruder unseres geliebten Landesherren begrüßen. Wer weiß den Namen des Gastes?«

Schweigen. Ein Mädchen meldete sich: »Der heilige Benno?«

»Schäm dich! Der heilige Benno ist unser Schutzpatron. Unser Gast trägt den schönen Namen Clemens August ...«

»Verzeiht, Hochwürden!«, unterbrach ihn der Lehrer. Er hatte inzwischen die Aufteilung rechts und links der mit weißem Kies gestampften Auffahrt errechnet. Da es mehr Knaben in der Kindergruppe gab, entschied er: »Auf jede Seite erst drei Buben, dann Mädchen, Junge im Wechsel.«

Große Augen staunten ihn an.

»Mädchen, Junge ...« Er stockte. Keiner seiner Schüler begriff die gestellte Aufgabe, und so stellte er selbst Kind für Kind nacheinander an seinen Platz. Der Jubelruf wurde von Kleriker und Pädagoge gemeinsam einstudiert, und dann hieß es warten.

Die Nachmittagssonne brannte. Warten. Kein Hörnerklang verkündete vom Fahrweg her die Ankunft der Gäste.

»Herr Pfarrer, ich muss mal.« Diesen Warnruf überhörte der fromme Mann. Ein zweiter folgte. Bald schon begannen einige der Mädchen die Knie aneinanderzureiben. Aus Solidarität setzte auch bei den Knaben das dringende Bedürfnis ein, mehr und mehr traten von einem Fuß auf den anderen, beugten sich vor, pressten die Hände an die Mitte. »Herr Pfarrer! Ich halt's bald nicht mehr.«

Als Erster erkannte der Pädagoge die Gefahr. »Wir sollten den Kindern die Erlaubnis geben.«

»Aber die Ordnung ...« Der Pastor fingerte am Kreuz vor seiner Brust.

»Dann müssen wir wieder von vorn beginnen.«

Leises Jammern und Flehen setzte ein, wurde zum Chor.

»Bedenkt doch, Hochwürden. So werden die Kinder den Gast ganz sicher nicht fröhlich begrüßen können.«

Das Argument überzeugte.

»Lauft, Kinder!« Aber nicht zu weit.« Die Kleinen gehorchten, mussten es notgedrungen. Nicht zu weit! Das übernächste blühende Beet eingesäumt von niedrigem Buchsbaum wurde zum Feld der Erlösung.

Hörnerklang vom Fahrweg her. Schon bogen die ersten Reiter in die breite Zufahrt ein. Die Karosse, dahinter Kutsche an Kutsche. »Hierher!«, schrie der Pastor nach seinen Schäfchen. »Sofort!« Der Lehrer klatschte, schlug mit dem einen Arm große Kreise in die Luft. »Kommt! Kommt!« Mit dem anderen hielt er die Körbe mit den Blumen bereit.

Ein Wettlauf begann. Mit zum Teil noch hochgezogenen oder nur halb wieder hinuntergestreiften Kittelchen hüpften Jungen und Mädchen durch die Blütenpracht, über die Einfriedungen, querten die Pfade.

Inzwischen nahmen die Kutschen einen anderen Weg. Allein der Sechsspänner blieb auf dem Hauptweg, war nur noch einen Steinwurf entfernt, als die schnellsten der Kinder den Wegrand wieder erreichten.

Der Lehrer drückte ihnen die Blumensträuße in die Hand. Für Ordnung blieb keine Zeit mehr. Der Pastor forderte: »Jubelt! Na, los doch!« Er selbst stimmte das »Hoch! Hoch!« an und seine Schützlinge fielen mit ein. Die Karosse verlangsamte die Fahrt, laut schnaubten die Pferde.

»Hoch! Hoch!«, jauchzten, krähten die Kinder aus vollen Kehlen und schwenkten die Blumen über den Köpfen; ein lebendiger Haufe aus Weiß und Blau mit lachenden Gesichtern.

Da öffnete sich das Fenster. Für einen Moment sahen alle das Lächeln des Fürsten und dann seine Hand. Glitzernde Münzen regneten auf die Schar nieder.

»Danke! Habt Dank für das schöne Willkommen«, hörten Pastor und Lehrer noch. Dann war die Karosse weitergerollt.

Als Erster fasste sich der fromme Hirte. »Aufsammeln!« Er deutete auf die Geldstücke. »Jede Münze wird bei mir abgegeben. Sie ist für den Kirchensäckel bestimmt. Nun bückt euch schon!«

Musik, leicht und jubelnd. Weit waren die Flügeltüren des Schlosses geöffnet. Flötenspielerinnen in langen rosafarbenen Kleidern säumten rechts und links das großzügige Treppenhaus, die dunklen großen Instrumente auf den unteren Stufen, gespielt von schwarzhaarigen Künstlerinnen, und je höher es hinauf zum Weißen Saal ging, umso heller die Töne, auch das Haar hellte sich auf bis hin zum Blond, und aus Silber waren die kleinen Flöten der Spielerinnen hoch oben.

Als sich die letzten Klänge in den Deckengemälden verloren hatten, führte Kurfürst Karl Albrecht seine Gemahlin fünf Stufen hinauf, das Paar lächelte zur Halle hinab und wartete, dass unter den Gästen Ruhe einkehrte.

Fürstin Amalie trug ein tiefrotes Kleid. Rubine funkelten an ihrem Hals, das Geschmeide schmiegte sich auf der weißen Haut bis hinab zu den Wölbungen des üppigen Busens. Ein Schleiermantel umspielte sie und schmeichelte ihrer fülligen Erscheinung.

Die Gesellschaft schwieg und Karl Albrecht ließ die Hand vor seiner Brust über die Ordensschärpe bis zum Stern des St.-Georg-Ordens gleiten, dann benetzte er die volle Unterlippe:»Liebster Bruder, willkommen im schönen Bayern, willkommen zu Hause bei Eurer Familie.« Er weitete beide Arme, Clemens begab sich hinein, und im Beifall der Versammelten herzten und küssten die Brüder einander.

Abseits der Gesellschaft, bei den Dienern im Halbschatten einer Säule, verengte Albert le Grand die Augen, um die Szene schärfer zu beobachten. Welch ein perfektes Theater, dachte er, und meinem Herrn vergeht nicht einen Herzschlag lang das Lächeln, dabei ist jede Umarmung seines Bruders ein Würgen und jeder Kuss eine Täuschung.

Nun wandte sich Clemens August der Fürstin zu, beugte sich galant über die dargebotene Hand. Kurfürst Karl Albrecht schien die Geste überflüssig, denn er hob, ohne abzuwarten, wieder die Stimme:»Auch der illustren Begleitung meines Bruders gilt mein herzlichstes Willkommen. Hochverehrte Damen, hochgeschätzte Herren, möget Ihr alle die Gastfreundschaft meines Hauses in vollen Zügen genießen.«

Nun klatschten seine versammelten Höflinge den Höflingen des Kölner Kurfürsten zu, dabei prüften die Blicke, schätzten ab, und gab es direkten Augenkontakt, so entschuldigte gleich eine leichte Verbeugung die ertappte Neugierde.

Der Gastgeber bat alle zum Mahl hinauf in den Weißen Saal. Dort stand er am Eingang neben Fürstin Amalie und dem Ersten Minister des Münchner Hofes. Sie reichten den Besuchern aus dem Rheinland persönlich die Hand, wechselten Freundlichkeiten und verloren das Lächeln nicht.

Nur einen Schritt zurück stand er, Ignaz Felix Graf von Törring, den gut genährten Leib selbstbewusst vorgeschoben, die Perücke hoch onduliert, tief das Scheitelteil, und wie Trauben wellten sich die Locken ums ausgeprägte große Gesicht. Schon dem Vater der fürstlichen Brüder hatte er mit Klugheit und Treue zur Seite gestanden und war nach dessen Tod auch zum engsten politischen Berater und Freund des ältesten Sohnes geworden. Mehr noch. Nichts geschah im Reich der Wittelsbacher, ohne dass Graf Törring aus dem Hintergrund wie ein Puppenspieler die Fäden zog.

Der scharfe Blick der dunklen Augen musterte jeden Gast aus dem Rheinland. Sobald dessen Name fiel, verglich ihn Geheimsekretär Florenz an seiner

Seite mit der Liste und wartete – kam kein Zeichen, so erhielt der Genannte einen schlichten Haken. Bei wenigen aber tippte der Graf dem Vertrauten auf den Arm, dieser Name erhielt dann einen Stern.

Gleich nach dem Defilee führte der Landesherr seine Gemahlin und den fürstbischöflichen Bruder zur Ehrentafel. Noch auf dem Weg dorthin riefen helle Kinderstimmen über das Geplauder im Saal hinweg. Durch eine Seitentür brachten Ammen den Nachwuchs des Herrscherpaares herein. Drei Mädchen, zwei Knaben, die älteste Tochter zehn, der jüngste Sohn gerade fünf Jahre alt. Die herausgeputzten Prinzessinnen und Prinzen umringten den Onkel aus dem fernen Köln, und Clemens streichelte die Locken, lobte Größe oder Aussehen und versprach, bald die mitgebrachten Geschenke zu verteilen.

Graf Törring neigte sich zu seinem Privatschreiber:»Die drei erwarteten Personen sind unter den Begleitern des Kölners. Ich will so rasch wie möglich handeln. Ab der nächsten Woche, so fürchte ich, wird sich die Gesellschaft etwas zerstreuen, um je nach Neigung den unterschiedlichsten Vergnügungen nachzugehen. Deshalb lade jedes Subjekt zu mir in mein Stadtpalais. Keinesfalls darf die einzelne Person vom Treffen der anderen informiert sein. Ich verlange absolute Verschwiegenheit und entscheide später, wer eingeweiht werden darf.« Ein Lächeln spielte um die Mundwinkel.»Aber wem sage ich das? Mein Florenz, du kennst die Vorgehensweise von so vielen anderen Gelegenheiten. Halte mir die nächsten Tage so weit wie möglich von Terminen außerhalb von München frei. Und nun werde ich an der Tafel erwartet.« Noch ein Blick. Die Herren hatten sich verstanden und gemessenen Schritts strebte der Graf zum Tisch der fürstlichen Familie.

Geduld zahlt sich aus. Lautlos lachte Albert le Grand vor sich hin. Er hatte sich nicht von seinem Beobachtungsposten wegbewegt, auch nicht das Treppenhaus und oben den Eingang des Weißen Saales aus den Augen gelassen.

Nun kam der Sekretär des Grafen Törring die Stufen heruntergeeilt. Beim Durchqueren der Halle trat ihm Albert wie zufällig in den Weg.»Freiherr zu Fischbach. Meinen untertänigsten Gruß. Wir haben uns lange nicht gesehen.«

Florenz stockte, wich einen halben Schritt zurück.»Welch ... welche Überraschung!«

Gewinnend sanft antwortete Albert.»Ich hoffe, Ihr erinnert Euch an mich. An den ‚Krüppel des Kölners'? Oder wie habt Ihr mich noch bezeichnet? An den ‚Gnom des Erzbischofs'.«

»Das haben wir doch längst zwischen uns ausgeräumt.«

»Wohl wahr, ich erinnere mich an einige Liter Bier, die nötig waren, den hässlichen Spott wegzuspülen.« Albert bot dem schlanken Mann mit den riesigen Augen hinter den Brillengläsern die Hand und Florenz schlug ein. »Auch ich freue mich, dich wiederzusehen. Vielleicht sollten wir uns morgen Abend treffen? Sicher gibt es Neuigkeiten. Nur jetzt bin ich beschäftigt.« »Aber gern.« Albert zögerte, die Hand loszulassen. »Ich könnte dich auch jetzt begleiten. Unsere Herren sind mit Essen beschäftigt, danach soll es noch Tanz geben. Es bleibt also Zeit genug ...« »Nein, auf keinen Fall!« Gleich milderte der Sekretär den Ton. »Danke für das Angebot. Aber wir treffen uns besser morgen in Ruhe.« Ohne ein weiteres Wort wandte er sich ab und hastete zum Trakt der Dienerschaft hinüber. Albert sah ihm nach. Also hast du einen Auftrag bekommen, der meinen Fürsten oder jemanden aus unserer Delegation betrifft. Dabei sind wir erst ein paar Stunden hier. Ich staune, welch eine Geschwindigkeit dein Herr vorlegt. Die Sache muss von höchster Wichtigkeit sein.

Nicht durch den Haupteingang direkt gegenüber der Residenz, war ihr ausgerichtet worden, Und nicht in Begleitung der Zofe. Es war eine Einladung zu einem vertraulichen Gespräch. Was wollte Graf Törring von ihr? Das Übliche, wozu sonst ein Herr eine Dame zu einem heimlichen Treffen einlud, schied bei ihm aus, dafür kannte Freifrau Aloysia von Notthafft den Grafen zu gut. »Ich bin nicht sein Typ. Bei seinen Seitensprüngen bevorzugt er frisches junges Gemüse, genau wie Fürst Karl Albrecht.« Sie verzog verächtlich den Mund. »Herren dieses Alters meiden nur aus Angst zu versagen die Gesellschaft einer erfahrenen Frau.« Warum also?

Vorsorglich hatte sie sich für schlicht entschieden, hatte über dem türkisen Kleid ihren nachtblauen, bis zum Boden reichenden Schultermantel umgelegt, und auch der farblich passende Hut war bis auf eine kleine rote Stoffrose schmucklos.

Am Seitentor des Törringschen Palais wurde sie von Geheimsekretär zu Fischbach erwartet. »Baronin, welch eine Freude.«

»Bin ich zu spät?«

»Aber nein. Diese kleine halbe Stunde bringt unsern Zeitplan nicht durcheinander.«

Sie lachte dunkel, betrachtete den jungen Mann von oben bis unten. »Nun? Hat sich schon eine Braut für Euch gefunden?«

»Wie meinen?« Die runden Augen hinter den Brillengläsern vergrößerten sich noch. »Nein, nein. Meine Familie hat zwar eine Kandidatin im Blick. Aber bisher hinderte mich die viele Arbeit, an eine Vermählung zu denken.«

»Ihr pflückt also die Blumen noch überall da, wo sich Gelegenheit bietet?«
»Wie ...?« Der vertrauliche Klaps auf die Schulter verschreckte Florenz vollends. »Wie meinen?«
»Ein andermal.« Freifrau von Notthafft brach ihr Spiel ab. Eine Weile ging sie schweigend hinter ihm her, dann erkundigte sie sich: »Mein Besuch hier ...? Könntet Ihr mich auf das Gespräch vorbereiten?«
»Bedaure. Ich bin selbst nicht eingeweiht.«
»Ihr seid ein schlechter Lügner. Aber ich verzeihe Euch.« Sie seufzte vernehmlich. »So führt mich eben als unwissendes Lamm in die Höhle des Löwen.«

Der Handkuss war von gekonnter Eleganz. Im Aufrichten wies Graf Törring zu Tisch und Sessel unter dem Erkerfenster seines Arbeitszimmers. »Bitte, Teuerste, nehmen wir dort Platz. Ich habe uns frisch gepressten Kirschsaft bringen lassen. Eine kleine Delikatesse gewiss, denn in der Kölner Gegend reifen die Kirschen in der Regel einen Monat später als hier bei uns im Süden.«
Er hatte eingeschenkt und reichte seinem Gast einen der Kristallkelche. »Trinken wir zu Beginn vom süßen Blut ... Verzeiht, so theatralisch sollten wir heute nicht werden.«
Frau von Notthafft schluckte, ohne getrunken zu haben, erst dann setzte sie den Kelch an, nippte aber nur vom Saft. Ihr Busen hob und senkte sich. »Wessen ... wessen Blut soll das sein?«
»Ihr habt recht, kommen wir gleich zur Sache.« Ruhig griff der Graf in die linke Ärmelstulpe und entfaltete ein kleines Blatt. »Dies hier, Gnädigste, seid Ihr.« Das Lächeln warb um Verzeihung. »In Zahlen ausgedrückt, wenn ich so sagen darf.«
Die Hand der Freifrau zitterte. Gerade noch gelang es ihr, den Kelch ohne Missgeschick abzusetzen. »Rechnungen?«
Das Lächeln hörte nicht auf. »Allein von Eurem letzten Aufenthalt in München. Ich habe mir erlaubt, den Schneider und die Hutmacherin zu bezahlen. Und glaubt mir, auch die unglücklichen Damen im Geschäft für – nun ich sage es in aller Unschuld freiheraus – für Miederwaren und andere dem weiblichen Leibe sehr nahe Wäschestücke, sie konnten nach dem Begleichen der noch offenen Posten endlich wieder zu unserm geliebten weiß-blauen Himmel aufschauen.«
Freifrau von Notthafft zerrte versteckt in den Falten am Stoff ihres Schultermantels. »Diese Kleinkrämerinnen. Ich hatte vor, meine Rechnungen in den nächsten Tagen zu bezahlen.«
»Wovon, Gnädigste?«
»Was erlaubt Ihr Euch?«

Gleich hob Ignaz von Törring die Hand. »Bitte, keinen Zorn. Vor Euch sitzt ein Bewunderer. Sonst hätte ich mich sicher nicht der Mühe unterzogen, bei den einschlägigen Salons nach Euren Spielschulden zu forschen.«

Aloysia von Notthafft sank in den Sessel zurück, hastig trank sie, setzte erst ab, als der Kelch bis fast zur Hälfte geleert war.

Ihr Gegenüber nickte nachdenklich. »Diese Summe allerdings versetzte mich in höchste Verwunderung. Habt Ihr nie gewonnen? Weder mit den Würfeln noch mit den Karten?«

»Es war vertrackt«, flüsterte sie. »Wie verhext. Die Pechsträhne wollte damals nicht abreißen. Aber dieses Mal werde ich gewinnen.«

»Ich verstehe ...«

»Nicht wahr.« Mit schnellem Griff öffnete sie den Mantel, beugte sich weit vor, um seine Aufmerksamkeit für ihr tiefes Dekolleté zu gewinnen.

Einen Moment lang ließ Graf Törring den Blick wohlgefällig dort versinken, dann sagte er gelassen: »Damit wir uns richtig verstehen. In der Stadt seid Ihr schuldenfrei ...«

Sie nutzte die gedehnte Pause und suchte nach seiner Hand. »Welch ein großzügiges Geschenk.«

Ohne ihr auch nur mit einem Finger entgegenzukommen, setzte er hinzu: »Bei mir allerdings lagern gut verwahrt alle Eure Schuldscheine.«

Wie nach einer Ohrfeige verzog sie schmerzhaft das Gesicht. »Was ...? Was soll nun werden?«

»Ihr bezahlt. Das wäre die einfachste Lösung. Aber ich weiß um die missliche, ja katastrophale finanzielle Lage Eures ehrenwerten Gatten. Die Weißenburger Linie derer von Notthafft ist völlig verarmt und Euer Gemahl führt zwar noch den Generalstitel, ist auch noch einer der Statthalter von Bonn, doch sind diese Posten nur Hüllen, ohne dass der greise Herr damit Euren aufwendigen Lebensstandard bestreiten könnte.«

Nun zückte Aloysia ein Tüchlein und tupfte sich die Schläfen. »Ihr habt mich äußerst gründlich erforscht. Ihr seid ein ... Aber glaubt nur nicht ...«

»Bitte, Gnädigste! Verzichtet auf jegliche Drohung, sie vergrößert den Schaden nur.« Er faltete das kleine Blatt und steckte es zurück in die Ärmelstulpe. »Wie schon erwähnt, seht Ihr in mir einen großen Bewunderer, der nichts sehnlicher möchte, als Euch aus dieser Misere zu helfen. Allerdings ...«

Er zögerte, und sie hielt es nicht aus. »Was allerdings? Woran denkt Ihr?«

»An eine Aufgabe. Ihr müsstet einen Auftrag zu meiner Zufriedenheit erfüllen.«

Die Freifrau leerte ihren Kelch und schob ihn dem Gastgeber zu. »Bitte. Mich dürstet mit einem Mal nach diesem Saft.«

Während Törring aus der Karaffe nachschenkte, versicherte er lächelnd:»Und es ist wirklich kein Blut, das ich verlange. Sondern nur einen Kopf.«

Aloysia verschlug es den Atem.»Ich ... ich kann Euren Scherzen nicht ganz folgen.«

»Habt ein klein wenig Geduld, dann werdet Ihr verstehen.« Er lehnte sich zurück, stützte die Arme auf, führte die geöffneten Hände über der Bauchwölbung zusammen und ließ die Fingerkuppen gegeneinander tanzen.»Es geht um Politik, Gnädigste. Seit geraumer Zeit schon beobachtet Fürst Karl Albrecht, wie auch ich, mit großer Sorge die Entwicklung am Bonner Hof. Bis vor wenigen Wochen noch schien das Machtstreben des Grafen Plettenberg keine Grenzen zu kennen. Selbstherrlich hat er, entgegen unseren Plänen, im Verlauf der letzten beiden Jahre die Fronten gewechselt. Galt bisher Kurköln als unser verlässlicher Partner im Bündnis mit Frankreich, so schwenkte der Herr nun dem habsburgischen Hause zu. Wien jubelte, denn die Aussöhnung Clemens Augusts mit dem Kaiser bedeutet gleichzeitig die Befürwortung der Pragmatischen Sanktion und nährt so wieder die Hoffnung, dass Maria Theresia doch dereinst als legitime Tochter Karls VI. für ihren Ehegemahl Anspruch auf den Kaiserthron anmelden kann. Und damit wäre jeder wittelsbachische Anspruch auf die Kaiserkrone zunichte.« Graf Törring bedachte seinen Gast mit einem prüfenden Blick.»Könnt Ihr folgen? Die kleine Lektion über diese vertrackte Pragmatische Sanktion ist notwendig, damit Ihr Euren Auftrag richtig einschätzen könnt.«

»Nur weiter.« Aloysia rundete die Lippen.»Ich bin eine Frau. Wie sollte mir das Ränkeschmieden fremd sein?«

»Das hatte ich erhofft. Also weiter: Durch das unschöne Ableben des Komturs Johann Baptist von Roll ist nun ein erster Riss in der bis dahin so unzertrennlichen Verbindung zwischen Erstem Minister und Fürstbischof Clemens August entstanden. Eure Aufgabe soll es sein zu helfen, diesen Riss nicht nur zu vertiefen, sondern auch dazu beizutragen, dass Graf Plettenberg endgültig in die so entstandene Schlucht stürzt.«

Frau von Notthafft schloss die Augen.»Ihr wollt also seinen Kopf auf einem silbernen Tablett?«

»Aber, aber, verehrte Baronin.« Ein leises Lachen.»Aber wenn wir schon in Bildern reden: Sein Kopf soll rollen, das genügt.«

»Und bei Erfolg? Was darf ich als Gegenleistung erwarten?« Hellwach deutete sie auf die Stulpe seines linken Rockärmels.»Allein die Vernichtung dieses hässlichen Schuldenzettels wäre zu wenig.«

»Gemach, gemach ...«

»Viel zu wenig.«

Nun hob Graf Törring die Brauen. »Im Ergreifen einer Chance seid Ihr sehr forsch, meine Liebe. Aber das zeigt mir, wie geeignet Ihr für diese Mission seid. Ich biete Euch Schuldenfreiheit und darüber hinaus noch dreißigtausend Gulden.«

Sie schaute in den Kelch, drehte ihn auf der Tischplatte. »Vierzigtausend.«

»Beim Himmel. Das wären dann mit den schon beglichenen Rechnungen insgesamt fünfzigtausend Gulden. Diese Summe ist unerwartet hoch.«

Sie überlegte eine Weile, schließlich seufzte sie wie vor einem gewagten Spielzug: »Außerdem möchte ich noch Garantien für meinen Gatten. Schließlich kann sich durch den Sturz des Ersten Ministers vieles in Kurköln verändern.«

Graf Törring trommelte die Fingerkuppen gegeneinander. »Er ist recht betagt. Ich könnte mich dafür verwenden, dass Maximilian von Notthafft eine französische Pension erhält und auch das Amt des kölnischen Obristkämmerers für ihn bereitgehalten wird. Das ist das Äußerste ...« Er griff nach seinem Kelch. Der Mund lächelte weiter, doch Kälte glitzerte in seinen Augen »Ihr seid gut beraten, Gnädigste, wenn Ihr jetzt einwilligt und wir die Abmachung mit einem Schluck des süßen Blutes besiegeln.«

Aloysia von Notthafft erkannte den gefährlichen Ernst, spannte den Bogen nicht weiter. Sie hob ihren Kelch und mit hellem Klang stieß Kristall gegen Kristall.

7

Zwei Pferde standen bereit. Die braune Stute des Fürstbischofs, getan mit silberverziertem Zaumzeug. Daneben ein Schecke in schlichtem Leder. »Verständige mich, sobald die Begleiter eingetroffen sind«, bat Albert le Grand den Reitknecht, der den Sitz der Bauchgurte überprüfte.

Der gebückte Mann erschrak, als er unter dem Pferdeleib hindurch das Gesicht des Zwerges erblickte. »Was soll ich? Verzeiht, Ihr seid es. Hab verstanden.«

»Einer der Herren kommt mit seinem eigenen Pferd. Dem anderen wirst du hinaufhelfen müssen. Halte dich bereit!«

Seit dem Einzug des Fürstbischofs ins väterliche Nymphenburger Schloss vor gut drei Wochen nutzte Albert jeden Morgen, nachdem sein Herr das Frühstück im Bett eingenommen hatte, die Zeit des Ankleidens, um vorab bei den Stallungen nach dem Rechten zu sehen.

Der morgendliche Ausflug Clemens Augusts war eine heiß begehrte Gelegenheit, für eine Stunde mit dem Fürsten allein zu sein. Auf ausdrücklichen Befehl hin war diese frühe Stunde bevorzugt den Höflingen aus der eigenen Kölner Delegation vorbehalten. Damen und Kavaliere mussten persönlich im Gästeflügel ihre Bittschrift dem Kammerdiener Molitor überreichen. Meist klebte auch eine Münze für den Vermittler unter dem Couvert, in der Hoffnung, so schneller ans Ziel zu kommen. Einige wenige versuchten sogar direkt über den Zwerg, einen Platz in der Kutsche oder auf dem Sattel neben dem Fürsten zu ergattern. Die Auswahl traf Clemens meist am Vorabend nach dem Souper.

Gestern hatte Freifrau Aloysia von Notthafft das Glück gehabt. Ihr war während der Ausfahrt just an einer versteckten Lichtung der Hut davongeflogen und Clemens hatte es sich nicht nehmen lassen, das verlorene Stück selbst von den Zweigen eines Gebüschs herunterzuangeln. Nach geglückter Tat hatten sie dann gemeinsam noch eine halbe Stunde auf einem Baumstamm gesessen und geplaudert, ehe sie die Fahrt fortgesetzt hatten.

Vom Turm der Nymphenburger Kirche schlug es acht. Mit dem letzten Glockenschlag trabten vom Torhaus her zwei Leibgardisten unter Führung ihres Leutnants von Burgau auf den Marstall zu. Wenigstens ist er pünktlich, der Herr Baron, dachte Albert und setzte widerwillig ein Lächeln zur Begrüßung auf »Ein schöner Morgen. Die Luft hat noch eine weiche Frische.«

»Erstaunlich.« Feixend beugte sich Burgau etwas nach unten. »Bist du sicher? In deiner Misthaufenhöhe muss es doch erbärmlich stinken.«

»Aber nein«, erklärte Albert in nachsichtigem Ton: »Solange Ihr nicht absteigt, lässt es sich hier wunderbar atmen.«

Die spitze Nase zuckte nach oben, gleich aber hatte sich Burgau wieder gefasst und gab sich gönnerhaft: »Du bist nicht aufs Maul gefallen. Mir gefällt das. Wem deine Art aber nicht passt, der könnte dir auch mal kräftig das lose Maul zerschlagen. Hüte dich also vor dunklen Ecken ...«

Albert kam zu keiner spitzen Erwiderung, denn Clemens August erschien im Seitenportal, und Hubert von Burgau schnellte aus dem Sattel, verbeugte sich tief, blieb so, bis der Herr ihn fast erreicht hatte, dann schwallte seine Stimme auf: »Welch wunderbarer Morgen. Die Luft hat noch eine weiche Frische. Habt Dank, Herr, dass ich Euch heute begleiten darf.«

Clemens stutzte. »So vollendet? So blumenreich? Ich wusste gar nicht, dass mein Leutnant der Leibgarde ein Talent für die Bühne besitzt.«

»In bescheidenem Maße.« Burgau stieß den Stallknecht mit unauffälligem, dennoch hartem Tritt beiseite und hielt dem Fürsten selbst den Steigbügel. »Als junger Mann durfte ich einmal im Weihnachtsspiel meines Heimatortes den Verkündungsengel geben.«

»Das gefällt mir.« Der Fürst richtete sich im Sattel auf und deklamierte: »Fürchtet Euch nicht. Denn siehe, ich bringe euch gute Nachricht ...«

»Bravo«, Burgau applaudierte. »So gekonnt war meine Darstellung natürlich nicht.« Er bestieg seinen Falben. »Aber Ihr seid auch weit erfahrener in der Schauspielkunst als ich.«

Die Schmeichelei kam an. »Nun, ich habe schon so manche Rolle selbst gespielt ...« Clemens unterbrach und sah sich um. »Sollte nicht auch Freund Magis heute Morgen mit von der Partie sein?« Er blickte zu seinem Zwerg hinunter. »Oder verwechsle ich den Tag?«

»Nein, gnädiger Herr, Ihr habt Baron Magis ausgewählt. Ärgerlich, dass er nicht längst hier ist. Zumal er so sehr darauf gedrängt hat.«

Auch Burgau schüttelte leicht den Kopf. »Auch ich staune. Für gewöhnlich ist Magis doch sehr pflichtbewusst.«

»Vielleicht eine Magenverstimmung? Die fette bayerische Kost ist gewöhnungsbedürftig.«

Der Fürst fasste nach den Zügeln. »Wir warten nicht.« Auf sein Zeichen hin trabten die Leibgardisten an. Und während er die Stute wendete, beauftragte er Albert, der Sache mit Magis nachzugehen, dann ritt er mit seinem Begleiter gemächlich zum Tor hinaus. »Kommen wir auf die Schauspielkunst zurück. Ich habe schon etliche Stücke inszeniert. Sobald es meine Zeit erlaubt, werde ich mich an ,Zaire', das neue Drama von Voltaire, heranwagen.«

»Oh, wunderbar.« Nur der Ton war voll, leer blieben die Augen.

Der Fürst nahm es nicht wahr. »Ah, Ihr kennt Voltaire. Habt Ihr die ,Philosophischen Briefe' schon gelesen?« Clemens führte mit der geballten Rechten einen niederschmetternden Luftschlag aus und rief: »Ecrasez L'infame!« Ein Seitenblick folgte. »Äußerst provokant, nicht wahr?«

»Äußerst, Durchlaucht. Sehr äußerst ...« Der spitzgesichtige Freiherr hielt sich dicht neben ihm. »Wie gerne würde ich unter Eurer Regie irgendwann einmal eine kleine Rolle übernehmen ...«

Albert sah ihnen kopfschüttelnd nach. »Nicht zu glauben«, flüsterte er. »Dieser Mensch ist glatt wie ein Aal.«

In der Nähe rieb sich der Stallknecht den schmerzenden Oberschenkel. Ohne Überzeugung versuchte Albert, den Tritt herunterzuspielen. »Das war ein Versehen.«

»Niemals. Ich kenne den Leutnant, der teilt aus, wo er nur kann. Der macht sich einen Spaß draus, unsereins zu quälen.«

»Ich möchte dir nicht widersprechen ...« Albert wollte das Thema nicht vertiefen und damit womöglich den einfachen Mann in Gefahr bringen. Dicht trat er vor ihn hin und deutete an sich hinunter. »Wie du siehst, habe ich für ein richtiges Pferd nicht die passende Höhe. Zu Hause besitze ich einen Isländer. Könntest du mir ein kleines Pferd beschaffen? Ich zahle auch dafür.«

»Für Euch mach ich das umsonst ...« Ein Zögern, die Ohren begannen zu glühen. »Ich mein, so ganz kleine Tiere wird es nicht geben.«

Albert half ihm mit einem Lachen über die Verlegenheit. »Klein genügt.«

»Ich frag unsern Stallmeister.«

»Guten Morgen!« Im feinen, blauen Reitrock, ein flatterndes Seidentuch um den Hals, eilte Jean François von Magis auf den Sattelplatz, blieb stehen, sah sich um, entdeckte Albert bei dem Knecht und stürmte zu ihm. »Warum steht ihr hier noch so untätig rum? Es ist höchste Zeit, das Pferd des Fürsten aufzuzäumen. Unser Ausritt startet in fünfzehn Minuten. Vite, Freunde, vite.«

»Was sagt Ihr?«

Magis wies zum Kirchturm. »Schlag neun soll es losgehen.«

Schweigen.

Vorsorglich wandte der Knecht sich ab und führte den Schecken zurück in den Stall.

Albert rieb sich das Kinn, dann begann er behutsam: »Könnte es sein, Baron, dass Ihr Euch in der Zeit geirrt habt?«

»Unmöglich. Auf diesen Termin warte ich schon seit mehr als einer Woche.«

»Verzeiht. Aber Ihr seid zu spät. Unser Fürst ist bereits ausgeritten.«

Der nach vorn gespitzte Bauch vibrierte, das Gesicht verlor an Farbe. »Er ist schon weg?«

»Und zwar wie vereinbart pünktlich Glock acht.«

»Aber ... aber er hat mir doch dringend ausrichten lassen, dass der Termin genau um eine Stunde verschoben wird. Ausdrücklich.«

Albert sah die Ratlosigkeit in den Augen des sonst so übereifrigen Geheimrates, mitfühlend nickte er. »Darf ich fragen, wer Euch die Änderung mitgeteilt hat?«

»Baron Burgau. Sein Diener, dieser undurchsichtige Kerl mit der Kinnarbe, kam heute ganz in der Frühe und brachte mir die Eilnachricht. Daraufhin habe ich mir Zeit gelassen. Wie schrecklich und peinlich.« Er wischte sich mit dem Seidentuch die Stirn. »Seine Begleiter kommen zu spät. Der Fürst wird mit Recht empört sein.«

So sachlich wie möglich entgegnete Albert: »Nur Ihr seid zu spät. Unser Herr ist mit Baron von Burgau wie geplant gegen acht ausgeritten.«

Baron von Magis sanken die Schultern. »Burgau? Dieser Mensch ist ein ... Oh, ich wage das Wort nicht auszusprechen, aber ich denke, die schlimmste Bezeichnung für einen Kavalier – sie passt genau auf ihn.«

»Eure Zurückhaltung ehrt Euch, Baron. Ihr seid ein wahrer Diplomat.« Albert verneigte sich leicht. »An jenem Wort entbrannte das für den Komtur von Roll tödliche Duell. Doch auch wenn Ihr schweigt, ahne ich den berechtigten Zorn in Euch.«

Magis atmete mehrmals tief ein und wieder aus. Etwas ruhiger, doch mit Beben in der Stimme sagte er: »Dieser Vorfall hat ein Nachspiel. Der saubere Herr wird sich wundern.«

Die Kammerzofe der Kurfürstin führte Clemens August vom Hauptflur des Gästetraktes in einen schmaleren Gang. Hier zierten zwischen Ölgemälden selbst gefertigte und heimlich dort angebrachte Bilder der Prinzen und

Prinzessinnen die Wände. Bei jeder Richtungsänderung knickste die Zofe tief, gewährte Einblick ins Dekolleté, dabei hauchte sie:»Wenn ich vorausgehen darf?« Ein Handzeichen gab die Erlaubnis und weiter ging es bis zur nächsten Biegung. Gleich zu Beginn der Wanderung durch die Geheimwege hatte der Fürstbischof kurz die wohlgeformten Rundungen in Augenschein genommen, beifällig genickt und von da an dem Dargebotenen keine Aufmerksamkeit mehr geschenkt.

»Liebster Schwager, bitte beehrt mich so bald als möglich mit einem kurzen privaten Besuch. Mein Mädchen führt Euch zu mir. Amalie.« Weil nichts Näheres auf der Karte stand, war seine Neugierde erwacht und er hatte der Einladung sofort Folge geleistet.

Die Fürstin empfing ihn in ihrem Kabinett.»Lieber Clemens, welch eine freudige Überraschung.«

Aufjauchzendes Hundegebell. Von Sesseln, Stühlen, von hinter den Vorhängen her sprangen acht Windspiele leichtfüßig auf den Besucher zu, umringten ihn, setzten die Vorderfüße an seine Oberschenkel, wedelten mit den Schwänzen, hechelten und sahen mit Bettelaugen zu ihm hoch.

Clemens streichelte die schmalen Köpfe, kraulte das graue oder braun-weiße Nackenfell. Ihre Herrin sah die Zuwendung mit sichtlichem Gefallen. »Daran erkenne ich den guten Menschen.« Sie spitzte die Lippen und ihr kurzer Pfiff beendete die Begrüßung. Gehorsam rückten die Hunde von dem Gast ab, postierten sich rund um den Teppich und beobachteten mit erwartungsvoller Gier, was nun geschah.

Amalie ging einige Schritte auf ihn zu.»Jetzt sei doppelt herzlich begrüßt.«

Er beugte sich über die dargebotene Hand.»Deine Nachricht war mir ein Befehl.«

»Bitte, lassen wir die Schnörkelei.« Mit kraftvollem Griff fasste sie ihn an beiden Unterarmen.»Ich musste endlich mit dir allein sprechen. Seit mehr als einem Monat haben wir uns nur auf Bällen, in der Oper, bei der Jagd oder an den Festtafeln gesehen.« Sie gab ihn frei und pochte mit der Faust gegen das weiße Dekolleté.»Doch Amalie ist nicht die lebensfrohe, prächtig gekleidete Frau an der Seite ihres Gatten, nicht die kühne Jägerin mit der Flinte.« Die Augen wurden feucht.»Auch nicht nur die willensstarke Mutter einer reizenden Kinderschar. So mögen mich die Untertanen, solch ein Bild verlangt die Etikette von der Landesfürstin. Doch in Wahrheit ... Ach, Schwager ...« Sie sank an ihn, und völlig überrascht hatte er Mühe, die füllige Gestalt zu halten.

»Großer Gott. Welches Geheimnis? Wie kann ich helfen?«

Tränenfeucht sah sie zu ihm auf.»So zartfühlend. Du bist so ganz anders als ...« Amalie gewann etwas an Kraft zurück und löste sich von ihm.»Komm!« Sie führte ihn zu den roten Samtsesseln.»Falls du hungrig bist?« Auf dem Tisch stand ein großer Porzellanteller mit Gebäck. »Ich habe frische Kipferl gebacken. Mein Rezept. Die Füllung ist mir heute besonders gelungen. In Likör gequollene Rosinen. Koste erst einmal. Und dann muss ich dir etwas zeigen, das wird dir die Augen öffnen. Nun greif zu!« Clemens biss in ein goldbraun gesottenes Kipferl. Er schmeckte und nickte. »Eine Köstlichkeit, ohne Frage.« Gleich nahm er das zweite, verschlang es und griff wie im Zwang nach dem dritten. Amalie sah es mit Rührung. »Wie schön, dass du mir so offen deine Gefühle zeigst. Das gibt mir Mut.« Sie nahm eine eckige, perlmuttbesetzte Dose von ihrem Sekretär und stellte sie neben die duftenden Leckereien. »Der Inhalt erzählt mehr von meinem Schicksal, als ich es in Worten auszudrücken vermag.«

Er kaute bereits am vierten Kipferl und nickte nur verständnisvoll. Als sie den Schlüssel drehte, beugte er das Gesicht vor. Langsam klappte der Deckel auf. Clemens fuhr zurück, würgte am Gebäck, und nur durch heftiges Schlucken konnte er Schlimmeres verhindern. »Haare?«, stammelte er. »Großer Gott ... Ganze Büschel.«

»Schrecklich, nicht wahr?« Amalie umkrallte mit ihren beringten Fingern die Dose. »Es sind Haare von mir. Und jedes einzelne bedeutet Schmerz.«

»Aber wie ... ?« Der Heißhunger nach Süßem war ihm jäh vergangen. Um den Ekel zu bekämpfen, schob er den Porzellanteller weit von sich. »Ich begreife nicht?«

»Dein Bruder Karl Albrecht. Er ...« Ein Schwall Tränen unterbrach sie. Nachdem die Wangen getrocknet waren, setzte sie mit kleiner Stimme hinzu: »Wenn er in Zorn gerät, dann ... schlägt er mich, zerrt mich an den Haaren durchs Zimmer.«

»Dieser Rohling. Aber ich kenne ihn.« Clemens streichelte ihren Handrücken. »Als wir noch Knaben waren, besaß ich wunderbares langes Haar. Und er, er hatte seinen Spaß daran, mich an den Locken hinter sich herzuschleifen. Dieser gefühllose Mensch. Mich hat er damit demütigen wollen. Aber warum um alles in der Welt fügt er dir wunderbaren Frau solche Schmach zu?«

»Verzeih, aber ich benötige jetzt dringend einen Likör. Es ist zwar erst früher Nachmittag, aber ich denke, ein oder zwei Schluck werden mich wieder aufrichten.« Mit geübtem Griff nahm sie die Karaffe aus der Lade unter der Schreibplatte ihres Sekretärs und hielt auch schon zwei Gläschen geschickt zwischen den Fingern der linken Hand. »Dir wird der Holunderlikör sicher auch guttun.« Er benetzte die Lippen. »Wohl wahr. Dieser Blick hinter die Kulisse fordert eine Stärkung.«

Beide genossen den ersten Schluck, gleich schenkte Amalie nach. »Du magst mir das harte Wort verzeihen, aber mein Vater, Kaiser Joseph, hat mich an die

Wittelsbacher für Macht und Geld verschachert. Das Glück seiner Tochter war ihm nicht einen Gedanken wert.« Sie nippte zweimal am Likör. »So geriet ich an Karl Albrecht. Außer der Jagdleidenschaft haben wir wenig gemeinsame Interessen. Und ... ich muss ihm Kinder gebären, möglichst Söhne.«

»Es sind prachtvolle Kinder!«

»Jede Schwangerschaft wird regelmäßig zur Qual für mich. Während ich ihm ein Kind austrage, trägt er seine Lust zu anderen Weibern.« Sie ballte die Faust und drohte zum Fenster. »Diese Badenburg dort drüben ...« Ein nächster Schluck, ehe sie fortfuhr: »Ein Sündenpfuhl. Schon euer Vater trieb es da mit sechzehn Weibern. ,Meine Nixen' nannte er sie. In Wahrheit waren es adelige Huren, nichts sonst.« Sie schenkte sich ein, stutzte, als sie sah, dass Clemens noch nicht ausgetrunken hatte. »Schmeckt dir der Likör etwa nicht?«

»Doch. Nur trinke ich ihn etwas langsamer. So kann ich ihn besser genießen.«

Amalie leerte ihr Glas und setzte es hart ab. »Und Karl Albrecht? Er versucht, den Vater in allem nachzuahmen. In allem, sag ich dir. Aber er reicht bei weitem nicht an ihn heran. Nur ...« Sie schlug mit der flachen Hand auf die Tischplatte, dass sich die Hunde erschreckt weiter zurückzogen. Gleich folgte noch ein Hieb. »Nur mit den Weibern, da gleicht er dem seligen Max Emanuel. Erst schwimmt er mit den Huren im Becken herum. Und dann ... Wie ein geiler Bock besteigt er im Badehaus diese verfluchten zweibeinigen Ricken.«

Hastig trank nun auch Clemens sein Glas leer. »Das erinnert mich stark an unseren Vater. Auch Mutter hat unter seinem freizügigen Lebensstil sehr gelitten.«

»Nicht wahr?« Ihre Zunge war schwer, die Stimme wurde rauer. »Und wenn ich ihn zur Rede stelle – und das ist mein gutes Recht–, dann will er nichts davon hören. Aber nicht mit mir! Ich verlange Respekt, weil es mein Recht ist. Hin und wieder muss ich ihn auch ohrfeigen. Und ich halte ihn fest, auch wenn dabei sein Rock zerreißt.«

»Wirklich? Sogar in der Öffentlichkeit?«

»Nur wenn es sich nicht vermeiden lässt.«

Clemens sank die Kinnlade und Amalie nahm sich etwas zurück.

»Meist streiten wir, wenn wir unter uns sind. Aber alle meine Damen mussten schon mit ansehen, wie er mich mit Faustschlägen traktiert, wie er mich an den Haaren reißt und erst nachlässt, wenn ich mich nicht mehr wehren kann, wenn ich schluchzend am Boden liege.«

»Mein Gott!« Clemens schenkte nach und reichte ihr das Gläschen. »Arme Schwägerin. Welch ein Schicksal. Soll ich Karl Albrecht zur Rede stellen?«

»Sehr lieb von dir. Aber er hört auf niemanden. Bis auf Graf Ignaz von Törring und der lässt nichts auf seinen Freund kommen. Beide sind Wölfe, und die beißen sich nicht.«

Sie tranken und aus einer mitleidigen Regung heraus bot er an:»Wenn du für einige Zeit diesem Elend entfliehen möchtest, so bist du bei mir in Bonn oder Brühl herzlich willkommen.«

Amalie trocknete mit einem Tüchlein die nassen Wangen.»Ich danke dir.« Schminke und Augentusche gerieten ineinander und wurden zu einer gräulichen Schmiermasse. Sie schüttelte sich heftig, und das Leid schien ihr dabei von den Schultern zu fallen. Es gelang ihr sogar ein Lächeln.»Nun bin ich etwas müde. Danke, Schwager, dass du mir zugehört hast. Ich will dir nicht noch mehr von deiner Zeit stehlen.« Sie erhob sich und schwankte leicht.»Wir sehen uns beim Fest heute am Abend. Spätestens morgen, wenn wir zur Jagd nach Starnberg aufbrechen, werde ich mich wieder erholt haben.« Sie griff nach dem Teller mit dem Gebäck.»Magst du noch ein Stück?«

»Zu liebenswürdig.« Auch seine Stimme war vom vielen Holunderlikör beeinflusst.»Ich habe ausreichend ... Genug.«

Amalie pfiff die Windspiele zu sich.»Meine Lieblinge! So brav habt ihr gewartet. Dafür sollt ihr eine Belohnung bekommen.« Sie warf ihnen die restlichen Kipferl hin, dann reichte sie dem Schwager die Hand zum Kuss.

Er beugte sich darüber.»Ich werde immer ein Ohr für dich haben.« Um Haltung bemüht verließ er steifen Schritts das Boudoir.

Tief stand die Sonne, ihr letztes Tagesblut spiegelte sich unter der Luisenbrücke im Wasser der Isar, ließ den Backstein des Roten Turms erglühen. Aus Richtung der Residenz näherte sich Hubert von Burgau mit seinem Leibwächter Peter Stumpff zu Fuß dem Stadttor. Am Lagerhaus nahe den Uferauen blieb er stehen, sah sich um. Keiner der Passanten schien sich für die beiden Herren in den schlichten grauen Schultermänteln zu interessieren.»Gib mir deinen Dolch!«

»Aber, Herr ...« Die breite Kinnnarbe des Dieners zuckte.»Ihr tragt doch Euren am Gürtel.«

»Keinen Spott jetzt. Her damit!«

Ein kurzer Griff in den Mantel und unbemerkt glitt das Messer mit der Lederscheide von Hand zu Hand. Burgau steckte es hinter dem Rücken in den Bund. »Besser ich hab eines in Reserve. Man kann nie wissen.« Sein Lächeln misslang. Als Treffpunkt war ihm der Pfad vom Roten Turm in die Wiesen entlang der Isar genannt worden.»Schlendert langsam und allein. Irgendwann werdet Ihr meinem Herrn begegnen. Es soll wie ein Zufall aussehen.« Mehr hatte ihm der Sekretär des Grafen Törring nicht verraten wollen.

Wieso diese Heimlichkeit? Leutnant Burgau zerrte an seinem Hemdkragen. »Setz dich drüben vor die Spelunke und warte. Hol dir meinetwegen ein Bier, aber besauf dich nicht. Falls ich bei Einbruch der Dunkelheit immer noch nicht zurück bin, dann suchst du mich. Hast du verstanden? Erst dann.«

»Besser, ich geh Euch gleich nach. Unauffällig.«

»Wir sind nicht in Bonn oder Brühl. Hier weht ein anderer Wind. Glaubst du etwa, der Graf kommt allein? Seine Schergen haben mit Sicherheit das ganze Terrain abgesichert. Du kämst nicht hundert Schritt weit, dann hätten sie dich schon gestellt.« Burgau sah seinen Diener scharf an. »Du wartest hier!« Damit wandte er sich ab. Die Schultern angespannt ging er weiter. Kurz vor dem Tor verließ er die Straße und schritt nach links in die Uferauen hinein. Windstille. Noch lastete die Julihitze. Bald schon umsirrten Mückenschwärme den Spaziergänger. Er schlug sich an die Halsseiten, wischte mit der flachen Hand durchs verschwitzte Gesicht.

Unvermittelt lösten sich vor ihm zwei Männer aus dem Gesträuch und hielten direkt auf ihn zu. Kraftvolle Gestalten mit gleichmütigen Mienen.

Burgau stockte, wollte umkehren, doch hinter ihm näherten sich zielstrebig zwei weitere Kerle. Für ein Ausweichen oder gar eine Flucht war es zu spät. »He, Freunde. Was wollt ihr? Geld? Ich habe ...« Er griff in den Mantel.

Schon sprang ihn einer der Männer von vorn an, packte den Arm. Gleichzeitig erhielt er von hinten einen Hieb in den Nacken, dass er aufschrie und in die Knie brach. Sofort rissen sie ihn wieder auf die Beine, hielten ihn zu dritt fest. Der vierte Mann baute sich vor ihm auf, deutete ein Kopfneigen an. »Ich bin Hauptmann der besonderen Leibwache des Grafen Törring. Mein Herr erwartet Euch. Ich habe Order, Euch zu ihm zu führen.«

»Verflucht sollst du sein.« Burgau blies sich auf. Das spitze Gesicht loderte vor Zorn. »Wie Raubgesindel führst du dich mit deinen Leuten auf. Ich gehöre zur Kölner Delegation, Kerl. Ich bin Gast am Hofe des Kurfürsten Karl Albrecht.«

Unbeeindruckt befahl der Hauptmann seinen Männern, ihn loszulassen, dann streckte er die Hand aus. »Ehe wir weitergehen – darf ich um Eure Waffen bitten?«

Wieder wollte Burgau protestieren, doch sofort wurde ihm das Wort abgeschnitten: »Es muss sein. Bitte erschwert mir die Arbeit nicht unnötig.«

»Unter Protest. Nur unter Protest.« Der Baron schnallte den Kurzdegen ab und händigte das Gehänge aus. Scharf sah ihm der Hauptmann ins Gesicht. »Führt Ihr sonst noch Waffen mit Euch?«

»Ich habe hier eine Verabredung, du Idiot. Ich wollte nicht in den Krieg ziehen.«

Der Hauptmann schnippte. Gleich tastete einer seiner Männer den Baron von den Stiefeln aufwärts ab. Im Rücken hielt er inne, fasste unter den Mantel und brachte den Dolch zum Vorschein, reichte ihn seinem Vorgesetzten.

»Sagtet Ihr nicht gerade, dass Ihr keine weiteren Waffen bei Euch tragt?«

»Das ... also, dieses Messer ...«, stotterte Burgau an der Entschuldigung, »das habe ich ganz vergessen.«

Der Hauptmann winkte ihm. »Kommt!« Er verließ den Weg, ging durch die Wiese voraus und schien die Lüge hingenommen zu haben. Erleichtert folgte ihm der Baron, eng begleitet von den übrigen Leibwächtern. Im Schutz eines Gebüschs blieb der Offizier stehen. »Erteilt dem Herrn eine Lehre«, befahl er seinen Männern in gelassenem Ton. »Aber hinterlasst keine Spuren im Gesicht. Auch keine Knochenbrüche!«

»Wagt es nicht.« Burgau streckte abwehrend die Hände aus. »Rührt mich nicht an!«

Die Männer kannten ihr Geschäft. Schon der erste Hieb unter das Herz brachte den Baron zum Schweigen. Dann versetzten sie ihm gezielte Schläge gegen die Nieren, dass er sich aufbäumte, gleich gruben sich die Fäuste einige Male in den Magen. Burgau würgte, keuchte, rang nach Atem. Nicht genug. Zwei rissen ihn an den Armen hoch, der dritte stellte sich vor das Opfer. Sah an ihm hinunter, nahm kurz Maß, dann zuckte das Knie zwischen den Beinen nach oben und quetschte die Hoden. Burgau stieß einen langen, qualvollen Schrei aus. Gleich presste ihm der Hauptmann die Hand vor den Mund. »Keinen Lärm. Oder muss ich die Belehrung wiederholen lassen?«

Die Augen weiteten sich vor Entsetzen. Heftig schüttelte Burgau den Kopf und sein Folterer gab ihn frei. Unter den geduldigen Blicken der Männer taumelte er hin und her, versuchte, sich aufzurichten, erst nach einer Weile ließen die schlimmsten Schmerzen nach. Als auch der Atem ruhiger ging, forderte der Hauptmann den Gast höflich auf: »Nun folgt mir. Es ist nicht weit.«

Die geschlossene Kutsche stand oben auf der Uferstraße. Nachdem der Offizier seine Meldung gemacht hatte, verließ Graf Törring den Wagen, tippte Burgau mit der Spazierstockspitze gegen die Schulter. »Ich habe Euch einiges zu sagen.«

Mühevoll versuchte Burgau, Schritt zu halten. Um die malträtierten Hoden zu schonen, musste er die Oberschenkel breiter voneinander als gewöhnlich bewegen. Er sah sich um. In einiger Entfernung und außer Hörweite folgten ihnen die Leibwächter. »Ich habe eine Beschwerde vorzubringen«, stieß er bitter hervor. »Eure Leute haben mich geschunden wie einen räudigen Hund. Das hab ich nicht verdient.«

»So?« Graf Ignaz bedachte ihn mit einem kurzen Seitenblick. »War da nicht eine versteckte Waffe? Ich denke, Ihr solltet von Glück reden, dass mein Hauptmann Euch dafür nicht einen Finger abgeschnitten hat. Oder gar ein Ohr.«

»Verflucht!«

»Hört auf zu klagen. Diese kleine Lektion hattet Ihr verdient. Und nicht nur wegen des Dolches. Ihr verstoßt gegen meine Anweisungen. Das kann und werde ich nicht dulden.«

Sie hatten das Ufer erreicht. Mit einem Stockschlenker wies Törring dem Baron die Flussseite des Wegs zu, dort fiel die Böschung steil zum Wasser ab. »So fühle ich mich wohler.«

»Aber Euer Gnaden, warum misstraut Ihr mir? Ich dachte, wir arbeiten zusammen.«

»Steter Argwohn gehört zum Geschäft. Und eines zur Klarstellung: Ihr arbeitet lediglich für mich. An eine Zusammenarbeit ist nicht zu denken. Dafür müsstet Ihr Euch ganz anders bewähren.«

Burgau schwieg. Erst nach einer Weile wagte er erneut aufzubegehren: »Ist in Brühl nicht alles zu Eurer Zufriedenheit verlaufen? Ich habe den Anhängern der Plettenberg-Seite zugearbeitet, habe Roll persönlich zum Duell begleitet. Er benutzte sogar meinen Degen. Und glaubt mir, ich wachte über sein Sterben. Der Stich, den er von seinem Gegner erhielt, war nicht tödlich. Ich habe mit meinem Dolch nachgeholfen und vollendet. Ist das nicht Beweis genug für meine Zuverlässigkeit?«

»In dieser Angelegenheit bin ich mit Euch zufrieden. Doch der Tod des Komturs war nur der Anfang, der, so hoffe ich, entscheidende Anstoß. Er ist das kleine Rad, durch welches ein ganzes Räderwerk in Gang gesetzt werden muss. Deshalb steht Ihr in der Pflicht, auch weiterhin meinen Anweisungen präzise Folge zu leisten.«

»Soll das heißen ...?« Trotz der inneren Schmerzen ging Burgau rascher, um in der Dämmerung genauer das Gesicht des Grafen zu sehen. »Der versprochene Lohn? Der galt für den Tod des Komturs in Brühl? Den hab ich mir verdient.«

Graf Ignaz wedelte ihn mit dem Stock beiseite und ging weiter. »Zetert nicht wie ein Bauchladenkrämer, der sich um die Bezahlung seiner Knöpfe sorgt. Ja, Ihr werdet die Pfründe erhalten. Im August lasse ich Euch den Nutz und Nies des Pflegegerichts von Viechtach übertragen.«

Burgau versuchte erneut, schneller zu gehen als der Graf. »Und für den Sturz des Ersten Ministers bekomme ich die Zehntausend? Das haben wir neulich abgemacht.«

»Womit wir beim nächsten Thema sind.« Törring unterbrach die Wanderung. Mit einem Blick zurück vergewisserte er sich, dass seine Leibwache in Rufweite war. »Ehe wir über den Fortschritt Eurer Bemühungen sprechen, noch ein ernstes Wort vorweg: Ihr habt vor Wochen von mir genaueste Instruktionen erhalten. An diesem neuen Auftrag arbeiten drei Personen. Zum einen ist es Freifrau von Notthafft, zum anderen Baron von Magis. Ihr seid der Dritte. Wie konntet Ihr es wagen, Magis beim Morgenritt mit Fürstbischof Clemens auszubooten?«

»Aber dieser unfähige Kerl ...«

»Wagt es nicht! Wer tauglich ist, darüber entscheide ich allein.« Heftig stieß Törring die Stockspitze dicht vor den Füßen seines Agenten in den Boden. »Dies ist kein Wettbewerb. Hier geht es um Politik. Um den Erfolg. Und, junger Mann, zerbrecht Euch darüber nicht den kleinen Kopf oder wagt es gar, nach Eurem Gutdünken zu handeln. Dies kann Euch leicht das Genick brechen. Eine kleine Kostprobe durftet Ihr heute schon genießen.«

»Ich wusste nicht ...«

»Hütet Euch auch, in anderen Kreisen schlecht über Baron Magis zu sprechen. Denn ehe Ihr Euch verseht, werdet Ihr ihn an höchst einflussreicher Stelle in Kurköln neben dem Fürstbischof sehen. Bis dahin aber ...«, nun ließ Törring den Stock einmal um die Hand kreisen, »werden sich alle drei Personen ihren Lohn erst noch verdienen müssen. Und zwar jeder in seinem Bereich, dennoch mit demselben Ziel. Und dieses ist noch nicht erreicht.«

»Erfolge gibt es schon, und zwar - wenn ich dies in aller Bescheidenheit erwähnen darf - maßgeblich durch mich.« Burgau reckte den Kopf. »Im ganzen Kurstaat ist ein Aufruf verbreitet worden, dass alle sich melden sollen, die etwas gegen Graf Plettenberg vorzubringen haben. Diese Verfügung hat Clemens August auf meinen Vorschlag hin erlassen.«

»Noch ist Plettenberg im Amt. Und dieser Herr ist wahrlich nicht zu unterschätzen.« Törring verschenkte ein schmales Lächeln. »Drei Jäger habe ich angesetzt, das Wild zur Strecke zu bringen. Ich erwarte - und meine Euch an erster Stelle -, dass sie sich nicht gegenseitig erschießen. Das heißt: Eifersucht, Neid oder persönliche Abneigungen untereinander werde ich keinesfalls dulden. Wer den Erfolg gefährdet, der gefährdet sich selbst.« Er zielte mit dem silbernen Stockknauf auf die Brust des Freiherrn. »Haben wir uns verstanden?«

Burgau wollte etwas erwidern, hielt aber dem Blick des Grafen nicht stand und neigte den Kopf. »Ja, Euer Gnaden.«

»So gefällt Ihr mir schon besser.« Der Ton gewann an Güte. »Mit dem Lohn für Euren Beitrag zum Ableben des Komturs werdet Ihr zufrieden sein. Bei Euren Fähigkeiten kann das Pflegegericht in Viechtach eine sehr ertragreiche Pfründe für Euch werden.«

»Danke, Herr!«

»Und nun dürft Ihr Euch entfernen.«

»Lebt wohl.« Burgau wandte sich um, ging unbeholfenen Schritts den Weg zurück. Im Bogen wich er den Leibwächtern über die Wiese aus. Erst als eine genügende Strecke zwischen ihnen lag, er sicher war, dass sie ihn nicht hörten, begann er zu fluchen und drohte ohnmächtig mit geballten Händen zum blassen Himmel.

Kurfürst Karl Albrecht war auf dem Weg in den Sitzungssaal seiner Münchner Residenz. »Mein Fürst, auf ein Wort!«

Beim Klang der Stimme blickte er zur Seite, entdeckte über die Köpfe der Minister und Sekretäre hinweg seinen engsten Vertrauten, Graf Törring, und nickte ihm zu.

Erst im Flur der Ahnengalerie gelang es ihm, sich von den Höflingen zu lösen. »Geht schon voraus, meine Herren. Ich folge Euch, so bald als möglich, nach.« Niemand wagte ein Warum, selbst der Erste Minister Unertel nicht. Das unerwartete Erscheinen seiner gräflichen Durchlaucht genügte, um den Beginn der allwöchentlichen Sitzung ohne Nachfrage zu verschieben.

Karl Albrecht wartete, bis sich die Schar entfernt hatte, dann noch ein Handzeichen, gleich kreuzten Wachposten an beiden Flurenden ihre Speere. »Nun sind wir allein, mein Freund«, schmunzelte er.

»Niemand außer meinen Ahnen schaut uns zu ...« Er unterbrach sich. »Verzeih, dir scheint der Sinn nicht nach Scherzen zumute.«

Graf Törring nickte und bat den Fürsten in eine der tiefen Fensternischen. »Erst hier sind wir vor Neugierigen geschützt. Weil die Zeit drängt, will ich gleich zur Sache kommen: Wisst Ihr, wo sich Fürstbischof Clemens August aufhält?«

»Nach der Ballnacht am Mittwoch sind wir vorgestern aus Schleißheim zurückgekehrt. Ich denke, in Nymphenburg.«

»Dort hat Euer Bruder zwar übernachtet, seit gestern früh aber ist er verschwunden.«

Verblüfft starrte Karl Albrecht den Grafen an. »Ein Kurfürst verschwindet nicht einfach. Zumal ... Er steht doch unter ständiger Beobachtung. Was melden denn deine Geheimen?«

»Ihr Bericht gibt mir Anlass zur Besorgnis. Wie jeden Morgen ist Euer Bruder auch gestern im Park ausgeritten. Dieses Mal in Begleitung seines engsten Freundes, des Domdechanten Anton von Roll, und seines Hofzwerges Albert. Als sie nach zwei Stunden nicht zurück waren, haben sich meine Männer und einige Stallburschen auf die Suche begeben.«

»Und? Nichts?«

»So ist es, Fürst. Zunächst gab es keine Spur von ihnen. Dann aber, nach weiteren zwei Stunden, fanden meine Leute heraus, dass ein geschlossener Vierspänner aus dem Marstall fehlt. Eine Kutsche, die von Euerm Bruder schon vor zwei Tagen bestellt und für gestern an den mehr als eine halbe Reitstunde entfernten Westzugang des Parks beordert wurde.«

»Also vorbereitet? Das heißt, du sorgst dich nicht, dass Clemens etwas zugestoßen sein könnte?«

»Verzeiht das offene Wort.« Graf Törring furchte die Stirn.»Ein Unfall wäre das kleinere Übel. Die schlimmere Tatsache aber ist: Euer Bruder hat sich selbsttätig unserer Kontrolle entzogen. Und das darf nicht sein. Nicht jetzt, da wir auf so gutem Wege sind, unseren gefährlichsten Widersacher Plettenberg zu vernichten. Wer steckt dahinter?«

Beide Herren starrten zum Fenster hinaus. Nach einer Weile tippte Kurfürst Karl Albrecht mit dem Finger gegen eine der bleigefassten Scheiben:»Vielleicht ist mein weicher Bruder doch nicht so leicht durchschaubar wie dieses Glas. Könnte nicht einer der Parteigänger des Noch-Ersten Ministers von Kurköln ihn zu einem Geheimtreffen überredet haben?«

»Undenkbar. Der Fürstbischof verfolgt jeden der am Duell Beteiligten mit großem Hass. Den weiter zu schüren, habe ich hervorragendes Personal angesetzt. Und diese Arbeit gegen die Plettenberg-Partei zeigt Wirkung. Schon im Juli hat Clemens August von München aus General von der Lippe per Verfügung all seiner Ämter und Kommandos enthoben. Und zwar ohne ihm Gelegenheit zur Rechtfertigung zu geben. Außerdem ist es dem Manne untersagt, jemals wieder vor dem Kurfürsten zu erscheinen.«

»Und wer ersetzt den Entlassenen?«

»Ein uns ergebener General. Freiherr von der Horst hat ab sofort das Oberkommando über die kurkölnischen Truppen in Westfalen. Ein tüchtiger, zupackender Mann.« Törring verschränkte die Hände hinter dem Rücken und sein Bauch wölbte sich machtvoll vor.»Auch die Schlingen für die übrigen Duellbeteiligten werden demnächst sorgfältig ausgelegt. Und bis vor zwei Tagen war ich sicher, dass keine wesentlichen Schwierigkeiten unsere Pläne durchkreuzen können.«

Karl Albrecht tippte sich mit der Faust unters Kinn.»Manchmal könnte ich meinen Bruder ...«

Der Fürst schwieg und die Herren sahen einander an. Schließlich nickte der Graf.»Ich verstehe. Seid gewiss, auch dafür ist vorgesorgt. Und jederzeit kann solch ein Auftrag unauffällig erledigt werden. Allerdings wäre dies eine Lösung, die nur für den äußersten Notfall in Betracht zu ziehen wäre.«

»Er hätte es selbst verschuldet.« Mit einem Seufzer wischte Karl Albrecht die Hände aneinander ab.»Mein Bruder war immer schwierig, schon als Kind.«

»Das Gefährliche an ihm ist ... Und Ihr mögt mir das kühne Urteil nachsehen. Er hat zu viel Gefühl und das macht ihn so unberechenbar.«

Ein Gedanke ließ den Fürsten erstrahlen.»Vielleicht sollte ich Clemens mit ins Badehaus nehmen und ihn bei meinen Nixen einführen? Das wäre doch ein diplomatischer Weg, auf dem er seinen Gefühlen freien Lauf lassen könnte.« Mehr und mehr fand er Gefallen an der Vorstellung. »Wenigstens so lange, bis ihm die tüchtigen Damen den letzten Tropfen ausgesaugt haben.« »Seid Ihr wirklich so sicher, dass solche Vergnügungen Eurem Bruder zusagen?«, dämpfte Graf Törring die Heiterkeit. »Mein Fürst, zunächst müssen wir wissen, wo sich der Fürstbischof aufhält. Und dann, wenn notwendig, sofort Gegenmaßnahmen ergreifen.«

Eine weiße Taube sank aus dem Gewölbehimmel herab, nur ein sanftes Schweben, ohne die weit gespannten Flügel zu bewegen.

»Veni, creator Spiritus, mentes tuorum visita …«

Über der Betenden löste sich das Gefieder, ein Hauch verwehte die Federn, sie fanden zurück, nahmen Gestalt an und im neuen Licht erschien ein schöner Jüngling im schneeweißen Kleid mit ebenso weißem Schultermantel. Sein Lächeln, der schenkende Blick waren umspielt vom lockigen Haar.

»… imple superna gratia, quae tu creasti pectora …«

Eine Flamme entzündete sich, sie gebar neue Flammen, bald schon erstrahlte der Jüngling in einem Kranz von sieben Feuerzungen.

»Amen.«

Die Schultern der Nonne erbebten, den Blick nach innen gewandt, hob sie langsam das Gesicht. Tonlos fragten, flehten ihre Lippen.

Und das Licht verstärkte sich. »Wer nichts liebt denn mich allein …«

Von Ferne vernahm sie den Singsang der Feuerzungen, reckte sich ihnen wie eine Dürstende entgegen. »Komm. Und erfülle mich.«

Deutlicher fielen die Stimmen in sie hinein. »Wer nichts liebt denn mich allein, den will ich mit mir und mit meiner Gnade bestärken.«

»Lenke du mein Herz!« Mit demutsvoll gebreiteten Armen wiegte Crescentia den Oberkörper in seliger Verzückung. Nach einer Weile erstarrte ihre Bewegung, erstarrte der Leib.

Hinter ihr öffnete sich die Kirchenpforte. Eine junge Novizin eilte nach vorn in den Chorraum, näherte sich dann langsam dem Betstuhl. »Schwester Crescentia? Bitte, kommt herunter! Da will Euch jemand sprechen.«

Keine Regung, kein Lidschlag, kein Finger bewegte sich.

Ängstlich setzte die Novizin hinzu: »Bitte, Schwester. Da ist hoher Besuch für Euch …« Furcht kam hinzu. »Schwester?« Auf dem Absatz kehrte das Mädchen um, ließ die Pforte offen, floh durch den Kreuzgang und betrat, ohne zu klopfen, das Zimmer der Oberin. »Unsere Schwester Crescentia …« Tränen erstickten die Stimme fast. »Sie ist … ist tot.«

»Was sagst du?« Im selben Atemzug wandte sich die Äbtissin den Besuchern zu. »Verzeiht die Störung.«

»Großer Gott!« Clemens August presste die Hand ans Herz. »Aber diese Nachricht ...?« Auch Anton von Roll zeigte offene Bestürzung. »Bitte, Eminenzen, es gibt keinen Grund zur Sorge. Bitte wartet, wartet hier.« Damit zerrte sie die Novizin am Arm nach draußen. Auf dem Flur schüttelte sie die Weinende. »Wie kannst du es wagen? Kommst in mein Zimmer gestürmt. Ohne aufgefordert zu sein.«

»Aber ... Die Schwester, sie kniet tot auf ihrem Betstuhl.«

»Dummes Ding.« Oberin Johanna tätschelte ihr die Wange. »An sich sollte ich dich ...« Stattdessen zupfte und glättete sie an der Tracht der jungen Frau. »Und jetzt gehst du zurück und sagst Schwester Crescentia nur, ich hätte befohlen, dass sie sofort zu mir kommen soll. Vergiss nicht, das Wort ‚befohlen‘ zu sagen.«

Mit leichtem Bedauern sah sie der Anwärterin nach. »Armes Ding. Bist gerade erst bei uns eingetreten und dann schon das. Als Novizenmeisterin sollte Crescentia wirklich die Neuen vorwarnen und sie auf ihre Person und die Eigenarten vorbereiten.«

Im Empfangszimmer lächelte die Oberin den Herren zu »Schwester Crescentia scheint noch im Gebet versunken zu sein. Dieser Anblick ist für Außenstehende oder auch für unsere Novizinnen recht ungewohnt, wenn nicht gar erschreckend. Geduldet Euch noch eine kleine Weile. Sie wird Euch bald empfangen können.«

In der Kirche war die Novizin mit zitternden Knien bis hin zum Chorraum gelangt. Immer noch kniete die Nonne in derselben Starre auf dem Betstuhl. Das Mädchen nahm allen Mut zusammen. »Schwester Crescentia«, flüsterte sie, wiederholte etwas lauter: »Schwester Crescentia, die ehrwürdige Mutter Oberin hat befohlen ...«

Weiter kam sie nicht, denn innerhalb eines Lidschlages kehrte Leben und Weichheit in den Leib der Betenden zurück. Crescentia erhob sich. »So will ich gehorchen.« Die ersten Schritte noch wie auf fremdem Boden, dann wurden sie sicherer.

Im Kreuzgang nahm Crescentia den Arm der Novizin. »Gehorsam ist die vornehmste Tugend.« Sanfte Heiterkeit umspielte die Augen. »Denke stets daran, mein Kind. Wir wollen in allem unserer Ehrwürdigen Mutter Oberin gehorchen.«

Der Fürstbischof verlangte, allein mit der Nonne zu sprechen, später dann sollte auch Anton von Roll Gelegenheit für einen Gedankenaustausch haben. So blieb der Domdechant bei der Äbtissin zurück und Crescentia führte ihren Gast ins schmucklose Sprechzimmer.

Nur das Kruzifix an der weißgetünchten Wand. Zwei Stühle. Auf dem Tisch standen vor der Wasserkaraffe zwei Becher. Die linke Ecke des Raums war durch einen Leinenvorhang abgetrennt. Kaum hatte die Nonne die Tür geschlossen, als sich Clemens tief vor ihr verneigte. »Ich bin hergeeilt, weil mein Herz keine Ruhe finden kann.«

»Eure Kurfürstliche Durchlaucht, schenkt mir bitte einen Moment des Begreifens, dass Ihr in Eurer allergnädigsten Güte nach zwei Jahren erneut den Weg in unser bescheidenes Kloster auf Euch genommen habt, um ausgerechnet bei mir, der armen Braut Christi, Rat in großer Not zu suchen.« Sie rückte ihm den Holzstuhl unter das Fenster. »Bitte, lasst mich Euch untertänigst einen Willkommensgruß erbieten.«

Stumm ließ sich Clemens nieder und legte die Hände auf den Knien zusammen.

Seine Gastgeberin nahm ein schmales, spitz zulaufendes, einsaitiges Instrument und den Bogen aus der Vorhangnische. »Verzeiht, für das Spiel auf der Viola hat die Gicht meine Finger schon zu sehr verkrümmt. Deshalb versuche ich auf diesem Trumscheit, den Melodien in mir Klang zu geben.«

»Wie wunderbar. Lange habe ich die Nonnengeige nicht mehr gehört.« Der Fürstbischof verfolgte andächtig jede ihrer Bewegungen. Sie setzte sich jenseits des Tisches auf den anderen Stuhl, raffte die Kutte leicht, dass sie das Trumscheit zwischen die Knie stellen konnte. Zweimal musste sie zugreifen, bis die rechte Hand den Bogen festhielt und auf die Saite setzte. Ihre Linke umschloss den schlanken Hals. Ein dunkler, beinah fordernder Ton zur Probe. Sie sah den Fürsten nachdenklich an. »Das kleine Stück lautet: ‚Spaziergang am Abend durch den Garten der Seele‘. Lasst Euch von mir hineinführen.«

Zeige- und Mittelfinger pressten die Saite. Ein Lockruf, dann führten weite Wege zu reinem kühlen Wasser, Hügel umgaben die Quelle. Jeder Bogenstrich erbrachte ein Bild, setzte es zu dem vorigen, und die klare Melodie durchdrang jedes Denken.

Nach dem letzten Ton lehnte Crescentia die Schläfe an den Instrumentenhals. »Ich habe gute Nachricht erhalten. Sie wird Euer Leid lindern.«

»Was ich auch tue ...« Die Miene jäh wieder aufgebrochen, verwundet sah Clemens sie an. »Ob ich tanze, mich mit Frauenlachen umgebe ...«, flüsterte er. »Selbst die geliebte Jagd. Was ich auch tue, alles ist nur ein dünner Verband, und nur ein Anstoß genügt, um den Schmerz erneut zu wecken.«

»Wundert Euch das?« Ihr Blick schenkte Wärme. »Nicht beantwortete Fragen sind wie ein Durst, der größer und größer wird. Ich habe Eure Ungewissheit an Gott weitergegeben. Und der Allmächtige war barmherzig.« Sie legte die verkrümmten Hände vor dem schlanken Instrument übereinander. »Ich darf Euch noch einmal bestätigen, dass der verstorbene gute Freund nun ein Kind in der Glückseligkeit und Gnade Gottes ist.«

»Warum … Warum haben die Männer, die von mir den ausdrücklichen Befehl erhielten, dieses Unglück zu verhindern, warum haben sie den Befehl missachtet?«

»Darauf pflegt Gott nichts zu offenbaren, weil Eure Durchlaucht selbst schon auf dem Wege ist, die Antwort herauszufinden.«

»Ihr meint …?«

»Verzeiht untertänigst, ich gebe nur weiter, was ich vernommen habe.«

Clemens erwachte, er beugte sich vor. »Weiter, bitte. Ist mein Johann in Frieden oder mit Zorn im Herzen gestorben? Darf seine Seele das helle Kleid tragen?«

»Euer Freund hat gute Gedanken gehabt, sonst wäre er nicht glückselig gestorben. Und mir wurde versichert, dass er in dieser Sache unschuldig gewesen ist.«

»Gott, unser Vater, sieht die Wahrheit.« Clemens presste einen Kuss auf seine geballten Hände. »Unschuldig. Er war unschuldig.«

»Mehr noch …« Die Nonne wartete, bis sich die Blicke fanden.

»Mir ist erlaubt, Euch mitzuteilen, dass der Freund niemals nach einem ernsthaften Streit getrachtet hat.«

»Schwester Crescentia?« Clemens August atmete rascher. »Das bestätigt all meine Hoffnungen. Johann wollte kein tödliches Duell. Deshalb hatte er die Waffe schon eingesteckt, als ihn der Stich ins Herz traf … Deshalb.«

»Mehr habe ich bisher nicht erfahren.« Die Nonne lächelte sanft. »Lasst mich zum Lobe des Heiligen Geistes noch eine Melodie spielen.«

»Spielt, Schwester, spielt! Jeder Ton wird mein Herz stärken.«

Im Zimmer der Äbtissin horchte Anton von Roll auf. Von weitem drangen wieder Klänge herein. »Entschuldigt meine Neugierde«, er deutete zur Tür. »Auch vorhin schon vermeinte ich, eine Trompete zu hören. Verwarf den Gedanken jedoch. Nun aber …«

»Keine Täuschung, Euer Gnaden.« Oberin Johanna seufzte unmerklich. »Ganz selten klingt es so sanft wie jetzt. Meist jedoch dröhnt es wie der Schall einer Trompete vor Jericho, und dabei ist es nur unsere Schwester Crescentia, die ihr Trumscheit spielt.«

»Höre ich Kritik?«

Sofort wehrte sie ab. »Nein, bitte versteht meine Worte nicht falsch. Meine Mitschwestern sind wie auch ich Crescentia von Herzen zugetan. Sie ist ein wertvoller Mensch mit außergewöhnlichen Fähigkeiten. Und wir sind alle gerne bereit, die ... die manchmal auf den ersten Blick befremdlichen Eigenarten gemeinsam mit ihr zu tragen.« Sichtlich verunsichert zitterte ihre Hand, als sie dem Gast frische Buttermilch einschenkte.

»Nach langer Armut ist unser Kloster wieder aufgeblüht ... Nun, wir erfahren durch Schwester Crescentia große Aufmerksamkeit. Täglich kommen Menschen her, die das Gespräch mit ihr suchen. Das sind Soldaten, Krämer und Studenten, oft sogar noch üblere Leute, und dann sind es auch allergnädigste Durchlauchte. Niemand geht ohne Trost von hier fort. Vor nicht langer Zeit war Kurfürstin Amalie hier, durch sie sind wir mit Almosen reich beschenkt worden. Und heute seid Ihr mit dem Kurfürsten Clemens August zu uns nach Kaufbeuren gekommen.«

»Dieser Besuch bedeutet unendlich viel für meinen Herrn.« Anton von Roll lehnte sich zurück. »Ich bin ihm sehr nah und fühle mich für sein seelisches Wohlbefinden verantwortlich. Deshalb ... So viel Unglaubwürdiges wird über die Nonne berichtet. Bitte, helft mir zu verstehen, erzählt mir etwas von ihr.«

»Ich weiß nicht, wo anfangen. Crescentia ...« Die Oberin drehte den Becher zwischen den Händen. »Wenn Ihr einige Tage hier wärt, dann könnte ich umfassend Auskunft geben. Aber jetzt sei so viel gesagt: Sie hat Erscheinungen. Ohne Zweifel. Meist gerät sie nach dem Empfang der Kommunion in einen Zustand der Verzückung. Ihre ganze Hingabe gilt dem Heiligen Geist ...« Die Oberin griff ins Regal und legte ein kleines Bild vor den Domdechanten hin. »Ich habe von ihr verlangt, die Vision einem Maler zu beschreiben, der sie dann in diesem Kunstwerk festgehalten hat.«

Anton von Roll betrachtete das Bildchen. »Der Heilige Geist als Jüngling, umgeben von sieben Feuerzungen?« Nach einer Weile legte er es zurück. »Wie lebt sie in der Gemeinschaft? Nimmt sie teil am Alltag?«

»Was die Arbeiten und Pflichten angeht, ja. Sonst aber ... Die Kasteiungen bereiten mir Sorge. Mehrmals schon musste ich ihr die Bußwerkzeuge wegnehmen. Denn dabei verliert sie zu viel Blut und die Kleider verkleben sich mit den Wunden.«

Der Domdechant furchte die Stirn. »Solche Selbstqual noch in heutiger Zeit?«

»Crescentia lebt in stetiger Buße. Sie hat auch die Gewohnheit, kleine Steine in den Schuhen zu tragen. Weil sie die blutigen Fußstapfen unseres Erlösers auf seinem Gang zum Kreuz im Gedächtnis behalten möchte.«

»Sie nimmt also das bitterernst, wovon andere nur reden. Ich will mich da nicht ausschließen.«

»Wenn sie doch nur genügend essen würde, dann wäre meine Sorge um ihr Leben nicht ganz so groß. Aber sie nimmt am Tag höchstens ein halb gekochtes Ei zu sich und etwas laues Wasser.«

»Wenn ich an die üppige Tafel bei Hofe denke ...« Von Roll lächelte bitter. »Dann grenzt es schon an ein Wunder, dass Schwester Crescentia für die Satten und Prunksüchtigen ein offenes Ohr hat.«

Das Pochen an der Tür unterbrach ihn. Nach dem Öffnen beugte die Nonne das Knie und ließ Fürstbischof Clemens August eintreten. Seine Wangen waren gerötet, ein Strahlen ging von seinen Augen aus. »Mutter Oberin. Meine Seele kehrt erfrischt und bestärkt zurück.« Im Überschwang fasste er den Domdechanten an der Schulter. »Überzeugt Euch, lieber Freund. Nur ein kurzes Gespräch mit ihr und Eure Bedenken haben sich ins Gegenteil gewandelt.« Er nötigte ihn beinah, aufzustehen und das Zimmer mit Crescentia zu verlassen.

Kaum allein bat er die Äbtissin mit elegantem Schwung an ihren Schreibtisch. »Vor den Ohren dieser wunderbaren Frau wollte ich nicht über Geld reden. Doch Euch, die Ihr für Crescentia und auch die Mitschwestern Tag für Tag zu sorgen habt, Euch möchte ich ...«, er nahm einen gut gefüllten Lederbeutel aus dem Gürtelband seiner Soutane, »dieses bescheidene Almosen für den Konvent überreichen.«

Oberin Johanna nahm das Geschenk, wog es geübt unauffällig in der Hand, und Zufriedenheit erhellte ihr Gesicht. »Eure Großzügigkeit beschämt mich, doch Gott weiß, wie schwer es ist, in diesen Zeiten der Teuerung ein Kloster zu erhalten. Das Kirchendach ist undicht, die Fenster müssen ausgebessert werden, der Brunnen braucht eine neue Winde ... Und Handwerker arbeiten nun mal nicht um Gotteslohn.«

Clemens August nickte ernst. »Wie wahr. Ich kann diese Sorge nachfühlen. Auch meine Schlossbaustellen in Brühl kosten und kosten.« Ohne das Missverhältnis zu bemerken, berichtete er von Summen, die Oberin Johanna in ungläubiges Staunen versetzten.

Albert brannte darauf zu erfahren, was der Besuch bei der Nonne erbracht hatte. Doch während der Rückfahrt lehnte Clemens August nun schon seit gut zwei Stunden mit geschlossenen Augen im Fond der Kutsche. Er sprach nicht und der Domdechant bedrängte ihn nicht mit Fragen. Das Erlebte schien beide Männer aufgewühlt zu haben, sie mussten wohl erst zur Ruhe kommen, ehe sich ein Gespräch entspinnen konnte.

Also Geduld, sagte sich Albert und beobachtete vom Schemel zwischen den beiden Bänken aus weiter seinen Herrn durch den Spalt der gesenkten Lider. Der Mund ist weich, die Nasenflügel zittern nicht. Schlecht wird es ihm daher nicht ergangen sein.

Unvermittelt drangen von draußen Stimmen herein, lauter noch als das Knirschen und Rollen der Räder. Albert stellte sich auf den Hocker und sah zum Fenster hinaus. Bäume und Sträucher. Sie befanden sich in einem Waldstück. Sonst konnte er nichts Ungewöhnliches erkennen.

Die Fahrt verlangsamte sich. Rufe des Kutschers! Fremde Befehle?! Der Wagen hielt. Sofort war ein Reiter der Eskorte neben dem Seitenschlag. »Bleibt im Fond. Nicht aussteigen. Bleibt im Fond!«

»Was ist?«, rief Albert. »Ein Überfall?«

»Kann ich noch nicht sagen«, kam die Antwort von draußen.

Clemens August war hellwach. Ohne jede Furcht saß er aufrecht da. »Gib mir meine Pistolen.« Und danach beruhigte er den Domdechanten. »Wer uns auch aufgehalten hat, so einfach überfällt man einen Jäger wie mich nicht. Wir wissen uns zu wehren.«

Sein Zwerg öffnete den Proviantkorb und brachte unter Schinken und Käse die lederbespannte Schatulle zum Vorschein. Zwei Waffen mit perlmuttverziertem Griff. Eine von ihnen reichte Clemens dem Freund. »Sie ist geladen, doch spannt den Hahn noch nicht. Verbergen wir die Pistolen zunächst unter den Mänteln.«

Die Stimmen draußen beruhigten sich. Ohne den Blick vom Fenster abzuwenden, berichtete Albert: »Ich kann es kaum glauben. Eins scheint aber sicher: Es besteht keine Gefahr mehr. Gnädigster Herr, Ihr werdet staunen.«

»Mir ist nicht der Sinn nach Rätseln. Wer versperrt die Straße?«

»Eure eigene Leibgarde – wenigstens kommt dort der Leutnant.«

»Öffne das Fenster und mach Platz.«

Kaum erschien Baron von Burgau im Sichtfeld, als ihn der Kurfürst anfuhr: »Was zum Teufel fällt dir ein? Uns wie Strauchdiebe mitten im Wald anzuhalten?«

Der Leutnant verneigte sich. »Ich bitte tausendmal um Vergebung. Wir waren in großer Sorge ...«

»Wer, Kerl? Wer sorgte sich?«

»Meine Wenigkeit. Mir verursachte Eure Abwesenheit heftige Angst.« Burgau riss mit leidenschaftlicher Geste den Federhut vom Kopf, stand ergeben da. »Mit Verlaub, Eure Durchlaucht, es gibt an Eurem Hofe gewiss keinen zweiten Mann, dem Eure Sicherheit so sehr am Herzen liegt. Und weil niemand mich von diesem Ausflug informiert hat, niemand davon wusste – selbst der neue Obriststallmeister Ignatius von Roll war ahnungslos –, deshalb, Durchlaucht, musste ich Euch suchen. Alles habe ich unternommen, bis ich endlich Eure Spur fand.«

Die Zornesfalte auf der Stirn des Fürsten glättete sich. »So viel Mühe meinetwegen? Das weiß ich zu schätzen.«

Davon ermutigt, trat der Baron näher an den Schlag heran. »Verzeiht, ich als Erster Offizier Eurer Leibgarde muss fragen: Seid Ihr von irgendwem zur heimlichen Abfahrt gedrängt worden?«

»Aber nein.«

Noch einen Schritt näher. »Und Ihr könnt auch jetzt frei zu mir sprechen? Ohne von jemandem gezwungen zu werden?«

»Ihr fürchtet, dass ich dieses Gespräch mit einem Pistolenlauf im Rücken führe?« Clemens schüttelte das Haupt und schmunzelte. »Eure Wachsamkeit ehrt Euch. Aber wir sind hier nicht in einem Theaterstück.«

Ohne auf den Scherz einzugehen, nahm Burgau Haltung an. »Verzeiht, Durchlaucht, erlaubt mir einen Blick in den Wagenfond zu werfen.«

»Aber gerne. Wenn es Euch beruhigt.« Clemens lehnte sich zurück in die Bank.

Burgau steckte den Kopf halb durch die Fensterluke, grüßte den Domdechanten und streifte den Zwerg nur mit einem kühlen Blick. »Danke, gnädiger Fürst. Nun bin ich erleichtert und werde Euch mit meinen Männern sicher bis zur Herberge und morgen nach München geleiten.« Er setzte den Hut wieder auf und kehrte zu seinem Pferd zurück.

»Ein tüchtiger Mann«, lobte Clemens August und lächelte dem Domdechanten zu. »Bei ihm sind wir in guter Obhut.«

Mit Zurufen verständigten sich Kutscher und Eskorte und die fürstliche Kalesche ruckte an, rollte am Suchtrupp vorbei. Albert sah, wie sich Burgau mit einem der Berittenen unterhielt. Diesen Mann hab ich noch nie gesehen, dachte er. Dann betrachtete er die übrigen Reiter genauer. Keiner von denen gehört zu unserer Leibgarde! Seltsam, langsam rieb er mit dem Finger den Nasenrücken entlang. Burgau sprach doch gerade von seinen Männern ... Er hockte sich zurück auf den Schemel zwischen den beiden Bänken. Oder hab ich mich verhört?

8

Ein Sommertraum aus Rosa und dunklem Blau, tief ausgeschnitten, dazu weiße Seidenhandschuhe mit Rüschen. Im Park von Schloss Nymphenburg näherte sich Freifrau Aloysia von Notthafft langsam dem Wasserkanal. Bei jedem Schritt wippte der kleine Sonnenschirm über ihrer hochgesteckten Frisur.

Am Bootssteg nahm Baron von Magis den Federhut ab, verneigte sich mit tiefem Schwung. »Welch eine Schönheit!« Er eilte ihr entgegen. »Eure Einladung zu einer Kahnpartie hat mich überrascht.« Sein Blick verirrte sich einen Moment ins Tal zwischen den hochgewölbten Brüsten. »Euer Anblick bezaubert mich.«

»Liebster François, Ihr seid ein Charmeur.« Sie schlenderte eng an ihm vorbei und ließ das Parfum an seiner Nase entlangwehen. »Ich dachte, es wird höchste Zeit, dass wir uns näherkommen. Und wo wäre ein bequemerer Ort als in einer kleinen Barke?« Sie gurrte ein Lachen. »Es gibt natürlich auch intimere Plätzchen, aber die eignen sich mehr für ... Ach, Ihr wisst schon?«

Völlig überrascht gestand er: »Im Moment ist es mir entfallen. Wenn ich nachfragen darf?«

Sie nahm sein Nichtverstehen als Scherz, faltete das Schirmchen und schlug ihm damit leicht an die Bauchseite. »Ihr Franzosen erstürmt jede Festung.«

»Wallone, ich bin Wallone«, stammelte er, um überhaupt etwas zu sagen.

Aloysia deutete auf die angebundenen Boote; jedes zierte ein geschnitztes Tier als Bugfigur. Zur Verfügung der Gäste lagen davon stets gut zehn bereit, alle ausstaffiert mit Wein, Silberbechern und einem gut gefüllten Picknickkorb. Jetzt am frühen Abend waren sie noch ungenutzt, erst nach Sonnen-

untergang würde der Ausflug auf dem Wasser zur begehrten Abwechslung.
»Habt Ihr uns schon eine Barke ausgesucht?«

»Dort, den Schwan.«

»Aber, lieber Freund, wir sind zu zweit. Nicht die größte benötigen wir, sondern eine kleine wendige. Wie wäre es mit dem Fuchs?« Ohne seine Meinung abzuwarten, strebte sie schon auf die erwählte zu. Der livrierte Ruderpage diente vor ihr und sie tippte ihm das Schirmende auf den Kopf. »Dich benötigen wir nur zum Einsteigen, mein Kleiner. Hilf erst dem gewichtigen Herrn auf die Ruderbank. Wenn dann die Gefahr zu kentern vorüber ist, darfst du mir unter die Arme greifen.«

Baron von Magis trat hinzu und wagte einen schwachen Protest. »Ist es nicht bequemer, wenn der Junge uns rudert?«

»Habt Ihr Angst, mit mir allein zu sein?« Ihr Augenaufschlag erübrigte die Antwort.

Gefährlich schwankte das Boot, dann aber saß Magis auf der Bank, und die Freifrau gelangte, gestützt auf den Knaben, sicher in einen der beiden Sessel im Heck. »Stoß ab, Kleiner. Auch wenn wir etwas länger unterwegs sind, suche uns nicht.«

Baron von Magis lavierte den Kahn in die Mitte des schmalen Kanals, dann zog er im Rhythmus keuchend die Ruderblätter durchs Wasser. »Es ist mir eine Freude.«

»Ihr seid so stark«, lobte Aloysia immer wieder ihren schwitzenden Bootsmann und dirigierte bei einer Verzweigung den Kahn in die wenig genutzten Seitenarm. Hier rückten die Büsche enger ans Ufer, Libellen flirrten im Sonnenlicht. »Bitte langsamer! Ich liebe diese verschwiegene Stille.« Sie näherten sich einer weit überhängenden Trauerweide. Wie ein grüner Vorhang fielen die Blattschnüre bis auf die Wasseroberfläche. »Dort hinein. Dort lasst uns eine Rast einlegen.«

Im schattigen Versteck zog Magis die Ruder ein und trocknete sich mit dem Tuch die nasse Stirn und den Hals. »Diese körperliche Anstrengung ... Dazu noch die Wärme.«

»Heute seid Ihr mein Held.« Aloysia lehnte sich zurück und ihr Busen dehnte das Dekolleté. »Mich dürstet. Schenkt uns vom Roten ein!«

Nachdem sie angestoßen und getrunken hatten, räusperte sich Baron von Magis. »Mit keinem Kavalier möchte ich im Moment tauschen. Zu lange aber bin ich schon bei Hofe und meine Erfahrung lässt mich vermuten, dass Ihr mich nicht nur zum Vergnügen zu dieser Kahnpartie eingeladen habt.«

»Ach, ihr Männer«, beklagte sie sich. »Immer gleich zur Sache. Wo bleibt das Gefühl?«

Sofort lenkte er ein. »Ihr habt so recht. Wir sollten den Moment genießen.«

»So gefallt lhr mir schon besser. Trinkt, mein Freund.« Sie nahm einen Schluck und beobachtete ihn über den Silberrand hinweg, wie er seinen Becher erst zur Hälfte, dann ganz leerte. »Das geht ins Blut, liebster François, nicht wahr? Schenkt uns nach.«

Er hatte Mühe, die Hand mit der lederbezogenen Karaffe ruhig zu halten. »Das macht die Hitze, verehrte Gräfin.«

»Aber so legt den Rock ab. Wir sind hier unter uns.«

Nur zu gern gehorchte er. Das Boot schwankte, sie achtete auf die Becher und nachdem er auch den Hemdkragen gelockert hatte, lächelte er befreit. »Oft wünschte ich mir solch ein Versteck.«

Aloysia hob die Brauen. »Aber warum? Ihr seid doch, wie ich gemerkt habe, sehr nah an unsern Fürsten herangerückt.«

»Er vertraut mir und mehr meinem Rat, das ist wahr. Und mir wurde schon von höchster bayerischer Stelle signalisiert, dass ich womöglich für den einflussreichsten Posten am Kölner Hof vorgesehen bin. Und zwar bald schon.« Leicht ging die Zunge. »Natürlich muss ich die Verantwortung nicht allein tragen, die Sekretäre Juanni und Steffné sollen mich dabei unterstützen. Dies weiß ich ...« Magis hielt erschreckt inne, dann hob er die Hand. »Dies sei nur unter uns gesagt. Ich kann mich doch darauf verlassen?«

»Felsenfest. Welch törichte Frage an eine Frau? Euer Vertrauen berührt mich tief.« Sie beugte sich vor, stellte beide Becher in den Haltern ab, dabei schenkte sie ihm einen langen Einblick ins Dekolleté. »Und was bereitet Euch solche Mühe, dass lhr Euch nach einem Versteck sehnt?«

»Die Fülle von lnformationen. Täglich unterrichtet mich der hochverehrte Erste Minister Unertel über die politischen Notwendigkeiten, welche ich dann an Seine Durchlaucht Clemens August weitergeben muss. Da fehlt es mir oft an der notwendigen Entspannung.«

»Wie gut kann ich Euch dies nachfühlen, liebster Freund.« Aloysia von Notthafft zog das Knie an, dabei lüftete sich der Rock. Sie schien weder die Offenbarung noch die größer werdenden Augen ihres Gegenübers zu bemerken und streifte erst den einen, dann den zweiten Schuh ab. »So ist mir wohler.« Sie ließ die nackten Füße vor seinen Sandaletten ein wenig kreisen. »Außerdem drängt auch Graf Törring auf rasche Ergebnisse. Zumindest lässt er mich seine Ungeduld spüren. ‚Wann wird Plettenberg endgültig fallengelassen?', fragt er beinah täglich bei mir an. Und mit dem Dritten in unserm Bunde der Auserwählten, mit Baron Burgau, ist wohl nicht zu rechnen.«

»Dieser ...« Magis ballte die Faust. »Dieser Mensch ist mir zuwider.«

»Auch ich empfinde nichts als Ekel. Ach, François, wie gleich wir doch fühlen.« Ganz in Gedanken berührte sie mit den Zehen des rechten Fußes sein

Schienbein. »Und morgen hat Seine Durchlaucht Geburtstag. Spätestens in den Tagen nach dem Fest muss ich eine Privataudienz bei Seiner Durchlaucht haben. Könntet Ihr das ermöglichen?« Die Zehen wanderten hinauf bis zum Bund der Kniehose, verharrten dort an der Innenseite des Oberschenkels. Magis wagte nicht an sich hinunterzublicken. Er griff fahrig nach seinem Becher und nahm einen tiefen Schluck. »Beste Freundin, ich kann ... natürlich werde ich.«

Nun wanderte auch der linke Fuß das Bein hinauf, gleichzeitig lehnte sich Aloysia im Sessel zurück. Ihre hochgestellten Knie ließen wieder den Rock das Geheimnis öffnen. Hingezogen beugte sich Magis vor, und als wäre keine Absicht im Spiel, erreichten beide nackten Füße unter dem mächtigen Bauch seine Mitte. Die Zehen prüften und erforschten den Stoff, fanden die Männlichkeit und begannen sogleich, sie mit großem Eifer aufzurichten. Magis seufzte. Schweiß rann ihm von der Stirn. »Ich bin ...«

»Still, liebster François. Entspannt Euch. Wir sind unter uns. Um wirklich zu genießen, dürft Ihr den Hosenlatz öffnen.«

Die Finger nestelten und zerrten an den Knöpfen. Endlich befreit, weitete er die Schenkel und ihre Fußballen pressten, rieben. Die Zehen bespielten, quetschten, tupften, und er atmete, atmete rascher. Mit einem Mal bog er den Rücken durch, der Bauch wippte, dann stieß er ein erlösendes Röcheln aus.

Sie hielt ihn mit den Zehen, bis das Zucken aufhörte. »Welch ein Erfolg, lieber Freund.« Sie stellte die Füße auf seine Knie. »Wärt Ihr so freundlich und säubert mich von Eurem Überfluss.«

Es dauerte kurze Zeit, bis Magis verstand, dann zückte er das Sacktuch und reinigte ihre Fesseln. »Es ist mir peinlich, aber ... Liebste Baronin, Ihr habt mich ganz verwirrt.«

Sie nahm die Füße zurück. »So sollte es sein.« Sorgfältig zog sie den Rock wieder hinunter bis zu den Knöcheln. »Ich denke, wir haben unsere Partnerschaft aufs Beste besiegelt. Von nun an dürft Ihr bei unseren privaten Zusammenkünften auf immer erregendere Freuden hoffen.« Aloysia nahm den Silberbecher in die Rechte. »Allerdings ...« Ihre Miene wurde streng. Wie eine Lehrmeisterin griff sie mit der Linken nach dem Schirmchen und stupste die Spitze gegen seinen Bauch. »Allerdings nur, wenn Ihr Euch die Belohnung auch verdient habt. Und die Privataudienz bei Seiner Durchlaucht wäre solch ein Beweis Eurer Tüchtigkeit.«

»Seid versichert ...« Magis verneigte sich so weit nach vorn, wie es seine Leibesfülle zuließ. Die Nase über ihren Schenkeln sog er geräuschvoll ihren Duft ein. »Alles was in meiner Macht steht.« Aus der gebückten Haltung hob er das verschwitzte Gesicht nah an ihr Dekolleté. »Alles soll Euch dienen.«

»Zurück, François!« Sie gab ihm einen harten Schirmklaps. »Wir dürfen mein Kleid nicht verschmieren.« Gleich versöhnte sie ihn wieder mit süßem Lächeln. »Soll denn gleich jeder sehen, welch ein Draufgänger Ihr seid?« Sie hob die Stimme wie ein Kapitän. »Auf, Bootsmann, auf! Greift wieder zu den Rudern.«

Lautlos öffnete Molitor die Tür zum Schlafgemach. Durch die Rippen der Fensterläden schimmerte das frühe Morgenlicht. Der Kammerdiener huschte zur Bettstatt, einen Spaltbreit schob er den Seidenvorhang auseinander. Noch schlief der Fürst.

Ein Wink. Ebenso leise kam Albert herein, kletterte zum Fenstersims hoch und stieß behutsam beide Flügel samt den Holzblenden auf. Angespannt blickte er über die Schulter zurück.

Molitor beobachtete das Wachwerden des Herrn, beim ersten Zucken der Lider nickte er und Albert winkte mit einem weißen Tuch in den Schlosshof.

Unten hob der Dirigent den Arm, gab den Einsatz und zehn Jäger setzten die Hörner an. Hell schwangen die Klänge hinauf zum fürstlichen Schlafgemach, dazu sang ein Chor der Wildhüter und Treiber das Begrüßungslied der Jagd: »Heil euch, Männer der grünen Tracht ...«

Ruckartig richtete sich Clemens August auf. Noch halb im Traum fragte er: »Verschlafen? Bin ich zu spät ...?«

»Alles ist gut, gnädiger Herr.« Molitor raffte die Vorhänge ganz zur Seite, band die Schals an die Pfosten. »Zu Ehren Eures Festtages hat sich draußen das gesamte Jagdpersonal versammelt. Man bringt Euch ein Morgenständchen.«

Er verbeugte sich: »Darf ich?«

»Nein, warte!«, rief Albert und hastete, so rasch die kleinen Beine es erlaubten, zum Bett und beide verneigten sich. »Die allerbesten Wünsche zu Eurem dreiunddreißigsten Geburtstag!« Dies sagten sie gemeinsam und Albert setzte hinzu: »Möge Euer Glück wiederkehren!« Und Molitor ergänzte: »Möge Gottes Segen Euch vor allem Übel bewahren!« Die Freunde drückten einander verstohlen die Hand.

Draußen sang der Chor mehrstimmig:« ... Schießt gut, trefft gut, ihr Jägersleut!«

Clemens nahm das Kopfkissen und presste es mit beiden Armen an seine Brust. »Das genügt mir.« Seine Stimme kämpfte gegen die Rührung. »Die Jagdhörner klingen, dazu eure Wünsche. Viel mehr Ehrlichkeit wird mir heute an meinem Festtag sicher nicht zuteil.«

Er stieg aus dem Bett, gleich legte ihm Molitor den leichten Morgenmantel um. So begab er sich zum Fenster. Mit freundlichem Winken bedankte er sich für das Ständchen.

»Vivat! Vivat!«, riefen die Waidmänner, klatschten begeistert. Und unter den Klängen des Jägermarsches zogen sie sich in Richtung der Stallungen zurück.

»Was gäbe ich dafür«, Clemens ging zum Toilettentisch hinüber, »wenn ich jetzt statt aller Feierlichkeiten auf die Hirschjagd reiten könnte.« Ein schneller Blick zwischen den Dienern. Molitor rückte am Ständer mit den verschiedenen Roben. »Dies wäre gewiss ein besonderes Vergnügen, hoher Herr, und doch auch schade um die Mühe, die Ihr gestern darauf verwandt habt, Eure Kleidung für den heutigen Tag zusammenzustellen. Viermal werdet Ihr die Garderobe wechseln.«

»Du hast recht. Für die Jagd sind auch andere Tage gut geeignet.« Er spielte mit den Fingern über die mit Brillanten besetzten Orden auf dem Samtkissen. »Heute wollen wir den Bayern zeigen, zu welcher Pracht wir Kölner in der Lage sind.« Damit warf er den himmelblauen Seidenmantel von den Schultern. »Also zuerst das Frühstück mit meinem Bruder. Ich war nicht sonderlich erfreut, als ich hörte, dass wir es in der Badenburg einnehmen. Und nur wir beide. Aber er versprach eine Überraschung und da wollte ich nicht absagen.« Clemens streckte sich, damit ihm das Nachthemd ausgezogen werden konnte.

Niemand half. Molitor bewegte sich nicht. Auch Albert stand nur da und sah den Herrn an.

Zunächst bemerkte der Fürst es nicht, dann aber runzelte er die Stirn. »Was erschreckt euch?«

»Ein Wunder«, flüsterte der Kammerdiener. »Heute zum Festtag.«

Albert trat einen Schritt näher. »Eure Brust. Keine Flecken. Nicht eine Spur von Nässe mehr.«

Ungläubig blickte Clemens an sich hinunter, zog den Stoff, untersuchte ihn. »Es ist wahr.«

Seit einigen Wochen schon war dank Salben und Bandagen eine deutliche Besserung eingetreten, doch immer noch hatte sich über Nacht etwas Feuchtigkeit abgesondert.

»Trocken. Wirklich trocken. Schnell zieht mich aus!« Ohne auf Hilfe zu warten, streifte er eigenhändig das Hemd ab. Flankiert von seinen Dienern stellte er sich vor den Spiegel. »Untersuche mich«, forderte er den Zwerg auf. Albert rückte den Frisierschemel heran und stieg vor seinem Leib auf. »Verzeiht!« Er betastete die Höfe. »Keine Schwellung mehr. Empfindet Ihr Schmerz?«

»Nichts zu spüren.« Aus tiefstem Herzen seufzte Clemens. »Gott, es ist wahr. Diese körperliche Schmach ist endlich vorüber.« Ein kleines Lachen folgte. »Nicht nur mein liebster Anton von Roll wird sich freuen, sondern auch meine Leibärzte. Weil sie die ihnen auferlegte Schweigepflicht eingehalten haben, ist nun die Gefahr einer drohenden Gefängnisstrafe geringer geworden.«

Eine gute Strecke vom Schloss in den Park hinein erhob sich zwischen hohen Bäumen die Badenburg am Ufer des großen Sees. Ausdrücklich hatte Kurfürst Karl Albrecht darauf bestanden, mit dem Bruder in einer schlichten geschlossenen Kutsche dorthin zu fahren.

»Meine teuerste Amalie weiß nur, dass ich mit dir frühstücke, nicht aber, wo.« Er benetzte die Unterlippe. »Und da ich sie nicht unnötig aufregen möchte, nehmen wir mit diesem Schinderkarren vorlieb.« Auch hatten beide auf Perücken und Orden verzichtet. Jovial patschte Karl Albrecht dem Bruder auf den Oberschenkel. »Geburtstagskind, du darfst dich freuen. Für unser Wohlergehen ist bestens vorgesorgt.« Clemens lehnte sich an die nur mit Leder bespannte Rückwand. »Seit ich in München weile, bin ich überwältigt von deiner Gastfreundschaft. All die Jagdausflüge, die Feste, die großartigen Diners ...«

»Und es wird noch großartiger, warte nur den heutigen Abend ab. Mein Haushofmeister ist unerschöpflich, wenn es um neue, ausgeklügelte Vergnügungen geht. Nach deinem Verlust durch dieses unselige Duell soll es dir an nichts fehlen, und überdies will ich dich verwöhnen, weil du mein liebster Bruder bist. So von Herz zu Herz. Ich gestehe, sind wir auch beide Kurfürsten, so erstrahlt dein Glanz doch heller. Von uns beiden bist du der Sonnenfürst.«

»Du schmeichelst.« Leise lachte Clemens. »Manchmal denke ich, du willst mich mit all dem Schönen betäuben, mich wie in einem goldenen Käfig füttern und gefügig machen.«

»Wer behauptet das?« Schnell, kalt die Stimme. Härte glitzerte in den Augen des bayerischen Kurfürsten. Erst mit dem nächsten Atemzug milderte sich der Blick wieder. »Wir sind vom selben Blut. Das zählt zuerst, das verbindet uns. Dann allerdings sollten wir auch dieselben Ziele anstreben. Viel zu lange schon hat man dich schlecht beraten.« Wieder ein Patscher auf den Oberschenkel. »Aber keine Politik heute. Heute sollst du nur genießen.«

In der Mitte des großen Saals war die Tafel gedeckt. Leises Plätschern begrüßte den Morgen. An beiden Wandseiten prangten in den Brunnen vergoldete Statuetten feister nackter Knaben, die auf Wasser speienden Delphinen ritten. Weit standen die Flügeltüren offen und über dem See zogen noch leichte Nebelschleier.

Ehe die Herren sich niederließen, erreichte Albert le Grand gerade noch rechtzeitig das Lustschloss und konnte die Speisen vorkosten. Der bayerische Kurfürst sah es beim Überstreifen des bequemeren Morgenmantels mit sichtlichem Unwillen, unterdrückte eine spöttische Bemerkung und ließ den Zwerg gewähren.

Erst das Auge, dann der Gaumen. Auf dem Tisch hatten sich aus süßem Teig gefertigte Drachen und Hirsche eingefunden. Zuckerkringel und Marzipanfigürchen häuften sich auf der mit Blumen und Vögeln verzierten Porzellanschale aus Meißen. Daneben ragten Pyramiden von frischen und getrockneten Früchten auf, und für Kaffee oder heiße Schokolade standen goldgeränderte Tässchen bereit.

Nach ausgiebigem Schlemmen befahl Karl Albrecht seinem eigenen Kammerdiener, zwei gläserne Pokale mit Schaumwein zu füllen.

»Auf dich, liebster Bruder! Das Prickeln stärkt das Herz und nicht nur das allein ...« Er trank, rülpste, dann lachte er über seinen Scherz. »Du verstehst? Nein? Na, du wirst schon sehr bald verstehen. Lass dir den Schaumwein munden.« Immer wieder spornte er Clemens an mitzutrinken, bis beide ihre Pokale geleert hatten. »Und nun geht es zur Überraschung.« Er winkte dem Diener, sprach mit ihm hinter vorgehaltener Hand, dann erhob er sich. »Komm, kleiner Bruder. Das wirkliche Leben wartet auf uns.«

Der Diener ging voran, führte die Fürsten durch den hinteren Saal. Wie selbstverständlich folgte Albert le Grand als Letzter. Vor der Tür zum Badebereich fuhr Kurfürst Karl Albrecht herum. »Verschwinde!« Er trat nach ihm wie nach einem lästigen Hund. »Hier bist du überflüssig.«

Albert wich zurück. Vor Schreck und Zorn pulste ihm das Herz laut in den Ohren. Außer Reichweite des Fußes neigte er kurz den Kopf. »Mit Verlaub, ich habe Befehl, stets in der Nähe meines Herrn zu bleiben. Es sei denn, mein Herr gibt mir eine andere Anweisung.« Für einen Moment sprachlos starrte Karl Albrecht auf den Mutigen, das Lachen gewann, doch es war gemischt mit gefährlichem Knurren. »Du verwachsener, ekelhafter Kretin wagst es ...«

»Er meint es nur gut.« Clemens fasste nach dem Arm des Bruders. »Er ist stets besorgt um mich. Wie eine Amme.«

»Ich kannte deine Amme. Ein prächtiges Weib, mit solchen Brüsten.« Karl Albrecht beschrieb mit den Händen die Ausmaße, dann spottete er: »Wenn ich mir diesen Wicht zum Vergleich ansehe, so hast du dich nicht verbessert, mein Lieber.« Der Ärger war verflogen. »Du benötigst den Zwerg nicht, denn nach dieser Tür sorge ich mich um dich.«

Mit beruhigender Geste befahl Clemens dem Getreuen, draußen zuwarten.

Karl Albrecht zog den Bruder an der Hand in den Badebereich. Kaum standen sie auf der mit Marmorstuck verkleideten Galerie, als hinter ihnen sein Diener die Tür fest zuzog und den Riegel vorschob.

»So kann uns kein ungebetener Gast stören.« Der bayerische Landesvater schmunzelte. »Auch meine Amalie nicht. Sieh dich nur um! Ich habe das Bad in den vergangenen Jahren gründlich renovieren lassen.« Er deutete zu den Nymphen an den Deckengemälden hinauf. Selbst von den schönsten Weibern blättert irgendwann die Farbe ab.«

Clemens nickte verständnisvoll. »Es ist eine Schande, aber die Feuchtigkeit frisst an allem.« Er trat zum schmiedeeisernen Gitter vor und blickte hinab ins Becken. Still stand das Wasser, matt glänzten die beiden mächtigen Goldkräne, und holländische Kacheln schimmerten im schönsten Weiß und Blau. »Unser Vater hat das Bad täglich genutzt.«

»Nicht nur er. Warte ab!«

Clemens stützte sich auf den Handlauf und beugte sich weiter vor. »Hier haben wir als Kinder das Schwimmen lernen müssen. Weiß Gott, eine sonderbare Art der Fortbewegung.«

In seinem Rücken bückte sich der Bruder und hob zwei Lanzen auf.

»Allerdings war ich stets froh«, plauderte Clemens weiter, »wenn ich die Treppenbänke am Rand wieder erreicht hatte.« Er sah sich um und erstarrte. »Was ... was sollen die Waffen?«

»Sie gehören zur Überraschung.«

Vorsichtig wehrte der Kölner Fürstbischof mit der Hand ab. »Versündige dich nicht!«

»Ich nehme mir nur, wonach mir der Sinn steht. Und heute lasse ich dich daran teilhaben.« Karl Albrecht kam mit den Lanzenspitzen voran auf ihn zu. »Ich halte es nicht für eine Sünde.«

Mit dem Rücken zum Geländer wich Clemens angespannt einen Schritt zur Seite. Sein Bruder beachtete es nicht. Er lehnte die Waffen an die Balustrade. »Gleich beginnt die Vorstellung.« Ein Fingerschnippen. Der Diener kam hinzu und befestigte eine lange Kordel an jeden Schaft unterhalb der geschliffenen Spitze.

So leicht wie möglich schlug Clemens vor: »Vielleicht sollten wir auf das Spiel verzichten?«

»Aber nein. Die ganze Nacht habe ich voller Lust daran gedacht.« Karl Albrecht zückte zwei Netzbeutelchen aus der Hosentasche, in jedem blinkte eine Goldmünze. Sein Helfer knotete sie fest ans Ende der Schnüre. »Wehe, sie reißen ab«, drohte er ihm halb scherzend. »Dann ersäufe ich dich eigenhändig.« Er nahm eine der Lanzen und reichte sie dem Bruder. »Hier, wappne dich!« Die andere nahm er selbst in die Faust.

Clemens wich das Blut aus dem Gesicht, er neigte die Spitze. »Bei Gott, ich weigere mich.«

»Verdirb uns nicht den Spaß«, warnte der bayerische Kurfürst spielerisch. »Du musst nur geschickt sein.« Er wandte sich dem Diener zu. »Gib das Signal.« Der Helfer nahm eine große Muschel vom Tisch und blies darauf einen tiefen, langgezogenen Ton.

Huschende Bewegungen, verborgen hinter den Rundfenstern an der Stirnwand. Gleich erschienen nacheinander acht Nixen im Eckwinkel des Beckens, die Körper nackt bis auf den über dem Po befestigten Fischschwanz. Beim Hinabsteigen der letzten Stufen wippten Brüste und schillernde Flossen im Takt. Wie einstudiert glitten die Schönen durchs Wasser, bildeten eine Reihe, blickten zu den Herrschern hoch.

Clemens August benötigte Zeit. Erleichterung, seine Anspannung wich. Selbst jetzt aber begriff er nicht. »Was ist das für ein barbarisches Spiel? Du willst doch nicht, dass wir ...« Er schüttelte die Lanze. »Dass wir damit auf die jungen Damen ...«

»Aber ja ...« Karl Albrecht hielt es nicht länger, er lachte los, lachte, und als er zu Atem kam, sagte er: »Ach, mein kleines, viel zu feines Brüderchen. Seit deiner Jugend hast du dich nicht viel verändert. Dich zu überraschen, bereitet mir immer noch das hellste Vergnügen.« Er stocherte mit der Lanze zum Deckenfresko über ihnen. »Es gibt keinen Kampf zwischen uns. Wir spießen die schönen Weibsleute auch nicht auf. Wenigstens nicht mit diesen Werkzeugen, dafür nimmt jeder seine eigene Lanze. Vorher aber ...« Mit eleganter Geste schwang er den langen Schaft übers Geländer.

Das Goldsäckchen an der Schnur flog im Bogen durch die Luft und schaukelte hinter den Nixen dicht über der Wasseroberfläche. Gleichzeitig warfen sich die Frauen herum, ihre Schwanzflossen schlugen das Wasser, sie rangelten miteinander, jede versuchte, die Beute mit dem Mund zu schnappen.

»Nicht so gierig, meine hungrigen Fischlein«, rief Karl Albrecht hinunter und hob den Köder für alle unerreichbar an, er nickte dem Bruder zu. »Hast du begriffen? Erst lässt du die Nixen tüchtig um das Goldstück ringen. Dabei präsentieren sie auf natürliche Weise die Vorzüge ihrer Körper. Wenn du dich dann für eine entschieden hast, so kannst du ihr im rechten Moment den Köder überlassen.« Er wartete den Einwand des Bruders nicht ab. »Kein Aber!«

Langsam ließ er das Goldstück über den Köpfen hin und her schaukeln. »Manchmal jedoch gewinnt im letzten Moment die schnellere Nebenbuhlerin. Dann hat eben sie das Glück, dich ins Séparée zu führen und dir den Himmel auf Erden zu bereiten.« Karl Albrecht nässte die Unterlippe. »Ein herrliches Spiel, nicht wahr? Nun los! Du bist doch ein erfahrener Angler. Heute fangen wir das Weib und morgen aus dem Starnberger See die Forelle.«

»Besten Dank für diese Überraschung.« Die Miene des Kölner Fürstbischofs zeigte wenig Begeisterung. Mit Schwung warf er seine Angel aus, dass der Köder in wildem Flug über den Nixen kreiselte. Nur eine versuchte danach zu schnappen, so sehr sie sich auch mühte, es gelang ihr nicht. Die anderen kämpften um das Goldsäckchen des bayerischen Kurfürsten, der ließ die Beute vor den Mündern spielen. Dann gab er einer schwarzlockigen schlanken Sirene den Zubiss. Die Schöne entstieg dem Becken, das Wasser perlte von der regenbogenbunten Schwanzflosse. Wenig später erschien sie durch die im Wandmarmor eingelassene Geheimtür auf der Galerie und verneigte sich vor dem Herrscher. »Mein Gebieter!«

Karl Albrecht warf die Lanze beiseite. »Komm!« Er schnippte ihr, war ungeduldig, griff nach ihrem Hintern. So schob er sie mit sich fort zu den Séparées.

Kaum war der Bruder durch die Marmortür entschwunden, als Clemens die Angelschnur einzog und die Münze aus dem Netzbeutelchen nahm. Er lächelte zu den Nixen hinunter. »Es ist eine Freude, euch anzuschauen. Habt Dank für das Spiel!« Damit warf er das Goldstück hoch zur Decke, es blinkte, glitzerte und fiel inmitten der Nackten ins Wasser. Ohne den Kurfürsten weiter zu beachten, tauchten die Sirenen nach dem Schatz. Auch Clemens August schenkte den schillernden Schwanzflossen, den nackten Hinterteilen und strampelnden Beinen keine Beachtung mehr. Vom Diener ließ er sich die Tür öffnen. »Sage deinem Herrn: Ich genieße draußen am See die Morgensonne. Sobald er die Unterredung mit der Dame beendet hat, kann er mich dort finden.«

Eng standen die Bürger an der Straße. Lachen, Hochrufe, Klatschen. Das Spalier zog sich von der Residenz inmitten der Stadt bis hin zur Frauenkirche. Väter trugen ihre Kinder auf den Schultern. Die Kleinen schwenkten Blumen und ihre Mütter winkten mit Tüchern den geschmückten offenen Karossen zu. Als zum Abschluss der Wagen des fürstlichen Geburtstagskindes vorbeirollte, regneten Blütenblätter und Glückwünsche auf Clemens August nieder. »Vivat! Vivat!«

Mit Hermelin war sein roter Kurmantel besetzt und vom Hermelinrand des Kurhutes führten Perlenschnüre sternförmig hinauf zur Mitte und ließen die Kopfbedeckung zur fürstlichen Krone werden. Auf der Brustschärpe mit den Auszeichnungen glitzerten und blinkten Gold und Brillanten. Huldvoll winkte Clemens nach rechts und links den Münchnern zu, bedankte sich flüsternd immer wieder für die herzliche Begeisterung.

Das Portal stand weit offen. Dort empfing Kurfürst Karl Albrecht von Bayern in der dunkelblauen Tracht des Michaelsordens den Bruder, neben ihm strahlte in Schmuck und Flieder Fürstin Amalie, umgeben von der Kinderschar. Gemeinsam schritt die Familie an den Grafen und Baronen des Wittelsbacher Hofes vorbei, tief verneigten sich die Gesandten der europäischen Fürstenhäuser.

In der Vorhalle drängte sich mit einem Mal der sechsjährige Prinz Maximilian nach vorn.»Obacht, Onkel!«, rief er, fasste nach der Hand und zerrte den Fürsten einen Schritt zur Seite.»Kruzifix! Da hast du aber gerade noch Glück gehabt.« Der Zug geriet ins Stocken. Clemens beugte sich zu dem Kleinen.»Wovor hast du mich gerettet?«

»Na, davor.« Maximilian deutet zwischen den roten und blauen Bodenrauten auf die hellere in der Mitte. Ein großer Fußabdruck war im Stein deutlich zu erkennen.»Da hat der Teufel gestanden.« Wissend hob der Kleine den Finger.»Besser nicht drauftreten.«

»Jetzt erinnere ich mich«, nickte Clemens ebenso ernst.»Der Teufelstritt.« Er streichelte das Haar des Prinzen.»Wie aufmerksam von dir. Hab Dank!« Damit wollte er weitergehen. Beim Aufschauen blickte er direkt in dunkle, harte Augen – das Gesicht umrahmt von einer wallenden Perücke mit tiefem Scheitelteil, der Mund verzog sich zu einem Lächeln.»Meinen Glückwunsch, Eure fürstliche Durchlaucht«, raunte Ignaz Graf von Törring und deutete auf den Prinzen. »Bei einem Wittelsbacher seid Ihr stets in guter Hand.«

»Welch selbstloses Lob, Euer Gnaden«, antwortete Clemens zuvorkommend.»Dabei seid Ihr es doch, dem die Geschicke der Wittelsbacher anvertraut sind. Schon zu Zeiten meines Vaters und jetzt auch bei Karl Albrecht.«

»Ihr schmeichelt. Ich diene nur mit all meiner Kraft dem Hause, das auch das Eure ist.«

Im Weitergehen hielt Clemens die Hand des Jungen fest. Halb über die Schulter scherzte er noch:»Zumindest bewahrte mich dieser unschuldige Knabe vor dem Teufel.«

Ignaz Felix Graf von Törring verneigte sich, ohne die Stirn zu senken.

Der Sonnentag strahlte durch die bunten Fenster und schenkte dem weiten Kirchenschiff freundliche Helligkeit. Dicht gedrängt standen die geladenen Gäste und applaudierten. Nahe dem Altar waren zwei blaue Baldachine für die Fürsten errichtet, weiße Girlanden umwanden die Pfosten.

Karl Albrecht ging einige Schritte voraus, in der Rolle des Zeremonienmeisters wollte er den Bruder in die Ehrenloge führen. Noch auf dem Weg durch den Mittelgang schloss Kurfürstin Amalie zu dem Schwager auf, um ihn von Maximilian zu befreien. Sie zog den Sohn nicht einfach zurück, sondern nutzte den Moment der Nähe und flüsterte:»Wo habt ihr Herren das Frühstück eingenommen?«

Nur kurz sah Clemens zur Seite.»In der Badenburg«, antwortete er ebenso leise.

»Also doch«, zischte sie.»Ich hab es geahnt.«

Ihr Ton ließ Clemens die Brauen heben.»Wie meinst du das, liebste Schwägerin?«

»Und? Wie viele Weiber waren dabei?«

Nun völlig gewarnt wiegelte er ab:»Karl Albrecht und ich haben allein gefrühstückt. Unsere Diener waren noch im Saal.« Er wagte einen kleinen Scherz:»Ein reines Männervergnügen also.«

Scharf sah sie ihn an.»Kann ich das glauben? Oder soll ich ihn selbst fragen?«

Mit Blick auf ihre geballte rechte Faust, sagte er rasch:»Bitte, Schwägerin, bemühe dich nicht! Nicht jetzt, nicht hier im Hause Gottes.« Nachdrücklich versicherte er:»Es ist die Wahrheit.«

Der Baldachin war erreicht und Amalie blieb mit dem Sohn zurück.

Erneut brandete der Beifall der Gäste auf, als Kurfürst Karl Albrecht den Bruder unter dem Tuchhimmel zu seinem Sessel führte. Ohne das Lächeln zu verlieren, erkundigte er sich:»Was hat sie gewollt?«

Clemens winkte der Menge.»Wo das Frühstück stattgefunden hat.« Er ließ sich nieder.

»Was hast du gesagt?«

»Die Wahrheit.«

»Wehe dir ...« Näher kam der Bruder dem Ohr.»Auch von den Nixen?«

»Nein. Sei ganz beruhigt.«

Mehr Zeit blieb nicht, mit geröteten Wangen schritt der bayerische Kurfürst unter den zweiten Baldachin und nahm neben seiner Gemahlin Platz.

Der Knabenchor sang und helle Klarheit schwang sich hinauf ins Sterngewölbe. Aus der Sakristei kamen der Dompropst der Frauenkirche und der Freund des Kölner Fürsten, Domdechant Anton von Roll, in weißem Ornat.

Sie knieten zum stillen Gebet, traten vor den Altar, um gemeinsam die Messe zu zelebrieren.

»Probasti, Domine, cor meum ...«

Die kraftvollen Stimmen der Hirten gelangten in jeden Winkel des Gotteshauses und berührten die Gläubigen. Nach der Wandlung traten beide Priester zu den Baldachinen. Der Dompropst näherte sich mit dem Ziborium der bayerischen Kurfürstenfamilie. Andächtig kniete Karl Albrecht nieder und ließ sich die Hostie auf die Zunge legen.»Corpus Christi.«

Neben ihm empfing seine Gemahlin mit geschlossenen Augen die Gabe. »Corpus Christi.«

Kaum hatte sich der Dompropst abgewandt und den Hostienkelch an den Mitbruder weitergereicht, als sie noch im Aufstehen ihrem Gatten zuzischte: »Heuchler! Ich weiß alles.« Seine Miene blieb gefasst, und als hätte sie nichts gesagt, führte er sie galant auf ihren Sessel zurück.

Clemens August entblößte das Haupt und beugte in großer Feierlichkeit vor dem Freund das Knie. Anton von Roll zeichnete mit der Hostie das Kreuzzeichen über dem Ziborium und aus einer Regung heraus sprach er die Segnungsworte in wohlklingendem Deutsch: »Der Leib unseres Herrn Jesus Christus bewahre deine Seele zum ewigen Leben.« Damit legte er dem vor Ergriffenheit Zitternden das Geschenk auf die Zunge.

»Amen.«

Die Priester blieben auf der untersten Altarstufe, und sanft wie Duft aus einer Schale erhob sich der Gesang des Knabenchors: »Te deum laudamus; te Dominum confitemur ...«

Nach dem ,Sanctus: Dominus Deus Sabaoth' übernahmen die Hirten im Wechsel selbst den gregorianischen Lobgesang.

Der Schmelz im getragenen Bariton des Freundes rührte ans Herz des Geburtstagskindes. Immer wieder wischte Clemens mit dem Handrücken über die Augen. Den Schlussvers sprach er tonlos mit: »Auf Dich, Herr, hab ich meine Hoffnung gesetzt; in Ewigkeit werde ich nicht zuschanden.«

Nun luden die Priester alle Gläubigen ein, den Vater, den Sohn und den Heiligen Geist zu preisen.

Die fürstliche Familie und auch Clemens August erhoben sich, stimmten laut mit ein und beugten beim Dankgebet mit allen Vornehmen und Bürgern das Knie. »Per Christum, Dominum nostrum.«

»Amen.«

Kaum war der Gottesdienst beendet, kam Karl Albrecht unter den benachbarten Tuchhimmel. »Was weiß Amalie? Ich muss es wissen. Sonst droht mir auf der Kutschfahrt zum Festessen womöglich ein peinlicher Skandal.«

Noch beeindruckt von der Messe, schüttelte Clemens den Kopf. »Nichts. Von mir weiß sie nichts. Bitte, warte mit der Abfahrt!« Er ging an dem Bruder vorbei. »Nur einen Moment. Ich bin gleich zurück.« Ohne weitere Erklärung schritt der Kölner Kurfürst durch den Chorraum. Er betrat die Sakristei. »Verzeiht die Störung.«

Ein Lächeln für den Dompropst der Frauenkirche. »Könntet Ihr mich und Bruder Anton von Roll für einen Moment allein lassen?«

Mit einer Verneigung zog sich der Priester in den Nebenraum zurück.

Clemens trat dicht vor den Freund hin. »Ich möchte nicht das Erlebte mit Worten zerreden. Möchte nur danken, von Herzen danken.«

»Aber, Durchlaucht, ich habe nur mein mir verliehenes Amt ausgeübt.«

»Es war mehr. Heute war es mehr. Und ich möchte Euch für das Geschenk etwas zurückgeben. Es ist mein Geburtstag.« Er löste den Michaelsorden von der Brustschärpe und überreichte ihn dem Domdechanten. »Nehmt ihn als Zeichen meiner Liebe und meines tiefen Vertrauens.«

Stumm starrte Anton von Roll auf das Schmuckstück, das glitzernde Feuer von mehr als dreihundert Brillanten spiegelte sich in seinen Augen.

»Petri Heil!« Mit hochgeschobenen Blusenärmeln stand Kurfürstin Amalie auf der in den See hineingebauten Holzplattform. Kraftvoll nahm sie Schwung und warf schon zum sechsten Male an diesem Vormittag die Angel aus. Um etliche Ellen überflog ihr Köder die auf der Wasseroberfläche schaukelnden Korken der Herren. »Was ist mit Euch?«, erkundigte sie sich teilnahmsvoll. »Will keine der Nixen bei Euch anbeißen?« Noch ein verächtlicher Blick zur Seite, dann beobachtete sie mit grimmigem Triumph die rotbemalte Haube ihres Schwimmers.

Bis spät in die Nacht hatten gestern die Feierlichkeiten zum Jahrestag des Kölner Kurfürsten angedauert. Der Innenhof von Schloss Fürstenried war zum Jahrmarkt geworden, mit Tanz und Scheibenschießen, mit Gauklern und Musikanten, dazu verführte der Geruch von Spießbraten und gebrannten Mandeln die Nasen. Bier schäumte im Überfluss zur derb und deftig dargestellten Bauernhochzeit, dann das frivole Schäferspiel, bei dem so manches Mieder verloren ging. Und danach sorgte ein Versteckspiel im dunklen Irrgarten für Gänsehaut. Alles aber wurde gegen Mitternacht vom sprühenden Feuerwerk gekrönt. Mit Kanonendonner, Funkenrädern und Flammenzungen war Schloss Fürstenried im Sturm eingenommen worden.

Noch schlaftrunken hatte die fürstliche Familie vor Sonnenaufgang mit ihren Gästen die Kutschen bestiegen und sich durch den großen Park zum Starnberger See bringen lassen. Während die Jagdmeister das vorher schon festgestellte Wild mit den Hundemeuten aus dem Wald trieben und für den Abschuss zum Seeufer hin hetzten, vergnügten sich die Herrschaften beim Angeln. »Petri Heil!« Der fromme Wunsch hatte bisher den fürstlichen Brüdern und Graf Törring keinen Biss beschert, im Bottich der Fürstin hingegen schwammen bereits fünf fette Forellen.

Und wieder zuckte ihr roter Schwimmer unter die Wasseroberfläche, tauchte auf, einige Male, dann verschwand er ganz. Amalie stellte sich breitbeinig hin, gab Schnur nach, dann ein kleiner scharfer Ruck, gleich bog sich die Rute,

150

stark und wild war die Gegenwehr, doch entschlossen und in kühler Ruhe holte die Fürstin die Schnur ein.

»Soll ich mit dem Netz helfen?«, bot Clemens an.

»Danke, das schaffen wir allein.« Über die Schulter wandte sich Amalie an ihre Zofe. »Den Käscher, Kind.« Der Fisch kam aus der Tiefe, sein silbriger Leib fuhr nahe der Plattform hin und her, die Schwanzflosse schlug das Wasser. »Jetzt.« Geübt tauchte die Zofe das Netz ein und schöpfte den Fisch aus dem Nass.

»Ein Prachtexemplar.« Amalie präsentierte den Herren die zappelnde Beute. Mit erhobenem Busen nahm sie den höflichen Applaus entgegen, dann löste sie den Haken und gab die Forelle zu den anderen. »Ich habe genug gefangen.«

Sie flüsterte mit ihrer Zofe, und beide rückten den Bottich näher an die drei Herren heran. »Sechs schöne fette Nixen gibt es zum Mittagsmahl«, sagte sie betont. »Mir selbst steht heute der Hunger nicht nach Fisch. Also bleiben zwei für jeden. Das ist doch ganz nach Eurem Geschmack, oder? Und ich werde sie für Euch zubereiten.«

Kurfürst Karl Albrecht warf ihr eine Kusshand zu. »Du bist eine wunderbare Frau.« Gleich pflichtete Clemens ihm bei und Graf Törring setzte dem Kompliment noch hinzu: »Eure Gesellschaft, allergnädigste Freundin, verschönt den Tag und verwöhnt den Gaumen.«

»Solch ein Lob trocknet die Kehle aus.« Amalie klatschte und befahl, Schaumwein für sich und die Herren zu servieren. Sie leerte ihren Becher, ohne abzusetzen. »Und nun, werter Gemahl, liebster Schwager und auch Ihr, teuerster Graf, Ihr alle dürft nun teilhaben, wie ich mit Nixen verfahre, nachdem ich sie aus dem Wasser gefischt habe.«

Ihre Zofe stand mit einem Tablett und dem nötigen Werkzeug bereit.

»Zuerst ...« Mit einem Tuch griff sie eine Forelle aus dem Bottich. Sie ließ sich den kurzen Knüppel reichen und versetzte dem Fisch einen tödlichen Hieb hinter die Kiemen.

»Und dann ...« In der Linken hielt sie die Forelle, setzte die Messerspitze nahe der Schwanzflosse in den Afterring und schlitzte den Bauch von unten bis hin zum Kopf auf.

Die Herren sahen einander betroffen an. Keiner wagte ein Wort. Amalie betrachtete ihr Werk und dabei benetzte sie die Lippen.

»Und jetzt ...«

Sie legte den Fisch auf das Tablett, fingerte nach den Eingeweiden und trennte sie mit schnellen Schnitten oben und unten ab. Das blutige Gekröse ließ sie vor den Gesichtern der Herren schaukeln, dann erst warf sie es in den See. »Und nun kann die Nixe am Stock gebraten werden.«

Clemens schluckte. »Ich … ich werde mich heute zurückhalten. Vielleicht nur etwas Gemüse.«

»Aber, liebster Schwager, die Beute ist ganz frisch.« Sie ließ Milde mit ihm walten. »Einverstanden. Der Geburtstag gestern war für einen zartbesaiteten Menschen Völlerei genug.« Den anderen zeigte sie das beschmierte Messer, ihre Stimme war voller Gift. »Dann gibt es drei für jeden von Euch. Drei Nixen, die verkraftet Ihr schon.«

»Aber allergnädigste Freundin.« Graf Törring bemühte sich um Heiterkeit. »Ihr solltet Euch nicht solcher Mühe unterziehen.«

»Wenn ich die Wahl hätte …«

»Liebste«, unterbrach Karl Albrecht rasch. »Wir freuen uns. Du bist eine wunderbare Frau.«

Noch während des Festessens im Schloss Starnberg meldete der bayerische Jagdmeister Karl Albrechts zusammen mit dem kölnischen obersten Jagdmeister und Leutnant der Leibgarde, Hubert von Burgau, dass die Hatz erfolgreich gewesen sei und drei Hirsche wie auch vier Wildschweine von den Hundemeuten am Seeufer gehalten würden.

Die Nachricht löste Jubel aus. Sofort erhoben sich die Herrschaften. »Aufs Schiff!« Pferde standen bereit, die Reiter ließen sie galoppieren. Ihnen nach rollten Kutschen in gefährlicher Geschwindigkeit den Fahrweg hinunter zur Anlegestelle.

Zuerst kam Kurfürstin Amalie mit ihren Damen, und als auch die fürstlichen Brüder mit Graf Törring, dem Ersten Minister und einigen Hofräten an Deck des Prunkschiffes standen, ließ der Kapitän die Leinen lösen und mit Ruderkraft führte er den mit 24 Kanonen bestückten Bucentaurus zum Schussfeld.

Beim Herannahen des Schiffes gaben die Obristjagdmeister Befehl und die Hundemeuten hetzten das verängstigte Wild in den See: Mit schwimmenden Balken war dort der Todeskessel vorbereitet. Oben an Deck ließen sich die Herrschaften die geladenen Büchsen reichen.

»Mir gehört der erste Schuss.« Fordernd sah Amalie den Gatten an. Kurfürst Karl Albrecht widersprach nicht. Die Landesmutter war eine zu gute Schützin.

Domdechant Anton von Roll hatte auf das Jagdvergnügen verzichtet und war im Schloss zurückgeblieben. Vom Fenster aus hatte er noch die Abfahrt der Prachtgaleere beobachtet und ging jetzt, erschöpft von den Feierlichkeiten der vergangenen Wochen, zum Gästeflügel hinüber. Niemals zuvor hatte der besonnene Kleriker solchen Reichtum, solche Vielfalt und solch eine andauernde Verschwendung erlebt. »Der Fürst braucht mich für seine Seele«, rechtfertigte er sich leise vor sich selbst. »Gott hat mich auf diesen Weg befohlen.«

Bis zum Ende der Jagd blieb ihm heute etwas Zeit für Ruhe und Einkehr. Er öffnete die Tür zu seinem Zimmer und erstarrte. Am Tisch saß ein Fremder. Aus brauenlosen, nackten Augen, die rechte Hand unter dem großen Federhut auf den Knien verborgen, sah er Anton von Roll mit dünnem Lächeln an. »Tretet ein, Vater. Und verriegelt die Tür!«.

»Verzeiht. Dies ist doch das mir zugewiesene Zimmer? Oder habe ich mich geirrt?«

»Nein, nein. Ich habe mir erlaubt, hier auf Euch zu warten. Weil mein Auftrag sehr delikat ist.«

»Aber woher wusstet Ihr ...?«

»Ich habe Euch beobachtet und auf eine günstige Gelegenheit gewartet.« Er legte den Hut beiseite.

Mit gefurchter Stirn entdeckte Anton von Roll den blanken Dolch in der Rechten. »Wer seid Ihr? Wieso dringt Ihr bewaffnet bei mir ein?«

»Nur eine kleine Vorsichtsmaßnahme, falls Ihr ... Nun ja, sie war übertrieben.« Der Dolch verschwand in der Scheide. »Bitte, so nehmt Platz!«

»Noch ziehe ich die Nähe der Tür der Euren vor. Also, werter Herr. Ich warte auf Euren Namen und eine Erklärung für diesen unerhörten Überfall.«

Der Fremde ergriff den Hut und, ohne aufzustehen, grüßte er mit einer kleinen Verbeugung. »Gestatten, Kaiserlicher Geheimrat Freiherr von Ramschwag. Ich bin hier in geheimer Mission seiner Majestät Kaiser Karl.«

»Dass Ihr aus Wien kommt, mag stimmen. Zumindest verrät es Euer Tonfall.« Von Roll trat einige Schritte in den Raum hinein, dabei suchte sein Blick nach einem schlagfesten Gegenstand und entschied sich für das eichene Kruzifix an der rechten Wand. »Sonderbar. Mir sind die Mitglieder der habsburgischen Gesandtschaft wohl bekannt, Euch aber habe ich noch nie gesehen.«

»Ich bin gestern erst am Hof eingetroffen.« Der Fremde ließ den Domdechanten bis zur Wand gehen, als sich die Hand nach dem Erlöser streckte, ermahnte er freundlich, aber bestimmt: »Bemüht Euch nicht, Hochwürden. Selbst mit Unterstützung des Himmels bin ich Euch sicher in allem überlegen.«

Nun presste Anton von Roll beide Fäuste vor der Brust zusammen. »Ihr müsst von allen Engeln verlassen sein. Anders ist Euer Verhalten nicht zu erklären. Hier wird inzwischen das Lied der Franzosen und nicht das der Habsburger gesungen. Und Ihr kommt direkt in die Höhle des Löwen? Unangemeldet. Damit nicht genug, Ihr überfallt auch noch den engsten Freund des Kölner Kurfürsten. Nur ein Ruf von mir und die Wachen nehmen Euch fest.«

»Ihr werdet nicht rufen.« Gelassen nahm von Ramschwag ein versiegeltes Schreiben aus der Rocktasche und legte es auf den Tisch. »Wie ich weiß, ist

Eure Familie aus Tradition dem habsburgischen Hause zugetan. Selbst wenn Euer Bruder lgnatius inzwischen zum Obriststallmeister des Kölners ernannt wurde und Ihr selbst dem Fürstbischof nahesteht, so werdet Ihr beide das innere Band zu den Habsburgern nicht durchtrennt haben. Oder irre ich da?«

Anton von Roll war blass geworden. Er ging zum Tisch und ließ sich an der weit entferntesten Ecke nieder. »Aus rein privaten Beweggründen begleite ich Seine Durchlaucht, nicht aus politischer Absicht.«

Nun trommelten die Fingerkuppen leicht auf das Couvert. »Bei Hofe gibt es nichts Privates ohne Politik. Ich denke, in der Kirche wird es nicht anders sein. Und ...« Freiherr von Ramschwag schob den Brief über die Tischplatte. »Dies ist meine Legitimation und gleichzeitig mein Auftrag.«

Von Roll erkannte das Siegel sofort, er zerbrach es andächtig wie eine Hostie und entnahm das Schreiben. »Von seiner Majestät persönlich? Es ist seine Handschrift.«

»Vor meiner Abreise bin ich mit dem Inhalt vertraut gemacht worden. Bitte lest den Brief genau, Hochwürden. Bitte fragt mich, wenn Euch eine Stelle unklar erscheint. Ich bin von Seiner Majestät beauftragt, Euch jeden Punkt zu erklären. Denn ...« Der Bote füllte die Pause mit einem kühlen Lächeln. »Denn ich muss auf Antwort bestehen. Und zwar hier und sofort.«

Anton von Roll blickte auf das Schreiben, las halblaut die Anrede vor sich hin, las weiter: »Mein liebster Freund ...« Die Stimme versickerte, tauchte wieder auf: »So ermahne ich Euch, entsprechend Eurer bisherigen, eifrigen und devoten Haltung auch fürderhin, die Euch von Geburt anklebenden Obliegenheiten nicht außer Acht zu lassen.« Stirnrunzelnd sah er den Boten an. »Ich diene der Kirche. Niemals habe ich mich direkt in politische Händel eingemischt.«

»Solltet Ihr auch nicht. Im Weiteren werdet Ihr lesen, dass Seine Majestät Euch nur dringend bittet, den Kölner auf seinen bisherigen und richtigen Pfad zurückzuführen, ihn in seiner patriotischen Gesinnung zum habsburgischen Hause zu bestärken. Gerade jetzt, da wir uns für einen Krieg gegen Frankreich rüsten, gehört der Kölner auf unsere Seite.«

»Clemens August ist ein Freund. Was Ihr verlangt ...«

»Nicht ich, es ist die Bitte unseres Kaisers.« Kalt blickten die wasserhellen Augen. »Und Ihr sollt Seiner Majestät diesen Dienst auch nicht für nichts erweisen. Lest nur weiter!«

Anton von Roll vertiefte sich wieder in das Schreiben und bei den nächsten Zeilen rundete er die Lippen.

Der kaiserliche Bote nickte. »Nicht wahr. Euer jüngster Bruder soll Regierungsrat zu Freiburg werden, nebst einer jährlichen Pension von tausend Gulden. Dieser Euer Sorgenbruder wäre damit endlich gut versorgt. Ein großzügiges Geschenk an Eure Familie, nicht wahr?«

»Wohl wahr«, flüsterte Anton von Roll und ging mit dem Schreiben zum Fenster.

Lange stand er da. Schließlich sagte er, ohne sich umzudrehen: »Soweit ich ins Vertrauen gezogen bin, will sich Fürstbischof Clemens August in Wahrheit nicht direkt mit Frankreich einlassen. Das Kreuz in der Angelegenheit ist sein derzeitiger politischer Berater.«

Mit einem Seufzer fuhr er fort: »Dieser Geheimrat Magis ist, mit Verlaub gesagt, äußerst einfältig. Und ganz gewiss unfähig, den Fürstbischof vor den bayerischen Kreaturen ... Ich bitte das harte Wort zu entschuldigen, aber mir fällt keine mildere Bezeichnung ein. Also klar herausgesagt: Geheimrat Magis ist leider zu schwach und unfähig, meinen Freund vor diesen bayerischen Kreaturen zu schützen.« Nun wandte sich von Roll dem kaiserlichen Boten wieder direkt zu.

»Und so besteht in der Tat die Gefahr, dass der Kölner durch gewisse Drahtzieher hier am Münchner Hof zu einer neutralen Haltung in dem drohenden Krieg veranlasst wird. Intensiver aber noch wird er von jenen Herren mit bis zu schamlosen Mitteln bearbeitet, die habsburgischen Pläne für die Thronnachfolge zu sabotieren.«

»Maria Theresia soll Franz Stephan von Lothringen ehelichen und sie wird einen Sohn gebären. Darauf setzt der Wiener Hof.« Freiherr von Ramschwag nickte anerkennend. »Aus Euren Worten klingt die Treue zum Kaiserhaus. Ihnen entnehme ich, dass Ihr der Bitte Seiner Majestät nachkommen werdet. Welch ein Schritt der Vernunft für Seine Durchlaucht Clemens August. Welch Gluck aber auch für Euren unsteten Bruder, der künftig gut versorgt sein wird.«

Geschmeidig erhob sich der kaiserliche Bote und trat dicht vor den Domdechanten hin.

Erschreckt durch die nackten Augen wich Anton von Roll unwillkürlich mit dem Gesicht etwas zurück.

»Keine Furcht, Hochwürden!«, wurde er gleich beruhigt. »Wir sind uns doch sehr freundschaftlich einig geworden.«

»Was ... was erwartet Seine Majestät denn direkt von mir?«

»Seid stärker als die bayerischen Einflüsterer, bringt den Kölner wieder auf den habsburgischen Kurs. Vor allem aber schafft ihn aus München, aus der Höhle des Löwen fort. Erst wenn er wieder an seinem Bonner Hof weilt, haben unsere Diplomaten und ich genügend Möglichkeiten, ihn vor fatalen Fehlern zu bewahren.«

Anton von Roll presste das Schreiben an die Brust. »Ich werde dem Wunsch des Kaisers nachkommen. Bitte entfernt Euch jetzt!«

Kein weiteres Wort mehr. Elegant verneigte sich der Besucher und verließ das Zimmer. Leise zog er die Tür hinter sich zu.

Anton von Roll blickte zum Kruzifix. »Zweifle nicht, Herr. Ich will tun, was richtig ist. Und gib mir die Kraft, dass ich nicht zum Judas werde.«

Baron Magis mischte die Karten. Als Clemens August sich zum Nachbartisch wandte, den Kristallpokal hob, um dem Bruder, Graf Törring und der Schwägerin zuzutrinken, tauschte er mit Freifrau Aloysia von Notthafft einen Seitenblick. Unauffällig, aber fordernd stieß sie ihm unter dem Spieltisch gegen das Schienbein. Er nickte beschwichtigend und teilte mit geschickten Fingern das Blatt aus.

Zur Neige des üppigen Tages hatte sich die fürstliche Gesellschaft in den Spielzimmern von Schloss Starnberg eingefunden, um hier bei geöffneten Terrassentüren und weitem Abendblick über den See zwanglose Gespräche zu führen und sich mit einigen Partien Tarock die Zeit zu vertreiben.

Vor Clemens häuften sich inzwischen zwei Türme aus Münzen. Er setzte den Kelch zurück und nahm seine Karten auf, ordnete sie in der Hand und blickte die beiden Mitspieler an. »Ich werde 66 Punkte erreichen.« Er rückte drei Münzen bereit. »Um diese Einheit spielen wir.«

Die Freifrau steckte zwei Karten um. »Ich halte mit 74 Punkten dagegen.« Vor ihrem mit dunkelblauen Stoffblumen umkränzten Dekolleté lagen noch gerade sechs Geldstücke. »Meine schönen Silberhügel sind zu Euch gewandert, gnädigste Durchlaucht.« Auf dem Weg zu den Münzen musste ihre Hand unbeabsichtigt über beide Brüste hinuntergleiten. »Diese zwei Einheiten sind alles, was ich noch bieten kann.«

»Ich hoffe für Euch, liebste Freundin.« Mit Blick in seine Karten schmunzelte er. »Möge Euch eine wundersame Vermehrung zuteilwerden.«

Magis schnaufte leise. »Fortuna geht schon wieder an mir vorbei. Es ist Euer Spiel, werte Baronin.« Er legte den Einsatz bereit. »Ich stelle mich mit allem, was ich vermag, an die Seite Seiner Durchlaucht.«

»Zwei Kavaliere gegen eine Dame.« Der Augenaufschlag bedachte beide Mitspieler. »Wie soll ich da bestehen? Aber ich wage es mit Herz. Wie könnte es anders sein?« Ihre Stimme schmolz zum Fürsten hin. »Herz ist die Trumpffarbe. Ihr spielt aus.«

Die ersten drei Stiche gingen an Aloysia, doch dann gewann Clemens August, unterstützt von Magis, jedes Blatt, zum Abschluss nahm sein Pagat sogar ihren Mond gefangen. »Mit diesen fünf Punkten habe ich Euch weit überflügelt.« Clemens verneigte sich leicht vor ihr. »Bitte verzeiht, es ist nur Glück, nicht Habsucht.«

Aloysia schob jedem der Mitspieler drei Münzen hin. »Ausgeplündert«, schmollte sie übertrieben. »Euer Glück, gnädigster Herr, bringt mich an den Bettelstab.«

In leichter Weinstimmung spielte Clemens die Kummertragödie mit. »Morgen werden die Büttel kommen und Euch von Haus und Hof verjagen.« Sogleich nahm sie das Bild auf. »Ich armes Weib. Wo ist mein Retter, wer erlöst mich aus der Verbannung?« Heftig trat sie dem Baron unter dem Tisch ans Schienbein.

Magis zuckte und begriff seine Rolle. »Darf ich als Euer ergebener Ratgeber vermitteln, Durchlaucht?«, bat er mit albern verstellter Stimme. »So höret das Weib noch einmal an.«

»Aber, Baron?« Clemens brach das Spiel ab und runzelte die Stirn. »In politischen Angelegenheiten höre ich Euch gerne zu. Doch erinnert mich daran, dass ich Euch nie für ein Theaterstück einsetze.«

»Verzeiht ...«

»Darf ich helfen?« Nun ergriff Aloysia die Partei des Geheimrates. »Unser lieber Magis ist zu pflichtbewusst. Ihm fehlt gewiss das Talent für die Bühne, doch er wollte mich unterstützen.« Sie nahm die Karten, suchte Pagat, Mond und Narr und legte die Bilder vor den Fürsten hin. »Tous les trois. Das sind die höchsten Trümpfe im Tarock, Durchlaucht. Wem das Schicksal alle beschert, der hält einen Trull auf der Hand. Dieses Glück möge Euch immer beschert sein, das ist mein Herzenswunsch. Wir sprachen vor einigen Wochen bei unserm Morgenausflug darüber.« Erstaunt über den plötzlichen Ernst, beugte sich Clemens ihr zu. »Was ist mit Eurem Lächeln geschehen?«

Zwei Atemzüge rang Aloysia mit sich, dann hob sie die Augen zu ihm. »Mich quält eine gewisse Sache. Sie beunruhigte bereits in Bonn mein Herz. Lange schon. Da jedoch dachte ich, dass ich in meiner Hingabe zu Euch vielleicht zu empfindlich, zu hellhörig sei.« Sie blickte sich nach Lauschern um. »Doch inzwischen konnte ich bei Plaudereien durch die Bemerkungen einiger hochgestellter Persönlichkeiten herausfinden, dass mein Verdacht sehr wohl berechtigt war.«

»Aber, meine Liebe, so teilt ihn mir mit. Erleichtert Euer Herz!«

»Nicht hier vor Eurer Familie, nicht vor all den Neugierigen. Die Wahrheit könnte Euch erschrecken.«

Clemens sah zum Nachbartisch und begegnete dem interessierten Blick des Grafen Törring. »Ich gebe Euch recht, meine Liebe. Hättet Ihr die Güte, mir nach draußen zu folgen? So als hätten wir nichts Ernstes, sondern Intimeres miteinander zu verhandeln.« Er tippte seinem Ratgeber Magis auf den Arm. »Ihr haltet uns den Rücken frei. Ich will keine Störung. Und sollte mein treuer Albert le Grand sich sorgen, so beruhigt ihn.«

Halb erhob sich Magis und dienerte. »Ihr könnt Euch ganz auf mich verlassen.«

Clemens war schon unterwegs. Kurz blieb er am Tisch des Bruders stehen, wünschte noch unterhaltsame Spiele. Auf die Frage, ob er schon zu Bett wolle, antwortete er zunächst mit einem Schmunzeln und setzte hinzu: »Vorher aber möchte ich noch die Abendluft genießen.« Beschwingt ging er hinaus auf die Terrasse und entschwand in Richtung der Parktreppe.

Jetzt erhob sich Aloysia, ihre Hand strich über die Tischplatte, dabei pflückten ihre Finger vor dem Platz von Baron Magis die drei Münzen wieder auf. »Ihr wollt doch nicht an mir verdienen, liebster François? Nicht wahr?«

Der Geheimrat wusste nichts zu antworten, nickte nur und tupfte sich die Schweißperlen von der Stirn.

Betont langsam wiegte sich Aloysia am Tisch des bayerischen Kurfürsten vorbei, unmerklich nickte sie Graf Törring zu und die Herren sahen ihr nach bis zur Terrassentür. Kurfürstin Amalie fächerte sich mit den Spielkarten Luft zu. »Diese Schlange«, murmelte sie. »verschuldet bis über die Ohren. Ich bete zu Gott, dass der Schwager ihr nicht verfällt. Was hat sie denn außer ihrem Titel?«

Karl Albrecht benetzte die Unterlippe. »Nun, da fällt mir noch einiges ein.«

Ehe Amalie aufbrausen konnte, ergänzte Graf Törring rasch: »Auch ich bin immer wieder aufs Neue beeindruckt von ihrer Loyalität gegenüber dem Hause Wittelsbach.«

Welch ein Abend. Matt schimmerte noch der Tag über dem See. Unten an der Hafenmole hatte der Bucentaurus bereits die Lichter gesetzt. Weiter draußen blinkten die Lampen der Fischerboote wie Sterne im Wasser.

»Lasst uns einige Schritte gehen!« Clemens August geleitete seinen Gast galant die Treppe hinunter. Der Kies knirschte. Erst an den von niedrigen Buchsbaumhecken gesäumten Blumenbeeten stellte er fest: »Nun haben wir keinen Lauscher mehr zu befürchten. Und allen Neugierigen haben wir eindeutigen Grund für ihren Hofklatsch geboten.« Er sah sie von der Seite an. »Sagt mir nun, was Euch bedrückt!«

»Darf ich frei sprechen? Ohne Furcht, dadurch Eure Gunst zu verlieren?«

»Was es auch sei. Ihr habt mein Wort.«

Aloysia zog ein Schnupftüchlein aus dem Ärmel, betupfte sich Nase und Augenwinkel. »Jede spöttische Bemerkung hat sich schmerzhaft in mir eingebrannt.«

»Spott? Über mich.« Unmerklich betastete Clemens seine Brust.

»Was wurde geredet?«

»Über Euer Haar. Putzsüchtig wäret Ihr. Der Fall Eurer Locken wäre Euch wichtiger als eine eigene politische Haltung. Ihr wäret Wachs in seinen Händen. Nur eine eitle, vergnügungssüchtige Puppe.«

»Nicht weiter!« Clemens stand mit geballter Faust vor ihr. »Madame ...«

»Allergnädigster Herr.« Sie war den Tränen nahe. »Mich, quält diese Schmach ebenso wie Euch. Und dieser Herr hat auch nicht haltgemacht vor Eurem Unglück. Ja, er zeigte sich sogar hocherfreut.«

»Wer? Nennt endlich den Namen!«

Aloysia schluchzte auf und fuhr fort: »Und er sagte in diesem vertraulichen Gespräch zu seinem Geheimsekretär: ‚Wir mussten uns dieses Emporkömmlings von Roll entledigen, ehe er zu viel Einfluss ergattern konnte, und sind ihn nun auf diese elegante Weise losgeworden. Dank meinem tüchtigen Vetter und der anderen Helfer.‘ Das sagte er wörtlich.«

Clemens schwankte, in der Dämmerung erschien sein Gesicht wachsbleich. »Plettenberg ...«

»Oh bitte, hoher Herr, ich wagte den Namen nicht auszusprechen.«

»Und alle Fäden laufen bei ihm zusammen.« Clemens ging einige Schritte. Kaum hatte er sich abgewandt, als sie mit raschen Griffen die Blumenranke um ihr Dekolleté ordnete. Als er zurückkehrte, neigte sie schuldbewusst die Stirn. »Ich bitte um Vergebung, wenn ich Euch Schmerzen bereitet habe.«

»Euch trifft keine Schuld. Die Wunde war nie verheilt.« Er starrte zum See hinunter. »Wartet nur, werter Herr. Das Wachs, von dem Ihr sprecht, erhärtet sich nun zum Stahl.«

9

Frischer Wind trieb die Wolken von Westen her übers Münsterland. Seit Tagesanbruch hatte es in Nordkirchen nicht mehr geregnet. Das Pflaster auf dem Marktplatz trocknete ab. Zwischen zwei Bürgerhäusern verborgen wartete der Reitertrupp im Schatten unter dem Torbogen. Zehn Gardisten mit umgeschnallten Säbeln, die Uniformknöpfe poliert, zehn Elitesoldaten, für diese Aktion persönlich vom Oberkommandierenden der kurkölnischen Armee im Münsterland ausgewählt. Das Vorgehen musste genau nach Plan verlaufen. Selbst der geringste Verfahrensfehler konnte fatale Folgen haben. Nichts durfte heute dem Zufall überlassen werden.

General von der Horst zückte seine Taschenuhr. »Abrücken in zwei Minuten«, gab er an seine Männer weiter. Eine Viertelstunde rechnete er für die Strecke aus dem Ort hinaus und weiter am Park entlang bis zur Zufahrt. Er gab das Handzeichen.

Beim Herannahen des bewaffneten Trupps verriegelten die Wachen am äußeren Tor das große Eisengatter und schickten einen Melder zur weit gedehnten, aus Backstein gemauerten Schlossanlage hinter den Wassergräben.

Zwei Pferdelängen entfernt blieben die Gardisten zurück und nur der General ritt bis vor die gekreuzten Hellebarden. Schweigen. Die Furcht in den Augen der Wachen wuchs. Schweigen.

Da schlug die Uhr über der Schlosskapelle die neunte Stunde. Erst nachdem der letzte Ton verklungen war, sprach der Oberkommandierende die Posten an: »General von der Horst bittet im Auftrag Seiner allergnädigsten Hoheit Kurfürst Clemens August in dringender Angelegenheit um eine Unterredung mit Graf Ferdinand von Plettenberg.«

»Verzeiht, Seine Erlaucht besucht um diese Zeit die Messe.«
Der General blickte zu den Gebäuden hinüber. Im kantigen Gesicht mahlten die Kiefer. Das Überraschungsmoment war Teil seines Plans. »Lasst uns sofort passieren. Wir warten bei der Kapelle.« Die Wachposten sahen sich an, tapfer sagte der eine: »Euch, Herr, lassen wir durch. Die Gardisten nur mit Erlaubnis unseres Grafen.«

»Kerl!«

Gleich duckten sich die Posten und der andere lenkte ein: »Es sei denn, Ihr kommt mit Gewalt. Dann öffnen wir. Kommt Ihr mit Gewalt?«

»Dieses Mal noch nicht«, knurrte von der Horst. Er wandte sich an seine Männer, befahl, alle Pforten und Nebenausgänge rund um den Park im Auge zu behalten. »Kontrolliert jeden Reiter, jede Kutsche. Bis ich den Auftrag erledigt habe, darf der Graf das Schloss nicht verlassen.«

Die Gardisten schwärmten aus und ihr General trabte, ohne die Wachen noch eines Blickes zu würdigen, durchs geöffnete Eisengatter. Etwas abseits der Kapelle am rechten Seitenflügel hielt er an. Vom Sattel aus sah er über dem Eingang hinauf zur Turmuhr. Zehn Minuten hatte das Palaver am Tor gekostet, und jetzt war der Herr auch noch in der Messe. »Unnötige Zeitvergeudung.« Er wandte den Kopf und runzelte die Stirn. Was für ein Spiegelbild. Auf der anderen Seite des Hofes befand sich, genau der Kapellenuhr gegenüber, am Turm des linken Seitenflügels eine ebenso große Sonnenuhr. Ihr scharfer Schattenstab hatte die Neun gerade passiert. Von der Horst zückte erneut seine Taschenuhr und verglich Stunde und Minute mit der Zeit der großen Schwestern. »Ich bin präzise«, nickte er zufrieden.

»So soll es sein.« Die schmalen, hohen Portalflügel schwangen auf und zwei Diener postierten sich rechts und links. Zuerst sprangen Kinder die wenigen Stufen hinunter, vergeblich versuchte sie die Amme durch Ermahnungen zu mäßigen, doch vom Stillsein erlöst, tobten sie mit Geschrei über den Kiesweg davon. Nach ihren Enkeln trat Gräfin Bernhardine gelassenen Schritts in Begleitung ihrer Tochter und zweier Hofdamen ins Freie. Ein fragender Blick für den General hoch zu Ross, ein leichtes Kopfneigen dankte für dessen höflichen Gruß, dann strebten die Damen dem Haupthaus zu.

Aus der Kapelle drang kehliges Lachen, gleich ging es in Husten über.

»Aber, lieber Freund«, Graf Plettenberg erschien und ermahnte seinen Begleiter mit erhobenem Finger, »mit der Lunge ist nicht zu spaßen. Ihr solltet wirklich auf den Arzt hören. Das Tabakrauchen verschlimmert den Husten. Und – Ihr mögt mir den Hinweis verzeihen – der übermäßige Weingenuss fördert nicht die Gesundheit. Vielleicht ein Becher Wein weniger am Abend? Und dafür ein Glas mehr vom Wiesbadener Wasser?«

»Das faulige Zeug ekelt mich.« Graf August Wolfart von der Lippe winkte ab. »Was hab ich denn noch? Meine Karriere ist zerstört. Der Pfeifenqualm nebelt mir die Gedanken ein und nach dem fünften Becher denke ich nicht mehr an die gute Zeit.«

Ohne den Besucher zu bemerken, blieben die Herren im offenen Portal stehen.

»Das Jammern hilft Euch nicht weiter.«

»Aber Ihr, als Erster Minister, habt doch die Möglichkeit. Euer Einfluss bei Hofe ist nach wie vor groß. Wenn Ihr Euch für mich verwendet ...«

»Nicht wieder von vorn, mein Lieber.« Plettenberg tätschelte dem Freund die Hand. »Was in meiner Macht steht, werde ich für Euch tun.«

Der knirschende Hufschlag im Kies ließ die Männer herumfahren. Beiden wich das Blut aus dem Gesicht. Gemächlich näherte sich der Reiter. »Wünsche einen guten Morgen. Bitte verzeiht die Störung.«

Graf Plettenberg fasste sich als Erster. »Ich entschuldige nicht. Was führt Euch her, Freiherr von der Horst.«

»General von der Horst«, schnappte der Oberkommandierende. »Vielleicht ist Euch meine Ernennung entgangen?«

»Ganz sicher nicht. So wie Ihr mir neulich bei meinem Besuch in Münster den mir zustehenden militärischen Salut verweigert habt, so bezeuge ich nur dem Ehre, der sie auch verdient.«

Schnaufen, Keuchen, endlich fand neben ihm Graf von der Lippe die Sprache wieder: »Ihr ... Ihr.« Er streckte Arm und Zeigefinger, als wolle er eine Erscheinung bannen. »Ihr habt mich aus dem Amt gedrängt. Euretwegen musste ich den Dienst quittieren. Und Ihr ... Ihr wagt es, mir unter die Augen zu treten?«

Kühl blickte von der Horst den vor Zorn Bebenden an. »Zwei Antworten, Herr. Erstens: Ich habe Euch nicht verdrängt. Vielmehr seid Ihr wegen Eurer Verwicklung in den tragischen Tod des Komturs von Roll bei Seiner Kurfürstlichen Durchlaucht in Ungnade gefallen und Eures Postens unehrenhaft enthoben worden. Daraufhin bin ich zum neuen General der kurkölnischen Truppen ernannt worden. Zweitens: Da ich nicht ahnte, Euch hier anzutreffen, war diese Begegnung nicht zu vermeiden. So gerne ich darauf verzichtet hätte.«

Ehe von der Lippe eine Antwort einfiel, trat Plettenberg einen Schritt vor. »Herr. Ihr seid auf meinem Grund und Boden. Und ich erlaube es nicht, dass Ihr in solchem Ton mit meinem Gast redet.« Er forderte mit der Hand. »Nun sagt endlich, was Euch herführt. Und dann lebt wohl.«

Der General lächelte dünn. »Erlaubt mir abzusteigen. Denn was ich Euch überbringe, hat schweres Gewicht;«

Stirnrunzeln, gefolgt von scharfem Fingerschnippen. »Ich betrachte Euch nicht als Gast. Also verträdelt nicht meine Zeit. Wenn Ihr einen Botendienst zu verrichten habt, so erledigt ihn vom Sattel aus. Und zwar sofort. Ansonsten wendet Euch an meinen Geheimsekretär Bellanger. Sein Kontor befindet sich im linken Seitenflügel. Also?«

Bleich und nur mühsam beherrscht richtete sich von der Horst im Sattel auf und zog ein Schreiben aus der ledernen Seitentasche. »Ich bin von Seiner kurfürstlichen Hoheit beauftragt, Euch zunächst diese Urkunde persönlich auszuhändigen. Weitere Anweisungen soll ich mündlich übermitteln.«

Plettenberg schnippte, einer der Diener nahm den Umschlag entgegen und überbrachte ihn seinem Herrn.

»Was kann es schon sein?« Ein leicht spöttischer Blick zu Graf von der Lippe. »Sicher erneut eine Verschärfung des Jagdgesetzes. Zuletzt sollten Katzen die Ohren abgeschnitten werden, damit sie nicht bei Regen in den Feldern und Wiesen herumstöbern.« Er brach das Siegel. Mit jeder Zeile, die er las, fiel sein Gesicht mehr ein, die Wangen alterten, die Kinnlade sank. Unmerklich schwankte die Gestalt. »Diese Urkunde ... Seid Ihr sicher, dass sie keine Fälschung ist?«

Von der Horst stärkte sich an der Schwäche. »Werter Graf, dem neu eingesetzten hohen Ministerrat in Bonn liegt bereits die Zweitschrift vor. Das Dokument ist echt und ab sofort in allen Punkten gültig.«

Nun hielt es von der Lippe nicht länger, er trat näher, versuchte, einen Blick auf das Schreiben zu werfen. »Lieber Freund, was wird Euch mitgeteilt? Ihr scheint vom Donner gerührt.«

»Kein Donner. Es ist der Blitz des Undanks«, flüsterte Plettenberg und schlug mit der Hand gegen das Blatt. »Ich habe mich für diesen Herrn aufgeopfert, jeden seiner unsinnigen Fehler revidiert. Wie ein Vater habe ich ihn verteidigt, mich vor ihn gestellt. Und nun wirft er mich weg, versetzt mir einen Tritt.«

»Das darf nicht sein.« Graf von der Lippe ahnte die Wahrheit, wehrte sich dagegen. »Ihr seid doch unsere Stütze, unsere letzte Hoffnung. Für Beverförde, Zweiffel und auch für mich.«

Plettenberg lachte trocken. »Da lest selbst. Der allergnädigste Herr enthebt mich aller Ämter. Und dies in ungnädigster Weise. Dies bedeutet, er gibt mir nicht einmal die Chance, mich zu rechtfertigen.«

»So, wie auch mit mir verfahren wurde.« Von der Lippe schlug sich immer wieder die Faust gegen die Stirn. »Keine Gnade. Verflucht, oh verflucht.«

Mit undurchdringlicher Miene hatte der General die Reaktionen abgewartet, nun räusperte er sich. »Werter Graf Plettenberg, hiermit teile ich Euch mit, dass Euch jeglicher Zutritt zur Bonner Residenz bei höchster Strafe untersagt ist. Des Weiteren werdet Ihr aufgefordert, mir unverzüglich alle Siegel wie auch sämtliche Papiere amtlicher Art auszuhändigen.« Er zückte seine Taschenuhr. »Ich gebe Euch eine Stunde Zeit.«

»Mein Herr!« Plettenberg gewann an Kraft zurück. »Seit wann ist es üblich, dass ein Mann von niedrigstem Bauernadel einem Grafen eine Frist setzt?«

»Meine Familie ...« Gleich hatte sich von der Horst wieder in der Gewalt und verzichtete auf die Richtigstellung. »Befolgt die Anordnung! Ich bitte Euch. Ansonsten bin ich gezwungen, meine Männer zu rufen.«

Ein Blick auf die bewaffneten Gardisten am äußeren Tor ließ Plettenberg einlenken. »Es ist mir nicht möglich, Siegel und geheime Papiere auszuhändigen. All diese Unterlagen befinden sich in meinem Bonner Domizil.« Ein verbindliches Kopfnicken. »Dies ist die Wahrheit, General.«

»In Anbetracht der Lage lasse ich Eure Aussage so rasch als möglich überprüfen. Und ich hoffe für Euch, dass sie zutrifft.«

»Verfluchter Himmel«, brach es aus Graf von der Lippe. »Woher nehmt Ihr die Anmaßung? Ihr bezweifelt das Wort eines der ehrenhaftesten Männer im Kurfürstentum. Wäre ich jünger, ich würde ...« Er sprach nicht weiter, schüttelte nur die Fäuste.

»Graf!« Schneidend fuhr ihn von der Horst an, die Hand sank auf den Säbelknauf. »Expliziert Euch genauer.«

Sofort zog Ferdinand von Plettenberg den Freund halb hinter sich. »Genug, genug«, beruhigte er ihn. »Lasst Euch nicht hinreißen.« Er wandte sich an den General. »Erklärt es mir. Woher nehmt Ihr das Recht zu diesem Misstrauen?«

»Das vom Kurfürst angeordnete Untersuchungsverfahren gegen Euch trägt inzwischen bittere Früchte. Der Verdacht des Missbrauchs der Amtsbefugnisse erhärtete sich mehr und mehr. Ebenso wird eine Klage gegen Euch wegen Bereicherung aus Staatsgeldern immer wahrscheinlicher. Mir ist von höchster Stelle befohlen worden, unbedingt Zweifel an Eurer Glaubwürdigkeit zu hegen. Und ich führe diesen Befehl aus. Deshalb das Misstrauen.«

Keine Erregung mehr. Plettenberg rückte den Verschluss des samtenen Schultermantels in die Brustmitte. Das Mienenspiel des großen Diplomaten gefror zu einer freundlichen Maske. »General, ich habe die Urkunde entgegengenommen, habe den Inhalt gelesen und weise mit Entschiedenheit alle Vorwürfe von mir. Ich muss mich aber als gehorsamer Untertan zunächst dem Befehl meines Herrn beugen. Und dies richtet ihm aus: Ich, Ferdinand Graf von Plettenberg, beuge mich zwar, werde diese Entscheidung aber niemals akzeptieren. Und nun bitte ich Euch, meinen Grund und Boden zu verlassen.«

»Werte Herren, bis auf bald.« Kein Abschiedsgruß, eher eine Drohung. General von der Horst wendete das Pferd und ritt in Richtung Tor. Plettenberg sah ihm lange nach. Unvermittelt fasste er nach dem Arm des Freundes. »Kommt. Nun gilt es umzudenken. Die neue Situation verlangt harte Schnitte und rasches Handeln.«

»Verstehe.« Von der Lippe eilte neben ihm her. »Was kann ich tun?« Das schnelle Gehen löste erneut einen Hustenanfall aus. Erst vor der Treppe zum Haupthaus kam er wieder zur Ruhe. »Wie kann ich helfen?«

»Indem Ihr abreist, mein Freund.« Nüchtern und doch verbindlich war der Ton. »Und zwar in der nächsten Stunde.«

Fassungslos blickte von der Lippe den Hausherrn an. »Ihr jagt mich fort?«

»Das wäre zu grob ausgedrückt.« Leicht schüttelte Plettenberg den Kopf. »Ich schicke Euch zu Eurer Kur nach Schieder zurück. Trinkt dort vom Wiesbadener Wasser ... oder auch nicht. Hier gibt es keine Bleibe mehr für Euch. Nein, schaut nicht so entsetzt. Wir müssen den neuen Tatsachen Rechnung tragen. Und jeder muss für sich selbst sorgen.«

August Wolfart von der Lippe wusste nichts zu sagen, zuckte nur immer wieder die Achseln.

Plettenberg setzte hinzu: »Nordkirchen ist nicht mehr sicher. Versteht doch! Aus dem Blick des Generals war zu lesen, wie gerne er mich in Ketten gelegt hätte. Deshalb werde ich heute noch aufbrechen. In meiner Herrschaft Wittern bei Aachen bin ich vor jedem kurkölnischen Zugriff sicher. Euch kann ich in keinem Fall dorthin mitnehmen.« Er tippte dem Freund mit der Faust in die Seite. »Ein alter Haudegen, wie Ihr es seid, der schlägt sich doch immer durch, ganz gleich wie dicht das Gestrüpp auch ist. Hab ich recht?«

»Es kommt nur so plötzlich.« Kaum war die Stimme zu verstehen.

»Ich sage dann Lebewohl.« Von der Lippe wandte sich ab. »Mein Diener soll packen. Dann reise ich.« Gesenkten Hauptes ging er auf das Seitengebäude zu.

Plettenberg nickte sichtlich erleichtert und rief ihm nach. »Nur Mut. Es kommen auch wieder bessere Zeiten. Für jeden von uns.«

Vorzeitig verließ Freiherr von Wolff-Metternich die öffentliche Sitzung des Hofrates in der Bonner Residenz. Draußen wickelte er den Wollschal enger um den hochgeschlagenen Mantelkragen, dennoch biss der Januarmorgen eisig in die Wangen. Nur den Bericht des Ratspräsidenten Graf von Hohenzollern zur allgemeinen Lage hatte er abgewartet und sich dann leise aus dem Saal zurückgezogen. Reichskriegserklärung. Kaiser Karl VI. gegen Ludwig XV. Die Habsburger gegen die Franzosen. Und worum ging es? Um den polnischen Thronfolger.

»Was schert mich, wer sich dort die Krone aufsetzt?« Wolff-Metternich umging die gefrorenen Pfützen am Straßenrand. Hier auf den Eisplacken lauerte die wahre Gefahr, besonders wenn man glatte Stiefelsohlen trug. Wir, Bayern und Kurköln, verhalten uns neutral, hatte Graf von Hohenzollern den Ratsherren versichert, obwohl unser Herz den Franzosen gehört. Was immer das auch zu bedeuten hatte. Solange der Krieg nicht in Bonn stattfand, war es Wolff-Metternich egal.

Ihn rief die Pflicht. »Weiberdienstag«, flüsterte er. So nannte er inzwischen den allwöchentlichen Kontrollrundgang. Der Befehl hatte Vorrang vor allem. Seit der Abfahrt Seiner Durchlaucht Clemens August im vergangenen Juni besuchte er regelmäßig das Musikerhaus in der Mühlengasse, erkundigte sich nach den Familienangehörigen und insbesondere nach dem Wohlbefinden der schönen Harfenspielerin Mechthild. Danach kam der schwierigere Part, er musste hinab in die Küchenräume der Residenz und nach dem Schützling des Zwerges, nach diesem ungebändigten Weibsstück Margaretha Contzen fragen. Erst seit sie in die Zuckerbäckerei hatte überwechseln dürfen, waren ihre Beschwerden seltener geworden.

Vor dem Hause der Brions zögerte Wolff-Metternich. Durch die geschlossenen Fenster drang Flöten- und Geigenspiel. Keine Musik, nur Töne, die Leiter hinauf und hinunter. Das Gepfeife kam aus der oberen Etage, das Gefiedel aus dem Parterre. »Hier möchte ich auch nicht Nachbar sein.« Nach dem Naserümpfen setzte er sein Besuchslächeln auf und zog an der Glocke.

Vater und Sohn gaben Unterricht und durften nicht gestört werden. Frau Brion bat den Gast in die Küche. »Ihr müsst schon entschuldigen. Auch wenn es draußen friert, heizen wir die gute Stube nicht jeden Tag.« Mit dem Federkiel in der Hand saß Mechthild über einen Stapel Blätter gebeugt am Tisch. Beim Eintreten des Besuchers hob sie den Kopf. »Wie schön. Gott zum Gruße.« Sie versuchte in seiner Miene zu lesen, fand aber keine Veränderung seit dem letzten Besuch. Sonderbar, dachte sie, dieser Mann trägt stets dasselbe Gesicht, er zeigt keine Laune, gibt sich immer gleich.

Es kostete Mühe, die Höflichkeiten abzuwarten, all seine Fragen zu beantworten. Fragen, die er nun schon seit Monaten stellte, und dann endlich erkundigte er sich zum Abschluss: »Gibt es einen Wunsch, den ich Euch erfüllen kann?«

»Einige Bankreihen voller Zuhörer.«

Von der Antwort überrascht, verlor Wolff-Metternich sein geschäftsmäßiges Lächeln. »Ich verstehe nicht?«

Mechthild zwinkerte ihm vergnügt zu, dachte: Hab ich dich doch bewegt!, und sagte: »War nur ein Scherz. Ich schreibe gerade die Einladungen für unser

Kirchenkonzert in der nächsten Woche. Und da wünschen wir uns möglichst ein großes Publikum. Wollt Ihr vielleicht ...?«

»Leider«, wehrte er ab. »Leider bin ich verhindert. Die Rückkehr Seiner Durchlaucht ...«

»Endlich.« Viel zu rasch, sie wusste es, spürte das Blut in die Wangen steigen und beugte sich über die Einladungen. »Ich meine, habt Ihr Nachricht aus München?«

Die Mutter sah ihre Tochter verwundert an. »Aber, Kind, wir wollen doch nicht neugierig sein.«

»Ich frage ja nur. Das interessiert doch jeden Bürger. Wenn der Landesherr so lange fort ist, dann will doch schließlich jeder wissen, ob er irgendwann auch mal zurückkommt.« Fordernd blickte sie auf den Freiherrn. »Hab ich recht?«

»Von ganzem Herzen pflichte ich Euch bei.« Zur Beteuerung presste er den Federhut an die Brust. »Seine fürstliche Durchlaucht schätzt es, wenn sich die Untertanen um ihn sorgen. Und gerade bei Euch, Fräulein Brion, schätze ich, wird er die Sorge besonders schätzen.«

»Jetzt übertreibt Ihr sicher.« Mechthild strich mit beiden Handrücken ihr volles rotes Haar in den Nacken zurück. »So viel Geschätze kann auch schaden.« Gleich erlosch der Spott in ihren Augen wieder.

»Doch im Ernst: Wann wird der hohe Herr zurückerwartet?«

»Noch im Februar. Wie ich hörte, hat sich die Abreise aus München wegen einer körperlichen Unpässlichkeit um einige Wochen verzögert.«

»Eine Krankheit?« Kein Erschrecken, dieses Mal gelang es Mechthild gleich, nur freundliches Interesse zu zeigen. »Doch keine gefährliche Krankheit?«

»Ganz sicher nicht. Soviel ich hörte, waren es Beschwerden, die das Reisen unmöglich machten. Sie sind aber überwunden.« Wolff Metternich neigte leicht den Kopf. »Ich darf mich verabschieden.« Ein Lächeln für beide Frauen. »Die Pflicht. Ihr versteht schon ... Lebt wohl bis zu meinem nächsten Besuch.«

Die Mutter wollte ihn hinausbegleiten, doch rasch erhob sich Mechthild. »Lass nur.« Sie ging voraus, wollte im Flur etwas sagen, zu laut aber tönte das Flöten und Fiedeln. Erst bei geöffneter Haustür bat sie den Freiherrn: »Könntet Ihr möglichst bald Bescheid geben? Ich meine ... Oder eine Nachricht schicken? Sobald der hohe Herr eingetroffen ist.«

Sie sah den fragenden Blick. »Es ist nicht wichtig. Wäre aber eine Freude.«

Wolff-Metternich schwenkte galant den Hut. »Verlasst Euch getrost auf mich.«

Die Einfahrt zum Lieferhof der Residenz und zu den Küchen war nahe den Stallungen. Frisch gefallene Pferdeäpfel dampften auf dem Pflaster. Rufe,

Befehle und Gelächter schallten an den Fassaden hoch. Langsam näherte sich Wolff-Metternich den beiden großen Planwagen, nickte freundlich den mit Säcken bepackten Arbeitern zu und erhielt keine Antwort. Hier galt jemand wie er als Eindringling, selten nur verirrte sich einer der Hochwohlgeborenen von der Spiegelseite der Residenz an die raue Rückfront.

Hier auf dem Wirtschaftshof herrschten der Hofkontrolleur und die Kaufherren. Allen voran Großhändler Moses Kaufmann. Er belieferte den Fürstenhof in großen Mengen mit Holz, Schreibwaren, Unschlitt, Möbeln sowie Kleidung und Schuhen. Die Küchen erhielten von ihm Mehl, Sauerkraut, Salz und Öl. Das Geschäft blühte; vierspännig gezogen rollten seine Planwagen durch Bonn.

Breitbeinig stand er da, die Hände auf dem Rücken verschränkt, während neben ihm sein Kontorvorsteher jeden Sack, jeden prallen Lederschlauch notierte, der von der Ladefläche in die Vorratshallen des Schlosses verbracht wurde.

Wolff-Metternich ging an den schweren, geduldig wartenden Zuggäulen vorbei zum etwas abseits gelegenen Eingang der Zuckerbäckerei. Kein Lärmen mehr, kein geschäftiges Rennen.

Vor der offenen Tür stand ein kleiner Kastenwagen, dem schlanken Pferd war der Hafersack umgebunden. Nur auf einer Seite war die Lade heruntergeklappt, und nur zwei ausgewählte Knechte durften hier arbeiten.

Der Italiener Nicolaus Broggia belieferte die Zuckerbäckerei mit den feinsten Spezereien des Auslandes – Kaffee, Tee und vor allem Kakao. Dann Zimtstangen, Zitronen und Safran, Pomeranzen, Pinienkerne und in Honig aufbewahrte Feigen. Seine Gefäße und Ledersäcke waren kleiner als die des Moses Kaufmann, dafür ihr Inhalt so wertvoll, dass der Hofkontrolleur jeden Gang der Knechte zur Vorratskammer persönlich begleitete. Gerade kehrte er mit den Männern zurück und entdeckte den Domherrn. »Verzeiht. Jeder Aufenthalt von Nichtbefugten in der Nähe des Eingangs zur Zuckerbäckerei ist untersagt.«

Wolff-Metternich kannte das Verbot, freundlich nickte er: »Ich will nicht lange stören, aber ich bin hier im Auftrag Seiner Durchlaucht. Ich bin verpflichtet, einmal wöchentlich die Gehilfin Margaretha Contzen aufzusuchen.«

»Mein Herr!« Der Kontrolleur bemühte sich um einen gemäßigten Ton. »Mir steht nicht der Sinn nach Späßen, wer sie auch ausgedacht haben mag. Die Rückkehr Seiner Durchlaucht aus München steht bevor, und wie Ihr Euch hier überzeugen könnt, haben wir gerade heute alle Hände voll mit den Anlieferungen zu tun. Bitte, entfernt Euch und lasst uns arbeiten.«

»Dies ist kein Scherz«, schnappte der Domherr, jede Verbindlichkeit erlosch. »Glaubt Ihr etwa, ich käme aus freien Stücken auf diesen Hinterhof? Ich verlange, diese junge Frau zu sprechen. Und zwar sofort. Mein Name ist Freiherr von Wolff-Metternich. Erkundigt Euch beim obersten Zuckerbäckermeister nach mir oder meinetwegen auch bei der Unterzuckerbäckerin, dies ist die direkte Vorgesetzte des Mädchens. Beiden ist der Befehl bekannt. Unterstützt mich oder Ihr werdet es bitter bereuen.«

Die unverhohlene Drohung nahm dem Kontrolleur die Sicherheit. Ein Blick zum Delikatessenlieferanten. »Also Pause, Signor Broggia. Bitte entschuldigt die Verzögerung. Erst muss ich diesem ungeduldigen Kavalier eine Gefälligkeit erweisen.«

Der Italiener hob die Achseln, sein Augenzwinkern zeigte, dass er die Anspielung verstanden hatte.

Jetzt begriff auch Wolff-Metternich, er trat einen Schritt auf die Herren zu. »Was denkt Ihr von mir? So ist es nicht.«

»Ist doch Ehrensache«, beruhigte ihn Nicolaus Broggia von Mann zu Mann. »Ich warte gern.«

Gleich versetzte ihm der Hofkontrolleur den nächsten Stich und bat den Fernhändler: »Lasst vorsichtshalber die Lade hochklappen, damit nichts von den teuren Sachen verschwindet. Bei all den Fremden hier heute Morgen kann man nie wissen.« Damit war er unterwegs in die Zuckerbäckerei.

»Zum Teufel, für wen haltet Ihr mich ...?« Der Domherr brach ab. Seine Aufregung war nutzlos, hier gab es keine Antwort für ihn, nicht einmal ein Echo. Der Kontrolleur hörte ihn nicht mehr und der Italiener versteckte die Waren vor ihm. Eine unerträgliche Situation. Wolff-Metternich zog sich zurück. Bei einem Haufen alter Körbe blieb er stehen, von hier war der Eingang noch gut zu beobachten.

Im Laufschritt erschien sie im Eingang, blieb stehen, sah nach rechts und links. Ihr Haar war unter einer festen weißen Haube verborgen, über dem dunklen Kleid trug sie eine weiße Latzschürze. Hinter ihr tauchte der Kontrolleur auf, fand den Freiherrn nicht und schüttelte den Kopf. Er fragte den Italiener, und kaum hatte Broggia mit dem Arm in die Richtung gewiesen, als Margaretha losrannte. Sie kam auf die Körbe zu, ihr Blick suchte viel weiter vorn. Ohne Wolff Metternich wahrzunehmen, lief sie an ihm vorbei.

»Nicht so schnell! Hier bin ich.«

Der Ruf hielt sie auf. Margaretha wandte sich um. »Wieso seid Ihr das?« Sie krauste die Stirn und kehrte um. »Der Kontrolleur hat mir doch gesagt, dass ...« Margaretha brach ab und knickste vor dem Domherrn. »Schade. Ich habe extra ...« Rasch sah sie auf ihre linke Hand, den Ringfinger hielt sie zur

Handfläche eingeknickt und versuchte, die Lücke mit kleinem Finger und Mittelfinger zu vertuschen. »Jetzt seid nur Ihr gekommen.«

Wolff-Metternich mühte sich um sein geschäftsmäßiges Lächeln. »Zunächst wünsche ich einen guten Tag. Und ich wäre nicht unfroh, wenn du dich etwas mehr erfreut über meinen Besuch zeigen würdest.«

»Bin ich, Herr. Ich freu mich.«

Er fragte nach ihrem Befinden, nach der Unterkunft und wie sie von ihrer Meisterin und den Gesellen behandelt würde. Margaretha war zufrieden.

»Wirklich keine Beschwerde?«, vergewisserte er sich erstaunt.

»Alles gut.« Sie sah ihn aus strahlenden Augen an. »So kann es bleiben.«

Sein Misstrauen war geweckt. »Und die Ausbildung? Wie weit bist du vorangekommen?«

»Ich darf schon mischen. Wir bereiten die Schokolade vor. Wenn der gnädigste Herr jetzt bald kommt, dann muss Tag und Nacht immer Schokolade für ihn bereitstehen.«

»Beneidenswert«, Wolff-Metternich versuchte, sie ins Gespräch zu ziehen. »Und du bereitest die Köstlichkeit zu?«

»Ich? Aber, Herr ...« Sie schmunzelte. »Na, können tät ich das schon. Aber dürfen. Wisst Ihr, wie teuer so ein Beutel Kakaobohnen ist?« Im Eifer zeigte sie die Größe mit beiden Händen, ohne aber den linken Ringfinger geradezubiegen. Wolff-Metternich bemerkte es, unterbrach sie aber nicht. »Und, Herr, dazu kommen noch die Zutaten: Zimt und Vanille und dieses Ambra. Das alles zusammen ist so teuer wie Gold, sagt die Meisterin. Da darf nichts verschwendet werden.«

»Und welche Aufgabe verrichtest du bei der Zubereitung?«

»Erst habe ich geholfen zu schichten. Also auf den Kakao kommt Zimt, dann Kakao und dann Vanille, Kakao und dann Ambra und so weiter. Das Ganze muss ineinanderziehen.« Sie schichtete zur Verdeutlichung Hand auf Hand, immer wieder fiel Wolff-Metternichs Blick auf die Lücke zwischen Mittelfinger und kleinem Finger. »Und dann hab ich geholfen, das Ganze zu zermahlen, und jetzt gerade erwärmen und rühren wir die fertige Schokolade. Die wird nachher in die Vorratskammer gestellt, und wenn der Herr eine Tasse verlangt, dann wird sie heiß gemacht und wir können gleich servieren.« Sie wollte klatschen, ließ es aber. »So einfach, wie es jetzt klingt, ist das mit der Schokolade nicht.«

Wolff-Metternich deutete auf ihre linke Hand. »Hast du dich verletzt?«

Sofort verbarg sie den Arm auf dem Rücken. »Nein, wieso?«

»Was ist mit dem Finger? Heraus damit. Du weißt, ich bin für dich verantwortlich. Dazu gehört auch deine Gesundheit.«

»Ach, Herr«, seufzte sie und lächelte zugleich. »Ich bin so froh wie noch nie. Und deshalb ...« Sie nahm den Arm wieder vor, hob die Hand, ließ den Ringfinger aufspringen. Er war braunschwarz von der Kuppe bis fast zur Wurzel, »Und deshalb sieht er jetzt so aus.«

»Fäulnis?« Wolff-Metternich fasste es kaum. »Und du ...?« Er sprach nicht weiter, starrte das Mädchen an. Langsam führte sie den Finger zum Mund, leckte einige Male an der Kuppe. »Wisst Ihr's jetzt?«

»Du naschst? Das ... das ist Diebstahl.« Rasch sah er sich nach dem Kontrolleur um, trat einen Schritt näher zu ihr. »Darauf steht harte Strafe. Weißt du das?«

»Nicht, wenn Ihr mich nicht verratet.« Rasch kostete ihre Zungenspitze wieder.

»Bei Gott, Mädchen. Warum tust du das?«

»Nicht für mich, Herr. Denkt das nur nicht.« Sie sah zu ihm hoch. »Aber der Kontrolleur sagte, mein Liebster würde draußen warten. Und weil Sebastian gar nicht weiß, wie Schokolade schmeckt, wollte ich ihm was mitbringen. So zum Probieren.«

»Wovon redest du?« Wolff-Metternich rieb sich die Stirn. »Ich begreife nicht.«

»Aber, Herr«, sagte sie nachsichtig und zeigte ihm den Schokoladenfinger. »Ich wollte ihn Sebastian zum Ablutschen geben. Und weil er nicht da ist, muss ich eben selbst. Oder wollt Ihr auch mal?«

Entschieden wehrte er ab, sah einen Moment fassungslos zu, wie sie sich voller Genuss mit Lippen und Zunge des Ringfingers annahm, der schließlich bis zur Wurzel im Mund verschwand. Mit einem Mal schreckte der Domherr auf. Der Diebstahl war nicht allein Grund zur Sorge, da war noch etwas. »Sagtest du: Sebastian? Und Liebster? Darf ich fragen ... Wer, zur Hölle, ist dieser Sebastian?«

Margaretha blickte zum Tor hinüber, seufzte, als sehe sie ihn dort stehen. Blonde wilde Haare hat er, dachte sie, einen braunen Mutterfleck am Hals und schöne Zähne, wenn er lacht. Und die Schultern. Wenn ich sehe, wie er die Schultern bewegt, dann will ich gleich in seine Arme...

»Antworte!«

Sie kehrte zurück. »Sebastian? Er ist Jagdgehilfe in Brühl. Eigentlich müsste er längst schon zum Jäger ernannt werden. Dafür könntet Ihr sorgen. Er kann reiten, kann Hunde führen, er kann alles. Und lachen, Ihr solltet ihn mal ... So freundlich ist er zu den Leuten, er hilft auch ...«

»Schweig!« Halb hatte Wolff-Metternich die Hand zur Ohrfeige erhoben, gleich ließ er sie wieder sinken. »Dir stellt also ein Stallbursche nach. Und du weist ihn nicht zurück. Wie lange geht das schon?«

»Zwei Monate. Aber ich ...«

»Schweig! Du hättest mich sofort verständigen müssen. Sind dir die Folgen klar?« Er rang um seine Beherrschung, ging drei Schritt und kehrte wieder zurück. »Mit diesem gefährlichen Verhältnis schadest du nicht nur dir. Nein, auch mir bereitest du damit die größten Schwierigkeiten.«

»Was ist denn daran so gefährlich?«

Nun rüttelte er sie an den Schultern. »Du bist nicht dumm, also spiel mir nicht die Unschuldige vor. Du weißt genau: Nicht nur der Fürst kehrt aus München zurück, sondern auch sein Zwerg. Und Albert le Grand hat mich im Namen Seiner Durchlaucht beauftragt, nach dir zu sehen. Nichts darf dir zustoßen. Du musst unversehrt sein. Ich soll dich von allem Übel fernhalten.«

»Das habt Ihr doch.« Margaretha sah seine Not, empfand beinah schon Mitleid. »Ich werde nicht schlecht über Euch reden. Ganz bestimmt nicht.«

»Aber dieser Sebastian ist ein Übel.«

»Sagt das nicht.« Gleich ballte sie die Faust. »Wenn Ihr ihn kennen würdet ...«

»Verstehst du denn nicht?« Wolff-Metternich stemmte eine Faust in die Seite, fuchtelte mit der anderen vor ihrem Gesicht. »Warum sollte wohl Albert le Grand mich beauftragen? Ich sage es dir: Er hat dich für sich reserviert. Deshalb hat er dir diese Stellung besorgt, deshalb wohnst du oben neben seinen Zimmern ...«

»Das ist nicht wahr.« Heiß fühlte sie das Blut in den Wangen. »Ich soll auf Misca aufpassen, während er weg ist.«

»Misca? Noch eine Jungfer? Wer ist nun wieder Misca?«

»Seine schwarze Hündin. Sie wohnt mit mir da oben. Herr Albert ist ein guter Mensch.«

»Sicher. Ganz sicher. Daran musst du fest glauben«, lenkte Wolff-Metternich geschlagen ein. »Vergiss, was ich über ihn gesagt habe. Geh zurück zu deiner Meisterin, sie vermisst dich sicher schon.« Er wandte sich zum Tor, winkte mit der Hand ab. »Ich werde mir diesen Sebastian vorknöpfen. Vielleicht überzeugen ihn ein oder zwei Dukaten. Mal sehen.«

Sofort war Margaretha neben ihm. »Herr, Ihr kennt mich vielleicht nicht richtig. Aber wenn ... wenn Ihr versucht, mir meinen Sebastian abspenstig zu machen, dann lernt Ihr mich wirklich kennen. Dann werde ich Herrn Albert alles erzählen. Wort für Wort und noch mehr dazu.«

Er packte ihr Handgelenk. »Du wagst es, mir zu drohen?«

O Madonna hilf, flehte Margaretha stumm und sagte: »Ich bitte Euch, lasst Sebastian in Ruhe. Mehr will ich nicht. Und wenn Ihr wollt, dann erzähle ich selbst Herrn Albert von ihm.«

Für einen Moment überlegte er. »Dies ist vielleicht die beste Lösung.« Er ließ sie frei. »Kann ich mich darauf verlassen?«

»Versprochen.« Vorsichtig lächelte Margaretha ihn an. »Ganz bestimmt.«

Nach dem Pferdewechsel bei Wesel ließ der Kutscher die frischen Tiere ruhig anziehen. Auf Anweisung des Grafen waren beide Bewaffnete der Eskorte vorausgeritten, um die Strecke bis zum nächsten Ort zu überprüfen. »Versteh ich nicht.« Er schob den breitkrempigen Hut aus der Stirn. »Muss ich auch nicht. Der Herr befiehlt und wir gehorchen. So einfach ist das.« Das Schneetreiben vom Vormittag hatte nachgelassen. Vor dem Vierspänner lag die Fahrstraße in dünnem Weiß, die Ränder rechts und links waren noch deutlich auszumachen. Sie kamen gut voran. Wie verlangt, würde der Graf bis zum Abend in Nordkirchen sein.

Für Ferdinand von Plettenberg hatte das monatelange Versteckspiel endlich ein Ende gefunden. Geheime Gespräche, ungezählte Briefe, Verneigungen und Versprechen waren nötig gewesen, bis er die politische Seite wechseln konnte. Seit Januar war er im Besitz der kaiserlichen Ernennungsurkunde. Nun stand der noch vor Monaten unangefochtene Erste Minister des Wittelsbacher Fürstbischofs im Dienste der Habsburger, beliehen mit der Würde eines Kaiserlichen Geheimen Rates und ernannt zum kaiserlichen Bevollmächtigten im niederrheinisch-westfälischen Kreis. Dieser Status gewährte ihm Immunität. Wenigstens schützte er vor offizieller Verfolgung und Inhaftierung, keineswegs aber vor der Rachsucht Seiner fürstlichen Hoheit. »Wir bleiben, so lange es geht, außerhalb des kurkölnischen Gebiets«, lautete Plettenbergs Befehl. »Seid wachsam. Und kein Wappen. Wir fahren mit der schwarzen Kalesche.«

Also hatten sie von der Herrschaft Wittern bei Aachen nicht die direkte Strecke über Neuss genommen. »Mir soll's recht sein«, brummte der Fuhrmann, »auch wenn's einen halben Tag länger dauert.« Er schnalzte und die Tiere fielen in leichten Trab.

Nach einem Waldstück tauchte unvermittelt rechts neben ihm ein Reiter auf. Gleich fasste er die Peitsche fester.

Der Fremde hob grüßend die Hand. »Wohin geht's?«

»Immer weiter. Was kümmert es Euch?«

»Hast du noch Platz im Wagen? Für einen frierenden Kavalier?« Rasch blickte der Kutscher über die Schulter zurück, keine Verfolger waren zu sehen. Er starrte nach vorn. Leider war auch von der Eskorte nichts zu entdecken. »So ein Pech, Herr. Zwei Nonnen, ein Jude, der Abdecker von Aachen und zwei Kinder mit Grind im Gesicht. Wir sind voll.«

»Du lügst nicht schlecht.« Der Reiter lachte und spielte mit. »Wenn die andern etwas zusammenrücken, kann ich mich zwischen die frommen Schwestern setzen. Da hab ich's am wärmsten. Ich frag selbst.«

»Untersteht Euch!«

Doch schon ließ sich der Fremde zurückfallen, pfiff und lärmte neben dem Wagenschlag. Das Fenster wurde geöffnet. Nach kurzem Wortwechsel befahl Graf Plettenberg anzuhalten. Als der Wagen stand, beugte sich der Fuhrmann halb zum Seitenschlag hinunter.

»Ist das klug, Euer Gnaden?«

»Christenpflicht, mein Bester.« Der Ton war salbungsvoll. »Wenn ein Mensch friert, soll er gewärmt werden.«

»Amen, Euer Gnaden.« Der Kutscher richtete sich wieder auf, knurrte: »Und ich dachte, wir sollten wachsam sein.«

Inzwischen hatte der Fremde sein Pferd hinten angebunden. Ehe er einstieg, pfiff er dem Fahrer. »Keine Sorge. Ich bin kein Räuber. Mein Mantel ist steif von Schnee und Frost. Ich will nur etwas auftauen, dann reite ich wieder. Hier ...« Er warf ihm eine Münze hinauf. »Die ist für dich.« Ohne den Dank abzuwarten, kletterte er in den Fond.

Der Kutscher überprüfte seine Pistole und legte sie griffbereit neben sich auf die Bank, dann erst nahm er die Zügel, schnalzte und die Pferde zogen wieder an. »Wünschte nur, unsere Eskorte wäre bei uns.«

Im Wagen neigte der Fremde den Kopf. »Gott zum Gruße, Euer Erlaucht. Obrist Ronaldo Barbotti meldet sich zur Stelle.«

»Auf dich ist wirklich Verlass.« Plettenberg schenkte ihm ein Lächeln. »Ich war sehr erfreut, als ich dich vorhin in der Station gesehen habe.«

»Mit Verlaub. Wegen des schlechten Wetters nahm der Kapitän für die Fahrt von Bonn nach Wesel einiges mehr als veranschlagt.«

»Keine Sorge. Wie immer wirst du auf das Beste entlohnt und erhältst alle Aufwendungen ersetzt.« Plettenberg schnippte leicht. »Meinst du, mein mürrischer Wagenlenker hat Verdacht geschöpft?«

»Denke schon. Der Mann hat einen guten Blick. Doch da kein Überfall stattfindet und ich mich bald wieder verabschiede, wird er sich beruhigen.«

»Dann wollen wir keine Zeit verlieren.« Graf Ferdinand von Plettenberg lehnte sich zurück und verschränkte die Arme. »Welche Nachrichten bringst du? Neuigkeiten? Gerüchte? Du weißt, mich interessiert alles. Zunächst aber die Ankunft des Fürsten. Wer ist neben seinem Hofstaat mitsamt den unfähigen Emporkömmlingen, die sich jetzt seine Berater nennen dürfen – wer ist von den Ministern des bayerischen Hofes mit nach Bonn gekommen?«

Barbotti schüttelte den Kopf. »Angekommen ist bisher niemand. Seine Hoheit war unpässlich.«

»Und ich dachte, er sei wieder im Lande. Was fehlt ihm denn?«

»Wie ich aus sicherer Quelle weiß, machten ihm die Goldadern zu schaffen.«

»Hämorriden? Schon wieder?« Der Graf verzog die Mundwinkel. »Da reitet sich der empfindliche Herr bei den vielen Jagden den Hintern wund, während in seinem Kurfürstentum alles drunter und drüber geht.« Gleich hob er die Hand. »Nein, ich bin nicht voller Schadenfreude. Im Gegenteil. Mit Jammer sehe ich mein über die Jahre aufgebautes machtvolles Haus zerbröckeln. Und denke ich an Magis und die beiden anderen Schleimlinge, an Steffne und diesen Juanni – kein Wort Deutsch spricht der Herr, dafür bläst er artig die Flöte –, so könnte ich in Tränen ausbrechen. Mit solch unfähigen Herren wird mein Kurköln vor die Hunde gehen. Aber ich will nicht abschweifen. Wann wird Clemens August erwartet?«

»Laut meinen Kurieren wird die Wagenkolonne die Residenz in Bonn gegen Ende Februar erreichen.«

»Also gut. Ich wollte mich zwar von Nordkirchen aus gleich morgen an ihn wenden. So aber bleiben mir einige Tage, um meine Pläne noch besser abzusichern. Weiter.«

»Habt Ihr von Eurem Geheimsekretär gehört?«

»Bellanger?« Die Miene des Grafen verdüsterte sich. »Ich weiß nur, dass er Anfang November in Münster auf offener Straße verhaftet wurde. Auf Anweisung dieses verfluchten Generals von der Horst. Ich habe ein Bittgesuch für ihn an die Bonner Kanzlei gesandt. Der Stadtrat von Münster hat sich wohl ebenso für ihn eingesetzt.«

»Abgelehnt. Alle Eingaben sind verworfen. Bellanger wurde vor kurzem sogar in die Zitadelle verlegt.«

»Jetzt geht der Herr in seiner Rache schon so weit, dass er nicht nur mich, sondern auch meine mir nahestehenden Bediensteten mit seinem Hass verfolgt.«

Einen Moment zögerte Ronaldo Barbotti, dann hatte er sich entschlossen, auch die nächste Hiobsbotschaft zu überbringen: »Der Beichtvater ist ohne Vorwarnung seines Amtes enthoben worden.«

»Pater Ellspacher?« Der Graf presste den Hinterkopf fest gegen die Rückwand. »All die Jahre war er mir der beste Informant über die Seelenlage des Fürsten. Ich habe auch jetzt auf seine Fürsprache gehofft. Er sollte sich für mich verwenden.«

»Wir können nur auf seinen Nachfolger hoffen.«

»Ich ahne schon, auf wen die Wahl fällt. Ganz sicher wird es der Bruder des Getöteten. Bei ihm sehe ich keine Chance.«

Der Offizier hob die Hand. »Ich darf Euch beruhigen. Domdechant Anton von Roll ist in Worms unabkömmlich und hat das Amt nicht übernommen. Clemens August bringt den Nachfolger aus Bayern mit. Wie ich erfahren habe, ist es ein gewisser Pater Friedrich Maralt. Seinen Orden kenne ich nicht.«

»Du wirst dich dem neuen Beichtvater nähern, sobald er eingetroffen ist. Sei ihm eine Stütze, biete deine Dienste an. Ehe er sich selbst einen Überblick vom Bonner Hof bilden kann, musst du schon engste Verbindung mit ihm geknüpft haben.«

»Das sollte mir nicht schwerfallen. Verlasst Euch auf mich!« Plettenberg entnahm dem Proviantkoffer eine Silberflasche, reichte sie dem Offizier und deutete auf die beiden Becher. »Schenke uns vom Cognac ein. Mir friert das Herz.«

Sie tranken und schüttelten sich.

Rufe draußen. Die Stimme des Kutschers, andere Stimmen. Die Hand des Obristen glitt in die halb geöffnete Jacke. »Gilt das mir?«

»Lass die Waffe stecken!«, bat Plettenberg und schob den Fenstervorhang etwas zur Seite. »In der Tat. Meine Eskorte ist zurück. Gleich wird einer der Männer sich erkundigen, wer in die Kutsche zugestiegen ist.«

»Aber, Herr?« Barbotti sah sich um. »Meine Tarnung?«

»Ruhig, ich werde das regeln. Schenke uns vom Cognac nach. Rasch!«

Einer der Bewaffneten klopfte an den Wagenschlag: »Euer Gnaden, verzeiht.«

Plettenberg zog das Fenster hinunter »Was gibt es?«

»Wir hörten, dass ein Fremder den Wagen angehalten hat.«

»So ist es. Und erst dachte ich an einen Überfall. Aber sehr rasch wurde daraus eine liebenswerte Überraschung.« Er gewährte einen Blick ins Innere, dabei prostete er dem Gast zu und beide tranken. »Mein junger Cousin Beverförde hat mir einen Freund zur Begrüßung entgegengeschickt. Er wird mir die letzte Strecke bis zum Schloss auf angenehme Weise verkürzen. Also sorgt euch nicht, Männer. Ich bin in angenehmer Gesellschaft.«

Der Bewaffnete grüßte und schloss zu seinem Kumpan auf. »Alles in Ordnung«, rief er dem Kutscher zu. »Weiter. Weiter.« Die Pferde schnaubten und der Wagen nahm wieder Fahrt auf.

Der Kamin prasselte. Kerzen strahlten, das Licht spiegelte sich hundertfach im Kristall des machtvollen Deckenleuchters, flackerte und zuckte in den Farben der Gemälde. Trüffelpasteten und Champagner krönten das Willkommensmahl für den Hausherrn.

Schon im Nachtgewand kehrten die beiden sechs- und siebenjährigen Enkel, von ihrer Amme geführt, in den Speisesaal zurück. Gräfin Bernhardine legte ihrem Gatten die Hand auf den Arm. »Liebster Ferdinand, verzeih!«

Als er sich etwas ungehalten vom Gespräch mit Christian von Beverförde und Barbotti löste, informierte sie ihn leise: »Die Kleinen wollen dir ein

Ständchen bringen. Seit zwei Tagen haben sie dafür geprobt. Bitte, übe Nachsicht mit ihnen.«

»Sollten Kinder um diese Zeit nicht längst schlafen?«

»Bitte, Ferdinand.« Fester griff sie in seinen Arm. »Und ein Lob von dir wäre sicher ein schöner Dank für die Mühe.« Der Hausherr räusperte sich und lenkte die Aufmerksamkeit seiner Tischpartner auf die kleinen Sänger in den Pelzpantöffelchen.

Leise summte ihnen die Amme einen Ton vor, gab das Zeichen und beinah gleichzeitig setzten die Kinder ein: »Auf einem Baum ein Kuckuck saß ...« Abwechselnd nun riefen sie sich »Kuckuck« zu. Erst zaghaft, dann immer kecker: »Kuckuck«.

Und weiter ging es, stets nur eine Zeile, und schon neckte wieder der Kuckuck durch den Speisesaal. Im Eifer röteten sich die Gesichter der Künstler, und während die Frauen wohlgefällig nickten, Beverförde und Barbotti starr geradeaus sahen, gefror das Lächeln des Großvaters und taute erst wieder auf, als die Münder sich schlossen und kein erneuter Vogelruf mehr zu befürchten war.

Erschöpfte Stille. Dann klatschte Plettenberg, ermunterte seine Gäste, es ihm nachzutun, und bei so viel Applaus knicksten die Kinder, lachten und hüpften vor der Amme her aus dem Speisesaal.

Gräfin Bernhardine strich sanft den Arm ihres Gemahls. »Danke, Ferdinand. Willkommen zu Hause.« Und als Gastgeberin setzte sie vernehmlicher hinzu: »Ihr Herren seid nun entschuldigt. Gewiss habt Ihr in der Bibliothek noch das eine oder andere zu besprechen. Ich lasse dort Kaffee und Gebäck servieren.«

Mit der zierlichen Porzellantasse in der Hand schritt Plettenberg vor dem hohen Bücherregal auf und ab. »Es gilt an vielen Fronten gleichzeitig zu kämpfen, um letztlich doch einen Sieg zu erringen«, dozierte er. »Erstens: Es muss gelingen, durch Beeinflussung der Stände und Kapitel die neutrale Haltung Kurkölns im Reichskrieg gegen die Franzosen aufzuweichen.«

Beverförde sah seinen Ziehvater zweifelnd an. »Leicht gesagt. Willst du jedem Domherrn und jedem Ritter auf den Kopf schlagen?«

»Das mag für einen Draufgänger wie dich ein Weg sein. Ich aber bin Diplomat, mein Kampffeld sind die Landtage, meine geschliffene Klinge ist die Rede. Und glaube mir, wenn ich den Herren dort einheize, dann schlagen dem Kurfürsten bald Flammen der Empörung entgegen. Er und sein Bruder in München planen insgeheim, eigene Truppen aufzustellen, die sie im Fall der Fälle dann zusammen mit den Franzosen gegen Habsburg einsetzen können.«

Ronaldo Barbotti hob die Hand. »Verzeiht. In Bonn werden schon Männer angeworben. Von einem eigenen kurkölnischen Heer wird gesprochen.«

»Das ist der Punkt, an dem ich einhaken werde.« Der Graf stellte die Tasse ab, zu hastig, sie rutschte vom Marmortisch und zersplitterte auf dem Boden. Während er weitersprach, trat er mit dem Schuh immer wieder auf die Scherben und kümmerte sich nicht darum. »Kurköln ist zur Entsendung von Truppen zum Reichskrieg gegen die Franzosen verpflichtet, und diese Kontingente sind wichtiger als ein eigenes Heer. Jeder einzelne Mann kostet: Uniform, Waffen, Proviant. Wenn es ums eigene Geld geht, wählen die Landstände und Domkapitel immer den billigeren Weg. Dem Kaiser müssen sie Soldaten finanzieren, aber nicht ihrem Fürsten. Sie werden sich auflehnen, dafür sorge ich.«

»Ein Duell von Mann zu Mann wäre mir lieber«, grinste Beverförde. »Davon verstehe ich mehr.«

»Du solltest dich weiterhin ruhig verhalten, damit hilfst du in der jetzigen Situation unserer Sache am meisten.« Plettenberg stellte sich hinter den Sessel von Barbotti und griff ihn an der Schulter. »Du aber bist in Zukunft unentbehrlich. Deine Aufgabe wird es sein, parallel zu meinen Aktivitäten, im Geheimen an der Bonner Residenz eine Palastrevolution vorzubereiten und zu fördern. Die entsprechenden Aufträge erhältst du von mir morgen vor deiner Abreise.«

Der Graf kehrte wieder zum Bücherregal zurück. »Und mit all diesen Maßnahmen treffe ich ins Ziel. Denn die Berater des Kurfürsten werden in ihrer Erbärmlichkeit und Unfähigkeit bloßgestellt. Das Bündnis zwischen Bayern und Kurköln bekommt empfindliche Risse. Meine Gegner werden verjagt oder wenn nötig ganz beseitigt und letztlich ... Letztlich wird Clemens August sich reumütig wieder an mich wenden.« Er schlug mit der Faust gegen einen Holm des Regals. »Denn er braucht mich.«

10

Freifrau Aloysia von Notthafft nahm eine kandierte Kirsche und zerbiss sie, saugte und lutschte die Süße mit geschlossenen Augen in sich auf. Sie seufzte.

Zurück in Bonn, zurück im Hause nahe der Residenz. »Der elende Alltag hat mich wieder«, flüsterte sie und nahm die nächste Kirsche. Unter dem Fenster hockte ihre unverheiratete Tochter Clementine und stickte Blumenmuster in ein langes Leintuch. Die Zwanzigjährige hatte während der vergangenen Monate an Körperfülle erneut zugenommen. »Wie soll ich dieses verfressene Kind nur an einen Ehemann bringen?«

Aloysia warf einen Blick zum Tisch neben dem Kamin. Dort saß der Herr Gemahl und rückte mit zittrigen Fingern seine Zinnsoldaten. Seit ihrer Abfahrt nach München im letzten Jahr baute er an der Türkenschlacht vor Wien und schien jetzt bei ihrer Rückkehr mit all den Figuren nicht viel weitergekommen zu sein. »Wie im wahren Leben«, murmelte sie. »Da taugst du auch zu nichts mehr.«

»Hast du etwas gesagt?« Der schwerhörige Maximilian Emanuel von Notthafft ahnte wohl nur, dass sie ihn gemeint hatte.

»Ich sagte«, nun hob Aloysia die Stimme, »du wirst bald einen neuen gut bezahlten Posten erhalten. Dafür habe ich gesorgt. Und ich bekomme von Frankreich eine Pension.«

»Franzosen.« Er nickte. »Ich hab auf ihrer Seite siegreich gekämpft. Damals im Spanischen Erbfolgekrieg. Weißt du noch?«

»Großer Gott. Da war ich noch ein Kind.«

»Hochdekoriert. Das ist wahr.« Er lächelte stolz und widmete sich wieder den Zinnfiguren.

179

Sie wollte losschreien, nahm aber stattdessen erneut eine Kirsche. »Wie ich dieses Familienleben hasse.«

Die Glocke am Eingangsportal schlug, wenig später meldete der Diener die Ankunft des Großhändlers Moses Kaufmann.

»Wunderbar! Die Stoffe. Führe den Juden in mein Empfangszimmer. Und serviere uns Tee. Nein, warte ... Pflaumensaft, der genügt auch.«

Vollendet war der Handkuss. Sie belohnte ihn mit einem Augenzwinkern. »Verehrter Kaufmann, ich bin jedes Mal von Neuem entzückt, wie gut sich bei Euch der Name mit dem Beruf vereint. Ein Großhändler, der Kaufmann heißt.« Sie lachte auf. »Aber solch ein gelungener Zufall, den gibt es sicher nur bei euch Juden.«

»Mir fällt es nicht mehr auf«, antwortete Moses. Sein Ton war milde, im Blick aber lag eine kühle Wachsamkeit. »Mein Vater und auch mein Großvater besaßen schon ein Handelskontor. Ich führe nur das weiter, was sie aufgebaut haben.«

»Und mit Erfolg.« Aloysia unterstrich ihr Kompliment mit einer schwungvollen Geste. »Was für ein stattlicher Mann in den besten Jahren! Um den Pelzkragen beneide ich Euch, und gewiss führt die Goldkette an Eurem Wams zu einer prächtigen Taschenuhr.«

»Ihr habt ein gutes Auge.«

Sie lachte. »Nur für das Wertvolle, verehrter Kaufmann. Da entgeht mir nichts. Darf ich Euch etwas Saft anbieten? Köstlichen Pflaumensaft?«

Leicht angewidert runzelte er die Stirn. »Vielleicht ein anderes Mal. Zu aufmerksam. Ich ... Die Zeit drängt mich ein wenig. Wenn es Euch recht ist, dann sollten wir uns gleich den Stoffen zuwenden.«

»Aber ja, ich brenne schon seit Stunden darauf.«

Moses klatschte. Zwei Knechte brachten eine lederbespannte Truhe herein und zogen sich gleich wieder auf den Flur zurück. »Ich habe heute nur Muster mitgebracht: Seide, Damast, Brokat, aber auch Leinen und Wolle.«

»Wolle? Aber, mein Bester. Anfang Mai findet in Brühl die festliche Einweihung von Schloss Falkenlust statt. Da wird Freifrau Aloysia von Notthafft ganz sicher nicht als Bauernmagd in einem Wollkleid auftreten.«

»Nein, das wäre nicht zu erwarten«, sagte er ohne die gewohnt eifrige Höflichkeit. Eher etwas zögerlich setzte er hinzu: »Ihr solltet selbst wählen.« Er legte die Musterballen nebeneinander auf den Tisch.

Mit Daumen und Zeigefinger kostete Aloysia die weiche Seidenglätte vor, dann erst nahm sie den Stoff, eilte vor den Spiegel und drapierte ihn an der Schulter, um den Busen herum. Sie wechselte, probierte Damast, den Samt, entschied sich für die Seide. »Ich denke, mein Körper ist in Wahrheit nur für

Seide geschaffen.« Mit angedeutetem, übermäßig tiefem Ausschnitt trat sie vor den Großhändler hin. »Was meint Ihr?«

»Euch würde alles kleiden.« Er verneigte sich leicht. »Selbst der einfachste Stoff.«

»Charmeur.« Halb tänzelnd kehrte sie zum Tisch zurück. »Bleibt nur noch die Farbe. Ich weiß, ich weiß, Pastelltöne sind heute in Mode. Ich aber ziehe eine kräftige Farbe vor. Und zwar ...« Sie wählte ein strahlendes Gelb. »Und dazu werde ich einen roten Blumentraum als Hut tragen.« Aloysia seufzte. »Jetzt kommt es nur darauf an, dass der Schneider und die Hutmacherin rechtzeitig fertig werden. Ich vereinbare nachher gleich einen Termin.« Sie blickte den Großhändler an. »Könnt Ihr den Stoff noch heute liefern?«

»Im Prinzip ja.« Moses Kaufmann strich mit dem Finger über die Muster. »Und doch sehe ich ein kleines Hindernis ...«

Sofort fuhr sie auf ihn zu. »Noch heute! Was glaubt Ihr, wie viele Damen sich für das Fest in Falkenlust neu einkleiden wollen? Die guten Schneider sind schnell ausgebucht. Und ich bin spät dran. Oder habt Ihr die gelbe Seide nicht vorrätig?«

»Aber natürlich.« Aus Vorsicht trat er einen Schritt zurück. »Da wäre nur die Kleinigkeit von eintausend Reichstalern, die noch zu begleichen sind. Die Rechnung datiert aus dem letzten Jahr. Gewiss habt Ihr sie in der Aufregung vor Eurer Abreise vergessen.«

Einen Moment nur erstarrte Aloysia, dann ging sie, geübt in Schuldenfragen, gleich zum Angriff über. »Ihr enttäuscht mich, werter Kaufmann. Zahlt etwa unser Kurfürst stets pünktlich seine Rechnungen? Ganz sicher nicht. Und ganz gewiss sind die Summen, die er Euch schuldet, um vieles höher als diese lächerlichen tausend Taler.«

»Mit Verlaub!« Unwillkürlich stellte er sich ihr leicht breitbeinig gegenüber. »Ein Vergleich zwischen Seiner Durchlaucht und Euch fällt mir schwer. Der Unterschied ...«

»Ich bin eng vertraut mit ihm, diesen Vorteil solltet Ihr bedenken.«

»Meinen Glückwunsch, Madame. Nicht jede Dame des Hofes kann sich der Freundschaft Seiner Durchlaucht rühmen.«

Den Sieg vor Augen zeigte sich Aloysia nachsichtig. »Hin und wieder muss es eben ausgesprochen werden. Also, wann liefert Ihr?«

»Sofort.« Er lächelte ein wenig. »Sobald die Rechnung beglichen ist.«

»Da soll doch ...« Aloysia griff nach dem gelben Seidenstoff und schlug ihn zurück auf den Tisch. Sie stürmte zum Fenster, atmete tief.

»Zurzeit bin ich etwas knapp. Aber ich habe große Außenstände, die ich nur einfordern muss.« Wieder gefasst kehrte sie zurück. »Nur – und ich betone –

181

nur um Euch zu beschämen, werde ich Euch noch heute Nachmittag die Rechnung begleichen.«

»Es wird mir die höchste Freude sein.« Tief verneigte sich Moses Kaufmann. »Und ich verspreche, bis zum Abend den Stoff zu liefern.« Er klatschte und ließ die Truhe von seinen Knechten hinaustragen. »Es war mir eine Ehre, Madame. Ich erwarte den Boten in meinem Kontor. Lebt wohl.«

»Habt Dank.« Sie entließ ihn mit einem Handflattern. Kaum hatte sich die Tür geschlossen, trat sie gegen das Tischbein. »Geldsack. Blutsauger.«

In der Bonner Residenz war für Ignaz Felix Graf von Törring und seine Bediensteten eine Zimmerflucht im zweiten Stock des Gästeflügels bereitgestellt. Der engste Berater des bayerischen Kurfürsten hatte den Fürstbischof auf der Rückreise von München ins Rheinland begleitet.

»Nur um dich zu entlasten.« Nicht müde war der bayrische Landesfürst geworden, dem Bruder seinen kühl denkenden, mit allen politischen Schlichen und Tücken vertrauten Freund aufzudrängen.

»Niemand zweifelt an der Fähigkeit deines neuen Beraterstabes. Aber wie kein anderer kennt sich Graf Törring in der Aufstellung eines schlagkräftigen Heeres aus.«

Anfänglich hatte sich Clemens August dagegen gesträubt. »Du willst mich bevormunden.«

»Aber, liebster Bruder, wie könnte ich? Vergiss nicht, wir sind gemeinsam eng mit Frankreich im Bunde. Beide, du und auch ich, erwarten wir hohe Geldsummen von König Ludwig. Um gegen Habsburg zu bestehen, wird er deine und auch meine Streitmacht finanzieren. Und diese Goldquelle darf nicht versiegen, noch ehe sie kräftig gesprudelt hat. Also nur bis Magis, Steffne und Juanni im politischen Geschäft Fuß gefasst haben, wird Törring dir als starker Arm zur Seite stehen. Nur für eine kurze Weile.«

Nach drei Tagen war Clemens aller Vorträge, Vorschläge und Warnungen überdrüssig. Je näher die Heimfahrt rückte, umso mehr dachte er an seinen entlassenen Ersten Minister Plettenberg, an das Duell, an den Tod des geliebten Freundes. Noch führten alle Beteiligten ein sorgloses Leben, hofften vielleicht, dass ihre Tat bei ihm in Vergessenheit geraten sei. Sie sollten sich irren. Doch um jeden zur Rechenschaft zu ziehen, benötigte er Zeit, konnte er sich nicht um den politischen Alltag kümmern. Warum also nicht die Hilfe annehmen? »Ich bin hocherfreut, wenn Graf Törring mich begleitet und mir mit gutem Rat zur Seite steht.«

Nach der langen Reise hatte sich der Gast in Bonn die ersten beiden Tage zur Erholung erbeten. Morgen wollte er zum ersten Male dann an einer Ministerrunde teilnehmen. Heute hatte er einen einzigen Besuchstermin freigegeben, ansonsten aber sollte ihn sein Geheimsekretär möglichst vor weiteren Störungen bewahren. Freiherr Florenz zu Fischbach arbeitete im Vorzimmer, er sortierte Unterlagen, beantwortete Briefe und erwartete den Zwerg des Fürstbischofs zu einem Plausch.

Als der Diener einen Gast meldete, hob der Freiherr die Brauen. »Jetzt schon? Mit Albert le Grand bin ich für den mittleren Nachmittag verabredet. Und Baron Burgau?«

»Es ist ...« Weiter kam der Lakai nicht. Er wurde beiseitegedrückt und Aloysia von Notthafft schwebte hocherhobenen Hauptes ins Vorzimmer. Noch bevor sie den Schreibtisch erreichte, hatte sich ihr Lächeln zu einem Strahlen geöffnet. »Endlich sehen wir uns wieder, schöner junger Herr.«

»Aber, Baronin?« Die runden Augen hinter den dicken Brillengläsern vergrößerten sich noch. »Ich ahnte nicht, dass Ihr Seine Erlaucht heute aufsuchen würdet.«

Sie beugte sich ein wenig vor und ließ ihren Schal hin und her schaukeln. »Dann meldet mich!« Ein Gedanke ließ ihre Augen aufblitzen. »Doch halt, nicht gleich.« Sie wiegte sich neben ihn, betrachtete ihn und berührte mit den Fingerkuppen seine Schulter. »Ihr müsst nur wollen und ich könnte Eure Glücksfee sein.«

Florenz schluckte, fand keine Antwort und stammelte: »Es ist ... Verzeiht, ich bin im Dienst ... Wie, wie meint Ihr?«

Die Finger spielten sich bis zum Nacken vor. »Nun, Ihr seid ein wohlgebauter Junggeselle aus gutem Hause ...«

»Verzeiht. Aber ich bin nicht würdig.«

»Vertraut Euch mir getrost an und ich führe Euch durch die Pforte hinein ins Paradies.« Ihr Säuseln wechselte und nüchtern vergewisserte sie sich: »Eure Familie ist gut gestellt?«

»Doch, ja, doch«, antwortete Florenz inmitten des Strudels. »Sägemühlen an der Isar, Ländereien zwischen Tölz und Lenggries ...«

»Genug.« Die Stimme nahm wieder Farbe an. »Wir müssen nicht darüber sprechen. Glück kann auch im kargen Kämmerlein erblühen.«

Nun zerrte Florenz am Kragen, verschaffte sich Luft. »Von welchem Glück sprecht Ihr, Madame?«

Sie blickte ihn nachdenklich an, nickte dann langsam. »Von Eurem Glück, lieber Freund. Denn ich bin bereit, Euch mein einziges Kind, meine schöne Clementine, zur Frau zu geben. Eine Jungfer, ausgestattet mit allen Liebreizen, dabei auch tüchtig im Haushalt. Was sagt Ihr?«

Florenz erhob sich, trat rasch zurück, als könnte er sich so außer Gefahr bringen, und sagte, nur um Zeit zu gewinnen: »Gewiss möchtet Ihr mit Seiner

Gnaden sprechen? Der Graf hat zwar nur einen einzigen Besuchstermin heute zugelassen. Aber ich bin sicher ...«

»So schüchtern, so verlegen?« Sie bedachte ihn mit einem Luftkuss. »Gut, dann meldet mich.«

Rasch entfloh der Geheimsekretär und kehrte wenig später gefasst und geschäftig zurück. »Graf Törring entschuldigt sich im Voraus für seine knapp bemessene Zeit, ist aber bereit, Euch zu empfangen.« Florenz verneigte sich leicht und bat mit einer Handgeste die Besucherin einzutreten. Im Vorbeigehen flüsterte sie ihm zu: »Nun habt Ihr etwas Bedenkzeit. Wenn ich zurückkomme, erwarte ich eine erste freudige Zustimmung.«

Er dienerte tiefer, antwortete nichts.

Graf Törring empfing sie im blassgrünen, mit Pelikanen bedruckten Hausmantel, zwei der Vögel zierten die Bauchseiten und ihre Schnäbel trafen sich vorn an der mit Goldfäden durchwirkten Kordelschleife. »Teuerste! Welch eine Überraschung! Wie wundervoll Euer Aussehen. So, als hätte Euch die lange Reise nichts anhaben können. Verzeiht bitte meinen Aufzug. Hätte ich es gewusst ...« Die Höflichkeit versickerte, er geleitete sie zur Sesselgruppe unter dem Gobelin mit den Jagdszenen. »Nehmt Platz. Darf ich uns einen Saft bestellen?«

»Saft?« Sie verzog die Mundwinkel. »Bitte verzeiht. Bei unserm ersten Treffen in München tranken wir Kirschsaft und Ihr spracht von Blut.« Aloysia schauderte. »Nicht schon wieder. Die Arbeit ist getan. Vielleicht etwas Kaffee?«

Törring hob bedauernd eine Hand. »Ich weiß nicht, ob ohne Erlaubnis des Fürsten diese Köstlichkeit zur freien Verfügung steht. Ich bin hier nur Gast und nicht in meinem eigenen Palais. Wir sollten uns mit Wasser begnügen?«

Sie wandte das Gesicht ab. »Dann habe ich momentan keinen Durst.«

Er nahm die Ablehnung mit wohlwollender Miene hin. »Was führt Euch zu mir?«

»Jetzt, nachdem ...« Sie setzte sich aufrecht, ihre Stimme klang gepresst. »Kurz heraus. Plettenberg ist am Ende. Ich habe für seinen Absturz gesorgt wie gefordert. Nun verlange ich meinen Lohn. Ausgemacht waren fünfzigtausend Gulden. Dazu eine Pension von den Franzosen. Überdies soll mein Gatte das Amt des kölnischen Obristkämmerers erhalten.«

Ruhig faltete Graf Törring die Hände über den Pelikanschnäbeln. »Ihr erwartet nicht, dass ich solch große Summe hier in meinen Räumen aufbewahre?«

»Aber Ihr könntet sie beschaffen?«

»Selbstverständlich. Nur sollten wir über unseren Kontrakt noch einige Worte verlieren ...«

»Wozu?« Aloysia war alarmiert. Ihre linke Hand verkrallte sich in den Stoff des Kleides. »Ich habe dafür gesorgt, dass Kurfürst Clemens August seinen Ersten Minister fallenlässt.«

»Um zwei Monate zu spät, meine Liebe. Wäre der Kopf früher gerollt, hätten wir das diplomatische Rad schneller in Gang setzen können.« Ihre Lippen zitterten. »Was soll das heißen?«

»Nun, freiheraus gesagt: Ihr seid noch nicht am Ziel. Ganz abgesehen davon, dass von den Fünfzigtausend noch die alten Schuldscheine von Zehntausend und die neu in München hinzugekommenen weiteren Zehntausend abzuziehen wären. Außerdem musste ich für die Euch ausgelegte Summe bei einem der Finanziers unseres Hauses einen Kredit aufnehmen. Die Zinsen sind beträchtlich. Sodass die Gegenrechnung ungefähr die Fünfzigtausend aufwiegt.«

»Das heißt ...?«

Da sie nicht wagte, den Schluss zu folgern, half er in sanftem Tone aus: »Ihr wäret beinah schuldenfrei. Es fehlen nur noch zwölftausend Reichstaler.«

»Verzeiht, Graf.« Mühsam nur beherrschte sie sich. »Ihr rechnet wie ein Jude.«

Törring lächelte. »Nicht ich, meine Liebe. Es ist Joseph Süß Oppenheimer. Der bayerische Kurfürst Karl Albrecht wie auch sein Bruder Clemens August bedienen sich gerne der Kredite dieses tüchtigen Bankiers. Und er war für mich selbstverständlich auch die erste Adresse.«

Von einem Atemzug zum nächsten griff die Niederlage nach ihr, sie sank im Sessel zurück. »Und die französische Pension? Der Posten für meinen Gatten? Nein, ich will gar nicht danach fragen.«

Nun beugte sich Graf Törring vor. »Nichts ist verloren, Gnädigste. Wenn Ihr in Zukunft weiter über die Ereignisse hier bei Hofe nach München berichtet, werdet Ihr Eure Schulden bald ganz getilgt haben.«

Das Licht in ihren Augen flackerte unmerklich wieder auf. »Ich bekomme also nichts und Ihr habt mich weiter in der Hand? So ist es doch?«

»Das ist sehr vereinfacht ausgedrückt.« Er zeigte sein Lächeln. »Aber ich stimme dem zu.«

Aloysia ballte eine Faust. »Und woher ... Woher nehme ich jetzt das Geld, um das Kleid für die Einweihung von Falkenlust zu bezahlen? Soll ich etwa nackt dort erscheinen? Wollt Ihr das?«

»Eine charmante Vorstellung, meine Liebe«, antwortete er, ohne auch nur einen Anflug von Spott zu zeigen. »Unser Geschäft aber zwingt mich zur Zurückhaltung. Leistet weiterhin gute Arbeit. Das Kleid aber müsst Ihr Euch anderweitig finanzieren lassen.«

Aloysia erhob sich, reichte ihm die Hand zum Kuss. Als er darauf eingehen wollte, zog sie vorzeitig den Arm zurück. »Es war mir ein Vergnügen, von Euch nicht ganz gedemütigt zu werden.«

Mit unverändert freundlicher Miene schritt er voraus und öffnete ihr. »Auf bald, Gnädigste.«

Wortlos ging sie an ihm vorbei. Als sich hinter ihr die Tür schloss, loderte ihr Zorn auf. »Wartet nur. Ungestraft behandelt mich niemand so.«

Freiherr zu Fischbach glaubte, er wäre angesprochen, vorsichtig näherte er sich. »Ihr müsst bitte verstehen ...«

»Verstehen?« Sie funkelte ihn an. »Da soll doch ...« Kein Halten mehr. Aus dem Handgelenk gab sie ihm eine Ohrfeige. Florenz schnappte nach seiner Brille, konnte sie gerade noch retten, dann erst wurde ihm bewusst, was geschehen war. »Madame? Womit ... womit habe ich das verdient?«

Über sich selbst erschrocken besah Aloysia die Hand wie eine gefährliche Tatwaffe. »Sie ist mir ausgerutscht. Einfach so.« Sorge füllte ihren Blick. »Ich hoffe nur, ich habe Euch nicht verwundet? Bitte, verzeiht meine ungezügelte Rage. Aber mir ist Unrecht angetan worden. Mein Schmerz hat mich überwältigt. Und da ...« Sie trat dicht vor ihn hin. »Der Schlag galt jemand anderem, und Ihr Ärmster musstet ihn ertragen.« Sie strich seinen Arm. »Ausgerechnet mein unschuldiges Böckchen, mit dem ich so große Pläne habe.«

»Ihr wolltet eine Antwort in der Angelegenheit mit Eurer Tochter.« Er gewann wieder an Haltung. »Ich danke für Euer Vertrauen. Doch ehe ich eine Meinung äußern kann, möchte ich die junge Dame sehen und sprechen.«

»Begutachten ohne jede Verpflichtung? Woher soll ich wissen, ob Ihr nicht doch ein Honigsauger seid? Einer, der meiner Clementine die Unschuld rauben möchte und sich dann aus dem Staube macht?«

Aus der Fassung gebracht, musste Freiherr zu Fischbach nach Worten suchen. »Das käme mir nicht in den Sinn.«

Aloysia zupfte an ihrem Schal. »Auf der anderen Seite ... Ein kleines Geschenk könnte Euch die Pforte sehr bald öffnen. Sagen wir schon in einer Woche dürftet Ihr die schöne Clementine sehen und mit ihr sprechen.«

»An welch ein Geschenk habt Ihr gedacht?«

Das Ende des Schals kreiste um die Hand. »Sagen wir tausend Reichstaler? Und zwar heute noch?« Sie sah, wie sich die Augen hinter den Brillengläsern weiteten, und winkte gleich ab. »Das war nicht ernst gemeint, war nur ein Scherz ...«

Kurz klopfte es und der Diener meldete: »Herr Albert le Grand ist eingetroffen.«

Aloysia fuhr zusammen. »Der Zwerg?« Sie fasste den Arm des Sekretärs. »Besser er erfährt nichts von meinem Besuch bei Seiner Erlaucht. Ich bitte Euch ...«

Noch in der geöffneten Tür verneigte sich Albert. »Freifrau von Notthafft. Ich hoffe, ich störe nicht.« Mit leichtem Vorwurf sah er zu Florenz hinüber. »Komme ich ungelegen?«

»Nein, im Gegenteil.« Aloysia gab dem Geheimsekretär einen leichten Klaps auf den Arm. »Ich habe nur auf Drängen dieses jungen Herrn kurz hereingeschaut. Er will unbedingt meine Tochter kennenlernen.« Noch ein Klaps. »Also gut. Ich werde Euch eine Einladung zukommen lassen. Und kein aufwendiges Geschenk, mein Bester.« Der Finger drohte spielerisch. »Ein Gebinde und eine kleine süße Köstlichkeit genügen vollends. Lebt wohl.« Sie schwebte in Richtung Tür, bedachte den Zwerg mit einem Nicken und war entschwunden.

Albert rieb sich das Kinn. In der Öffentlichkeit sehe ich die Dame nie in der Nähe von Graf Törring. Und jetzt treffe ich sie hier in seinem Vorzimmer an? Er wandte sich dem Geheimsekretär zu. »Sie hat mich angelogen? Nicht wahr? Als Kupplerin war sie ganz sicher nicht hier?«

»Ich bin solch einer Frau nicht gewachsen.« Florenz rückte den Rock zurecht, zog die Ärmel gerade und fand seine Sicherheit zurück. »Doch, mein Freund. Es ging um ihre Tochter.«

»Verzeih! Aber das kann ich nicht glauben. Sag mir den wahren Grund!«

Sie blickten einander in die Augen. Beide Männer waren zuverlässige Vertraute ihrer Herren und beide wussten es voneinander. Jeder überließ dem anderen nur so viel an Information, wie er verantworten konnte. Sobald sie sich trafen, begann dieses Spiel der Heimlichkeiten stets aufs Neue.

»Das eine werde ich dir nicht sagen, das andere aber trifft zu. Sie sprach mit mir über Clementine. Es muss eine ausnehmend schöne Person sein.«

»Soweit ich mich erinnere, stammst du aus der Gegend von Tölz?« Albert folgte ihm zum Schreibtisch. »Ich weiß nicht, welche Maßstäbe für Schönheit in deiner bayerischen Heimat gelten. Nach den unseren jedenfalls würde Clementine von Notthafft gar nicht erst in die Wertung hineinkommen.«

»Du willst mir sagen ...? Die Tochter ist ...?«

»Nun ja ...« Albert reckte sich und stützte die Ellbogen auf die Holzplatte, zwischen Stapeln von Papieren schmunzelte sein großes Gesicht. »Den Schönheitswettbewerb mit mir würde Clementine sicher gewinnen. Ansonsten aber ...«

»Ich verstehe.« Florenz schüttelte den Kopf. »Und die Baronin versprach mir ein Wesen aus dem Paradies.«

»Die wahren himmlischen Freuden aber«, geschickt nutzte Albert das Bild für einen Personenwechsel, »lässt sie, wie ich hörte, dem neuen, ach so tüchtigen Berater meines Herrn angedeihen. Die Affäre begann wohl schon in München.«

»Magis und tüchtig? Du scherzt wohl?« Freiherr zu Fischbach senkte den Kopf, näherte sich dem Gesicht zwischen den Briefstapeln und flüsterte: »Magis hat wenig Verstand, so das Urteil meiner Erlaucht, aber er ist ein nützliches Werkzeug.«

Albert fühlte einen Stich in der Brust. »Und warum hat man ihn so dicht an meinen Fürsten herangesetzt? Alles, was wir seit dem Fall des Ersten Ministers benötigen, sind kluge, weitblickende Berater. Und die beiden anderen Herren sind nicht besser. Warum also der Geheimrat aus Lüttich?«

»Sorge dich nicht, Freund! Er wird von München aus gelenkt. Genauer gesagt, folgt er den Anweisungen meines Herrn. Und glaube mir, mein Graf versteht das politische Geschäft.«

Draußen auf dem Flur bellte eine Stimme. »Aus dem Weg!« Gleich wurde die Tür aufgestoßen und Baron Hubert von Burgau stürmte herein. »Ich verlange ...« Als er den Sekretär und den Zwerg so Gesicht bei Gesicht am Schreibtisch sah und die beiden sich jetzt rasch lösten, stemmte er die Fäuste in die Seiten. »Daher weht der Wind. Ein Komplott. Und ich weiß auch schon gegen wen.«

Freiherr zu Fischbach erhob sich, verneigte sich förmlich. »Baron von Burgau. Ihr seid überpünktlich.«

»Nach dem, was ich soeben unten in der Eingangshalle von Baronin Notthafft gehört habe, kann und will ich nicht länger warten. Meldet mich. Und zwar sofort.«

»Wäre es nicht angebracht, wenn Ihr Euch zunächst ein wenig beruhigt?«

Zwei wilde Schritte auf den Geheimsekretär zu, dann erst stockte Burgau. »Meldet mich und lasst es mich nicht wiederholen.«

Fischbach nickte und ging hinüber ins Privatgemach seines Herrn. Nun wandte sich Hubert von Burgau dem Zwerg neben dem Schreibtisch zu. »Du steckst also auch dahinter.«

Albert trat zurück, sorgte dafür, dass ein Sessel zwischen ihnen stand. »Da ich nicht weiß, was sich davor befindet, kann ich auch nicht dahinterstecken.«

»Klugscheißer. Du schnüffelst überall herum.« Burgau zielte mit dem Finger auf ihn. »Wir sind nicht mehr in München, vergiss das nicht. Und solltest du mir schaden, dann lebst du gefährlich.«

Die Drohung nahm Albert gelassen hin. Doch was erregte den Spitzgesichtigen so? Um es herauszufinden, versuchte er ihn zu reizen. »Hat Euch Freifrau von Notthafft ihre Tochter zur Gemahlin angeboten? Das wäre doch eine passende Partie für Euch?«

»Du buckelige Kröte.« Burgau zerrte an seinem Gürtel. »Wärst du ein richtiger Mann, dann ...«

»Nur weiter!« Albert umfasste mit beiden Händen die Sessellehne.»Ich finde genug Kavaliere, die bereit sind, für mich einzuspringen.«

Der Geheimsekretär kehrte zurück.»Baron, darf ich bitten. Seine Gnaden erwartet Euch.«

Kein Sturmschritt mehr. Je weiter Burgau ging, umso langsamer wurde er. Den Nacken leicht gebeugt, trat er ins Audienzzimmer und der Sekretär schloss nach ihm die Tür.

Albert kam hinter dem Sessel vor und schlenderte auf den Freiherrn zu.»Darf ich lauschen?«

»Untersteh dich!«

»Dann weihe mich ein, lieber Freund. Was will Burgau hier? Und er scheint sich zu fürchten. Warum?«

Florenz wehrte lächelnd mit beiden Händen ab.»Keine Auskunft.«

»Und was haben Notthafft und Burgau gemeinsam? Beide tauchen hier auf? Beide ...«

»Es ist zwecklos.«

»Du willst mich Armen hungrig wegschicken?«

»Wohl wahr.« Florenz nahm ihn freundschaftlich an der Schulter und geleitete ihn durch den Raum.»Es war mir ein Vergnügen.«

Albert sah zum Abschied zu ihm hoch.»Wäre ich ein schönes Weib, dann wüsste ich schon, wie die Geheimnisse aus dir herauszulocken sind.«

»Du bist kein schönes Weib«, lachte Florenz und schob ihn in den Flur.

»Welch ein Glück für mich. Bis bald, mein Freund!«

Im Audienzzimmer stand Hubert von Burgau unter dem Gobelin mit den Jagdmotiven, bleich das Gesicht.»Nichts? Ihr wollt mir meinen Lohn nicht auszahlen?«

»Noch nicht«, verbesserte Graf Törring. Er saß zurückgelehnt in dem breiten Sessel und ließ die Fingerkuppen auf den Pelikanschnäbeln seines Hausmantels tanzen.»Ihr habt leider keine gute Arbeit geleistet. Wäre Baronin Notthafft nicht gewesen, so säße Plettenberg immer noch im Sattel.«

»Ich habe die Vorarbeit ...«

»Bitte!«, unterbrach Törring ungehalten.»Auch wenn Ihr es ständig wiederholt, wird Eure Leistung nicht größer. Aber wie ich schon sagte, sind die Zehntausend nicht verloren. Ihr werdet weiter den Fürsten und vor allem die Schritte seiner Berater beobachten und mir berichten. Und zwar alles. Ob wichtig oder unwichtig, entscheidet nicht Ihr. Bin ich verstanden worden?«

Burgau ballte die Fäuste hinter dem Rücken und hob mutig das Kinn etwas an.»Und wenn ich mich weigere?«

»Nein, nein, Eure Unwichtigkeit ...« Die Pause gab dem Spott Zeit, sich einzubrennen. »Triumphiert nicht zu früh! Denn dann werde ich Euch vernichten.« Die Stimme blieb sanft, viel zu sanft. »Zwar steht mir auch hier meine Elitegarde jederzeit zur Verfügung – eure erste Bekanntschaft mit diesen Männern dürfte Euch noch im Gedächtnis sein? –, doch für Euren Ruin oder auch Schlimmeres benötige ich sie nicht.«

Burgau verengte die Lider zu Schlitzen. »Habt Ihr etwa meinen Namen vergessen?«

»Ganz gewiss nicht. Ich war wohl gerade so von Eurer Antwort überrascht, dass sich mir dieser Name aufdrängte. Herr von Unwichtigkeit, Ihr müsst schon entschuldigen.«

Burgau warf den Kopf nach hinten. »Und wie glaubt Ihr, mich hier an diesem Hof vernichten zu können? Meine Position als Leutnant der Leibgarde ist gefestigt.«

»Aber, aber ...« Nach einem milden Lachen kühlte die Stimme ab. »Das Duell. Bis jetzt noch glaubt Clemens August, Ihr hättet Euch rührend um seinen Freund bemüht. Bis in den Tod hinein. Wir beide wissen es besser. Das Dumme für Euch aber ist, dass es, wie ich aus zuverlässiger Quelle weiß, eine direkte Zeugin gibt. Aus nächster Nähe hat sie ganz sicher mehr gesehen, als sie zu Protokoll gab. Mit Ihr ließe sich Eure Aussage leicht erschüttern. Es bedarf nur eines Hinweises von mir bei Seiner Durchlaucht.«

»Diese verfluchte Bauernmagd«, zischelte Burgau vor sich hin.

»Was sagtet Ihr?«

Er schüttelte sich, als könne er so das unsichtbare Netz abstreifen. Es gelang nicht. »Verzeiht. Ich habe verstanden. Alles. Und ich werde mich Euren Vorschlägen unterwerfen.« Er nickte. »Nachrichten. Ich werde weiterhin nach München berichten. Verlasst Euch auf mich!«

»Gut, mein Lieber. Ich habe nichts anderes von Euch erwartet.« Graf Törring wedelte leicht mit der Hand. »Und nun lebt wohl. Ich hatte mir diesen Tag noch zur Ruhe ausgebeten. Ihr versteht?«

Hubert von Burgau dienerte und eilte hinaus.

Ohne Halt schritt er durch die Flure, mit Mühe konnte er sich davon abhalten, die Treppen hinunterzustürmen. Im Schlosshof erwartete ihn sein Vertrauter und Leibknecht Peter Stumpff. »Frag nichts!«, warnte Burgau. »Schweig und folge mir zum Rhein.«

Erst unten am Ufer hielt er an. Düster starrte er über den Fluss. Nach einer Weile des Schweigens rieb sich der Diener die bläuliche Kinnnarbe. »Warten wir auf die Fähre? Oder was sollen wir hier?«

Burgau fuhr herum, packte ihn am Nacken. »Keinen Scherz heute. Hörst du? Auch sei vorsichtig mit deinem widerlichen Grinsen. Ich ertrage es nicht. Verstanden?«

»Ist ja gut.« Peter entwand sich dem Griff. »Schon recht, Herr.«

Burgau warf einen raschen Blick über die Schulter, niemand war ihnen gefolgt, kein Lauscher befand sich in der Nähe. »Ich kann dir diesen Monat keinen Lohn zahlen.«

»Aber, Herr?«

»Beschwere dich nicht bei mir. Beschwere dich gleich bei Graf Törring. Denn der zahlt mir meinen Lohn auch nicht.«

»Aber ich bekomme zehn Gulden? Die habt ihr doch allemal.« Burgau stieß ihm den Finger gegen die Brust. »Auf die Höhe der Summe kommt es nicht an. Mir geht es ums Prinzip. Wenn ich nichts erhalte, dann du auch nicht.«

»Verflucht. Und jetzt wollt Ihr, dass ich zum Törring gehe?«

»Nicht wirklich.« Heimtücke glitzerte in den kleinen Augen auf. »Nur indirekt. Wir müssen seiner Quelle das Maul stopfen.«

»Herr?«

»Halt du jetzt das Maul und hör zu!« In wenigen Worten erinnerte Burgau seinen Diener an Margaretha Contzen. »Wir können das Luder nicht einfach beiseiteschaffen. Der Zwerg hält die Hand über sie. Aber sie muss schweigen, und das ist deine Aufgabe.«

»Ich soll ihr drohen?«

»Idiot. Das haben wir doch längst. Scheint aber wenig zu nutzen. Es besteht die Gefahr, dass sie redet. Zumindest hat Törring so eine Andeutung gemacht. Selbst wenn er nur auf den Busch geklopft hat, muss ich ganz sicher sein, dass sie kein Wort mehr, als sie schon gesagt hat, über die Lippen bringt.«

Nun wagte Peter doch ein Grinsen. »Also nicht nur Schreck? Richtige Angst soll ich ihr einjagen?«

»Wir haben uns verstanden.«

»Und Ihr gebt mir freie Hand?«

»Sie darf nicht sterben. Und keine auffälligen Wunden. Also Kopf, Hals und Arme sind tabu.«

Peter Stumpff warf einen Stein ins Wasser. Erste Pläne reiften, dabei lachte er sogar leise vor sich hin. »Da fällt mir schon so einiges ein.«

»Am besten heiratest du sie.« Burgau wandte sich zum Gehen. »Wenn sie erst deine Frau ist, schert sich so schnell keiner mehr drum, was du mit ihr anstellst.«

Der Diener holte ihn ein. »War das ein Scherz?«

»Ich scherze heute nicht.«

»Dann ist das auch keine schlechte Idee. So ein kleiner zappelnder Frosch?«
Er stieß einen Pfiff aus. »Wenigstens fragen kann ich mal, vielleicht genügt das
schon. Und die Mutter müsste ich auch fragen, das gehört sich so. Ja, gar keine
schlechte Idee.«

11

Im Vorzimmer erwachte der Kammerdiener aus dem Halbschlaf. Er horchte in die Dunkelheit. Nichts. Nachtstille herrschte im Schloss Augustusburg zu Brühl. Molitor lehnte sich wieder zurück. Und doch ... Aus dem Schlafgemach drang unterdrücktes Schluchzen. Er schlüpfte durch den Spalt der angelehnten Tür. Deutlich waren Seufzer von der Bettstatt her zu hören. »Herr?« Keine Antwort. Molitor näherte sich bis auf einige Schritte. »Herr? Darf ich Licht machen?« Ohne abzuwarten, drehte er den Docht der Nachtlampe höher und schob den gelben Seidenvorhang etwas auseinander.

Clemens August kniete vornübergebeugt im Bett, die Stirn auf die Matratze gepresst, beide Arme weit vorgestreckt. Im Gebet gefangen, flüsterte er, hastig, drängend, sein Körper zitterte, bald wich die Anspannung wieder und übrig blieb nur das Wimmern.

»Darf ich etwas zu trinken bringen?«

Clemens setzte sich auf. »Wasser. Schenke mir ein! Dann wecke den Zwerg.«

»Ich bin längst wach.« Lautlos war Albert dem Kammerdiener gefolgt. »Wie könnte ich schlafen, wenn Ihr nicht schlafen könnt?«

»Es ist immer der gleiche Albtraum, der auch im Wachzustand nicht weichen kann, weil er in Wahrheit kein Traum ist.«

Die Diener tauschten besorgte Blicke und warteten. Nachdem er getrunken hatte, fuhr Clemens fort: »Solange wir mit Graf Törring durch Westfalen reisten, spürte ich es weniger. Dort bei den Landständen, in Münster oder in Paderborn oder während der Feste auf Schloss Neuhaus vermochte ich die Gedanken tagsüber fast ganz zurückzudrängen, und in der Nacht gelang es mir zu schlafen. Aber jetzt ...« Er verbarg das Gesicht in den Händen. »Gestern erst haben wir Graf Törring verabschiedet. Alle Pläne für das neue Heer, auch die Sorge, ob die Gelder aus Frankreich in voller Höhe gezahlt werden, die Politik weicht zurück, und ohne mein Zutun zählt es in mir die Tage bis zu jenem unglückseligen Jahrestag.« Er hob die Hand.

»Wie spät ist es?«

Molitor beleuchtete die Uhr neben dem Paravent. »Zwei Stunden nach Mitternacht.«

»Also schreiben wir schon den zweiundzwanzigsten April. Also sind es noch dreizehn Tage bis zur Wiederkehr des Mordes. Vor einem Jahr starb mein Johann. Und die Wochen davor leben in mir neu, das Zusammensein blüht wieder auf. Welch ein Geschenk war er für mich. Was für ein wertvoller Mensch! ... Sie haben ihn mir weggenommen, mein Glück zertreten.«

Er riss den Vorhang auseinander. »Rasch! Gebt mir die Schatulle.« Seine Stimme überhell, der Notschrei eines Kranken nach der rettenden Medizin. Albert kannte das Geheimfach im zierlichen Schreibsekretär. So schnell es seine Beine erlaubten, kehrte er mit dem flachen Kästchen zurück.

Clemens entnahm die Briefe. Ihre Briefe. Er musste nicht blättern, kannte das Blatt. »Hier schreibt Schwester Crescentia ...« Er zitierte für seine Vertrauten wie schon hundert Mal zuvor: »,Weil nun der geliebte Freund das göttliche Angesicht auf ewig schauen darf. Denn er ist am Fest der Himmelfahrt Mariens mit großer Freude in den Himmel aufgenommen worden und erfreut sich nun seines Gottes im Ort der ewigen Glückseligkeit.'« Bevor Clemens weiterlesen konnte, musste er tief einatmen. »,Sein Haupt ist dort mit einem Märtyrerkranz gekrönt.'« Ein Blick für die Diener. »Ihr wisst, was dies bedeutet? Johann starb in reinster Unschuld.« Sorgsam bettete der Fürst das Schreiben zurück in die Schatulle und ergriff den nächsten Brief.

Albert hob die Achseln, Molitor seufzte unmerklich. Das Ritual war nicht mehr aufzuhalten. Zeile für Zeile, die er las, würde jetzt das Netz der Trauer weitergeknüpft, und wie schon so oft vermochten sie nicht zu verhindern, dass ihr geliebter Herr sich darin selbst gefangen hielt.

»Weil Eure Kurfürstliche Durchlaucht ihn so geliebt hat, ist er in alle Ewigkeit verklärt ...«

Clemens sah zum Betthimmel auf. »Warum kann ich kein Bild von ihm malen lassen? Ein Gemälde seiner glorifizierten Seele? Warum nur kann Johann mir nicht auch erscheinen? Kann ich nicht auch mit ihm sprechen?«

Langsam schüttelte er den Kopf, beugte sich wieder über den Text. »Hört, was Schwester Crescentia weiter sagt: ,Auch sollte es Euch keine Sorgen mehr bereiten, dass Ihr dem Schlagen nicht zugesehen habt.' Diesen Brief hat sie mir im Dezember geschrieben ...«

Er wachte auf, sah die Diener vorwurfsvoll an. »Ich weiß, dass ich es euch schon oft vorgelesen habe. Ertragt es, denn ich muss es auch.« Er nahm das nächste Blatt und hielt es triumphierend hoch. »Diese Antwort ist mir wertvoll, sie bestärkt mich in meinem Vorhaben ...« Er unterbrach sich, zeigte auf Albert. »Was ist? Warum hebst du die Brauen? Zweifelst du immer noch?«

»Nein, Herr, längst schon nicht mehr. Ich ... Mein Mienenspiel war ohne Bedeutung.«

»Ich verlange, dass du von der Richtigkeit überzeugt bist. Ich will Klarheit haben, wie Johann zu Tode gekommen ist. Ganz sicher hat der Arzt ihn nicht genau untersucht. Wo ist der Stich eingedrungen? Das muss ich wissen, nur dann herrscht endlich Gewissheit, ob Johann im Duell gefallen ist oder ob er ermordet wurde. Aus diesem Grunde werde ich das Grab wieder öffnen lassen. Wie ihr wisst, habe ich Schwester Crescentia um Rat gebeten. Und hier schreibt sie ...« Er bewegte nur die Lippen, an der gesuchten Stelle las er betont laut vor: »,Wenn Ihr gesinnt seid, das Grab des lieben Freundes eröffnen zu lassen, so könnt Ihr dies gar wohl tun. Es ist nicht Unrecht, aller Welt die Unschuld zu offenbaren und bekannt zu machen.'« Clemens warf sich zurück in die Kissen und presste den Brief auf die Brust. »Wenn sie zustimmt, warum, mein guter Albert le Grand, warum zweifelst du?«

»Weil ...«

Molitor fasste den Freund an der Schulter, schüttelte warnend den Kopf. Doch Albert schob die Hand beiseite. »Lass nur«, flüsterte er und trat bis ans Hochbett heran. »Weil ich mir Sorgen mache. Das Grab zu öffnen, ist wie eine Narbe wieder aufzuschneiden. All der Schmerz kann zurückkommen.«

»Dein Herr ...« Erst nach tiefem Seufzen sprach Clemens weiter. »Dein Herr wird den Schmerz ertragen, bis alle Schuld gesühnt ist.«

Albert rieb den Saum des Vorhangs zwischen den Fingern. »Und dann fürchte ich mich.«

»Wovor, mein Freund?«

»Wenn der Sarg geöffnet ist, fürchte ich mich vor dem, was dann zutage kommt.«

Am nächsten Morgen floh der Fürst nach Bonn und mit ihm der ganze Tross. Doch die Entfernung vom Ort des Unglücks brachte keine Linderung. In der Ministerrunde gab er nur eine Anweisung:

»Mein ausdrücklicher Wunsch ist es, Schloss Falkenlust am Freitag, den siebten Mai, festlich einzuweihen. Tragt Sorge dafür. In allen anderen Fragen wendet Euch an meinen Beraterstab. Baron Magis hat von mir die notwendigen Vollmachten erhalten.«

Nach drei Tagen schon wollte, musste er nach Brühl zurück. »Im Gebet bin ich ihm dort näher. Vielleicht spricht Johann doch aus seiner seligen Ewigkeit zu mir. Vielleicht einen Satz oder ...« Er presste die Knöchel an die Unterlippe. »Oder wenigstens ein einziges Wort.«

Außer zur Morgenmesse in der Kapelle, allein mit seinen beiden Dienern, verließ er den ersten Stock nicht: Manchmal wanderte er ruhelos durch die Flure von Augustusburg, dann wieder saß er fast regungslos im Schlafgemach seines gelben Appartements. Manchmal ging er hinüber ins kleine Kabinett, zog und strich den Bogen lang über die Saiten, lauschte der Melodie nach, als dem Echo seines Gefühls.

Molitor bemühte sich, dem Unglücklichen durch Fußbäder, Pflege der Haut, Körpernischen und Nägel etwas Behaglichkeit zu bereiten.

Albert sorgte dafür, dass nur die Lieblingsspeisen bereitet wurden, sorgte auch für schweren Wein, jedoch selbst nach dem zweiten Pokal wollte sich die ersehnte Leichtigkeit nicht einstellen.

Am letzten Tag im April trat Clemens unerwartet für seine beiden engsten Helfer mit der Viola da Gamba in der Hand aus dem kleinen Kabinett. »Sagt ihr, ich will sie sehen.«

Molitor runzelte die Stirn. Albert aber schlug das Herz. Ein Lichtstrahl. Er wusste sofort, wen der Fürst meinte. »Verlangt Ihr sie nur zu sprechen? Oder darf Madame Brion die Harfe mitbringen?«

»Ohne Aufwand in der Kleidung, sage ihr das. Sie soll kommen wie ein Mensch. Natürlich mit Instrument. Das ist mein Wunsch.«

Noch am späten Nachmittag traf Mechthild mit der Kurierkutsche auf Augustusburg ein. Trotz der Eile hatte Albert warten müssen, bis sie umgekleidet war: das blassgrüne Kleid mit den von der Mutter aufgestickten blauen Phantasieblüten, dazu eine kleine, mit Glasperlen umränderte Haube und das rote Haar im Nacken zu einem gewundenen Knoten frisiert. Auf der Fahrt hatte Albert dem Gast umfassend von der Gemütsverfassung Seiner Durchlaucht berichtet. Er blieb mit ihr am Eingang des Kabinetts zurück und Molitor huschte zur Sitzgruppe unter dem Lüster. Leise informierte er seinen Herrn. Clemens sah hinüber und ließ sich von ihm den Kragen des dunklen Hausmantels richten. Während er auf den Zwerg und Mechthild zukam, glaubte diese, ein vages Lächeln in den Augenwinkeln zu entdecken.

»Es ist mir eine Freude.« Anerkennend nickte er. »Und so schlicht, wie ich es mir wünschte. Hab Dank. Einfach als Mensch kommst du zu mir.«

Ihr stockte der Atem. Einfach? Das ist mein schönstes Kleid. Gleich aber at-

mete sie aus und sank vor ihm in die Knie. »Hoher Herr. Eure Einladung kam so überraschend, dass ich keine Zeit hatte, mich vorzubereiten.«
Kaum merklich berührte er ihren Arm und hob sie auf. »Kam sie ungelegen?«
»Nein.« Viel zu schnell. Mechthild biss sich auf die Unterlippe. »Wenn ich ehrlich sein darf: Seit Eurer Rückkehr war ich hin und wieder so kühn und habe damit gerechnet. Als heute die Kutsche mit Eurem Diener dann plötzlich vor unserm Haus hielt ...«
»Aus welchem Grund hast du damit gerechnet?« Er wies ihr einen Sessel am Marmortisch zu und nahm schräg gegenüber Platz. »Nun?«
Verrate dich nicht. Gleich nach Ankunft des Fürsten hatte Baron Wolff-Metternich die wöchentlichen Besuche im Hause Brion eingestellt. Keine Nachricht, keine Auskünfte mehr. Die monatelange, fast schon vertraute Verbindung war abgerissen. Seitdem hatte Mechthild überlegt, was sie unternehmen könnte, um den hohen Herrn wieder an sich zu erinnern. Außer einem Brief war ihr nichts eingefallen und den hatte sie schon hundert Mal im Geiste umgeschrieben und verworfen.
»Die Cantate von Bach. Wir haben sie damals abgebrochen, weil Ihr in Eile wart.« Die Stimme lief ihr nun auch davon, verhaspelte sich mit den Gedanken. »‚Wachet auf‘ ... Wisst Ihr noch? Wir haben gemeinsam gespielt, uns auch über den Text unterhalten. Ihr wolltet die Partitur auf der Reise lesen ...« Sie hielt inne, die Aufregung legte sich, sie blickte auf die Hände in ihrem Schoß. »Aber das ist jetzt sicher nicht wichtig. Diese Musik passt jetzt nicht.« Sie sah ihn an. »Herr Albert hat mir gesagt, wie traurig Ihr seid. Und ich fühle mit Euch, nur das wollte ich sagen.«
Clemens stützte die Stirn in die Hand, verbarg seine Augen. Erst nach geraumer Weile nickte er. »Es ist gut so. Deine Anwesenheit verdrängt die Erinnerung an Johann nicht. Heute Morgen beim Musizieren kam mir deine Stimme in den Sinn, auch deine Art. Ich wollte den Versuch wagen und bat, dass man dich zu mir einlädt.«
Mechthild runzelte die Stirn. »Ich verstehe Euch sicher nicht richtig. Meint Ihr erst mal zur Probe?«
»Denke nicht schlecht darüber!« Er bemühte sich um ein Lächeln. »Weißt du, wenn alles Grobe schmerzt, sei es Licht, Stimmen, Gerüche oder auch nur ein Anblick, dann will ich wählerisch sein bei jedem, der in meiner Nähe weilt.«
Als Mechthild begriff, spürte sie das Blut in die Wangen steigen. »Danke für das schöne Kompliment. Und was erwartet Ihr von mir?«
»Die Harfe. Ich habe sie nach drüben bringen lassen. Erst hatte ich vor, mit dir zusammen zu spielen. Etwas von Giovanni Battista Pergolesi. Das Violin

Concerto in B. Kennst du es?« Sie schüttelte den Kopf. Gleich sprach er weiter: »Ein getragenes Stück voller Gefühl. Ich lasse dir eine Abschrift der Partitur anfertigen.« Er bewegte die Finger der linken Hand. »Zu langsam. Seit ich ... Seit mir die Gedanken wieder so schwer auf der Brust lasten, sind auch meine Finger ungelenk und träge geworden. Deshalb möchte ich, dass du mir vorspielst.«

»Gern. Aber welches Stück?«

Clemens erhob sich. »Komm mit nach drüben. In meinem Schlafgemach werde ich versuchen, dir meinen Wunsch zu erläutern.«

O Heilige Mutter! Was jetzt? Mechthild blieb sitzen, hielt sich an den Armlehnen des Sessels fest. Als sie es bemerkte, löste sie sofort die Hände und legte sie auf die Knie. Sag etwas. Der Befehl war einfach und knapp. Aber wie sollte sie ihm gehorchen?

Clemens hatte das Zögern bemerkt, leicht neigte er sich zu ihr. »Ich achte deine Tugend. Also sorge dich nicht. Ich sagte Schlafgemach, nicht aber Bett.«

»Ich bitte um Vergebung.« Wie ertappt blickte sie auf. »Ihr habt meine Gedanken gelesen. Ich schäme mich.«

»Ich lese nicht hinter deiner Stirn. Ich spürte nur, dass dich etwas erschreckt. Nun? Magst du mitkommen?«

Seine Einfühlsamkeit befreite. Eine andere Nähe war gefunden. Mit vorsichtigem Lächeln knickste Mechthild und folgte ihm ins benachbarte Schlafgemach.

Mit einem Blick nahm sie auf der Kaminseite durch den breiten Spalt der Brokatvorhänge die Schlafnische wahr, ein hohes Federbett und die Kissen. Waren da nicht auch Spiegel? Sie wagte keinen zweiten Blick.

Ihre Harfe stand nahe dem lackierten Eckschrank an der Fensterwand. In zwei Steckleuchtern flackerten die Kerzen. Clemens bemerkte es und seufzte nachsichtig. »Mein guter Molitor will es mir so behaglich machen, wie es nur geht. Deshalb zündet er jetzt schon bei Tag die Lichter an.«

»Mir gefällt es.« Mechthild deutete auf den noch leeren Notenständer. »Vielleicht meinte Euer Diener, dass ich so die Partitur besser lesen kann.«

»Du erstaunst mich.« Er legte die Hand auf ihren Arm und ließ sie dort. »Es kommt beinah nie vor, dass ein Gast ohne selbstsüchtigen Anlass Partei für meine Diener ergreift. Doch sei beruhigt. Zu Molitor und auch zu meinem Zwerg hege ich das größte Vertrauen.« Er rückte ihr den Stuhl an die Harfe. »Bitte, nimm Platz! Mich sehnt es nur nach Klängen. Du weißt von meinem Unglück. Weißt du auch, was ich verloren habe?«

Mechthild sah nicht zu ihm auf. »Euren Freund ...« Und leiser noch setzte sie hinzu: »Euren liebsten Freund.«

»Das ist wahr. Ihn haben mir die bösen Mächte um mich herum vor einem Jahr entrissen. Und seitdem friert es mich. Ganz gleich, wie ausgelassen und schillernd meine Feste sind, über die an allen Höfen mit Neid gesprochen wird, tief in mir bleibt es kalt.« Er strich behutsam ihre Schulter. »Ich werde mich drüben auf das Kanapee legen und die Augen schließen. Bitte, erfinde Bilder und spiele sie. Vielleicht finde ich so etwas Trost.«

Mechthild sah ihm nicht nach, sie schürzte leicht den Rock und lehnte die Harfe an ihre Schulter. Auch sie schloss die Augen. Sommerabend. Es riecht nach Heu. Ich gehe barfuß. Sie schmunzelte unmerklich. Ob der Fürst jemals draußen barfuß geht? Bei der Frage hüpften ihre Finger über die Saiten. Als Kind vielleicht, aber jetzt? Ganz gleich, mit mir muss er barfuß durch die Wiesen gehen. Das Bild wurde weit, ging ruhig in den Abendhimmel über. Als die Dämmerung fiel, hob Mechthild behutsam die Fingerkuppen an. Und hoch oben im Stuck der Decke nahmen die musizierenden Putti ihre Melodie auf und ließen sie verklingen.

In die Stille hinein bat der Fürst: »Kannst du dich zu mir setzen?« Mechthild ging langsam hinüber zum Sessel nahe dem Kamin.

»Nein, nicht so weit entfernt.«

Sie suchte, fand aber keine Sitzgelegenheit neben dem Kanapee. Wohin soll ich denn, dachte sie.

Und als hätte er es gehört, sagte er: »So, dass ich dich anschauen kann.« Er deutete auf das Fußende.

Mechthild setzte sich, achtete ängstlich darauf, dass der Stoff des Kleides nicht seine Beine berührte. »Hat Euch das Harfenspiel etwas Ruhe gegeben?«

Lange sah er sie an. »Die Melodie entführte mich in eine mir unbekannte, friedvolle Landschaft. Nein, nicht die Melodie, du warst es.« Er streckte die Hand nach ihr aus. »Bitte, halte sie einen Moment.«

So warm, so schlank die Finger. Die Berührung schmerzte mit einem Mal. Mechthild wollte ihre Hand zurücknehmen, doch da umschloss er sie fest.

»Hab keine Scheu. Überlasse sie mir noch eine Weile!«

»Wenn Ihr es ...« Mechthild atmete gegen das Rauschen in ihren Ohren. »Wenn Ihr es wünscht, hoher Herr.«

»Bitte, verzichte auf diese fremde Höflichkeit. Ich will kein Gitter zwischen uns.« Er zog und sie rückte auf der Kante des Kanapees näher zu ihm hinauf.

Gitter? Mechthild fasste ihren Mut zusammen. »Ich bin kein Vogel im Käfig.«

Verblüfft blickte er sie an, dann lachte er ein wenig. »Und ich dachte umgekehrt. Ich sitze drinnen und du bist draußen.«

Die kleine Freude war ein Funke. Mechthild entdeckte ihn in seinen Augen und erwiderte das Lächeln. Ehe sie begriff, drückte er die Lippen auf ihren Handrücken, drehte ihn und küsste sanft ihren Unterarm.

»Hoher Herr ...?«

»Der Duft deiner Haut.« Seine Nase streichelte, dazu die Weichheit der Lippen. »So lange habe ich nicht gekostet. Schenke mir noch eine Weile deine Wärme, deinen Geruch!« Er bot ihr genügend Platz neben sich.

Für Nachdenken oder Zögern gab es keinen Raum mehr. Mechthild fühlte den Atem an ihrem Hals, spürte die Küsse und das Streicheln. Er löste die Schnüre des Kleides und dann verbarg er das Gesicht in ihren Brüsten. Mechthild zögerte, hätte ihn so gern umarmt, wagte es nicht. Wenn er mich doch bitten würde, flehte sie. Dann aber wartete sie nicht länger, umarmte seine Schultern, streichelte seinen Nacken. Sie wollte ihm Zärtlichkeiten zuflüstern, wusste nicht welche Worte, wie vertraut sie sein durften. Aus der Not heraus, küsste sie sein Haar, das Ohr.

Clemens sah auf. »Tröste mich. Sei du meine Zuflucht!« Er deutete in die Bettnische. »Dort können wir uns bequemer ausstrecken. Die Kissen sind weich.«

»Meint Ihr mich? Verzeiht, ich bin keine Eurer Hofdamen.«

Clemens erhob sich und half ihr auf. Er nahm ihr Gesicht in beide Hände. »Nur dich. Niemanden sonst könnte ich jetzt ertragen.« Näher kamen seine Augen. »Ich trachte den Frauen nicht nach. Bin vielleicht sogar unbeholfen. Ich möchte nur deine Nähe, mich wärmen an dir. Willst du mir dieses Geschenk bereiten?«

Eine andere Landschaft, dachte sie, dort bin ich, kenn mich nicht mehr aus, und doch ist sie vertraut. Mechthild nickte unmerklich und er raffte die gelben Seidenvorhänge zur Seite, wie selbstverständlich sagte er: »Molitor wird uns beim Auskleiden helfen.«

»Nein, bitte nicht!« Gleich bedeckte sie mit den Armen ihre bloßen Brüste. »Kein Diener. Er soll mich nicht ... Bitte, nicht jetzt. Wir könnten uns doch selbst ...« Sie schüttelte den Kopf. »Was rede ich nur. Ich helfe Euch, wenn Ihr es nicht allein tun möchtet.«

»Du bist so anders, so heilsam.« Er löste bereits den Brokatgürtel des Hausmantels. »Es war nur die Gewohnheit. Natürlich entkleide ich mich selbst.«

Ohne darüber nachzudenken, drehte ihm Mechthild den Rücken zu, auch er wandte sich von ihr ab. So entledigte sich jeder seiner Kleidung. Sie wartete, hörte nur, wie er ins Bett stieg, hörte das Rascheln der Kissen. Ich bin nackt und mir ist kühl.

»Dein Anblick«, sagte er leise. »Wie schön du bist. Komm! Komm zu mir.«

Mechthild wandte sich um, sah seine Augen, seine gebreiteten Arme und begab sich hinein.

Ein herber Duft, vermischt mit Süße, empfing sie. Seine Haut. Sie streichelte über die Schulter, spürte Muskeln und lehnte die Wange an seine Seite.

Clemens liebkoste ihre Brüste, den Leib. Barfuß, dachte sie, wir gehen durch die Wiesen, dann spürte sie, wie er sich enger an sie drängte, und wehrte sich nicht, wollte es.

An der angelehnten Tür zum Schlafgemach standen Albert und über ihm Molitor, beide horchten angestrengt durch den Spalt. Von der Bettnische her drang leises Seufzen, das Atmen wurde deutlicher. Als sie den Aufschrei vernahmen, der sich wiederholte, und kein Irrtum mehr möglich war, wichen die Lauscher von der Tür zurück. Albert strahlte zu dem Freund hoch, reichte ihm die Hand. Doch Molitor war dies nicht genug. Er beugte sich hinunter und umarmte den Zwerg, strich und tätschelte den Buckel. »Wunderbar«, flüsterte er. »Ich könnte diese Frau küssen.«

»Zu spät.« Albert zerrte den Hageren beschwingt am Gürtel hin und her. »Ab jetzt wird unser Herr was dagegen haben. Ich hoffe es, ich hoffe es so sehr für ihn.«

Beide kehrten zum Türspalt zurück. Drinnen war es ruhiger geworden. Nach einiger Zeit ging die Glocke. Albert wollte gleich hinein, doch Molitor hielt ihn am Kragen zurück. »Das gilt mir.« Nach kurzem Klopfen trat er ein und blieb in der Nähe der Bettnische stehen. »Herr?«

Aus den Tiefen der Kissen bat Clemens: »Eine Zofe für Madame Brion soll herkommen. Wir möchten erfrischt und angekleidet werden.«

Molitor schluckte, für alle Vorlieben des Fürsten hatte er vorgesorgt, nur mit diesem Wunsch hatte er nicht gerechnet. »Eine Zofe?«

»Aber ja, mein Freund.« Clemens stützte sich auf, seine Miene war gelöst, befreit vom Schmerz der vergangenen Tage. »Ich verlasse mich auf dich.«

»Sehr wohl.« Ehe Molitor die Tür erreicht hatte, rief ihm der Herr nach. »Und Schokolade. Wir möchten vor dem Souper heiße Schokolade trinken.«

Draußen rieb sich Molitor die Stirn.

»Was ist?«, bedrängte ihn Albert. »Ich habe nur Schokolade gehört.«

»Die ist kein Problem. Er will für seinen Gast eine Zofe. Woher nehmen? Wir haben zurzeit keine Baronin oder Gräfin zu Besuch, deren Dienerin wir ausleihen könnten.«

Albert rieb sich eine Weile den Nasenrücken, dann klatschte er kurz in die Hände. »Sicher keine perfekte Lösung, aber besser als gar keine. Und wie ich Frau Brion kennengelernt habe, wird sie sich nicht beschweren.« Er winkte dem Freund und sie eilten durch die Säle zum Treppenhaus.

Wenig später kehrten beide zurück, und vor ihnen her ging Margaretha. Das Haar unter einer Haube verborgen, angetan mit einer frischen Latzschürze, deren Weiß das Blau ihres Kleides noch dunkler erscheinen ließ. Molitor trug für sie das Tablett mit den Tassen und dem Schokoladenkännchen aus feinstem Porzellan. Albert zupfte, ordnete an ihrem Rücken die Schürzenschleife. »Bitte, halte dich gerade! Und nachher schaust du dich nicht neugierig um. Sieh nur auf das, was du gerade tust. Sprechen darfst du nur, wenn du gefragt wirst. Und kein Wort gleich davon, dass du Zeugin bei dem Duell warst.« Margaretha sah zur Seite. »Besser, Ihr geht selbst.«

Er blieb sanft. »Wenn ich so hübsch wäre wie du, würde ich es mir überlegen. Aber leider ist mit mir kein Staat zu machen. Also musst du.« Er drückte ihre Hand. »Vertraue mir. Dies ist eine große Chance für dich. Wenn du jetzt alles richtig machst, den Fürsten nicht verärgerst und der Madame mit etwas Geschick beim Ankleiden hilfst, dann steigst du die Leiter einige Sprossen hinauf.«

»Woher wollt Ihr denn wissen, ob ich überhaupt höher klettern möchte?«

»Sei still. Ich weiß, was für dich gut ist.«

Margaretha hob das Kinn und ging schneller. O Mutter, bin ich aufgeregt. Sie pustete aus geblähten Wangen. Da kommen die beiden in unsere Zuckerküche, ich freue mich auch noch, meinen Herrn Albert zu sehen, und dann sagt er, ich soll Seiner Durchlaucht die Schokolade bringen und der Dame als Zofe dienen. Bis jetzt war es meine Aufgabe, die Schokolade nur bis an die Tür zu bringen und fertig. O Mutter, bin ich aufgeregt.

Vor dem Schlafgemach sah Molitor fragend auf den Zwerg. Rasch drückte Albert seinem Schützling noch einmal die Hand. »Wenn du unsicher bist, dann schau auf ihn. Er wird dir schon irgendwie weiterhelfen. Viel Glück!«

Klopfen. Sie folgte dem Kammerdiener dicht auf den Fersen bis zum Marmortisch, dort blieb sie hinter seinem Rücken stehen.

Molitor neigte leicht den Kopf. »Durchlaucht, die Schokolade.«

»Serviere sie uns gleich hier.«

Als der Diener sich vorbeugte und einschenkte, sah Margaretha die Schlafnische, sah den Fürsten und neben ihm die Dame. Beide lehnten mit bloßen Oberkörpern in den Kissen, und die Spiegel zeigten alles noch deutlicher. Margaretha presste die Lippen aufeinander. Vielleicht haben sie unter der Decke was an? Ach Unsinn, danach sieht es nicht aus.

»Wen hast du mitgebracht?«, erkundigte sich der Fürst bei seinem Kammerdiener. Nachdem Molitor ihm und der Harfenspielerin die Tassen gereicht hatte, deutete er auf das Mädchen. »Die Zofe für Madame.«

Clemens winkte ihr mit der Hand. »Tritt etwas näher!« Er betrachtete sie, nach einer Weile runzelte er die Stirn. »Bist du mir nicht schon einmal aufgefallen?«

Margaretha sah zu Molitor. Der nickte kaum merklich, und sie senkte den Blick. »Die Kuchentaler, die mit Honig und Zimt. Im Park damals. Leider waren sie zerbrochen. Weil dieser grobe Kerl von einem Wachmann ...« Der leichte, aber bestimmte Schlag von Molitor gegen ihren Arm unterbrach sie. Clemens schlürfte an der Schokolade. »Ich glaube mich zu erinnern. Und bei wem dienst du inzwischen als Zofe?«

Ehe der Kammerdiener für sie eine geschickte Antwort fand, sagte sie: »Bei gar keiner Dame, Herr. In Wirklichkeit bin ich in der Zuckerküche, darf aber schon das Tablett tragen.« Ein kleiner Seufzer. »Ich bin das Schokoladenmädchen. Komm aber nur bis vor Eure Tür. Und dann nimmt er die Tassen.«

»Also bist du ungeübt, was das Ankleiden und Frisieren einer Dame betrifft?«

»So ganz nicht, Herr. Schließlich mache ich das bei mir jeden Tag auch selbst.«

Im Bett lachte Mechthild leise vor sich hin. »Sie gefällt mir.«

Gleich wandte sich Clemens ihr zu. »Nimmst du nur für die junge Frau Partei?«

»Nein, hoher Herr. Sie scheint ebenso überrascht von all dem Neuen hier wie ich. Von ihr lasse ich mir gerne helfen.«

»Also gut. Wenigstens zur Probe und aus Ermangelung einer ausgebildeten Zofe.«

»Zur Probe?« Mechthild sah ihn aus ernsten Augen an. Er verstand, die Tasse in seiner Hand zitterte leicht. »Nein. So oft du bei mir bist. Willst du?« Die Frage umarmte sie, und Mechthild flüsterte: »Von Herzen gern.«

Weite Schritte, gleichmäßig der Schwung der Arme. Der Morgen des fünften Mai dämmerte herauf, rechts und links schimmerte Tau in den Wiesen. Nach durchwachter Nacht war Clemens August auf dem Weg – ein Pilger, angetan mit einer dunklen Leinenkutte, das Gesicht im Schutz der Haube verborgen. Heute vor einem Jahr war der Freund vor dem Kölntor in Brühl erstochen worden; zu seinem Gedenken und auch um der wilden Rastlosigkeit der Gedanken Herr zu werden, hatte sich der Fürst zur Wallfahrt von Brühl ins neun Wegstunden entfernte Nievenheim entschlossen. »Dort vor dem Gnadenbild des Salvator Mundi, will ich niederknien, will ich für Johann bitten und Linderung für meinen Schmerz erflehen.«

Als Begleiter hatte er sich Baron Hubert von Burgau und Baron August Wilhelm von Wolff-Metternich auserwählt. »Sie sind die beiden einzigen Kavaliere der Jagdpartie, die keine Schuld am Tode meines Freundes auf sich geladen haben.«

Noch wollte der Herr kein Gespräch, wollte niemanden sehen, so blieben beide zwei Schrittlängen zurück. Weit vor dem Fürsten sorgten Leibgardisten für die Sicherheit der Strecke und ihm nach folgte, möglichst durch Wegbiegungen oder Sträucher unsichtbar, der kleine Tross. In der ersten unbesetzten Kutsche waren die Bänke ausgepolstert mit Kissen, in ihr würde der Herr sich auf der Rückfahrt ausruhen können. Im zweiten Wagen saß den Dienern Molitor und Albert gegenüber einer seiner Leibärzte, Doktor Fährmann. Die Helfer waren gut vorbereitet. Tinkturen, Salben und Verbandszeug wie auch Speise und Wein standen in Körben griffbereit.

Als nach drei Stunden die schlankspitzen Abteitürme von Brauweiler vor ihm in der Sonne auffragten, blieb Clemens zum ersten Male stehen und trank durstig aus dem ledernen Wasserbeutel. Er schob die Kapuze zurück. Sein Haar klebte nass am Kopf, Schweiß rann ihm über die Wangen. »Seht mich an, Freunde. Nicht Fürst, nicht Bischof, nur der Mensch steht vor euch. So wird auch Komtur von Roll in die himmlische Halle eingetreten sein, ohne jeden irdischen Prunk. Bleibt jetzt an meiner Seite. Während wir den Weg fortsetzen, berichtet mir von jenem Tag. Erinnert Euch an Einzelheiten. Glaubt nicht, mich schonen zu müssen, denn so schrecklich, wie die Bilder in mir gewuchert sind, kann die Wirklichkeit nicht sein.«

Ehe Wolff-Metternich berichten konnte, erhielt er von Burgau einen kurzen, heftigen Stoß mit dem Ellbogen, überrascht wandte er den Kopf und sah die drohende Warnung im Blick des Leutnants. Ohne genau zu wissen, worauf er achten sollte, erzählte er, um jeden Ärger zu vermeiden, nur von der Falkenjagd am Morgen und wie er später zur Durchsetzung der fürstlichen Befehle zwischen Schloss und Kölntor hin und her geritten war.

Burgau aber spreizte sich. Er ging einen Schritt vorweg, ging seitwärts, manchmal gar rückwärts, und berichtete blumenreich vom Geschehen in der Obstwiese. Er sei es gewesen, der versucht habe, die Kämpfenden zu trennen. »Halt ein, Bruder, rief ich dem Komtur zu. Immer wieder.« Und nach tiefem Seufzer fuhr er mit tränenschwacher Stimme fort: »Doch vergeblich. Meine Warnung ging im wilden Fechten unter.« Dann lag der Komtur verletzt am Boden. Nun wuchs Burgau über sich hinaus zum Samariter. »Ich warf mich neben ihn, bettete, ja bettete den Kopf auf meine Knie. Das Blut quoll dem Sterbenden aus dem Mund, nässte meine Hände ...«

Clemens ergriff Burgaus Arm. »Sein Blut auf deiner Haut? Du hast es gespürt.«

»O Herr, ein unbeschreibliches Gefühl. Es war das Blut aus der Tiefe seiner Brust, sein Herzblut.«

Im Schutz der Kapuze flüsterte der Fürst:»Weiter ... Sage es mir!«
Burgau beschattete die Augen, als könne er nur so vom Übergang in den Tod berichten.»Ehe der Komtur starb, begab er sich in die Hand seines Schöpfers, flehte um Erbarmen. Dann brach das Licht seiner Augen. Und ich ...« Er stockte.»Dies habe ich nicht im Verhör zu Protokoll gegeben, weil ich ... Es will hinaus, mein gnädiger Fürst. Ich schloss dem Komtur die Lider und, verzeiht meine Schwäche, ich weinte.«
»Du guter Mensch! Nein, schäme dich nicht. Dieses Mitgefühl ehrt dich.«
Lange schritten sie schweigend durch den Knechtsteder Busch. Erst als sie das Kloster hinter sich gelassen hatten, sagte Clemens aus tiefen Gedanken heraus:»Ich bedauere so sehr, dass heute keiner der Brüder des Verstorbenen bei uns sein kann.« Der neu gewonnene Freund, Anton von Roll, war seit der anhaltenden Kriegsgefahr in Worms unentbehrlich, erst im Herbst hoffte er auf einen längeren Besuch am Hofe des Fürsten. Und sein Bruder, der frisch ernannte Obriststallmeister Ignatius von Roll, hatte sich gestern wegen heftiger Schmerzen in der Blase entschuldigen müssen, den langen Fußmarsch würde er nicht durchhalten.»Der intime Bericht über das Sterben Johanns hätte beide gewiss so angerührt wie mich.«
»Und niemand«, zur Sicherheit erhielt Wolff-Metternich den nächsten kurzen Stoß,»niemand außer mir kann wahrer vom Hergang des Unglücks berichten.«
Kurz darauf trat Wolff-Metternich auf einen losen Stein, knickte um und musste nach quälenden Versuchen weiterzugehen vom Arzt versorgt werden und konnte die Wallfahrt nur noch auf dem Rücken seines Pferdes fortsetzen. Obwohl auch Burgau unter wunden Füßen litt, so bemühte er sich jetzt umso mehr, allein an der Seite seines Herrn durchzuhalten. Für Gespräche aber fehlte ihm der Atem und eine Stunde vor dem Ziel schwankte er.»Durchlaucht ... Das hohe Tempo. Ich bitte um die Erlaubnis, aufgeben zu dürfen. Ihr besitzt Bärenkräfte.«
»Das mag täuschen.« Clemens August gab sich bescheiden, im Klang seiner Stimme aber schwang ein gewisser Stolz.»Mir flogen die vielen Stunden nur so dahin. Wie lange bin ich unterwegs?«
Burgau nestelte seine Taschenuhr heraus.»Es ist bald drei Uhr nach dem Mittag. Dann sind es jetzt schon mehr als acht Stunden.«
»So lange? Sechs Stunden hätte ich vermutet. Nicht mehr.« Clemens August strich die Kapuze etwas zurück, auch sein Gesicht war gezeichnet von der Anstrengung, dennoch zeigte er keine Schwäche.»Bleibt zurück, mein Freund! Reitet mit dem Tross. Ich werde den Weg allein vollenden. Für Johann, für seine Seligkeit.«

In Nievenheim säumten die Bürger dicht an dicht den Aufgang zur Kirche. Keine Hochrufe, kein Klatschen für ihren Fürstbischof. Viele entblößten ehrfürchtig das Haupt, viele knieten nieder, als der schlicht gekleidete Wallfahrer an ihnen vorbeiging. Und ihr Lied begleitete ihn in die Kirche:

O du mein Heiland hoch und hehr,
dem sich der Himmel beuget,
von dessen Liebe, dessen Macht
die ganze Schöpfung zeuget ...

Bald darauf vernahmen die Gläubigen seine Stimme aus dem Gotteshaus: »Christus, du Brot des Lebens.« Und sie fielen in die Litanei mit ein: »Erbarme dich unser!«
»Durch deinen Leib, der für uns geopfert ist.«
»Herr, befreie uns!«
»Durch dein Blut, das für uns vergossen ist ...«
Clemens kniete vor der hölzernen Statue, sah den seelenvollen Blick des Erlösers, sah, wie sorgsam er die Weltkugel in seiner Hand geborgen hielt. Der Fürstbischof begann zu singen, leise, dann fester schwebte über der Stille seine Stimme: »Tantum ergo sacramentum veneremur cernui ...«

Zur selben Stunde verließ Mechthild mit Margaretha den Innenhof von Schloss Augustusburg. Die Torwachen nahmen zwar Haltung an, zeigten aber in den Mienen wenig Respekt den beiden Frauen gegenüber. Margaretha ballte die Faust und außer Hörweite schimpfte sie: »Diese unverschämten Schufte. Habt Ihr das Grinsen gesehen? Oh, ich könnte ... Schließlich seid Ihr die Dame unseres Fürsten und ich bin die Zofe.«
»Still, beruhige dich!« Mechthild lächelte sie von der Seite an. »Sie wissen genau, wer wir sind, fast noch besser als wir selbst. Ich bin einfache Musikerin und du ein Küchenmädchen.«
»Aber das stimmt jetzt bald schon seit einer Woche nicht mehr.«
»Ich fürchte, wir sollten froh sein, wenn wir wenigstens so bezeichnet werden.«
»Verstehe ich nicht.«
»Wer weiß, was auf den Schlossfluren hinter vorgehaltener Hand über mich erzählt wird? Da kommt eine Harfenspielerin, und kaum ist sie da, teilt sie schon das Bett mit dem Herrn.« Mechthild seufzte, niemand ahnt, wie viel mehr er mit mir teilt und wie viel mehr ich dem Unglücklichen geben darf. Leise setzte sie für Margaretha hinzu: »Und du als meine Zofe wirst mit mir in einem Satz genannt. Ich fürchte, ich habe deinen guten Ruf ruiniert.«

206

»Macht nichts. Ich weiß gar nicht, ob ich überhaupt einen Ruf habe. Und den möchte ich erleben, der schlecht über Euch redet, der kann was erleben.«

»Ach, Kindchen. Deine Art tut mir so gut.«

Seit ihrer Ankunft war Mechthild auf Bitten des Fürsten noch nicht wieder nach Bonn zurückgekehrt. Damit sie wenigstens zu den Mahlzeiten die Garderobe hin und wieder wechseln konnte, hatte Molitor ihr aus dem Fundus der Hofschneiderei einige Kleider besorgt. Sie passten schlecht. Waren sie zu lang, so wurde umgenäht, waren sie am Busen zu eng, so wurden Nähte gelöst. Für den Spaziergang heute trug sie wieder ihr eigenes blassgrünes Kleid und darüber einen luftigen dunkelgrünen Schultermantel.

Margaretha ging in vorschriftsmäßigem Weiß und Blau neben ihr, um den Hals hatte sie an einem schwarzen Samtbändchen das kleine silberne Kreuz gebunden. Ein Geschenk ihres Sebastians. Wie oft am Tag hauchte sie es an und rieb es mit der Schürze oder einem Tuch, als dürfe nichts den Glanz trüben. Gleich nach der Rückkehr aus München hatte sie Albert le Grand von ihrem Liebsten erzählt. Erst war er misstrauisch, sogar verärgert. »Du kannst dich nicht an irgendeinen Knecht wegwerfen. Ich habe große Pläne mit dir.«

»Wegwerfen? Sagt so was nicht.« Margaretha wandte ihm den Rücken zu. »Wenn Ihr schon Pläne für mich macht. Könntet Ihr Sebastian nicht einfach da mit reintun?«

Albert war um sie herumgekommen und sah ihr prüfend in die Augen. »Es ist dir ernst mit ihm?« Sie nickte.

»Großer Gott!« Es folgte ein tiefer Seufzer. »Also gut. Dann werde ich mir den jungen Mann genau anschauen. Sollte er mich aber enttäuschen ...«

»Wird er nicht. Ganz sicher nicht. Weil sie ihn auch mag. Und sie täuscht sich bestimmt nicht.«

»Von wem sprichst du?«

»Von Misca. Von unserm Hund. Sie mochte Sebastian sofort.«

Albert hatte gelacht. »Das ist in der Tat ein gutes Zeichen.« Und tatsächlich, schon nach der ersten kurzen Begegnung war der Zwerg einer Meinung mit Misca und seinem Schützling.

Zu Margarethas Pflichten gehörte es – sollte Albert verhindert sein –, die Hündin einige Male am Tag auszuführen. Heute aber wollte sie frei sein, wollte ihre neue Herrin allein auf einem Spaziergang durch die Stadt begleiten, langsam gehen, schlendern, so wie die feinen Herrschaften, und deshalb hatte Sebastian an ihrer Stelle die Sorge für Misca übernommen.

Auf dem Marktplatz von Brühl umstanden nahe der Ecke zur Uhlstraße Kinder und einige Frauen den Scherenschleifer. Sie lachten über das Äffchen auf seiner Schulter, das dem Meister während der Arbeit emsig die Läuse aus dem

Haar suchte und mit Genuss verzehrte. Mechthild blieb mit Margaretha stehen und schaute eine Weile zu, dann bat sie die Zofe. »Ich möchte das Grab besuchen. Zeig es mir!«

»Madame, ich warne Euch, der arme Mensch liegt nicht auf dem Friedhof.«

»Davon habe ich gehört.«

Margaretha ging einen Schritt voraus. »Mitten in der Kirche haben sie den Sarg tief unter die Steine gelegt. Und ausgerechnet auf der Seite, wo wir Frauen sitzen.« Sie blickte über die Schulter. »Mich graust es immer, wenn ich da in der Nähe ...« Wie angewurzelt blieb das Mädchen stehen, die Augen geweitet, starrte sie an ihrer Herrin vorbei zum Haus Stern am Ende des Platzes hinüber. »Da ist er wieder.«

Mechthild blickte sich um, sah Hausfrauen, Handwerker und geschäftiges Treiben. »Wen meinst du?«

»Den Mann da im Mantel. Der auf uns zukommt.« Nur hastiges Flüstern, Margaretha drängte sich enger an sie. »Das ist der Leibwächter vom Baron Burgau. Seit Tagen schleicht er um mich rum. Egal wann – sobald ich das Schloss verlasse, seh ich ihn.«

»Vielleicht mag er dich?«

»Alles, nur das nicht. Der hat mich schon mit der Peitsche geschlagen. Der ist ...« Sie schwieg.

Der gut gekleidete Diener war heran. Mit dem Grinsen verzog sich die blaue Kinnnarbe. »Schöne Damen. Wohin geht es denn?«

Mechthild sah ihn scharf an. »Wer hat dir erlaubt, uns danach zu fragen?«

»O pardon.« Übertrieben elegant zog er den Hut, dienerte. »Verzeiht die Unhöflichkeit. Peter Stumpff steht vor Euch. Der gute, liebe Peter Stumpff. Stets zu Diensten. Frauen wissen meine Fähigkeiten sehr zu schätzen.« Mit Blick auf Margaretha ergänzte er: »Nicht wahr, schönes Kind?«

»Lass uns in Ruhe!«

»Aber, aber.« Wie unbeabsichtigt strich sein Ellbogen den losen Mantel auseinander, die Hand glitt den Gürtel entlang und ließ die Finger mit dem Dolchgriff spielen. »Warum gleich so unhöflich?« Er wandte sich an Mechthild. »Ich hab schon viel von Euch gehört.«

»Das interessiert mich nicht.«

»Nein, nein. Ärgert Euch nicht. Ich bewundere Euch. Mein Kompliment.« Unverhohlen begutachtete er sie von oben bis unten. »Der Fürst ist heute nicht da. Wenn Ihr Schutz und Begleitung braucht – ich stehe zur Verfügung.«

Angewidert staunte Mechthild. Ohne es in direkten Worten auszudrücken, reiht dieser Kerl eine Beleidigung an die nächste. Außer dass ich ihn gleich hier ohrfeige, weiß ich keine Antwort darauf. Aber ein Skandal, durch mich verursacht, wäre schlimm für Clemens. Und außerdem furchtbar gerade heute, an seinem Trauertag. So blieb nur ein vernichtender Blick für den Unverschämten, dann nickte sie ihrer Zofe und ging weiter.

Peter Stumpff rief ihr nach:»Zu Eurer Sicherheit bleib ich in der Nähe. Ein Wink genügt und schon bin ich da.«

»Da habt Ihr es, Madame«, grollte Margaretha.»Der meint nicht Euch, mich meint er.«

»Aber aus welchem Grunde stellt er dir nach? Schlägt dich sogar?«

»Es hat mit dem Tod von dem armen Menschen da in der Kirche zu tun. Ich war bei dem Kampf zufällig in der Nähe. Und sein Herr gehörte auch zu der Gruppe. Und weil ich da etwas gesehen habe ...« Margaretha biss sich auf die Unterlippe. Sag's nicht, sonst weiß sie's auch und dann ist auch sie vor dem Kerl nicht mehr sicher.»Dabei habe ich alles schon den Richtern erzählt, was ich gesehen habe. Und trotzdem. Er ist hinter mir her.«

Mechthild krauste die Stirn. Das Mädchen hütet angstvoll ein Geheimnis, das spüre ich. Sie wollte nicht nachfragen. Nicht jetzt. Vielleicht kann ich ihr helfen, wenn wir einander besser kennengelernt haben. So bestimmt wie möglich sagte sie:»Wir beachten ihn einfach nicht mehr. Dann wird er uns auch nicht weiter belästigen.«

Durch den Kirchenraum zogen Rauchschwaden, schwer vom Geruch nach Wachs und Myrrhe. Die Bänke auf der Frauenseite waren zu einem weiten Geviert von der Grabstelle weggerückt. Kerzen brannten, knisterten in der Stille. Mechthild kniete nieder, hörte, wie auch Margaretha hinter ihr in die Knie sank »O Heilige Mutter, erbarme dich. Hilf dem Fürsten in seinem Schmerz.« Lange sah sie ins Flackern der Lichter, dann wagte sie, auch für sich zu bitten: »O Heilige Mutter, zürne mir nicht. Wenn ich Trost geben kann, so kann es doch keine Sünde sein ... So lasse mich ihm helfen und ihn lieben.«

Als Mechthild sich bekreuzigte und endlich aufstand, sagte ihre Zofe erleichtert»Amen« und ging eilig voraus zum Kirchenportal. Vor der Tür atmete Margaretha befreit.»Da drinnen. So nah bei dem armen Menschen, da schnürt's mir immer den Hals zu.«

Mechthild ging nicht darauf ein.»Bitte zeige mir den Ort, an dem Komtur von Roll gestorben ist.«

»Wie schade, Madame!« Margaretha verzog den Mund.»Ich dachte, wir könnten noch ein bisschen durch die Straßen spazieren. Damit die Leute uns sehen.«

»Ein andermal vielleicht. Wenn es das überhaupt gibt. Heute aber ... Weil der Herr auf seiner Wallfahrt um den Freund trauert, will ich wenigstens ein wenig nachempfinden können, was er fühlt.«

Hinter dem Kölntor führte die Zofe ihre Herrin gleich nach rechts in die Gärten. Wie vor einem Jahr standen die Obstbäume in voller Blüte. »So schön sieht das aus«, flüsterte Margaretha nun selbst erschrocken. »Und so schrecklich war es.«

Sie deutete auf die Stelle nahe den Büschen. Eine Weile standen die Frauen schweigend da, langsam kehrten sie zum Pfad zwischen den Gärten zurück. Fast hatten sie das steinerne Kreuz jenseits der Straße erreicht, als Gebell sie aus den Gedanken riss. Schon war Misca heran und sprang an Margaretha hoch, umwedelte Mechthild, bellte vor Freude.

»Wo kommst du denn her?« Margaretha griff ins schwarze Fell, kraulte die Hündin hinter den Ohren und blickte sich um. Sebastian!

Schon von weitem lachte er: »Sie hat dich eher entdeckt als ich.« Vor Mechthild strich er die blonde Haarmähne aus der Stirn, wischte sich die Hände an der Hose. »Entschuldigt, wenn der Hund etwas zu stürmisch war. Es ist ein Weibchen.«

»Ich ertrage es«, murmelte Mechthild noch ganz in Gedanken, dann hatte sie sich gelöst, schmunzelte über den jungen Burschen. »Ihr beide passt gut zusammen.«

»Von wegen«, mischte sich Margaretha ein. »Madame, das ist mein Sebastian«, stellte sie ihn vor und hakte sich besitzergreifend bei ihm ein. »Die Hündin gehört Herrn Albert.«

»Verzeih, wenn ich das nicht gleich bemerkt habe«, scherzte Mechthild. Ihre Zofe schmiegte sich eng an den Liebsten. »Ist er nicht eine Pracht?«

Ein Pfiff durch die Zähne. Die Kinnnarbe. Niemand hatte Peter Stumpff herankommen sehen. Unvermittelt war er neben ihnen, antwortete auf Margarethas Frage: »Da bin ich ganz deiner Meinung, schönes Fräulein.« Er schnippte Sebastian gegen das Ohr. »Wir sprechen uns noch im Treiberzimmer.« Damit schlenderte er weiter.

Mechthild schüttelte sich. »Dieser Mann ist mir inzwischen auch unheimlich.«

Heftig zerrte Margaretha an Sebastians Arm. »Geh dem Kerl nach. Sag ihm, dass du ihn verprügelst, wenn er sich noch mal an uns heranwagt. Sag ihm das. Nun los!«

Sebastian rieb sich nur das Ohr. »Ihn prügeln? Weißt du nicht, wer das ist? Er ist der Leibwächter von Baron Burgau. Und der Baron hat die Parforcejagd unter sich. Und Herr Stumpff führt die Jagdknechte. Das ist mein Vorgesetzter.« Er schüttelte den Kopf. »Wenn ich dem Prügel androhe, kann ich gleich meine Sachen packen.«

12

Die Stelle war gut gewählt. Geschützt vom Maigrün der Büsche, gleich hinter der leichten Biegung, ehe der Seitenweg auf die Fahrstraße mündete, wartete der leichte, offene Einspänner. Wirklich ein guter Platz, um plötzlich loszupreschen. Aloysia von Notthafft war zufrieden. Sie rückte den mit Fasanenfedern aufgeputzten Hut zurecht, versicherte sich, dass auch alle Spangen fest mit Haar und Innenband verbunden waren. Selbst bei einem heftigen Ruck durfte das Prunkstück ihrer Aufmachung nicht davonfliegen.

Kein neues Kleid zur Einweihung von Schloss Falkenlust! Trotz aller Bemü hungen war es ihr nicht gelungen, die Stoffrechnung des Juden zu begleichen. Erst nach drei unheilvollen Tagen für Tochter und Ehemann in ihrem Hause hatte sie sich mit der Schmach abgefunden und das grüne Taftkleid, noch in München geschneidert, für das Fest ausgewählt. »Niemand in Brühl hat mich darin gesehen«, hatte sie sich getröstet. »Die Männer starren mir ohnehin nur ins Dekolleté. Und für die Damen trage ich es, als wäre es neu.«

Von weitem näherten sich Hufschlag und Räderknirschen. Aloysia schlug ihrem Gatten aufs Knie. General Notthafft, in Uniform und glitzerndem Ordenbehang, schreckte hoch. »Was? Habe ich etwas vergessen?« Der schwerhörige Greis deutete auf die beiden wartenden Gardisten vor der Kutsche. »Soll ich jetzt ...?«

»Wehe dir!« Sie neigte sich zu seinem Ohr und sagte betont: »Die Wagenkolonne kommt. Aufgepasst! Du gibst den Befehl erst auf mein Zeichen. Hast du mich verstanden? Sag es.«

Notthafft nickte. »Warte auf Befehl zum Angriff.«

»Sehr gut.«

Durch das Blattwerk sah Aloysia die Leibgarde auftauchen, angeführt von Leutnant Burgau, gleich dahinter erschien die Kutsche des Fürsten. Clemens saß dort in der Prunkuniform der Falkner, dichtauf folgte der Wagen des Obristlandhofmeisters Graf von Hohenzollern.

Sie wartete noch die Kaleschen der Geheimräte Magis, Steffné und Juanni ab, dann hieb sie ihrem Gatten den Ellbogen in die Seite. Der richtete sich auf, befahl seinen Reitern wie zu seligen Schlachtzeiten: »Attacke!« Und die Gardisten gaben ihren Gäulen die Sporen, brachen durch die Büsche und sperrten den Fahrweg für die nachfolgenden Wagen.

»Vorwärts!« Der zweite Befehl des Generals. Der Fuhrmann schnalzte, hieb die Zügel auf die Kruppe des Pferdes und die Kutsche der Notthaffts rollte in hohem Tempo aus dem Versteck, nahm einen scharfen Bogen in die Fahrstraße, schwankte gefährlich, kippte nicht und fuhr gleich hinter den Ministern auf Falkenlust zu. Erneut schlug Aloysia dem Gatten aufs Knie. »Gut gemacht!«

»Ist die Schlacht gewonnen?«

»Sei still jetzt.«

Angespannt blickte sie nach vorn. Der Prunkwagen des Kurfürsten rollte durchs weit geöffnete hohe Gittertor in den Innenhof, hielt nahe dem Eingang, daneben kamen auch die Kutschen der Minister zum Halt. »Es wird auskommen.« Vor Erleichterung hob Aloysia kurz mit beiden Händen ihre Brüste an. »Gut geschätzt, altes Mädchen«, lobte sie sich halblaut.

Der Gemahl las von ihren Lippen. »Kein schlechtes Wetter«, bestätigte er. »Ein guter Tag für Seine Durchlaucht.«

»Schon recht.« Ein harter Klaps auf die Hand folgte und Maximilian Emanuel von Notthafft schloss den Mund. Der Einspänner passierte das Tor und schlüpfte genau in die letzte Lücke neben den Wirtschaftsgebäuden. Die vorderste Reihe war komplett und Freifrau von Notthafft gehörte dazu, sie hatte sich einen der privilegierten Plätze nahe dem Fürsten erkämpft.

Noch während die nachfolgenden Wagen von der Dienerschaft eingewiesen wurden, kam Clemens August auf sie zu. »Meine Liebe, ich freue mich, dass Ihr und Euer Gemahl der Einladung nachgekommen seid und mit mir und uns mein Juwel, mein Falkenlust, feiern wollt.« Er reichte ihr die Hand, sie vollführte einen großen Knicks, dankte und setzte für die gerade ankommenden Damen mit vernehmlicher Stimme hinzu. »Euch wieder nahe sein zu dürfen, allergnädigste Durchlaucht, ist ein Geschenk.«

»Gleich wird mein neuer Solobassist Beethoven zur Eröffnung eine Arie aus dem Oratorium ,Esther' zum Besten geben. Ich wünsche gute Unterhaltung!« Noch ein Lächeln und der Fürst entschwand mit seinen Ministern im Schloss.

»Sehr gut«, flüsterte sie. »Außer mir hat er keine persönlich begrüßt.« Das Fest war jetzt schon ein voller Erfolg. Mit erhobenem Kinn stellte sich Aloysia den Blicken der Damen, begegnete dem Gift mit sanftem Triumph. »Teuerste! Welch eine Überraschung.« Die Stimme war nicht zu verwechseln. Wenn Schlangen sprechen könnten, dachte die Freifrau, müssten sie sich genauso anhören. Noch bevor Aloysia sich umwandte, erwiderte sie. »Welch eine Freude.« Nun folgte die Drehung, auf dem Hut ging ein Windhauch durch die Fasanenfedern.

Ihr gegenüber stand Baronin von Schade in cremefarbenem Gewand, eng, betont eng in der Taille und mit blassblauen aufgestickten Rauten auf den weiten Rockfalten. Ihr kleiner Busen war hochgequetscht und von einer Goldgitterborde eingefasst. »Wie aufregend das Zirkusstück vorhin.« Unter den großen grauen Augen und der scharfen Nase lebte vor allem ein Mund: Er beherrschte das schlanke Gesicht, Ober- und Unterlippe voll und weich, für jeden Mann ein Versprechen, für Frauen aber ein stetiger Anstoß. »Beinahe hätte unser Kutscher die Pferde nicht rechtzeitig zügeln können. Nur gut, dass Richard Löwenherz nicht mit im Wagen saß.«

»Ihr müsst meinen General entschuldigen. Er ist nun mal ein Draufgänger. Und da bald ein neues Kommando für ihn winkt ...«

»Wirklich?«, unterbrach Baronin von Schade mit Blick auf den etwas verloren dastehenden, nach vorn gebeugten Greis.

»Aber ja, meine Liebe. Er ist im Gespräch für die neu angeworbenen Truppen.«

Das Lippenpaar vergnügte sich bei einem Lächeln. »Ach so: im Gespräch. Jetzt verstehe ich.«

Rasch musste Aloysia vom Thema ablenken. »Sagtet Ihr Richard Löwenherz? Ein neuer Gast? Wann werde ich das Vergnügen haben, ihn kennenzulernen?«

»Jederzeit. Die Freude wird sicher auch auf seiner Seite sein. Er ist mein Mops.«

Nur einen Wimpernschlag lang zögerte Aloysia. »Ich bin vernarrt in Hunde.«

»Wirklich? Ach, Teuerste, wie seelenverwandt wir doch sind. Obwohl, Hund und Hund ist nicht dasselbe. Erst ab einem gewissen gesellschaftlichen Stand wählt die Dame von heute natürlich den Mops. Ach, er ist auch allerliebst. Aus dem faltigen Gesicht spricht so viel Klugheit. Und ...«, ein wohliger Seufzer, »und wenn ich ihn mit beiden Händen fasse, so fühle ich unter dem Fell das Fleischige. Ein Erlebnis. Sehr kostspielig in der Anschaffung, meine Teuerste, aber ein Erlebnis.«

»Ihr seid so welterfahren, Liebste. Ich könnte Euch beneiden.«

Übergangslos wies Christina von Schade auf ihren eigenen Gatten, einen etwas klein geratenen, kugelbauchigen Herrn mit Knitterfalten um die Augen und auf den Wangen, die Perücke hing wie ein dünnlockiger Vorhanglappen an seinen Ohren hinunter. »Teuerste, lassen wir unsere Männer zueinander, sie haben sich gewiss einiges zu erzählen, und wir vergnügen uns derweil auf dem Fest.«

Sie schob ihren Ehegatten in Richtung des Greises. »Du kennst doch General von Notthafft?«, wartete eine Antwort nicht ab, nahm die Freifrau am Arm und schlenderte mit ihr durch die Gästeschar auf den Eingang zu. »Welch ein entzückendes Kleid, meine Teuerste. Dieses Grün und dazu der Hut.«

»Gerade noch rechtzeitig ist es fertig geworden.« Aloysia wiegte sich in den Hüften. »Dem Himmel sei Dank, gestern konnte ich es von der Schneiderin abholen.«

Vor dem Vestibül kamen die Zofen der beiden eilfertig heran, glätteten etwas an den Rockfalten, zupften die aufgebauschten Ärmel zurecht. Baronin Schade tätschelte ihrer Dienerin die Wange. »Mein Kind, hast du auch an – na du weißt schon was – gedacht?«

»Sehr wohl, Madame. Und ganz unauffällig versteckt.«

»Gut, sehr fein. Wenn es so weit ist, gebe ich dir ein Zeichen.«

Die Zofe knickste.

»Und kein Sterbenswort zu irgendjemand. Sonst ...« Christina kniff dem Mädchen leicht in die Wange. »Und nun zurück mit dir!«

Obwohl abgewandt, hatte Aloysia zugehört und nahm ihre eigene Zofe beiseite. »Sieh zu, dass du herausfindest, wovon die Baronin spricht. Wenn du's weißt, dann gib mir unauffällig Bescheid.«

Mit festgefügtem Lächeln trafen sich die beiden Damen wieder und wandelten in den unteren Salon.

Keine Großzügigkeit in der Fläche, dafür Sorgfalt und Liebe in jedem Detail. Ein Drittel des mit Jagdbildnissen ausgestatteten Raums war durch eine Brokatkordel abgetrennt. Dort sollten Sänger und Musiker ihre Kunst darbieten. Als Bühnendekoration gab es lediglich ein Kanapee.

»Wisst Ihr, worum es in ‚Esther' geht?«, erkundigte sich Aloysia.

»Aber, Teuerste – die schöne jüdische Königin am persischen Hof, Ahasver, der König, und Haman, sein Berater. Vom Judenhasser Haman habt Ihr doch sicher schon gehört.«

Leicht irritiert rückte Aloysia an ihrem Hut. »Ich habe nichts gegen Juden. Außer ...« Sie dachte an den unbezahlbaren Stoff. »Na ja, dass sie geizig sind.«

»Ich kann das wirklich nicht bestätigen.«

Nun wuchs Freifrau von Notthafft auf. »Euer gutes Verhältnis zu Jud Süß, verzeiht, zum hochverehrten Bankier Oppenheimer ist kein Geheimnis.«

»Ich bin nur Vermittlerin zwischen Joseph und unserem geliebten Fürstbischof. Die Beziehung ist rein geschäftlich.«

»Keine Frage: Und Ihr verdient recht gut dabei, habe ich mir sagen lassen.«

»Es lässt sich leben.«

Aloysia heftete den Blick auf den Halsschmuck. »Und solche Perlen gibt es als Bonus obendrauf? Wie beneidenswert.«

Die üppigen Lippen öffneten und schlossen sich, ohne dass eine Erwiderung sie verlassen hätte. Beim Tarockspiel, dachte die Freifrau zufrieden, würde dieser Stich mir gehören.

Nach einem Glas Champagner, nach Grüßen, Nicken und Neuigkeiten wurde die Gesellschaft zur Aufführung gebeten. Auf Grund der Enge sollten die Gäste stehend dem Kunstgenuss beiwohnen.

Mit zielstrebigem Einsatz kurzer Ellbogenstöße und schwungvollem Hüftschlag der Reifröcke gelangten beide Damen in die zweite Reihe, ganz in die Nähe des Hausherrn, seiner Minister und des Baumeisters Leveilly.

Bei den ersten Klängen von Harfe und Klavier neigte sich Baronin von Schade hinter dem Fächer zum Ohr ihrer Nachbarin. »Diese neue Mätresse, wie heißt sie noch?«

»Brion.«

»Eine Harfenspielerin. Und wie ich gehört habe, hat sie nackt vor Seiner Durchlaucht gespielt und ihn damit außergewöhnlich gut unterhalten?«

»So wurde es mir auch berichtet.« Beide nickten nachdenklich und Christina benetzte die Lippen. »Sehr geschickt. Mir scheint, um weiterzukommen, sollte man an der Harfe zupfen können.«

Aloysia atmete ins Dekolleté und seufzte. »Ich verstehe mich nur aufs Flötespielen. Leider!« Sie sahen einander an, wedelten mit den Fächern und jede unterdrückte ein Schmunzeln.

Zur selben Zeit umstellten Soldaten der Palastwache die Marktkirche von Brühl. Niemand mehr erhielt jetzt Zutritt. Im Innenraum des Gotteshauses waren die Frauenbänke von zwei Arbeitern beiseitegeschafft und die Bodenplatten aufgehoben worden.

Ernsten Gesichtes umstanden der Beichtvater des Fürsten, Pater Maralt, der Brühler Stadtpfarrer Breuer zusammen mit dem Leibarzt Doktor Fährmann, dem Barbier und einem Franziskanermönch den freigelegten Schacht. Die Männer verständigten sich mit Blicken und Pfarrer Breuer gab als Hausherr der Kirche den Helfern das Zeichen.

Keuchend hievten und ruckten die Männer den Sarg an Stricken langsam aus der Gruft. Kein Wort wurde gesprochen. Hässlich laut scharrte der Holzsarg über den Steinboden.

»Löst den Deckel!«, befahl Pfarrer Breuer. »Nur lockern, nicht mehr. Gebt acht, dass er nicht zerbricht.« Die Nägel ächzten. »Jetzt entfernt euch und wartet.« Erst als die Männer sich nahe dem Ausgang niedergelassen hatten, wandte er sich an den Zeugenkreis. »Wer von uns soll es tun?«

Der Beichtvater des Fürsten deutete auf den Barbier und den Franziskaner. »Wenn Ihr diese Pflicht übernehmen könntet.« Keine Diskussion. Sie traten vor. Nur ein kurzes Zögern, ein gemeinsames Einatmen, dann hoben sie den verquollenen Deckel ab und legten ihn beiseite.

Wie ein Schwall breitete sich Gestank von vergorenem Käse, Moder und stechender Fäulnis aus, wurde unerträglich. Die frommen Herren pressten ihre Sacktücher vor die Nasen, allein der Barbier und Doktor Fährmann ertrugen den Gestank ohne Schutz. Alle Zeugen traten nun näher an den Sarg. Der Franziskaner sollte die Lampe halten, musste sie aber an den Barbier weitergeben.

Schlaff umgab die Uniform den Leib, sie war feucht, wies Flecken mit weißlichen Rändern auf, das Deutschordenskreuz hatte den Goldglanz verloren, darunter lagen die gefalteten Hände, Knochenfinger, an denen da und dort noch Fleischspuren zu erkennen waren. Das Gesicht des Toten schimmerte cremig bräunlich, lippenlos, die Zähne ragten vor. Verwestes Leben. Im flackernden Schein aber tief versunken in den Augenhöhlen glänzten mit einem Mal noch dunkle Punkte.

»Er sieht mich an«, keuchte der Barbier. Ehe ihm das Licht aus der Hand fiel, griff Doktor Fährmann danach. »Das ist Leichenwasser. Der Körper ist noch nicht ausgetrocknet. Deshalb auch der üble Geruch.« Er hob die Lampe höher. »Der Grad der Verwesung ist nicht verwunderlich. Ein Jahr liegt der Körper schon im Sarg.«

Pater Maralt ging nachdenklich auf und ab, schließlich blieb er stehen und sah auf den Leichnam. »Sein Zustand ist nicht der, den unser Fürst erhofft.«

Als sich alle Blicke fragend auf ihn richteten, setzte er hinzu: »Was also werden wir sagen?«

Pfarrer Breuer rieb sich die Stirn. »Die Wahrheit.« Kaum ausgesprochen erschrak er vor dem Wort, wurde unsicher. »Oder? Ich meine, was sonst könnten wir berichten?«

Der Barbier nestelte an seinem Kragen. Übelkeit saugte dem Franziskaner alle Farbe aus dem Gesicht. Doktor Fährmann räusperte sich, seine Stimme blieb belegt. »Wenn ich den Anblick mit anderen Leichen, die ähnlich lange im Sarg lagen, vergleiche, so sind durchaus noch menschliche Züge zu erkennen.«

»Nicht wahr«, nickte Pater Maralt. »Ich habe den Toten nicht gekannt. Aber schon beim ersten Hinschauen vermeinte ich, eine Ähnlichkeit mit seinem Bruder, dem Obriststallmeister Ignatius von Roll zu erkennen.«

»Wirklich!« Pfarrer Breuer hatte begriffen und zwang sich, das Gesicht des Toten näher zu betrachten. »So ohne Lippen könnte der Ausdruck vielleicht als heiter zu beschreiben sein.«

»Was?« Der Barbier schüttelte sich. »Das nenne ich ein Totengrinsen.«

»Ruhig, meine Herren!«, beschwichtigte Pater Maralt. »Lasst uns in Ruhe weiter überlegen.«

In Schloss Falkenlust lauschte das Publikum ergriffen dem Anschwellen der Musik. Auf der Bühnenfläche ruhte Esther mit versteinerter, abweisender Miene auf dem Kanapee, vor ihr kniete der junge Bassist Ludwig van Beethoven in der Gestalt des Haman. Die tückischen Pläne des königlichen Beraters, die Juden zu vernichten, sind aufgedeckt. Haman weiß, er ist beim König in Ungnade gefallen. Nun fleht er die jüdische Königin an.

Welch eine Stimme, welch Volumen voller Kraft, dann wieder mit weichem Schmelz, und dazu lebte das Gesicht den Text.

Haman schlägt sich an die Brust: »Wie tief dein Fall von der Höh! Zittre, o Ehrgeiz, zittre, o Ehrgeiz!« Er nähert sich der Königin. »Sieh mich an. Im Glück sei gnadenreich. Im Glück, im Glück sei gnadenreich!«

Und weil sie ungerührt bleibt, drängt er sich noch enger ans Kanapee. »Wenn auch dir dereinst das Unglück naht, dann Gnad allein dir Rettung bringt und hemmet den Todesstreich.« Immer wieder, immer verzweifelter füllte der Satz den unteren Salon »... und hemmet den Todesstreich«.

Aloysia stieß die Nachbarin an, wies mit dem Blick auf Clemens August. Christina sah nun auch, wie er mit der Musik ging, mitfieberte und wie sehr das Wort »Todesstreich« ihn traf.

Auf der Bühne kniet Haman mit gebreiteten Armen schutzlos vor der Königin. Die Melodie geht über ins Licht, und Esther antwortet mit leuchtendem Sopran: »Ich will rühmen all die Gnade, die mir so viel Hülfe gebracht. Rühmen will die Gnade von der Morgenröte bis zur Dämmerung der Nacht ...«

Sie hilft dem Judenhasser nicht, will sich nicht für ihn verwenden. Und als König Ahasver zurückkehrt, ist der Tod beschlossen. Haman wird an den Galgen gehängt, an dem er die Juden erhängen wollte.

»Bravo!« Heftig applaudierte der Fürst, stieg über die Brokatkordel und nahm Esther und Haman an den Händen. So inmitten beider Sänger trat er vors Publikum und nahm mit den Künstlern den Beifall entgegen.

Als das Klatschen versickerte, ging Bewegung durch die Reihen. Von dringender Notdurft getrieben, eilten etliche Damen durchs Vestibül nach draußen und hinüber zum linken Nebengebäude, um dort in dem vorbestimmten Zimmer einen der bereitgestellten Töpfe zu nutzen...

Auch Freifrau von Notthafft schlug mit Baronin von Schade diese Richtung ein, sah aber schon vom Vestibül aus, dass der Andrang zum Nebengebäude zu groß war. »So ist es nun mal, meine Liebe. Wer ganz vorn in der zweiten Reihe der Musik lauscht, der ist nachher beim Topf eine von den Letzten. Auch wenn's drängt, wir müssen warten.«

»Ich denke gar nicht daran.« Christina ließ die Lippen schmollen. »Ich erledige das gleich hier.«

»Aber, liebste Freundin ...« Diese Vorstellung erschien selbst Aloysia als zu kühn. »Solche Freiheit könnte nun doch einen kleinen Skandal nach sich ziehen. Ach, ich verstehe, Ihr habt nur gescherzt.«

Die Baronin winkte mit dem Fächer zu den Zofen hinüber. »Ich scherze nicht, wenn es um solch ein dringliches Geschäft geht.«

Ihr Kammermädchen erschien und brachte ein Porzellangefäß, in Form und Größe ähnelte es einer Soßenschüssel. Auf das Nicken der Herrin hin, lüftete ihr die Zofe vorne den bauschigen Reifrock und hob das Bourdalou zwischen ihren Beinen hinauf bis zur Mitte.

Atemlos musste Aloysia hinsehen und konnte es nicht fassen, als sie leises Plätschern vernahm. »Woher habt Ihr ...? Aber meine Liebe ...? Wenn es wahr ist, dann ist es wunderbar praktisch.«

Der üble Geruch blieb, füllte die Marktkirche, obwohl der Sarg längst geschlossen und von den danach erst herbeigerufenen Arbeitern wieder in die Gruft hinabgelassen worden war. Und während die Bodenplatten zurückgelegt, die Bänke geschoben wurden, zogen sich die fünf Zeugen in die Sakristei zurück.

Nach vielen Bedenken, nach Abwägen der möglichen Folgen wurde Einigung erzielt. Und immer noch schwang selbst hier etwas vom Leichengestank im Raum. »Könnten wir nicht ...?« Der sichtlich mitgenommene Franziskaner deutete auf den Weihrauchtopf. Pfarrer Breuer verstand und entzündete Harz und einige Lorbeerblätter in einem Schälchen. »Ich denke, jedem von uns wird durch diesen heiligen Duft etwas wohler im Magen und ums Herz werden.«

Leicht ungehalten wegen der Unterbrechung huschte der Beichtvater des Fürsten die Augenbrauen. »Wir dürfen nicht übermäßig Zeit verlieren. Unsere Beurteilung wird von Seiner Durchlaucht erwartet. Und zwar noch während der Feierlichkeiten in Falkenlust. Draußen steht Freiherr von Wolff-Metternich mit dem Pferd in Bereitschaft.«

»Wir haben uns abgesprochen.« Der Barbier wischte sich die Hände an den Rockseiten ab. »Warum also noch zögern?« Er sah Doktor Fährmann an. »Wir gehen hinaus und wie vereinbart gebt Ihr das Ergebnis an den Boten weiter.« »So einfach ist es nun doch nicht.« Der Leibarzt winkte alle Herren zum Tisch. »Vorher muss ich jeden von uns warnen, mich eingeschlossen. Ganz gleich in welche Situation der eine oder der andere von uns gerät, ganz gleich auch, wer fragt: Es gibt nur ein Ergebnis dieser Leichenschau, nur einen einzigen und eindeutigen Bericht. Sollte einer von uns jedoch behaupten, etwas anderes gesehen zu haben, so wird er von den Übrigen als Lügner und Betrüger bezeichnet.« Ins zustimmende Nicken setzte der Leibarzt noch hinzu: »Und da jeder weiß, wie empfindlich unser Fürst gerade in dieser Angelegenheit reagiert, muss er mit den schlimmsten Strafen rechnen, wenn ihn nicht gar eine Hinrichtung erwartet.«

Der Franziskaner atmete heftig. »Aber wir geben diesen Bericht doch aus Liebe zu Seiner gnädigen Durchlaucht ab?«

»Du bist auf dem rechten Pfad, Bruder«, bestätigte ihn Beichtvater Maralt. »Doch wer gegen diese Liebe handelt, den trifft Gottes Zorn mit aller Härte.«

Die Lobrede des Fürsten auf den Baumeister Michael Leveilly dauerte noch an. In nur fünf Jahren hatte er nach den Plänen des genialen Architekten Cuvilliés das Jagdschloss errichtet. Clemens August beschwor das Weiß-Blau der Wittelsbacher und widmete jedem Raum ausführlichste Erklärungen. Von seiner Zuhörerschaft forderte er immer wieder aufs Neue großen Applaus, bald schon klatschten die Gäste ihm und nicht mehr dem Baumeister zu.

Albert stand bei der Eingangstür, hörte nur mit halbem Ohr der Ansprache im Salon zu, immer wieder blickte er hinaus in die lange baumgesäumte Allee, und jetzt endlich näherte sich ein Reiter.

Der Zwerg eilte durch den Innenhof, erreichte das schmiedeeiserne Tor im selben Moment wie Freiherr von Wolff-Metternich und bat ihn mit einem Handzeichen anzuhalten. »Gute Nachricht? Wenn nicht, so muss ich Euch bitten, bis nach dem Fest zu warten.«

»Ein Wunder.« Mit sonderbar verwirrtem Blick stieg der Bote aus dem Sattel. »Weil ich es nicht glauben konnte, habe ich immer wieder nachgefragt. Kein Zweifel, es muss ein Wunder sein.«

Albert schnippte mehrmals mit den Fingern, klatschte in die Hände. »Seid Ihr wach?«

Wolff-Metternich schüttelte sich, seine Augen verloren etwas von dem Strahlen. »Verzeiht. Ich, ich habe auf dem Ritt hierher überlegt, wie ich diese Nachricht dem Fürsten überbringen soll?«

»Auf keinen Fall in solch einem Zustand.« Albert trat einen Schritt zurück. Scharf musterte er das Gesicht des jungen Mannes. »War der Sarg etwa leer?«

»Nein, nein. Das nicht.«

»Aber Ihr sprecht von einem Wunder. Nun heraus damit. Was ist mit dem Toten?«

»Unversehrt.«

»Wie darf ich das verstehen?«

»Der Arzt hat es mir gesagt, auch Pater Maralt. Alle habe ich gefragt. Der Komtur liegt im Sarg, als wäre er noch ... eben unversehrt.«

Lange rieb sich Albert den Nasenrücken und versuchte, die Neuigkeit einzuordnen. Ein Wunder, dachte er schließlich, wie gut. Dieses Wunder kann für einige böse Folgen haben. Und an Wolff-Metternich gewandt zeigte er sich nun auch beeindruckt. »Welch eine wunderbare Botschaft. Wisst Ihr noch, vor einem Jahr musstet Ihr die Todesnachricht überbringen? Und Ihr habt mich gefragt, ob nicht ich diese schwere Aufgabe übernehmen könnte. Ich weigerte mich, damals zu Recht.«

»Heute frage ich nicht«, stieß Wolff-Metternich hervor. »Ich werde ...«

»Bleibt ruhig!« Albert beschwichtigte mit beiden Händen. »Niemand und schon gar nicht meine Wenigkeit will Euch diese Chance auf einen guten Eindruck bei unserm Fürsten nehmen. Nur sollten wir genau den richtigen Zeitpunkt während des Festes abpassen. Vertraut mir. Bringen wir zunächst das Pferd in den Stall.« Er winkte, Wolff-Metternich nahm die Zügel und begleitete ihn.

Tanz war angesagt. Mit Fächer, Wimpernschlag und Lächeln erwählten sich die Damen ihre Partner im Vestibül und munteren Schritts ging es dann hinein in den nun leer geräumten Salon. Dort formierten sich die Paare und gaben sich zu den Klängen des kleinen Orchesters dem Schreiten, Verneigen und Hüpfen hin.

Notgedrungen mussten sich Christina und Aloysia bei den ersten Tänzen der holprigen Ungeschicklichkeit ihrer Ehemänner anvertrauen, und beide Damen ernteten beim wiederkehrenden Wechsel bedauernde und auch schmachtende Blicke der schmucken Kavaliere.

»Später«, hauchte Freifrau von Notthafft dem braunäugigen Obristen Ronaldo Barbotti zu und freute sich im Vorbeihüpfen an seiner Biegsamkeit. Erst vor zwei Wochen hatte er sich ihr vorgestellt. »Wenn Gnädigste irgendwann einmal Hilfe benötigen sollten, so gebt mir nur ein Zeichen.« Hilfe? Draußen blühte der Mai. Heute wäre solch ein Tag, an dem einer Frau nach kraftvoller Hilfe zumute war.

In der Tanzpause wurde zur Erfrischung erneut Champagner ausgeschenkt. Baronin Schade hob ihr Glas. »Teuerste, lasst uns auf dieses gelungene Fest anstoßen.« In Gedanken noch bei dem schmucken Barbotti folgte Aloysia der Aufforderung und erst das Klingen der Gläser brachte sie zurück. »Was sagtet Ihr?«

»Ein gelungenes Fest.«

»Und es verspricht noch einiges an Amüsement.«

»Verehrte Damen!« Geheimrat von Magis näherte sich, im geröteten Gesicht glänzte die Schweißpatina. Den Diener mit der Champagnerflasche brachte er gleich mit. »Zwei Sonnen lassen diesen Tag erstrahlen.« Er küsste Baronin Schade die Hand, bei der Freifrau von Notthafft senkte er zunächst den Blick ins Dekolleté, verweilte einen Atemzug, dann erst neigte er sich über ihren Handrücken. »Erlaubt mir, verehrte Damen, ein Glas mit Euch zu trinken.«

Hinter seinem Rücken schnippte er dem Diener. Als nachgeschenkt war, strahlte er: »Das Prickeln treibt den Frühling ins Blut, nicht wahr?« Ohne Übergang neigte er sich Baronin Schade zu. »Gnädigste, mir wäre sehr daran gelegen, wenn Ihr in den nächsten Tagen etwas Zeit für mich erübrigen könntet. Angesichts der steigenden Kosten für die neuen Truppen wird ein größerer Kredit vonnöten sein.«

Als nähere sich eine kandierte Kirsche, rundeten sich die Lippen. »Lieber Baron – oder soll ich nicht besser lieber, verehrter Erster Minister sagen –, gerne werde ich die Mühe der Vermittlerin auf mich nehmen. Meldet Euch nur!«

»Danke.«

Magis umfasste nun Aloysia mit dem Blick, Speichel wässerte seine Worte. »So lange ... Wir begegneten uns zuletzt beim Abschiedsessen des Grafen von Törring im April. Seitdem sind zwar erst einige Wochen vergangen, mir aber ist es, als wären es Monate.« Seine Hand schwelgte. »Welch ein Anblick. Und Euer Kleid. Gerade dieses Kunstwerk aus grünem Taft liebe ich an Euch. Schon in München vermochte ich nicht, mich daran sattzusehen.«

Der Tag hielt den Atem an.

Aloysias Lächeln gefror, aus dem Augenwinkel nahm sie wahr, wie ihre Nachbarin den Fächer vor den Mund hob. Es war zu spät, dennoch musste sie Haltung bewahren. »Welch ein Kompliment!« Ich töte dich, dachte sie, warte nur ab, und presste zuvorkommend hinaus: »Kein Kavalier übertrifft Euch an Charme und Eleganz.«

Ein Lakai bahnte sich den Weg durch die Gäste und dienerte vor den Damen. »Um Vergebung.« Er wandte sich an Magis. »Verzeiht, Ihr werdet dringend oben im Cabinet Chinois erwartet. Seine Durchlaucht bittet Euch und alle anderen Minister, unverzüglich dort zu erscheinen.«

Ohne die von ihm verursachte Katastrophe auch nur zu erahnen, verneigte sich Magis. »Meine Damen, die Pflicht ruft. Bitte entschuldigt mich!« Ein galanter Armschwenk, noch ein heißer Blick für Aloysia – und der Erste Minister entfernte sich.

Christina von Schade schnurrte ihm nach: »Was für eine imposante Erscheinung. Ich freue mich darauf, mit ihm zusammenzutreffen. Rein geschäftlich, versteht sich.« Sie ließ den Fächer zuschnappen. »Und welch ein Kavalier. Nicht jeder behält ein schönes Kleid in Erinnerung, nicht wahr, meine Teuerste?«

Aloysia schloss die Augen, trank den Champagner, ohne abzusetzen, und knallte dem vorbeigehenden Diener das Glas aufs Tablett, sah auch jetzt die Nachbarin nicht an. »Ich ... ich will, muss mir die Nase ... Entschuldigt mich!« Sie wandte sich ab, wollte zum Ausgang, da bot ihr Christina mit samtener Stimme an: »Aber, Teuerste, warum der weite Weg? Ihr könnt gerne mein Bourdalou benutzen.«

Mit bebendem Kinn dankte Aloysia. »Beim nächsten Mal gern. Ich denke, etwas frische Luft schadet nicht.« Damit drängte sie durch die Gäste.

Als Letzter eilte Leutnant Burgau die Treppe hinauf. Sein leichter dunkler Schulterumhang streifte an der noch nicht vollständig gekachelten Außenwand entlang. Oben angekommen, musste er zunächst den weißen Staub abklopfen, ehe er durch die Garderobe zum Cabinet Chinois hinüberging. Beim Eintreten wäre er beinah über den Zwerg des Fürsten gestolpert. »Gib doch acht, Kretin.«

»Ihr solltet häufiger nach unten schauen«, lächelte Albert zu ihm hinauf. »Damit Ihr wisst, wie tief Ihr fallen könnt.«

»Rede nicht so verrückt. Aus dem Weg!«

Mit einer leichten Verbeugung trat Albert beiseite.

Alle hergebetenen Herren scharten sich vor dem Sessel des Fürstbischofs. »Freunde und hochgeschätzte Ratgeber.« Die Augen leuchteten, auf den Wangen zeigten sich rote Flecken. »Ein Jahr lang haben Wolken die Sonne verdüstert. Nun aber sind sie vertrieben. Und endlich liegt die Wahrheit in klarem Lichte vor uns.«

»Bravo«, bemerkte Baron Magis, ohne zu wissen, worum es ging. Um nicht nachzustehen, pflichtete ihm gleich mehr als die Hälfte der Minister bei.

Clemens August wartete, sein Blick hob sich über die Köpfe zu den blauen Vorhängen. »Auf Anraten der heiliggleichen Schwester Crescentia fasste ich den Entschluss, den Leichnam des Komturs Johann Baptist von Roll exhumieren zu lassen. Letzte Gewissheit wollte ich erlangen, wie der Freund zu Tode gekommen ist. Die Öffnung des Sarges ist vor wenigen Stunden geschehen.«

Albert sah verstohlen in die Gesichter der Herren, sah gespannte Aufmerksamkeit. Allein Baron Burgau wischte sich fahrig den Hals, fingerte am Hemdkragen. Sieh an, dachte er, bin nur gespannt, wie heiß dir gleich noch wird. »Der mir vertraute und Euch allen als Ehrenmann bekannte Freiherr von Wolff-Metternich überbrachte den Bericht der Zeugen. Der Leichnam, meine Herren ...« Jähe Rührung unterbrach Clemens, nach einer Weile sammelte er sich und fuhr mit fester Stimme fort: »Der Leichnam ist unversehrt.« Er ließ eine Pause. Um ihn herum herrschte atemloses Schweigen, niemand bewegte sich. »Ja, werte Herren, die Haut schimmert rosa, der Einstich an der Herzseite zeigt noch frisches Blut und den Toten umgibt ein lieblicher Duft. Komtur Johann Baptist von Roll liegt dort so, wie er vor einem Jahr bestattet wurde.«

Clemens August erhob sich rasch, stand vor seinen Ministern und Edlen in voller Größe. Eine Wandlung vollzog sich in seiner Miene, das Weiche trat zurück, dafür schienen Kinn und Wangenknochen hervorzustechen. »Von diesem Wunder will ich öffentlich kein Aufhebens machen, aber, werte Herren, dieses Wunder ist der untrügliche Beweis, dass Komtur von Roll nicht im Duell gefallen sein kann, sondern dass er ermordet wurde.« Der Fürst ballte beide Fäuste. Erschreckt von diesem ungewohnten Anblick, wichen die versammelten Kavaliere einen Schritt zurück. »Von nun an soll es keine Gnade mehr geben. Keine Rücksicht mehr für jeden, der schuldhaft an seinem Tode beteiligt war. Er soll der unerbittlichen Verfolgung ausgesetzt werden. Und jeder, der dingfest gemacht wird, den erwartet meine Erbarmungslosigkeit.«

In die Stille hinein tönte mit einem Mal Baron Magis: »Vivat!« Für diese im Moment unpassende Bekundung erntete er missbilligende Blicke und Graf von Hohenzollern wollte ihn behutsam beiseitenehmen, doch der Erste Minister des Kurstaates wischte die Hand entschieden vom Ärmel und wiederholte: »Vivat, Kurfürst Clemens August und Fluch über seine Feinde!«

Dem konnte, durfte sich niemand entziehen. »Vivat!« Applaus kam hinzu und Clemens August wartete ihn bis zum letzten Händerühren ab. »Dank, habt Dank! Wer von Euch wertvolle Hinweise zur Aufdeckung der Intrige gegen den Komtur beisteuern möchte, soll sich vertrauensvoll direkt an mich wenden.« Er wies mit großer Geste zur Tür. »Kehrt nun alle zum Fest zurück. Ich denke, die Damen haben uns sicher schon sehr vermisst.«

Schweigend drängten die Vornehmen des Kurstaates hinaus, erst auf der Treppe löste sich die Anspannung, und jeden kostete es Mühe, sich aufs Neue an den leichten Tanzmelodien zu erfreuen.

Baron Hubert von Burgau versuchte, sich möglichst rasch aus dem Kreis der Herren zu lösen. Zielstrebig blieb ihm Albert auf den Fersen, im unteren

Vestibül holte er ihn ein. »So eilig? Ist Euch die Nachricht etwa auf den Magen geschlagen?«

Jäh fuhr der Leutnant herum, aus der Rage heraus verkrallten sich seine Finger im Buckel des Zwerges. »Dich sollte der Teufel holen!« Die Hand löste sich. »Wenn du meinen Rat hören willst: Gehe mir in Zukunft aus dem Weg! Oder ich lasse dich in den Boden stampfen.«

»Von wem würdet Ihr für solch eine Heldentat belohnt? Von unserm Fürsten? Etwa von Graf Törring? Oder gibt es gar noch einen dritten Herrn, dem Ihr zu gefallen sucht?«

Hass glühte in den Augen, der kleine Kopf zuckte nach unten. »Mir wird es gefallen. Nur mir.«

Albert trat zurück, verneigte sich, als hätte der Leutnant ihm ein Lob gespendet. »Habt Dank!« Er setzte halblaut hinzu: »Und ich dachte, es drohe mir ernste Gefahr. Denn Euch fürchte ich nicht.«

Wortlos wandte sich Burgau ab und ging nach draußen.

Albert beobachtete ihn auf dem Weg hinüber zur Unterkunft der Falkner. Lange atmete er aus. »Verflucht! So sehr ich dich auch reize – außer mich zu bedrohen, gibst du dir keine Blöße. Verrätst dich nicht mit einem Wort.« Ganz in Gedanken kehrte er in den Gesinderaum zurück. »Und das macht dich so gefährlich.«

»Sofort zu Seiner Durchlaucht!«, schreckte ihn der Lakai auf. »Ins Speisezimmer.« Gleich eilte Albert hinüber.

Noch waren die Gäste nicht zu Kaffee und Zuckerwerk hereingebeten worden. Clemens August saß dort allein an der gedeckten Tafel, und während er einen Marzipanwürfel nach dem anderen in den Mund schob, redete Baron Magis auf ihn ein: »... eine Zeltstadt. Ich plane ein riesiges Militärlager bei Plittersdorf. Dort sollen alle neu angeworbenen Truppen Platz finden. Und Ihr, Durchlaucht, logiert im Feldherrenzelt. Oh, ich sehe schon alles vor mir. Wie gefällt Euch mein Plan?«

Zwischen zwei Leckereien nickte Clemens August. »Ihr habt ihn sehr anschaulich unterbreitet. Und natürlich muss ich mich als Oberkommandierender auch meinen Soldaten zeigen, das versteht sich von selbst. Graf Törring unterstützt das Anwerben der Truppen, ob er allerdings an solch einem Aufwand Gefallen findet, mag abzuwarten sein.«

Er bemerkte Albert und bat seinen Berater: »Lasst uns für einen Moment unterbrechen. Nein, halt! Schenkt mir noch vom Champagner ein. Diese Marzipanköstlichkeit verursacht mir Durst. Und dann sagt dem Hofmarschall, dass ich die Gesellschaft zu Kaffee und Gebäck hereinbitte.«

Als Magis sich mit einer Verbeugung entfernte, lächelte ihm Clemens leicht bekümmert nach. »Er ist sehr willig und bemüht. Meist aber höre ich entweder meinen Bruder Karl Albrecht oder Ignaz Graf von Törring durch seinen Mund sprechen. Ich fürchte, mein treuer Freund, dass Hände aus München hier in meinem Kurstaat beständig versuchen, die Fäden der Politik zu ziehen.« Er griff erneut nach einem Marzipanwürfel. »Aber solange wir gut dabei fahren, lasse ich sie gewähren. Das gibt mir Zeit für die schöneren Dinge, für Musik, meine Schlösser und ...« Er winkte den Zwerg zu sich. »Seit dieser guten Nachricht fühle ich mich sonderbar befreit. Ich will heute nicht allein sein. Mit ihr möchte ich die erste Nacht hier in Falkenlust verbringen. Ich erwarte sie mit ihrer Zofe nach dem Fest. Sorge für einen unauffälligen Transport der beiden.«

Leutnant Burgau hatte seinen Leibwächter und Vertrauten nach draußen gebeten. Hinter der abseits gelegenen Kapelle stellte er Peter Stumpff zur Rede. »Wie weit bist du mit dieser Bauernmagd?«

»Der kleine Frosch zittert, sobald er mich sieht.«

Ein Stoß gegen die Schulter vertrieb das Grinsen. »Idiot, ich sprach nicht vom Zittern.«

»Aber vom Heiraten.«

»Kerl ...«

»Ist gut, Herr.« Beschwichtigend hob Stumpff die Hand. »Was ich sagen wollte: Dieses Luder hat einem von meinen Männern den Kopf verdreht. Soll ich ihn rauswerfen? Das würde sie schon treffen.«

»Später vielleicht.« Burgau wischte sich den Nacken. »Die Leiche des verfluchten Komturs ist noch frisch. Der Arzt hat den Einstich untersucht.«

»Was? Das gibt's doch gar nicht.«

»Glaub es nur! Ehe sein Bericht über den Zustand bekannt wird, muss dem Weibsstück die Kehle zugeschnürt werden.«

»Ich könnte sie ihr durchschneiden. Das wär das Einfachste, aber das habt Ihr verboten.«

»Jetzt ist sie auch noch Zofe bei der Mätresse geworden. Nein, sie darf nicht angerührt werden. Und doch muss sie schweigen.«

»Lasst mich nur machen, Herr!« Leise pfiff Stumpff vor sich hin. »Ich weiß schon, wem ich den Hals durchschneide.«

In der späten Dämmerung ritt Albert aus dem Tor von Augustusburg in Richtung Marktkirche. Zuvor hatte er für das Verlangen des Fürsten nach nächtlicher Gesellschaft gesorgt. Madame Brion und sein Schützling, die Zofe

Margaretha, waren mit einer unauffälligen Kutsche unterwegs nach Falkenlust. Molitor würde für die Behaglichkeit im neuen Schlafgemach sorgen. Später wollte Albert dazukommen und ihn unterstützen.

Seine Hündin Misca lief neben dem Islandpferd her. »Müde bin ich«, sagte er zu ihr hinunter. »Jetzt noch ein Besuch und dann sehen wir zu, wo wir drüben in Falkenlust einen Platz für uns finden.«

Gewöhnlich ließ er sich von einem Pferdeknecht begleiten, heute jedoch hatte er darauf verzichtet und den Steighocker hinter dem Sattel in die Lederlaschen stecken lassen. Eine Erfindung, die aus der Not geboren war und die sich immer wieder sehr bewährte, denn vom Pferd hinunter kam er mit etwas Mühe auch ohne fremde Hilfe, hinauf aber benötigte er diese Unterstützung.

Im Pfarrhaus schimmerte Licht hinter den Fenstern. Albert band den Isländer an und befahl Misca, auf ihn achtzugeben. Auf sein Pochen hin wurde die Tür nur einen Spalt geöffnet.

»Einen gesegneten Abend.«

Die Haushälterin erschrak, weil sie zwar die Stimme hörte, doch niemanden sah. »Wer Ihr auch seid, zeigt Euch!«

»Schaut nur nach unten, liebe Frau!«

»Ogottogott. Ein Wichtel.«

»Und gleichzeitig der wichtigste Kammerherr Seiner Durchlaucht Kurfürst Clemens August. Ich muss Pfarrer Breuer in einer dringenden Angelegenheit sprechen. Sie duldet keinen Aufschub.«

»Oh, verzeiht, selbstverständlich. Hochwürden liest noch. Er bereitet die Predigt für den Sonntag vor. So tretet doch ein!« Sie rückte an ihrer Haube. »Es ist mir so peinlich.«

Sie bat ihn, im Flur zu warten, und nach wenigen Augenblicken kam Pfarrer Breuer selbst und geleitete den späten Gast in seine Studierstube. »Darf ich etwas anbieten? Einen Likör? Oder einen Selbstgebrannten?« Er deutete auf das Glas neben der aufgeschlagenen Bibel. »Von dem habe ich mir selbst schon eingeschenkt. Die Pflaumen sind aus dem Pfarrgarten.«

Albert roch den Schnaps und vermutete, dass der fromme Herr bisher nicht nur ein Glas geleert hatte. Er deutete auf die fein kolorierten Zeichnungen an der Wand, trat näher und bestaunte die Marktkirche, Pferd und Fohlen auf der Weide, ein altes Ehepaar auf der Bank vor dem Haus ... »Seid Ihr der Künstler?«

Die Bezeichnung zauberte ein Lächeln hervor. »Nur zur Erholung. Wenn ich neben der Seelsorge, dem Schulunterricht und den Predigten noch Zeit finde.«

»Ihr seid bei Euren Schäfchen sehr beliebt.«

»Gewiss habt Ihr Euch nicht auf den Weg zu mir gemacht, nur um mich zu loben? Darf ich nun vom Selbstgebrannten einschenken?«

Albert lehnte das Angebot ab. »Ich möchte Euch nicht lange stören. Habe nur eine Frage. Sie betrifft die Exhumierung heute Nachmittag.«

Der Pfarrer stockte in der Bewegung. »Es ist doch alles gesagt.« Gleich hatte er sich wieder in der Gewalt, ging steifen Schritts zum Schreibtisch, ließ sich nieder und leerte mit einem einzigen Kopfruck das Glas. Der Schnaps verhalf ihm zu einem verbindlichen Lächeln. »Oder hat sich der Bote nicht deutlich genug ausgedrückt? Er schien mir ein gebildeter Mensch zu sein?«

»Oh doch. Sein Bericht war an Klarheit nicht zu übertreffen.«

Albert sah schweigend zum Hirten der Brühler Gläubigen auf. Ihre Blicke begegneten sich. Länger als einen Atemzug hielt der Pfarrer nicht stand. »Bitte! So stellt die Frage.«

»Vorweg möchte ich Euch garantieren: Alles, was hier gesagt wird, bleibt unter uns.« Albert griff nach der Kante des Schreibtisches. »Wie war der Zustand des Toten?«

»Das wisst Ihr. Ich kann nichts anderes sagen, als Freiherr von Wolff-Metternich dem Fürsten berichtet hat.«

Zustimmend nickte Albert. »Ich weiß. Doch möchte ich es aus Eurem Munde hören. Wenn es um die Seele, das Jenseits oder Ähnliches geht, habt Ihr als Priester einen viel genaueren Blick als ein Arzt. Was war Euer Eindruck? Geht eine wundersame Kraft von dem Toten aus?«

Pfarrer Breuer schüttelte den Kopf. »Das ist ein anderes Thema, damit hat die Exhumierung heute nichts zu tun.«

»Aber ich ...« Nun hob Albert die Hand. »Gut. Dann beantwortet mir die Frage: Wie war der Zustand der Leiche?«

»Herrgott!«

»Ihr seid ein umsichtiger Mann«, lobte Albert und kam um den Schreibtisch herum. Sein Finger strich über die Bibel. »Bitte, ich will Euch nicht bedrängen. Legt nur die Hand auf dieses Buch und antwortet.«

Jäh entschlossen, schlug Pfarrer Breuer die Bibel zu, erhob sich und legte sie auf das Stehpult vor dem Bücherregal.

Er kehrte zurück und stieß den Finger auf die leere Stelle der Schreibtischplatte. »Unversehrt. Der Körper war ohne jede Entstellung. Das habe ich mit eigenen Augen gesehen. Und genau dies habe ich schon im Totenregister als Nachtrag vermerkt. Und ...« Er schluckte. »Und mehr gibt es nicht zu sagen.«

Albert sah die Not, dachte, mehr wollte ich auch nicht wissen, und nickte. »Das genügt mir. Habt Dank!« Er deutete auf die Flasche. »Jetzt würde ich gerne doch von dem Selbstgebrannten kosten.«

»Nur, wenn wir nicht mehr über die Leiche sprechen.«

»Kein Wort. Ich schwöre es.«

13

Etwas hatte sie geweckt. Im kleinen Gehöft hinter der Stadtmühle öffnete Margarethas Mutter die Lider. Nichts war aus dem Nebenzimmer zu hören. Es dauerte einen Moment, bis ihr einfiel, dass dort niemand schlief. Seit Margaretha beim Fürsten arbeitete, wohnte die Schwester bei ihr, doch die war gestern übers Wochenende zu einer befreundeten Schneiderin nach Köln gefahren.

Frau Hildegund Contzen horchte ins Haus. Nein, nichts Ungewöhnliches. Durchs Fenster der Schlafkammer schimmerte der Morgen. Draußen zwitscherten die ersten Vögel. »Nach der Mitte vom Mai wird's halt von Tag zu Tag früher hell«, seufzte sie. »Und seit das Kind nicht mehr hier ist, schlaf ich ohnehin schlechter.« Sie sah zur Holzdecke über sich. »Meine Grete.«

Heute am Samstag kam Seine Durchlaucht aus Bonn mit dem Hofstaat nach Brühl zurück. So hatte es gestern auf dem Markt geheißen. Ganz sicher würde Margaretha dabei sein. Und vielleicht hatte das Kind Zeit für einen Besuch. Versprochen hatte sie es. Frau Contzen verschränkte die Arme hinter dem Kopf. Die neue Stellung der Tochter beunruhigte sie. »Lieber wär's mir, wenn du nur Köchin wirst. Und noch lieber, wenn du heiraten würdest. Aber Zofe? Und nicht mal bei einer Baronin? Sondern bei so einer, wie die Leute sagen. Ach, Kind. Ich will's gar nicht verstehen, aber reden werd ich schon mit dir drüber.«

Die Gänse schrien!

»Biester.« Hildegund erhob sich, öffnete das Fenster und sah am Brunnen vorbei zur Scheune hinüber. Dahinter hatten ihre fünf Gänse den Verschlag. Von dort kam der Lärm, wurde lauter, aufgeregter. »Der Fuchs kann nicht rein. Ich hab euch selbst eingesperrt. Also haltet den Schnabel.«

Als hätten die Tiere sie gehört, begann das Kreischen zu verstummen, kein Chor mehr, jetzt noch zweistimmig, dann vernahm Hildegund Contzen nur noch eine einzige Gans und auch deren Geschrei brach ab. »Sag ich doch.«

Im Nachthemd ging sie auf bloßen Füßen hinüber zur Küche, befreite in der Herdstelle die Glut von der Asche, legte frische Späne nach und blies das Feuer an. Längst schnurrte die Katze um ihre Beine, rieb den Kopf auf ihrem Fuß. »Geduld. Gleich gibt's Milch.«

Eine Gans schrie. Viel näher, lauter als vorhin. Etwa direkt vor dem Haus? Frau Contzen schüttelte den Kopf. »Das kann gar nicht sein.« Ohne erst durchs Fenster zu sehen, hob sie den Querriegel von der Tür und öffnete. Nichts. Der Hof war leer.

Wieder Gekreisch. Diesmal von der Scheune her. Hildegund runzelte die Stirn. Die Pforte im großen Tor stand halb offen. »Hab ich die etwa nicht richtig zugesperrt?« Sie war schon unterwegs und drohte mit der Faust: »Na, warte, du Mistvieh!« Sie stieß die Holztür auf.

Durch die obere Luke fiel ein breiter Lichtstreif herein, erhellte den Heuwagen. Nur langsam gewöhnten sich die Augen auch an das Halbdunkel rechts und links davon. »Wo versteckst du dich?«

Aufkreischen. Frau Contzen fuhr zusammen. Gleich verstummte es wieder. Dafür hörte sie heftiges Flügelschlagen. »Jesus Christus, was ist das?«

Hinter ihr klappte die Pforte zu.

Sie riss den Kopf herum, sah in Hüfthöhe zappelndes Weiß langsam auf sich zukommen. Dahinter wuchs eine Gestalt aus dem Dunkel: ein Mann. Er trug die Gans, hatte ihren Hals in der Schlinge, er hatte kein Gesicht und doch sah Hildegund Augen. Sie wich zurück, stieß mit dem Rücken an die Wand.

Da hörte sie leises, vergnügtes Pfeifen.

»Was willst du?«, stammelte sie. »Die Gans? Nimm sie und verschwinde!«

»Die brauchen wir später noch. Hör sie dir noch mal an!« Mit der freien Hand lockerte er den Würgeknoten, gleich krächzte das Tier, schöpfte Leben und flatterte heftiger. Jetzt erkannte Hildegund, dass der Fremde eine Maske trug. In den Löchern bewegten sich Augen und Lippen. »Vier hab ich schon. Bei der letzten darfst du zusehen, wie ich ihr den Hals abschneide.«

Er ruckte an der Schlinge, und die Gans hing mit langem Hals an seinem gestreckten Arm, die Bewegungen wurden schwächer. Eine Klinge blitzte auf, gleich folgte der Rundschlag, schnell und kräftig. Der Tierleib fiel zu Boden, Blut spritzte, die Flügel schlugen weiter, hoben den Torso ruckweise nach vorn auf die entsetzte Frau zu.

»Jesus, Maria! Nein.«

Der Mann trat den Torso beiseite, langsam schwenkte er Ganskopf und Halsschlauch am Strick hin und her. Blutstropfen trafen Hildegund ins Gesicht. Hilflosigkeit ergriff sie. »Warum tust du das?«

»Verrate ich noch nicht.« Er hing seine Trophäe an den Eckholm des Heuwagens. »Komm her!«

Sie rührte sich nicht. Mit zwei schnellen Schritten war er bei ihr, hielt die Messerspitze an ihre Kehle. »Soll ich dir auch den Hals durchschneiden? Rüber zum Wagen. Los, beweg dich!« Er fasste ins Haar und zerrte sie mit dem Gesicht voran an die Wagenseite. »Mach die Arme breit. Weiter!« Zum Nachdruck schlug er ihr mit dem Knauf der Waffe in den Nacken.

Frau Contzen stöhnte vor Schmerz, konnte das Weinen nicht mehr zurückzuhalten, unfähig zur Gegenwehr musste sie ertragen, dass er ihre Hände an den oberen Querbalken der Seitenlade fesselte.

»So ist es fein.« Er strich über das Nachthemd den Rücken hinunter, patschte ihr kräftig auf den Hintern. »Was haben wir denn da für eine feine Gans?«

»Nicht. Bitte nicht!«

»Das hör ich gern.« Heftiger schlug er zu. »Na, los doch. Ich will, dass du schnatterst und schreist wie eine von deinen Viechern.«

»Versündige dich nicht«, flüsterte Hildegund.

»Nennst du das Schreien? Na, warte! Ich helf dir.« Er griff ins Nachthemd, zerteilte es mit schnellen Messerschnitten und riss ihr die Fetzen vom Leib. »Und schon bist du gerupft.« Er fingerte nach ihren Brüsten. »Die Glocken sind ja noch prall! Das freut mich aber. Da hab ich gleich was zum Festhalten.« Er kniff und quetschte das Fleisch, ließ die Brüste aneinanderschlagen, bis die Gequälte schrie.

»Nur weiter so!«, keuchte er. »So ist es schön.« Hastig löste er seinen Gürtel. »Schrei weiter ... weiter!« Er stellte sich hinter sie. »Meinen Prügel wirst du nie vergessen.« Mit harten Tritten zwang er ihre Beine auseinander und stieß in sie, grunzte, lachte, verschluckte sich fast an seinem Speichel, hustete und lachte mehr noch, als sein Opfer immer lauter schluchzte.

Endlich ließ er von ihr ab. Die Geschundene konnte kaum noch stehen, hing an den gebundenen Händen.

»Und jetzt kommt das Beste.« Über dem heruntergeklappten Hosenlatz ragte seine Erregung. Er nahm den Ganskopf, ging zu ihr.

»Guck her!« Sie reagierte nicht. Da schlug er sie mit dem gefiederten Halsschlauch, bis sie ihm das tränennasse Gesicht zuwandte. »Töte mich. Bitte!«, flüsterte sie.

»Aber nein. Du sollst es gut bei mir haben. Und später erzählst du deiner Tochter, wie gut du es hattest. Und sagst ihr, wenn sie das Maul nicht hält, dann schnapp ich sie mir auch noch.«

Fest packte er den weißen Federhals gleich unter dem Ganskopf und hielt ihn neben seinen gereckten Penis. »Die sehen doch gleich aus? Oder?« Er riss die Frau an den Haaren. »Sag es!«

»Gleich.« Schluchzte sie. »Es sieht gleich aus.«

»Dachte ich doch. Und deshalb ...« Schnell war er wieder hinter ihr, dehnte mit Ellbogenstößen ihre Schenkel auseinander, setzte den Gansschnabel an und stieß ihr den Kopf in den Leib, stieß nach, dass auch der Halsschaft zur Hälfte in sie eindrang. Hildegund schrie.

»So hab ich's gern.« Er wiederholte, zog und stieß den Ganskopf, im selben Rhythmus vollführte er mit der anderen Hand die Bewegung an seinem Penis. Schneller. Bald übertönte sein Keuchen das Schreien der Gemarterten. Endlich entlud er sich über ihrem Hintern, die Urlaute rissen ab, übrig blieb sein schweres Atmen.

Hildegund schluchzte, jammerte.

»Sei still!« Er schlug sie auf den Rücken.

Sie vermochte das Unglück in ihr nicht zurückzuhalten, wimmerte weiter. Während er seine Hose zuknöpfte, trat er sie. »Maul halten, hab ich gesagt.«

Ruhig bückte er sich zu ihrem Unterleib, drückte das Marterwerkzeug tiefer noch in ihren Schoß. »Fest sitzt er. Von selbst wirst du den nicht mehr los. Und was für ein schöner weißer Schwanz da raushängt.« Anerkennend pfiff er leise. »An dem wirst du lange deinen Spaß haben.«

Er kam zu ihr herum. »Wer wird denn den Kopf hängen lassen?« Mit der Hand packte er in ihr Haar. »Hast ja recht. Hab dich noch gar nicht geküsst.«

»Nein, nein.« Sie schüttelte sich.

»Doch, doch. Das gehört dazu.« Er schob die Maske nach oben. Hildegund sah das Grinsen, die schlappende Zunge über der breiten Kinnnarbe, dann spürte sie sein Lecken, einmal fuhr der übel riechende Lappen ihr vom Mund über die Nase hinauf bis zur Stirn. »Und nun muss ich dich allein lassen, meine schöne Gans.« Eine Hand patschte nochmals gegen die Brüste, er drehte sich ab, pfiff vergnügt und klappte die Scheunenpforte hinter sich zu.

Bewusst etwas verzögert, mitten im Trubel der Ankunft des Hofstaates, erreichte die Kutsche gegen elf Uhr unauffällig den Seiteneingang zum Schloss Augustusburg. Während drüben mit Lachen und viel Lärm alle Kisten, Kasten und Körbe hineingeschleppt wurden, stand Albert in der geöffneten schmalen Tür und begrüßte Madame Brion mit ihrer Zofe: »Ich hoffe, die Fahrt war angenehm?«

»Lieber Albert le Grand, wenn du nicht hier warten würdest ...« Mechthild zeigte ein bekümmertes Lächeln. »Dann käme ich mir vor wie eine Harfe spielende Mätresse des Fürsten, die durch den Hintereingang ins Schloss geschmuggelt wird.«

Albert verstand die Ironie, deutete eine höfische Verneigung an. »Aber, Madame, die wahren Juwelen werden stets abgeschirmt von fremden Blicken ins Haus gebracht.«

»Wenigstens verstehst du es, mir meine Rolle erträglich zu machen.« Im Vorbeigehen berührte sie freundschaftlich seine Schulter. »Es mag ein Gegensatz zu vielen vornehmen Damen dieses Hofes sein, aber ich empfinde so etwas wie Würde in mir, und die möchte ich trotz der besonderen Umstände nicht verlieren.«

»Ist Euer Hiersein denn nur eine Rolle für Euch?«

Mechthild ging rasch weiter. Erst auf halbem Weg durch den Flur blieb sie stehen, sah sich nicht nach Margaretha und dem Zwerg um. »Es ist keine Rolle, kein Kleid, das ich noch ablegen könnte.«

»Dafür danke ich Euch, Madame.« Albert blieb neben ihr stehen, auch er blickte nicht zu ihr hoch. »So kurz wir uns auch kennen – mein Vertrauen in Euch ist sehr groß. Ihr kommt zu meinem Herrn um seinetwillen, ohne Hintergedanken. Und deshalb ... Verzeiht die Vermessenheit, deshalb erlaubt mir, dass ich Euch vor Gefahr jeglicher Art zu bewahren versuche.«

Mechthild atmete gegen die aufsteigende Rührung. »Du bist der erste Mensch am Hofe, der mich nicht nur beäugt und dann zu anderen über mich spricht ... Du bist der erste Mensch, der sich offen zu mir bekennt.«

Gleich stemmte Margaretha die Hände in die Hüften. »Und was ist mit mir? Ich habe Euch schon viel früher gemocht, an sich gleich sofort.«

»Ach, Kleines.« Die Heiterkeit war wieder da. Mechthild streichelte ihre Wange. »Hier geht es nicht darum, einen Wettbewerb zu gewinnen. Du hast schon seit langem in Albert einen starken Fürsprecher und Beschützer. Jetzt schaut er halt auch ein wenig auf mich.«

Er neigte den Kopf. »So weit es in meinen bescheidenen Kräften steht. Und nun, folgt mir bitte!«

Auf dem Weg zum Gastzimmer im Erdgeschoss unterrichtete sie der Zwerg über die Pläne des Fürsten für das Wochenende. Am Abend wollte Clemens August mit Mechthild drüben in Falkenlust speisen und dort auch die Nacht verbringen. Lediglich Baron Wolff-Metternich und der zweite Bruder des Ermordeten, Obriststallmeister Ignatius von Roll, würden mit an der Tafel sitzen dürfen, um Gerüchten vorzubeugen – ein Vorschlag von Albert, dem der Ruf seines Fürsten als Erzbischof am Herzen lag. Wenigstens für Außenstehende sollte, so gut es ging, der Schein von Sitte und Anstand gewahrt werden.

»Morgen bei Tagesanbruch wird eine Reiherbeize stattfinden. Noch ehe die Jagdgesellschaft eintrifft, wird Euch eine Kutsche zurück nach Augustusburg bringen. Abends dann möchte der Fürst mit Euch musizieren und speisen ...«
»Dann ist heute Nachmittag nichts?«, unterbrach ihn Margaretha. »Dann könnten wir doch auf Besuch zur Mutter.«
»Wirst du wohl still sein!« Albert runzelte die Stirn. »Du planst nicht, du hast zu gehorchen, mehr nicht.«
»Schon gut«, beschwichtigte ihn Mechthild. »Was das betrifft, gibt es zwischen uns nur eine fließende Grenze. Der Besuch bei Frau Contzen ist ausgemacht und versprochen. Schließlich möchte ich wissen, woher meine Zofe kommt.«
Margaretha stellte sich zu ihr. »Wir hatten den Besuch für morgen geplant, aber wenn es heute am Abend erst losgeht, dann könnten wir auch gleich zu ihr.«
»Später. Erst muss ich noch eine gute Stunde an der Harfe üben. Das Stück, welches Seine Durchlaucht ausgesucht hat, ist nicht einfach. Ich möchte für morgen vorbereitet sein.«
Albert winkte den Damen. »Ich muss weiter. Bitte, Madame, denkt daran, dass Ihr rechtzeitig zurück seid. Ich werde Euch gegen sechs Uhr abholen. Und bitte tragt den Mantel mit der großen Haube.« Er deutete auf Margaretha. »Das gilt auch für dich.« Schmunzelnd hob er für beide den Finger. »Erinnert Euch an das Juwel, das abgeschirmt werden muss.«

Erst zwei Stunden nach dem Mittagsläuten führte Margaretha ihre Herrin am Kempishof vorbei. Auf der kleinen Brücke deutete sie zum Bach hinunter. »Da vorn seht Ihr die kleine Ausbuchtung. Da bin ich als Kind reingefallen. Und wäre der Müllerknecht nicht zufällig dahergekommen und hätte mich gesehen, dann wäre ich ertrunken. Stellt Euch vor, das Wasser ist da nicht tiefer als bis hier.« Sie zeigte zum Po. »Und doch hätte es gereicht.«
»Das wäre für deine Eltern sicher ein großer Verlust gewesen.« Mechthild setzte sich auf einen Stein. »Ich möchte barfuß weitergehen.« Sie beugte sich vor, um die Schuhe auszuziehen.
»Halt, das mache ich!« Gleich kauerte Margaretha vor ihr und zupfte die Schnürbänder auf. Mechthild reckte sich. »Welch schöner Tag! Am liebsten würde ich auch das Haar offen tragen, aber das wäre zu auffällig.«
»Wirklich rot ist die Farbe nicht. Sobald Licht drauffällt, sieht es mehr nach Gold aus, finde ich.« Margaretha erhob sich wieder, trug die Schuhe in der Hand. »Bevor wir bei mir sind, ziehe ich Euch die aber wieder an. Sonst denkt meine Mutter noch, weiß Gott was für eine Ihr seid.«

Mechthild lachte, ging beinahe tänzelnd neben dem Weg und genoss das Gefühl, Gras unter den Füßen zu haben.

Ohne Eile spazierten die Frauen an der Stadtmühle vorbei. Vor der Toreinfahrt zum elterlichen Gehöft schnürte Margaretha ihrer Herrin wieder die Schuhbänder, zupfte ihr sogar das Kleid an den Schultern zurecht und begutachtete sie.

Mechthild lachte. »Bist du zufrieden? Kann ich mich so vor deiner Mutter zeigen?«

»Macht Euch nicht lustig. Mama soll doch sehen, bei was für einer schönen Dame ich Zofe bin. Und die Tante platzt sicher schon vor Neugierde.« Margaretha winkte ihr und Seite an Seite betraten sie den Hof.

Nach wenigen Schritten staunte Mechthild. »Wie still es hier ist.«

Margaretha nickte. »Aber nicht lange. Wartet nur, bis die Gänse uns hören.«

Nichts geschah. Auch als sie am Brunnen vorbei waren, zeigten sich die gefiederten Hofwächter nicht.

»So was?« Margaretha krauste die Stirn. Ihre Herrin hob die Hand. »Vielleicht sind sie auf der Wiese.«

»Würde mich wundern. Mutter lässt sie immer frei laufen. Nur die Kuh bringt sie rüber, manchmal auch unser Schwein.«

Als wäre es ein Signal gewesen, brüllte im Stall das Rind auf. Margaretha fuhr zusammen. »Aber heute nicht. Elsa ist noch drinnen. Versteh ich einfach nicht.« Sie ging rascher aufs Haus zu. Mechthild spürte die plötzliche Besorgnis und beeilte sich hinterherzukommen.

»Mama? Tante?«, fragte die Tochter zum Küchenfenster hinein. »Bist du da, Mama?«

Nichts. Sie trat in die Diele, rief ins Haus nach der Mutter. Keine Antwort. Über die Schulter sagte sie: »Ich sehe mal oben nach« und rannte die Stiege hinauf.

Mechthild war draußen stehen geblieben. Warum sollte Frau Contzen uns erwarten, dachte sie? Angemeldet haben wir uns nicht. Vielleicht sind die Frauen in die Stadt gegangen?

Rufe? Zwischen dem Aufbrüllen der Kuh hatte sie noch etwas vernommen. Mechthild hob den Kopf. Oder? Der Laut kam von drüben. Sie horchte über den Hof. Sie konnte sich nicht getäuscht haben. Durch die Musik geschult, war ihr Gehör unbestechlich. Das Rind schwieg. Da, wieder. Rufe, leise, fast zaghaft. Mechthild ging zur Haustür und bat das Mädchen nach draußen. Gleich war Margaretha bei ihr. »Müssen wir schon gehen? Schade. Aber ich weiß nicht, wo Mama ist. Und die Tante finde ich auch nicht.«

»Da ruft jemand.« Mechthild deutete über den Hof. »Die Stimme kommt von dort.«

»Aus der Scheune?«

Beide Frauen gingen eilig los. Margaretha stieß die schmale Pforte im Tor auf. Noch blind vom Tageslicht erkannten beide nichts, das Wimmern aber war nun deutlich zu vernehmen. Jetzt riss der Schleier. »Mama!« Margaretha stürzte zum Heuwagen, stockte, wehrte den Anblick mit beiden Händen ab. »Mama!«, schrie sie aufschluchzend. Dann berührte sie die Schulter der Nackten. »Mama. Ich ... ich bin es.«

»Grete.« Ein Hauch, dann wurde der Körper schlaff, hing nur an den festgebundenen Händen.

»Mama, wo ist die Tante?«

»Nicht da, in Köln.«

Gleich war auch Mechthild an der Seitenlade. »Stütz du ihren Körper!« Sie lockerte die Knoten, löste beide Fesseln und half, Frau Contzen auf den Boden zu legen. Die Geschundene blickte sie an.

»Wer ... Wer bist du?« Gleich wusste sie es und wehrte weinend ab. »Nicht so. Schaut mich nicht an. Bitte.« Fahrig versuchte sie, mit den Händen ihren Unterleib zu bedecken.

Gleichzeitig sahen die Retterinnen nun den fedrigen, blutigen Halsstumpf zwischen ihren Beinen herausragen. Margaretha schrie und schlug sich mit den Fäusten gegen die Schläfen, als könnte sie so das Bild zerstören.

Hildegund Contzen weinte, versuchte, sich von Mechthild wegzudrehen, war aber zu schwach. »Nicht ansehen. Ich schäme mich.« Sie tastete nach dem Marterwerkzeug, versuchte, es herauszuziehen, doch die Handgelenke versagten.

»Lass mich helfen!« Ohne Zögern beugte sich Mechthild über den Unterleib und befreite ihn behutsam von der Qual. Als der Ganskopf erschien, würgte es Mechthild, erst nach schwerem Atmen konnte sie die Übelkeit bezwingen. Zu Margaretha sagte sie: »Hier darf deine Mutter nicht bleiben.«

Gemeinsam stützten sie die Geschwächte, brachten sie über den Hof, legten sie aufs Bett und deckten sie zu. Durst. Mechthild brachte gewärmte Milch. Langsam trank Frau Contzen in kleinen Schlucken.

»Mama.« Margaretha kniete neben ihr. »Wer war das? Wer? Hast du ihn erkannt?«

»Groß war der Mann.« Furchtsam blickte die Mutter zur Tür, als könnte der Kerl dort wieder auftauchen. »Eine Maske hatte er. Mehr hab ich nicht gesehen.«

»Hat er was gesagt?«

Vorsichtig tastete Hildegund nach der Hand der Tochter. »Ach, Grete, er kommt und holt dich, hat er gesagt. Macht das Gleiche auch mit dir, hat er gesagt, wenn du nicht schweigst ... Ich verstehe das nicht.«

Margaretha sah sich erschreckt nach ihrer Herrin um. »Meinetwegen. Er hat Mama wegen mir so zugerichtet. Dieser Satan!« Sie schlug sich auf den Mund. »O Gott. Ich glaub, ich weiß, wer es war. Mama, hast du nicht doch irgendwas erkannt?«

»Doch da ...« Wieder sickerten Tränen aus den Augenwinkeln ins Haar. »Er hat mich abgeleckt, übers Gesicht. Dabei hat er die Maske hochgeschoben. Eine breite Narbe hatte er am Kinn. Fingerbreit ...«

»Das ist er. Dieser Peter Stumpff.« Margaretha stand auf, ballte die Fäuste. »Und nur weil ...« Sie brach ab. »Was soll ich denn nur machen?«

Mechthild strich ihr über den Rücken. »Ich denke, deine Mutter braucht jetzt Ruhe. Komm, lass uns nach draußen gehen!«

Am Brunnen setzte sich Mechthild auf den Rand. »In jedem Fall bleibst du bei ihr, bis deine Tante aus Köln zurück ist. Das bisschen Aus- und Ankleiden kann ich auch allein.« Sie schüttelte den Kopf »Es ist so furchtbar, was geschehen ist.«

Eng drängte sich Margaretha zu ihr. »Können wir ... könnt Ihr nicht helfen?«

»Ich weiß nicht einmal, warum dieser Unmensch dir nachstellt?«

Margaretha seufzte, sah hinüber zur Haustür, sah ihre Herrin an, war unschlüssig. »Es ist zu gefährlich ...«

»Denke darüber nach!« Mechthild wollte nicht drängen. »Lass uns nachsehen, ob der Schuft auch wirklich fort ist. Nicht dass er uns beobachtet und nur darauf wartet, bis du allein bist.«

»O Gott.« Margaretha war schon zum Haus unterwegs. »Ich hol Papas Pistole.« Wenig später kehrte sie mit der Waffe zurück, prüfte dabei Pulver und Hahn. »Diesmal ist sie geladen.«

Zuerst sahen sie im Stall nach. Die Kuh brüllte, klagte ihnen entgegen. »Das Euter tut ihr weh.« Margaretha tätschelte ihr den Rücken. »Warte noch was, Elsa. Ich melk dich nachher. Warte!«

Eng nebeneinander suchten sie in den dunklen Winkeln der Scheune, auch hier lauerte keine Gefahr. Langsam gingen sie um die Gebäude herum, näherten sich dem Gänseverschlag.

»Da! Seht doch.« Margaretha wandte sich ab, verbarg das Gesicht an Mechthilds Schulter. »Dieser Satan. Verflucht soll er sein.« Sie verkrallte die Hände im Stoff, weinte mehr und der Damm der Verzweiflung brach. »Da!« Sie zeigte ins Gehege.

Dort lagen die abgeschnittenen Hälse mit den Gansköpfen. Die Schnäbel noch zum Schrei aufgesperrt. Die Körper und die gebreiteten Flügel waren über und über mit Blut besudelt. Margaretha jammerte, schrie, stampfte mit den Füßen, dann sank sie zu Boden. »Du verdammter Schuft. Du ...« Sie hämmerte mit den Fäusten ins Gras, bis ihre Kraft erlahmte und sie nur noch wimmerte.

Mechthild kauerte sich zu dem Mädchen, strich ihr übers Haar. »Ich würde so gerne helfen.«

Margaretha schüttelte langsam den Kopf. »Ihr habt Mutter doch gesehen. Wenn Ihr es wisst, dann macht er das auch mit Euch.«

»Das glaub ich nicht.« Mechthild versuchte jeden Zweifel in der Stimme zu unterdrücken. »Zusammen wären wir stärker. Und dann haben wir Albert le Grand. Und außerdem schützt uns, wenn es ganz gefährlich wird, auch die Hand des Fürsten.« Sie nickte nachdenklich. »Da bin ich mir ganz sicher.«

Margaretha setzte sich auf, zog die Beine an und wiegte sich mit dem Kinn auf den Knien vor und zurück. »Damals bei dem Duell ... Als der kleine Herr verwundet am Boden lag, da kniete Baron Burgau neben ihm. Und der Baron hat sein langes Messer heimlich gezogen und die Spitze in die Stichwunde von dem Degen gedrückt ...« Die Erinnerung stieg in ihr auf. »Und ... und er hat noch mal fest zugestoßen, das hab ich genau gesehen. Und dann erst ist der kleine Herr gestorben.« Margaretha rupfte das Gras. »Und nachher hat der Baron Burgau sich als liebsten Freund von dem Komtur ausgegeben. Hat gejammert und geklagt. Aber der lügt, das weiß ich genau. Und ...« Sie sah ratlos zu Ihrer Herrin auf. »Und er weiß, dass ich es weiß.«

Wie verlangt trug Mechthild den leichten, grauen Schultermantel und hatte die Kapuze tief in die Stirn gezogen. Albert geleitete sie vom Nebeneingang des Schlosses zur wartenden Kutsche. Am Seitenschlag verneigte er sich und bemühte einen Scherz. »Leider verbietet es mir meine Größe, Euch hineinzuhelfen.« Ärgerlich blickte er über die Schulter zurück. »Wo bleibt nur dieses unzuverlässige Ding?«

»Ich verzichte heute auf meine Zofe«, sagte Mechthild leise und stieg in den Wagen. Der Zwerg folgte ihr. Erst als der Wagen an den Wachen vorbei durchs Tor gerollt war, räusperte er sich. »Seid Ihr unzufrieden mit Margaretha?«

»Unzufrieden?« Mechthild begriff nicht, die Bilder der gequälten Frau bedrängten immer wieder ihre Gedanken. »Wie kommst du darauf?«

»Nun, sie ist nicht bei Euch.«

»Margaretha ist bei ihrer Mutter geblieben.«

»Aber das darf sie nicht.«

»Bitte, hör auf damit!« Mechthild verbarg das Gesicht in den Händen, nur einen Moment, dann sah sie Albert an. »Verzeih, ich wollte dich nicht anfahren. Aber es ist so Schreckliches geschehen, dass ich noch ganz durcheinander bin.« Unvermittelt ergriff sie seine Hand. »Du kannst vielleicht helfen.«

»Was um Himmels willen ist Euch zugestoßen?«

»Mir gar nichts. Und dem Mädchen auch nicht. Aber der Mutter ...«

»Ruhig.« Albert umschloss ihre Hand mit beiden Händen. »Werdet ruhig. Ihr und Margaretha seid wohlauf. Das ist mir das Wichtigste.«

»Nein, nein. So darfst du nicht denken. Das Gleiche hätte auch dem Mädchen widerfahren können. Wenn es nicht noch geschieht.«

»Jetzt erschreckt Ihr mich.« Albert blickte durchs Seitenfenster. Draußen zogen bereits die Alleebäume des Parks vorbei. Er pochte dreimal gegen die Vorderwand, das Zeichen zum Halt für den Kutscher vorn auf dem Bock. »Ehe wir in Falkenlust ankommen, muss ich Eure Aufregung verstehen, um helfen zu können.«

Als der Wagen stand, faltete Mechthild die Hände im Schoß. »Ich bin mit dem Mädchen wie versprochen zum Haus ihrer Eltern gegangen ...« Sie sprach gefasst, bei dem grausamen Anblick in der Scheune aber musste sie heftig atmen, um die Tränen zurückzuhalten. »Unfasslich, wozu dieser Handlanger Burgaus fähig ist. Ich habe der Tochter natürlich freigegeben, damit sie ihre Mutter betreuen kann.«

»Dann seid Ihr also allein den Weg zurückgegangen?«

Sie nickte. »Und ich gebe zu, dass ich froh war, als ich im Ort wieder unter Menschen war.«

»Wenn Euch etwas zugestoßen wäre!« Albert rieb sich die Stirn. »Nicht auszudenken. Unser Fürst würde nie darüber hinwegkommen. In Zukunft dürft Ihr solche Ausflüge nicht mehr ohne bewaffneten Begleiter unternehmen. Versprecht es mir!«

»Ich werde mich daran halten.« Sie beugte sich vor. »Bitte, Albert. Es muss etwas gegen die Machenschaften dieses Barons Burgau unternommen werden. Er ist falsch, gefährlich. Er belügt den Fürsten.«

»Ich gebe Euch in allem recht. Er ist ein wahrer Satan mit einer Engelszunge.« Albert drückte den Buckel fest an die Rücklehne. »Auch ich verdächtige diesen Herrn schon seit langem, konnte aber nichts tun.«

»Schau dir diese arme Frau nur an. Sie soll dir berichten, was ihr auf Befehl Burgaus widerfahren ist.«

»Das genügt nicht. Wir haben bisher keine wirksamen Beweise, nur Verdächtigungen.« Albert seufzte. »Dieser saubere Kavalier hat es stets verstanden, sich bei unserem Fürsten einzuschmeicheln. Und seit dem gemeinsam

Pilgermarsch nach Nievenheim vertraut ihm der Herr noch mehr denn je. Sein Wort gilt zurzeit mehr als die Anklage einer Frau aus dem Volk. Vergewaltigung einer Bäuerin – bei Hofe werden darüber höchstens die Achseln gezuckt. Tag für Tag werden Mägde von Adeligen missbraucht, und niemand schert sich darum. Nein, so sehr ich es auch bedauere, ohne andere stichhaltige Beweise werde ich nichts ausrichten können.«

»Aber du bist Clemens doch so nah?«

»Seinem Herzen vielleicht.« Er zeigte ihr die offene Hand. »Natürlich kein Vergleich mit Eurer Nähe zu ihm. Doch unser Herr spürt sehr wohl, dass an seinem Hofe, seit der Entlassung des Ersten Ministers Plettenberg, alles zu bröckeln beginnt. Und so hält er an den wenigen fest, von denen er glaubt, dass sie aufrecht und tüchtig sind.« Sorge furchte die Stirn. »Bitte erlaubt mir, ganz im Vertrauen zu Euch zu sprechen. Er will glauben, dass diese Männer ihre Ämter ehrlich und verantwortungsvoll ausüben. Und übersieht dabei nur zu gern ihre Fehler und Gemeinheiten.«

»Armer Clemens.« Mechthild seufzte. »Er liebt die Musik, das Bauen an seinen Schlössern. Vor allem die Jagd. Die Politik ist ihm eher lästig. Und ich habe das Gefühl, dass er heimatlos ist, dass er zu Hause sein möchte, geborgen.«

»Und diese Geborgenheit könnt Ihr ihm vielleicht geben.« Albert beugte sich vor. »Damit stärkt Ihr unseren Fürsten. So gefährlich und bedrohlich dieser Burgau auch sein mag, Ihr solltet Eure Stellung nicht nutzen, um gegen diesen Schuft anzugehen, überlasst dies mir.«

»Ich bete nur, dass meine Zofe nicht zu Schaden kommt.«

»Sie steht unter meinem Schutz, ebenso wie Ihr. Und ...«

»Aber was willst du tun?«, unterbrach ihn Mechthild heftig. »Jedes Warten erhöht die Gefahr.«

»Leibwächter ...«

»Burgau ist doch selbst Leutnant der Leibgarde.« In ihrer Aufregung sprachen die Hände mit. »Wie soll ein Wächter den Wächter überwachen?«

Albert hatte Mühe, ruhig zu bleiben. »Bitte, Madame. Ihr ahnt nicht einmal, wie gefahrvoll jeder direkte gerade Weg bei Hofe und insbesondere an unserm kurkölnischen Hofe ist.«

»Aus diesem Grunde halte ich mich von allem fern.« Mechthild schloss die Augen. »Aber ohnmächtig zusehen zu müssen, lässt mich verzweifeln. Ja, du hast recht, verstehst wirklich mehr von all den Machenschaften.«

Albert wischte sich die Stirn. »Und Burgau wird zu Fall kommen. Ganz sicher. Ihr hättet seine Miene beobachten sollen, als der Fürst eine zweite Exhumierung des toten Komturs von Roll anordnete. Leichenblass stand er da.« Die Stimme wurde zuversichtlich. »Es wird nicht mehr lange dauern, bis er sich eine Blöße gibt. Und ist der richtige Moment da, dann werde ich ihn mit allen Mitteln zu vernichten suchen.« Albert pochte dem Kutscher für die Weiterfahrt. »Nun aber«, er lächelte, »erwartet der Fürst Euch mit einem köstlichen Essen. Lasst alle Sorgen bei mir und schenkt ihm Eure ganze Hingabe!«

Auf das Läuten der Glocke hin eilte Pfarrer Breuer aus dem Studierzimmer. Im Flur wäre er beinahe mit seiner Haushälterin zusammengestoßen. »Du nicht!«, befahl er kurz. »Geh zurück in die Küche! Ich rufe, wenn etwas gebraucht wird.«

»Aber, Hochwürden ... Warum?« Nur ein Atemzug, dann beschwerte sie sich: »Und was soll dieser Ton?«

»Verzeih!« Trotz seiner Anspannung bemühte sich der Hirte sofort, den gefährdeten Pfarrhausfrieden zu retten. »Ich wollte nicht ... Bitte, ziehe dich zurück. Diese Gäste kommen in einer heiklen Angelegenheit. Vielleicht erkläre ich es dir später.«

»Geht schon in Ordnung, Hochwürden«, gestand sie ihm zu und ergänzte auf dem Rückzug in ihr Reich großmütig: »Wir wollen nur nicht unhöflich behandelt werden.«

Pfarrer Breuer öffnete und sah den Leibarzt des Fürsten überrascht an. »Ihr kommt allein? Ich dachte ... Oder warten die anderen an der Kirche?«

»Darf ich zunächst eintreten?« Doktor Fährmann rang sich ein Lächeln ab. »Hier draußen sollten wir nicht darüber sprechen.«

»Es gibt Schwierigkeiten«, flüsterte Breuer mehr zu sich selbst, während er den Gast durch den Flur geleitete. »O Himmel, ich habe es geahnt.« Kaum waren sie im Arbeitszimmer angelangt, die Tür verschlossen, als er die Hände rang. »Wir waren nicht ehrlich.«

»Für Gewissensbisse ist jetzt keine Zeit«, unterbrach ihn der Arzt bestimmt. »Wie Euch mitgeteilt wurde, verlangt Seine Durchlaucht eine zweite Graböffnung.«

»Schrecklich genug ... Ja, ja, ich habe gewartet. Wir können sofort aufbrechen. Hegt der Fürst Misstrauen? Glaubt er unserem ersten Bericht nicht?«

»Im Gegenteil.« Ein trockenes Lachen. »Seine Durchlaucht ist so begeistert, dass er sogar versucht hat, durch mich den päpstlichen Nuntius zu der Exhumierung einzuladen.«

»Großer Gott. Dann sind wir verloren.«

»Monsignore Oddi ließ gestern schon ausrichten, dass er aus Termingründen leider verhindert sei.« Doktor Fährmann schnippte sich selbstgefällig eine unsichtbare Fluse vom Ärmel. »Vielleicht war auch meine Einladung zu krass formuliert.«

»Ihr seid so gewandt in solchen Dingen.«

»In der Schilderung der Gefahren, die von einer Leiche ausgehen können, ganz sicher. – ‚Auch wenn der Tote noch wie in der Blüte seines Lebens daliegt, so kann dennoch ...‘« Fährmann klatschte kurz. »Es hat gewirkt. Keine Zuschauer stören uns. Und die übrigen drei Zeugen habe ich auch ausgeladen. Wir sind nur zu zweit.«

Pfarrer Breuer hatte eine Flasche vom Selbstgebrannten aus dem Regal genommen und hielt sie, ohne es zu bemerken, wie sonst das Kreuz in beiden Händen vor der Brust. »Warum soll eine zweite Leichenschau stattfinden?«

»Euretwegen.«

»Nein.« Der Hirte suchte Trost bei einem raschen Schluck. Erst als die Labsal in der Kehle brannte, fragte er: »Bin ich in Verdacht geraten?«

»Keine Furcht. Eure Kunst ist gefordert.« Ein Handschlenker über die Bilder an der Wand. »Seine Hoheit will ein Porträt des schönen Toten. Einen fremden Maler können wir aus verständlichem Grund nicht engagieren. Deshalb werdet Ihr es anfertigen. Wappnet Euch mit Stift, Farbkreiden und Papier, und dann sollten wir keine Zeit mehr verlieren.«

»Noch eine Lüge? Der Herr möge mir meine Sünden verzeihen.« Als Letztes stopfte Pfarrer Breuer die Schnapsflasche zu den Malutensilien in die Tasche. »Ich bin so weit.«

Wenig später stand die Haushälterin mit verschränkten Armen in der Haustür und sah den beiden Herren nach, wie sie gemessenen Schritts hinüber zur Marktkirche gingen. »Hab zwar nicht alles mitgehört ... Was ich aber gehört habe, gefällt mir nicht. Nein, Hochwürden, Tote wieder ausgraben. Nein, das bringt Unglück.«

Kerzenlicht flackerte. Wieder waren die Bänke auf der Frauenseite von den beiden Knechten beiseitegerückt, das Grabloch geöffnet worden und der Sarg stand erneut im Halbdunkel des Gotteshauses.

»Aufmachen?«, fragte einer der Männer.

»Nicht berühren!« Doktor Fährmann warnte mit erhobener Hand. »Wir öffnen selbst.« Er bemerkte den verwunderten Blick. »Der Deckel ist morsch. Ihr wollt doch nicht schuld sein, wenn er zerbricht? Wir öffnen selbst.«

Als Hausherr übernahm es nun Pfarrer Breuer, die Männer ganz aus der Kirche zu entfernen. »Heute wird es länger dauern als beim letzten Mal. Draußen scheint die Sonne. Setzt euch vor die Tür und wartet, bis ich euch rufe.« Die Männer zuckten gleichmütig die Achseln, trotteten los. »Und außerdem«, rief ihnen der Hirte nach, »außerdem achtet darauf, dass niemand hineingeht. Keiner hat Zutritt, bis ich es wieder erlaube. Habt ihr verstanden?«

Nur ein Nicken als Antwort. Dumpf schloss sich das Portal.

»Der Sarg bleibt zu«, bestimmte Doktor Fährmann. »Von Rolls wahrer Anblick lenkt nur ab.«

Der fromme Künstler kniete nieder, legte Malblock und Stifte auf den Deckel, dann schauderte es ihn. »So direkt über dem Toten kann ich ihn nicht zeichnen«

»Ihr müsst«, zischte der Leibarzt. »Falls doch jemand kommt, muss es so aussehen, als zeichnet Ihr den Komtur ab.«

Pfarrer Breuer entkorkte die Flasche und nahm einen tiefen Zug. »Im Übrigen ist es hier zu dunkel. Bitte, gehen wir in die Sakristei.«

»Das Risiko ist zu groß.« Trotz des gedämpften Tones nahm die Stimme an Schärfe zu. »Hier liegt die Leiche. Und hier wird gemalt!« Doktor Fährmann ging zum Altarraum und brachte noch die große Kerze. »Das muss genügen. Ohne Bild dürfen wir diesen Ort nicht verlassen. Ausmalen könnt Ihr es später noch. Und jetzt an die Arbeit, Hochwürden!«

Pfarrer Breuer erinnerte sich an den Anblick des Toten bei der Beerdigung vor einem Jahr. Er zeichnete zunächst den offenen Sarg. Nun den Kopf. »Mehr rundlich die Wangen«, ermahnte Fährmann. »Auch die Lippen ...«

Nach und nach entstand ein gesundes Gesicht. Der Künstler zeichnete das geöffnete Leichentuch, drapierte einige Falten schwungvoll rechts und links über die Kanten der Holzkiste. »Und nun der Körper? Wenn ich mich recht entsinne, trug von Roll die Uniform des Deutschen Ordens? Mit Schärpe und dem großen Ritterkreuz.«

»Wartet!« Der Leibarzt kniete sich neben ihn. »Seine Hoheit will die Unversehrtheit sehen. Also müssen wir dem Toten das Wams öffnen und auch einen der Stulpenstiefel ausziehen.«

»Um Himmels willen«, keuchte der Pfarrer und nahm gleich wieder einen Trostschluck.

»Natürlich nicht in natura, nur auf dem Bild.«

»Aber die Anatomie?«

»Zeigt erst mal die nackte Brust!«

Der Stift kratzte und strichelte. Fährmann wartete ab. »Nun legt den Stiefel neben den Sarg! Sehr schön. Der Oberschenkel ist fest.« Als nach seinen Angaben das wohlgeformte nackte Bein unter dem Leichentuch herausragte, nahm auch der Mediziner einen tiefen Schluck vom Selbstgebrannten. »Das Porträt ist gelungen. Ihr versteht wirklich etwas von der Zeichenkunst. Mein Kompliment.«

Ungeduldig nahm ihm der Pfarrer die Flasche aus der Hand. »Für gewöhnlich male ich Schäfchen, Blumen und Wolken. Wie soll ich zu dieser Reinheit zurückfinden?« Noch ein kräftiger Schluck. »Auf der anderen Seite – hingemalt wiegt eine Lüge nicht so schwer wie ausgesprochen, meine ich.« Seine Zunge wurde schwer. »Ich ... ich fürchte, nach dieser Arbeit werde ich ... werde ich die Stifte so rasch nicht mehr zur Hand nehmen. Versteht Ihr das?«

14

Das Gesicht weiß gestrichen, mit einem rosa Hauch auf den Wangen, dazu ein kräftiges Lippenrot und gekonnt drei Fingerbreit neben der Nase platziert und festgeklebt: das sternförmige, schwarze Schönheitspfläs"terchen. Aloysia, angetan mit dem schmiegsam seidigen Hausgewand, empfing ihren Offizier Barbotti im Boudoir. Keine Störung jetzt. Es sei denn, das ganze Gebäude stehe in Flammen.

Der Hausdiener hatte genaue Anweisung und die Familie war im Salon beschäftigt. Dort rückte General Notthafft mit seinen Zinnsoldaten schon mal gegen die Habsburger vor und die übergewichtige Tochter sortierte am Fenster die Fäden für die nächste Stickdecke. Dennoch verriegelte Aloysia die Tür von innen, zeigte ihrem Gast den Schlüssel und versenkte ihn dann im Tal zwischen den Hügeln ihres Dekolletés. »Liebster Ronaldo, du musst ihn dir im Kampf erobern«, gurrte sie. »Ich denke da an einen raschen Angriff mit blankem Degen, und falls uns Zeit bleibt, könnte auch ein scharfer Ritt der Kavallerie sich anschließen.«

»Warte, schönste Festung! Heute musst du mir einen zusätzlichen Überraschungsangriff gestatten und ihn mit besonderem Fleiß von Lippen und Mund abwehren.« Sein Blick blieb wachsam, die weißen Zähne aber blendeten mit strahlendem Lächeln. Barbotti entnahm seiner Ledertasche ein schweres Holzkästchen und stellte es auf den Tisch.

Gleich trat sie näher. »Ein Geschenk?«

Ehe sie danach greifen konnte, schob er es weiter in die Mitte. »Nicht berühren. Noch nicht!«

Er stellte sich so, dass ihr der Blick auf das dunkelbraune Kästchen versperrt wurde. »Sei versichert, dort drinnen verbirgt sich ein wahrer Schatz. Und doch ist er kein Geschenk.«

»Nun lass schon sehen«, drängte Aloysia halb verärgert. »Ich ertrage keine Rätsel.«

Er fasste ihr Handgelenk. »Wir müssen reden.«

»Nachher, wenn wir ...«

»Nein, jetzt.«

Vorfreude und Lust waren verflogen. Mit einem Seufzer ließ sich Aloysia in einen Sessel neben dem Kanapee nieder. »Du verdirbst mir den Nachmittag.«

»Geduld. Bitte!« Er verschränkte die Hände auf dem Rücken. »In den anderthalb Monaten seit der Einweihung von Falkenlust haben wir uns oft gesehen. Ich habe von mir erzählt ...«

»Ronaldo, wie redest du mit einem Mal?« Sie drohte mit dem Finger. »Falls du gedenkst, mir einen Antrag zu machen, so hast du den Verstand verloren. Hier in diesem Hause kann nur meine Tochter geheiratet werden.«

»Schweig endlich!« Mühsam beherrscht beugte er sich vor. »Ich will dir einen Gefallen tun, will dich aus deinen Finanznöten retten. Und du, du unterbrichst mich ständig.«

»Geld? Bringst du etwa Geld?« Ihr Gesicht blühte auf. »Bitte, Liebster, verzeih!« Sie rückte die kleine Flohfalle weiter hinaus aufs Kanapee und bat ihn mit einer Handbewegung nah an ihre Seite.

»Nimm Platz. Und nun rede, rede, so viel du willst und musst.«

Barbotti rutschte vor bis zur Kante. »Du hast geklagt, wie sehr du von Graf Törring und den Bayern hinters Licht geführt wurdest. In ihrem Auftrag warst du maßgeblich am Sturz des Ersten Ministers Graf Plettenberg beteiligt. Den versprochenen Lohn aber sind sie dir schuldig geblieben.«

Gerade noch vermochte sich Aloysia eines Kommentars zu enthalten, nickte dafür umso heftiger.

Ihr Gast trommelte mit zwei Fingern auf seinem Knie. »Anschließend versichertest du mir, dass du nichts mehr wünschtest, als dich am bayerischen Hofe und dem Minister zu rächen. Ist das richtig?«

»Aus tiefstem Herzen. Hintergangen hat mich dieser Törring. Schändlich behandelt und erpresst. Wenn ich könnte, würde ich ihm zwischen zwei Steinen die ...«

»Verstehe«, unterbrach sie ihr Gast rasch. »Ich biete dir Gelegenheit, dich an den Bayern zu rächen.«

»Du? Überschätzt du deinen Einfluss nicht ein wenig?«

Unvermittelt sah Barbotti sie kühl und abschätzend an. »Ich bin nicht der, für den du mich hältst. Nicht nur der liebestolle Offizier im Dienste des Kölner Kurfürsten. Ich arbeite in Wahrheit ...« Er ließ eine Pause, ehe er fortfuhr. »In Wahrheit bin ich der Vertraute des Grafen Ferdinand von Plettenberg.«

»Oh!« Fahrig zupfte sie an den Spitzenrüschen ihrer Ärmel. »Du hast ... Aber ich habe dir alles anvertraut?« Sie fasste sich, funkelte ihn an. »Spion. Du hast mich ausgehorcht? All deine Liebesschwüre waren also nur infame Lügen?«

»Im Gegenteil.« Keiner ihrer Vorwürfe schien ihn zu berühren. »Gerade weil ich Tag und Nacht nur an dich denken kann und dein Glück mir am Herzen liegt, nur deshalb habe ich mit dem Grafen gesprochen.«

»Mit meinem Feind. Ausgerechnet!« Aloysia schüttelte den Kopf. »Bei all dem, was ich ihm angetan habe, muss er mich auf ewig hassen.«

Leise lachte Barbotti. »Dank mir hat sich sein Zorn in Zuneigung gewandelt. Der Graf bietet dir ein Bündnis an. Was war, ist vergeben und vergessen.«

Ein Ruck ging durch Aloysia, sie ließ die weiblichen Waffen ruhen und ihr Ton wurde nüchtern und kühl. »Geschäfte, die gut klingen, sind meist mit bösen Fallen gespickt. Was muss ich tun? Und was bietet der Herr mir?«

»Du sollst ihn in einem Brief um Verzeihung bitten. Und dich für seine Rückkehr an den Kölner Hof einsetzen. Das ist schon alles.« Barbotti drehte das hölzerne Flohröllchen in der Hand und setzte beiläufig hinzu: »Natürlich wird erwartet, dass du Seine Durchlaucht von deinem Irrtum unterrichtest.«

»Irrtum?«

»Aber ja. Nur wenn der Fürst erfährt, dass du durch die Bayern gezwungen warst, Falsches über den Grafen zu berichten, kannst du das Unrecht wiedergutmachen.«

Aloysia griff sich an den Busen. »Ich soll vor Seine Durchlaucht treten und ihm alles gestehen?«

»Aber nein.« Barbotti ließ die mit kleinen Löchern versehene Flohfalle über das Kanapee rollen. »Auch daran habe ich schon gedacht. Der Weg ist vorbereitet.« Aloysia sollte zum Beichtvater des Fürsten gehen und sich ihm anvertrauen. »Zum Schluss entbindest du Pater Maralt von der Schweigepflicht und bittest ihn, dem Fürsten und nur ihm vom Inhalt des Gesprächs zu berichten.«

Der Gedanke nistete sich bei ihr ein und trieb schon eigene Sprösslinge. Zum ersten Mal schmunzelte Aloysia wieder. »Das Unrecht muss wiedergutgemacht werden. Sonst finde ich keinen Seelenfrieden mehr. Das soll Pater Maralt Seiner Durchlaucht noch dazu sagen. Und wenn nötig, wäre ich bereit, mich direkt an den Papst zu wenden, damit der mir Absolution erteilt.« Sie zeigte die Zungenspitze. »Wie gefällt dir das?«

Die erste Schlacht war gewonnen. Ronaldo Barbotti küsste ihre Fingerspitzen. »Ach, meine schöne Festung.«

»Halt!« Aloysia entzog sich ihm erschreckt. »Mein Lohn. Das Wichtigste dürfen wir nicht vergessen. Was zahlt der Graf?« Nun wies Barbotti zum Tisch auf das dunkle Holzkästchen. »Ich verrate dir die Summe. Ansehen aber darfst du das Gold nur, wenn wir im Eroberungsgefecht sind.«

»Gold?«, hauchte Aloysia und wog ohne Absicht mit beiden Händen ihre Brüste. »Wie viel ist es?«

Barbotti ging vor ihr auf die Knie, und als wären es die heißesten Liebesworte, raunte er: »900 Karolin.«

Ein Seufzer. Aloysia schloss die Augen und rechnete mit wohligem Genuss: »Ein Karolin hat 10 Gulden. Das macht 9000 Gulden, und das sind, o wunderbare Madonna …«, ein leises, helles Auflachen, »das sind 6000 Reichstaler.«

Sie überließ ihren Leib seinen Händen, und während er sich unter die Seide wühlte, schwelgte sie: »Ich bezahle den Juden Kaufmann. Leiste mir einen Mops wie die Schade. Ich kaufe mir Stoffe, lasse mir einen Traum für die Sommerbälle schneidern … O Ronaldo, wie du mich erregst.« Und als hätte sie etwas Unschickliches gesagt, setzte sie hinzu. »Nein, es ist nicht die schöne Summe, du bist es, deine Schultern. Und wie geschickt deine Hände sind.«

Der Spion des Grafen wechselte in die Rolle des Verführers. Er half der Schönen auf. Am Tisch küsste er ihr jeden Finger, begleitet von schnellen Seufzern, dann sank seine Stimme: »Die Waffe ist bereit. Lass mich die Festung erobern!«

Blitzschnell zog sie die Holzkiste an sich heran und schlug den Deckel auf. Gold spiegelte sich im Schminkweiß ihres Gesichtes. »O Ronaldo …«

»Es gibt …« Das Öffnen der Hose beschäftigte ihn. »Bei Erfolg zahlt der Graf noch mal die gleiche Summe.«

»Wie wunderbar. Ich will nichts lieber als den Erfolg.« Weit beugte sie sich über den Tisch, um dem Schatz möglichst nah zu sein, dabei half sie ihrem Offizier, ihr Hausgewand mit Schwung hoch bis über den Po zu schlagen. »Die Festung erwartet den Angriff. Mein liebster Ronaldo. Nimm das Tor mit Macht!«

Anfang Juli hatte sich das Wetter über Nacht geändert. Hitze lastete über Bonn und der Residenz nahe dem Rhein. Ein Lufthauch wehte vom geöffneten Fenster durch den kleinen Audienzsaal und brachte etwas Linderung. »Ihr müsst entschuldigen.« Clemens August sah nur flüchtig zum Gesandten des Wiener Hofes hinüber. »Ich darf meinen Schneider und auch den Schuster nicht warten lassen. Die Tüchtigen haben zurzeit alle Hände voll zu tun.« Er deutete auf die mannshohen, mit militärischen Röcken angezogenen Kleiderpuppen. »Schließlich müssen alle meine Uniformen pünktlich fertiggestellt sein. Dennoch werde ich Euch aufmerksam zuhören. Oder möchtet Ihr« – nun wies Clemens auf Baron Magis – »mit meinem Ersten Minister vorliebnehmen?«

Für einen Moment schloss Freiherr von Ramschwag die Lider, und weil ihm die Brauen fehlten, glich so sein Gesicht noch mehr dem einer Echse.

Als der kaiserliche Geheimrat die Augen wieder öffnete, rang er sich ein Lächeln ab. »In diesen Zeiten bin ich dankbar für jede private Minute, die Ihr gnädigerweise für die Belange des Dieners seiner Majestät Kaiser Karl erübrigt.«

»Nun? Was ist heute Euer Anliegen, das Ihr nicht während der großen Audienz vorbringen wolltet?« Clemens, oben mit dem grünen Uniformrock des Dragonerregiments angetan, stand in Strümpfen neben dem Tisch, stützte sich auf die Schulter seines Kammerdieners Molitor, während der oberste Hofschuster behutsam seinen rechten Fuß in den Stiefelschaft führte, dem Bein nachhalf, bis auch das Knie vom Leder geschützt war. »Bitte, Durchlaucht, bewegt den Fuß! Fühlt Ihr an den Zehen oder der Ferse oder an irgendeiner anderen Stelle einen unangenehmen Druck?«

Der Fürst schlenkerte den Fuß, stampfte auf, humpelte mit dem Stiefel einige Schritte und war zufrieden. »Nun auch den linken.« Er winkte dem Gesandten mit der Hand. »Zurück zu Euch.«

Freiherr von Ramschwag räusperte sich; um seine Unruhe nicht zu verraten, verschränkte er nicht nur die Hände vor der Brust, sondern musste eine Hand mit der anderen festhalten. »Seine Majestät, der Kaiser, lässt Euch durch mich an die zu stellenden Regimenter gemahnen.«

»Mäßigt Euren Ton!« Clemens, nun bewehrt mit beiden Stiefeln, wippte vor und zurück. »Sonst schicke ich Euch mit dem Minister hinaus. Ihm und seinen beiden Beratern dürft Ihr dann rote Ohren anreden.«

Mutig, doch in der Stimme zurückgenommen, fuhr der Gesandte fort: »Das Reich bedarf im polnischen Erbstreit Eurer Hilfe. Kurköln ist – wenn ich daran erinnern darf – verpflichtet, Truppen zu entsenden.«

»Wir wissen, was wir Kaiser und Reich schuldig sind. Und haben unsere Pflicht erfüllt.« Ein fragender Blick auf Magis, der nickte eilfertig. »Ihr seht, mein Minister stimmt mir zu. Wir haben die Paderborner entsandt.«

»Mit Verlaub, das ist nur ein Regiment.«

Mit einer tiefen Verbeugung wagte sich nun der Erste Minister einzumischen. »Mehr Truppen waren aus finanziellen Gründen nicht auszurüsten.«

Gleich fuhr ihn der Österreicher hart an: »Fünfhundert Mann sind zu wenig. Frankreich und Spanien bedrohen das Reich. Was ist mit den Regimentern der Stadt Köln?«

»Sie werden nicht losgeschickt. Und dies wird auch nicht nötig sein.« Gereizt ging nun Clemens einige Schritte auf den Gesandten zu. Ihm nach folgte der Schneider, der am Schultersitz des grünen Uniformrocks noch mit Nadeln und Kreide korrigierte. »Wie Ihr wisst, haben Landstände und Domkapitel eigene Vorstellungen. Die Opposition gegen mich wird geschürt vom Grafen Plettenberg. Diese infame Wühlarbeit gegen mich dürfte Euch nicht unbekannt sein.« Clemens hob den Blick über den Freiherrn von Ramschwag hinweg. »Doch bald schon wird auch die Stadt Köln vor mir zu Kreuze kriechen müssen.« Stolz lenkte er die Aufmerksamkeit des kaiserlichen Gesandten auf die Kleiderpuppen. »Dort seht Ihr die Galauniform der gelben Dragoner. Dort die blaue. Und dies hier …« – seine Finger tasteten nach den goldenen Schulterstücken – »das Kleid der grünen Dragoner. Sobald ich die umfassende große Inspektion aller meiner Truppen durchgeführt habe, spätestens dann wird das Kölner Domkapitel vor Angst erzittern.«

Freiherr von Ramschwag starrte den Fürsten an. »Hoheit? Aber …« Er schüttelte den Kopf und ermahnte sich selbst. »Ich bin einem Irrtum erlegen, habe sicher falsch verstanden. Ihr spracht nicht von eigenen Truppen? Keinesfalls von Dragonern?«

»Aber natürlich. Zwei hervorragend ausgebildete und wohl gerüstete Regimenter. Nun, ich gestehe. Meine grünen Dragoner sind jetzt schon eine Augenweide. Die gelbroten hingegen sind noch auf dem Wege dorthin.«

Die Iris in den nackten Echsenaugen verengte sich. »Meiner Kenntnis nach existieren in Kurköln zwei Infanterieregimenter. Das Notthafft und das Kleist? Infanterie. Doch keine Dragoner!«

Leise lachte Clemens vor sich hin. »Die Wiener Welt wird dazulernen müssen. Kurköln stellt in Kürze einen militärisch ernst zu nehmenden Faktor dar.«

Von Ramschwag blickte auf Magis, als erwarte er von ihm eine Korrektur oder Erläuterung, doch in dessen verschwitztem Gesicht stand nur ergebene Zustimmung. »Diese Neuigkeit setzt mich in äußerste Verwunderung. Erlaubt mir, um klarzusehen, eine Zusammenfassung: Das schlecht ausgerüstete Paderborner Regiment ist entsandt worden. Die Regimenter Notthafft und Kleist werden zurückgehalten und überdies existieren noch zwei neue Dragonerregimenter …«

»Geduldet Euch einen Moment«, unterbrach ihn Clemens. Über dem Arm drapiert, zeigte ihm der Schneider die goldbestickte Generalsschärpe. »Ich denke, der Kontrast zum Grün wird gewahrt.«

»Sehr schön. Und denke daran, mein Freund. Ich mag es nicht, wenn die Orden zu hoch an der Brust hängen.« Clemens seufzte zum Gesandten hinüber.

»Wie war Euer letzter Satz noch?«

Kaum noch vermochte der Freiherr Haltung zu wahren. »Hoheit, erlaubt mir, im Namen Seiner Majestät zu protestieren. Ihr baut in Kurköln eine wahre Streitmacht auf und überlasst Kaiser und Reich nur eine Handvoll Infanteristen.«

In großen Schritten war Clemens bei ihm und richtete sich zur vollen Größe auf. »Mehr Truppen kann ich nicht entbehren. Ich fühle mich von der Stadt Köln bedroht und muss gegen jegliche Art von Angriff gewappnet sein.« Der Finger schnellte vor. »Ihr selbst müsst Euch doch bestens in Köln auskennen. Dort nährt Wien meine Feinde. Allen voran den Grafen Ferdinand von Plettenberg. Ich habe ihn verjagt, weil er als Drahtzieher einer Mordtat entlarvt wurde. Und Habsburg bietet meinem schärfsten Widersacher neues Obdach, bedenkt ihn sogar mit einem hohen Posten. Nein, nein, werter Herr. Ich kann keinen weiteren Soldaten für das Reich entbehren!«

Stets gewohnt, mit einem weichen, leicht zu beeindruckenden kurkölnischen Herrscher zu verhandeln, wich von Ramschwag vor dieser neuen Schärfe einen Schritt zurück. Erst nach einem Atemzug wagte er, auch wenn sein Kinn bebte, die Stirn zu bieten: »Die Stadt Köln verhält sich reichstreu. Und Graf Plettenberg ist ein höchst loyaler, dem Kaiser ergebener Diener. Mit Recht ist er der Bevollmächtigte Karls VI. und tritt für seine Belange bei den Landständen ein ...«

»Aus meinen Augen«, flüsterte Clemens und wandte sich ab, fester im Ton fuhr er fort: »Für heute soll es genügen, Herr von Ramschwag. Für unsere künftigen Gespräche erwarte ich, kein Wort der Parteinahme für diesen abscheulichen Menschen hören zu müssen. Ansonsten solltet Ihr Euch von einem anderen aus der Wiener Delegation vertreten lassen.« Ein Handwischer nach hinten. »Mein Minister wird Euch hinausbegleiten.«

Als sich die Tür geschlossen hatte, atmete Clemens erleichtert auf. »Molitor, nach diesem Gefecht sehnt es mich nach einer heißen Schokolade.«

»Wo soll serviert werden?«

»Gleich hier. Wen erwarte ich jetzt?«

Der Kammerdiener verneigte sich leicht. »Eurem Wunsch von gestern wurde entsprochen. Draußen wartet Albert schon seit geraumer Zeit mit dem Hoflieferanten Moses Kaufmann.«

»Ein Lichtblick nach diesem düsteren Habsburger.« Clemens ließ sich vom Schneider die Uniformjacke ausziehen und den Seidenmantel umlegen. »Du und auch der Schuster, habt Dank und geht für eine Weile zurück in eure Werkstätten. Heute Nachmittag gebe ich euch wieder eine Stunde Zeit.« Er ließ sich in den Sessel fallen. »Nun, Molitor, bitte meinen tüchtigen Juden herein!«

Einen Moment zögerte der Diener, dann entschloss er sich doch zu fragen: »Wünscht Ihr die Schokolade von mir serviert oder erlaubt Ihr, dass Fräulein Margaretha das Tablett hereinbringt?«

Der Fürst runzelte die Stirn. »Sollte das Mädchen nicht Madame Brion behilflich sein?«

»Erst morgen wieder, wenn Ihr mit Madame in Falkenlust zusammentrefft.«

Die Heimlichkeit verlangte es. Da Albert die Aufgabe übertragen bekommen hatte, alle Arrangements dieser innigen Beziehung vorzubereiten, und er stets besorgt um das Ansehen seines Herrn war, stammte auch dieser Plan von ihm: Solange Mechthild in Bonn bei den Eltern weilte, arbeitete Margaretha wie bisher weiter in der Zuckerküche des Hofes. Sobald aber eine Begegnung der Liebenden möglich war, musste sie in die Rolle der Zofe schlüpfen.

»Morgen erst sehe ich meine schöne Harfenspielerin?« Einen versonnenen Moment lang fuhr Clemens mit dem Zeigefinger dem Nasenrücken nach. »Das ist noch lange hin.«

»Eure Durchlaucht? Wer ...?« Molitor wartete auf Antwort.

»Nicht heute.« Heiterkeit nistete wieder in den Augenwinkeln. »Wenn wir in Falkenlust sind, hat das Mädchen immer noch Gelegenheit, das Geschirr nicht fallen zu lassen. Bitte meinen Zwerg und den Juden herein und serviere du die Schokolade! Bring auch eine zweite Tasse. Ich denke, die Süßigkeit verhilft dem Gast zu mehr Großzügigkeit.«

Wenig später saß Moses Kaufmann stocksteif im Sessel dem Fürsten gegenüber. Die duftende Verführung hatte er bisher nicht angerührt. »Ein Kaffee- und ein Teeservice aus Meißener Porzellan?«

Clemens schlürfte aus seiner Tasse. »Nicht zu vergessen, das Schokoladenservice. Lieber Freund, so werft doch einen Blick auf die Zeichnung.« Er ließ von Albert einen Papierbogen auf dem Tisch ausbreiten. »A la chinoise von feinster Künstlerhand. Und in jeder Szene findet sich spielerisch eingebracht mein Monogramm wieder. Entzückend, nicht wahr?«

Moses Kaufmann blähte die Wangen, blies die Luft hörbar durch die Lippen, sah voller Bedenken vor sich hin. »Der Gedanke, solch ein Geschirr zu besitzen, Eure Durchlaucht, ist verlockend. Auch wenn Ihr mich gnädigerweise am Zwecke des Services teilhaben lasst«, hastig nahm er nun doch einen Schluck von der Schokolade, »so muss ich doch an die Kosten gemahnen.«

»Aber, Freund. Nie habe ich Euch einen Pfennigfuchser genannt und will es auch künftig nicht tun. Zumal ich bei der Meißener Manufaktur noch zusätzlich fünf Möpse bestellen möchte.«

»Möpse?« Moses verschluckte sich an dem Wort und hustete. Verstohlen sah er zu Albert und dem Kammerdiener hinüber. Doch beide standen da, ohne sich auch nur durch ein Zucken der Mundwinkel zu verraten.

»Verzeiht, Hoheit. Ihr meint wirklich diese Hunde?«

»Nicht aus Fleisch und Blut. Aus Porzellan. So in dieser Größe.« Clemens deutete die Ausmaße zwischen den Händen an. »Diese besondere Rasse steht bei den Damen zurzeit hoch im Kurs. Wer weiß, vielleicht kann ich mit solch einem Geschenk der einen oder anderen bei Gelegenheit eine Freude bereiten.«

Tapfer griff Moses in die Rocktasche und zückte Tafel und Griffel. Rasch schrieb er einige Zahlen, rechnete zusammen. »Berücksichtige ich zunächst das Geschirr. Demnach wären mehr als achtzig Teile bei der Manufaktur zu bestellen. Jedes Stück unterschiedlich bemalt. Wenn ich ...« Der Griffel schabte über den Schiefer. Mitten in der Rechnung brach der Kaufmann ab. »Bitte, gnädiger Fürst, überdenkt wenigstens das Muster noch einmal. Schlichte Ornamente.«

»Kein Wort davon.« Clemens stellte mit Nachdruck die Tasse ab. »Ich verlange nur das Beste vom Besten. Und dies hier ...« Er stieß den Finger auf das Blatt. »China ist die Mode. Und glaubt mir, selbst ein Chinese hätte die Muster nicht besser entwerfen können.«

»Und diese Möpse?«

»Unverzichtbar.«

Moses presste den Griffel an die Brust. »Wenn nicht der Preis wäre.« Er sah beinah furchtsam auf die Kleiderpuppen mit den Waffenröcken. »Bitte berücksichtigt, dass ich schon die Tuche für Eure Uniformen habe vorstrecken müssen. Rechne ich nun das Geschirr hinzu, so übersteigt der Kredit die Rücklagen meines Unternehmens. Ganz zu schweigen von diesen ... diesen Porzellanmöpsen.«

Clemens lehnte sich zurück, beobachtete seinen Gast eine stumme Weile, schließlich sagte er: »Wie wäre es mit einer ersten Rate von fünftausend in Gold?«

Moses wurde wachsam. »Eine Rate von wie vielen?«

»Sagen wir fünf und wenn die Summe zu hoch werden sollte, höchstens acht Raten.«

Langsam nahm Moses die Tasse und trank einige Schlückchen. »Wann darf ich mit der ersten Rate rechnen?«

Den Sieg nun sicher vor Augen, befahl Clemens seinem Zwerg, unverzüglich Baron Magis hereinzubringen. »Händigt unserm treuen Freund Moses Kaufmann die Summe von fünftausend Karolin aus.«

Der Erste Minister stockte, dann verneigte er sich viel zu lange. »Was zögert Ihr?« Clemens pochte mit den Knöcheln auf den Tisch. »Ihr seid Herr über die Finanztöpfe. Nun zögert nicht, mit der Schöpfkelle auszuschenken. Oder seht Ihr Schwierigkeiten?« Magis hob den Kopf, blass das Gesicht, kalter Schweiß perlte auf der Stirn. Nach heftigem Räuspern versicherte er. »Keine ... keine Schwierigkeit, Durchlaucht. Die Kassen sind noch reichlich gefüllt. Gottlob verfügen wir über die großzügigen Hilfsgelder aus Frankreich.«

Eine Sternennacht voller Lust und weicher Geborgenheit, dann noch halb im Schlaf ein Tasten nach der Wärme des anderen und beim Erwachen dieser lange, jetzt schon vertraute Anblick. Clemens schlief noch, atmete ruhig. Welch ein Geschenk, dass ich hier sein darf, dachte Mechthild und stützte sich in den Kissen auf. Sie liebte die Konturen seines Gesichtes, die Stirn, die ausgeprägte Nase, vor allem den Mund. Durch den seidenen Bettvorhang schimmerte der Morgen. Mit der Hand strich sie sanft über ihren Leib. Zu verbergen bist du bald schon nicht mehr. Nur sie und ihre Mutter wussten bisher davon. Ich muss es auch ihm sagen. Bald ...

Nein, du darfst nicht länger warten. Ihre Hand zerknautschte das Nachthemd. Sie seufzte. Heute noch, bevor mich die Kutsche zurückbringt. Gleich spürte sie den Herzschlag. Was dann? Wie würde er reagieren? Der Erzbischof und ein Kind ... Das hat es schon gegeben, sagte sie sich, und nicht nur selten, wie erzählt wird. Doch dieses Mal werde ich die Mutter sein. Und das war noch nie. Und für Clemens wird es auch das erste Mal sein. O Gott, was wird nur werden? Beim kaum vernehmbaren Klappen der Tür legte sie sich wie ertappt zurück ins Kissen.

Leise öffnete Molitor die Fenster. Unmittelbar drang vom Park her das schier aufdringliche Schlagen der Amseln herein. Clemens regte sich. Als Molitor den Bettvorhang zur Seite zog und einen guten Morgen wünschte, schlug der Fürst die Augen auf. Seine Hand suchte ihre Hand. »Mon amour. In meinem Traum standen wir auf der Bühne. Es war die letzte Szene des Stückes. Welches, weiß ich nicht mehr. Aber wir küssten einander zum guten Schluss.«

Molitor brachte das Tablett mit gepresstem Kirschsaft in silbernen Bechern. »Der Wagen für Madame steht im Hof bereit.«

Mechthild setzte sich auf, hielt die Hand des Fürsten fest. »Bitte, nicht gleich. Ich weiß, niemand vom Hof soll mich morgens von hier fortfahren sehen. Aber es ist noch so früh. Und wenn keine Jagd ist, verirrt sich um diese Uhrzeit keiner der Höflinge nach Falkenlust.«

»Es wärmt mir das Herz, wenn du um jede Minute ringst, in der wir zusammen sein können.« Clemens griff nach dem Saft. »Ich denke, mein gestrenger Zwerg wird uns noch eine gute Stunde erlauben. Wie nutzen wir sie?« Schon während des Trinkens stahl sich ein Lächeln in die Augenwinkel, und als er den Becher zurücksetzte, erkundigte er sich mit gespielt ernster Miene: »Wünscht meine Gebieterin allein im Bett zu verweilen? Oder ist Euch meine Gesellschaft angenehm?«

»Wenn ich wünschen darf ...« Ihr Blick bat ihn schon im Voraus, die Bitte nicht abzuschlagen. »Ein Spaziergang. Lasst uns durch den Park gehen und den friedvollen Morgen noch etwas genießen.«

Erst auf der Lichtung hinter der kleinen Kapelle verlangsamte Mechthild den Schritt. »Niemals zuvor war ich so von Glück erfüllt. Und daran habt Ihr Schuld.«

Clemens neigte sich zu ihr, küsste das rote Haar. »Dein Gold strahlt mir bis ins Herz. Bei den Damen meines Hofes spüre ich hinter aller Schmeichelei das Berechnende und hüte mich vor ihnen. Du aber bist so anders.«

Großer Gott, gib mir Kraft, flehte sie stumm, lass ihn nicht erschrecken. »Ich trage Euch in mir. Fühle Tag und Nacht das Wachsen.«

Er sog die Morgenluft ein. »Riechst du den Duft. So frisch nach Gras und Blumen.« Er legte den Arm um ihre Schulter. »Auch ich empfinde mehr und mehr für dich. Oft dauern mir die Abstände zwischen unseren Treffen zu lange.«

Gott, er versteht nicht. Mechthild verschränkte die Hände vor dem Schoß und blieb stehen. »Hoher Herr, ich trage ein Kind.«

Der Arm fiel von ihrer Schulter ab. Clemens stand mit geschlossenen Augen da, unbeweglich. »Ich sollte wirklich ...?« Er öffnete die Lider, langsam wandte er sich ihr zu, groß und ernst die Augen. »Unser Kind?«

Mechthild fühlte die Tränen aufsteigen, konnte nur nicken. Erst nach heftigem Schlucken flüsterte sie. »Wir werden Euch nicht zur Last fallen.«

Als erwachte er aus einem fremden Traum, rieb er sich heftig die Stirn. »Du sagst, du bist schwanger? Schwanger von mir? Das bedeutet ...« Er legte die Hände zusammen, presste seine Lippen auf die Fingerkuppen. »Ich werde Vater.«

Er will es nicht. Mechthild verspürte Schmerz in der Brust. Doch sogleich wuchs eine neue Kraft: Verteidigen werd ich mein Kind. »Wenn Ihr es wünscht, so werde ich zur Tante ins Münsterland ziehen. Und dort ...«

»Untersteh dich! Weder ins Münsterland noch sonst wohin.« Sein Kinn bebte, er nahm ihr Gesicht in beide Hände. »Bei mir. In meiner Nähe ...« Er küsste ihre Stirn. »Mein Sohn soll hier geboren werden. Ich will sehen, wie er aufwächst.«

»Ihr freut Euch?«

»Mehr als das.«

Mechthild schluchzte und lachte zugleich. Unvermittelt überkam ihn ein Glücksgefühl. Er fasste sie um die Taille, wollte sie hochheben, herumwirbeln, ließ es aber erschreckt. »Nur keine heftige Bewegung.« Er schüttelte ihr die Hände –»Verzeih!« – und musste selbst darüber lachen. Ein Gedanke. Clemens lief zur Rosenhecke am Rande der Lichtung. Wenig später kehrte er mit einem Strauß roter und gelber Rosen zu ihr zurück. »Für dich, für unsern Sohn.« Er hielt inne. »Damals, als wir uns zum ersten Mal begegneten, da weigertest du dich, von mir eine teure Porzellanrose anzunehmen, die jede Hofdame in höchstes Entzücken versetzt hätte. Dich aber nicht, weil dir echte Rosen lieber wären. Weißt du noch?«

Mechthild lächelte ihn an. »Ich entschuldige mich nicht dafür.«

»Heute bitte ich dich, diesen Strauß als Dank für deine Liebe anzunehmen. Als Dank auch für die neue Hoffnung, die du für uns trägst.«

Sie nahm die Rosen, senkte ihr Gesicht in die Blüten.

Im Hof von Falkenlust ging Albert unruhig auf und ab. Wo blieb nur der Fürst mit Madame? Seit bald zwei Stunden wartete die Kutsche auf sie. Acht Uhr war längst vorbei. »Wie soll ich das Geheimnis hüten, wenn die Herrschaften sich nicht an meine Planung halten?« Er ging vor bis zum hohen Gittertor. Nichts. Weit hinten sah er die Leibwächter müßig am Seitenrand der Allee stehen. Vom Herrn und seiner Geliebten aber war nichts zu entdecken.

»Du hässlicher Krüppel verschandelst den schönen Park.«

Albert fuhr herum. Über ihm stand Freiherr von Burgau. »Ihr? Wer hat Euch hergebeten?«

Gleich glitzerten die Augenpunkte. »Du wagst es, mich zu fragen, woher ich komme und wohin ich gehe?«

»Allerdings. Auf höchsten Befehl sollte sich gestern wie auch heute früh niemand vom Hofe ohne ausdrückliche Erlaubnis hier in Falkenlust einfinden.«

»Als Leutnant der Leibwache ist es meine Pflicht, unangemeldete Kontrollgänge durchzuführen.«

»Ihr befehligt die berittene Leibwache. Hier habt Ihr nichts zu suchen oder zu kontrollieren.«

Mit leichtem Schlenker streifte Burgau den Schultermantel hinter den Degengriff. »Es fehlt nicht viel, Buckel, und ich spieße dich an einen Baumstamm.«

Albert sah das Paar in die Allee treten, eng nebeneinander schlenderten der Fürst und Madame direkt auf das Tor zu. Zu spät. Auch der Baron hatte die Näherkommenden entdeckt. »Sieh einer an«, flüsterte er vor sich hin. »Ist das nicht die Harfenistin?«

»Ihr solltet Euch unverzüglich entfernen. Hört auf meinen Rat!« Alberts Ton wurde schärfer. »Seine Hoheit wird empört sein, wenn er Euch hier antrifft. Nun verschwindet endlich!«

Unvermittelt trat Burgau dem Zwerg gegen den Oberschenkel, der taumelte zur Seite, konnte sich nur mit Mühe aufrecht halten. »Du Missgeburt. Du jagst mich fort?« Er stieß ihm den Finger gegen die Stirn. »Eine Kugel wäre zu teuer für dich. Aber warte ab, mir fällt noch etwas anderes ein.«

»Unternehmt, was Ihr wollt.« Albert sah zwischen dem Paar und Burgau hin und her. »Nur geht. Geht endlich!«

»Du weißt nicht, mit wem du redest«, zischte der Leutnant, wandte sich ab und eilte zu den Stallungen hinüber.

»Dem Himmel sei Dank«, flüsterte Albert, straffte den Rock und lächelte seinem Herrn und Mechthild entgegen.

Glück überstrahlte den Tag, dies war unverkennbar aus der Miene des Fürsten zu lesen. Doch weder Kammerdiener noch Hofzwerg wussten den genauen Grund. »Keine Audienzen heute!« Auch die Besprechungen mit Baron Magis mussten auf den nächsten Tag verschoben werden.

Bald nach Mechthilds Abfahrt war auch der Fürst nach Schloss Augustusburg zurückgekehrt. Dort hatte er sich sein schnellstes Pferd satteln lassen. »Nein, keine Begleitung.«

So sehr sich Leutnant Burgau auch verneigte, sogar selbst den Steigbügel hielt – er durfte mit der Leibgarde nur bis auf Sichtweite dem Herrn nahe kommen.

»Ich will allein sein.«

Erst nach Stunden kehrte Clemens August zurück, das Gesicht gerötet, zerzaust die Perücke. »Folge mir«, befahl er seinem Hofzwerg und stürmte die Treppe hinauf. Im Speisezimmer wartete er ungeduldig, bis Albert ihm endlich nachgekommen war. »Schließe die Tür!« Er winkte ihn zur Fensternische. »Hier sind wir unbelauscht. Steig auf den Sims und höre zu!«

Albert nutzte den Hocker. Kaum stand er auf der Fensterbank, zog ihn der Fürst am Wams nah zu sich. »Mein Freund, mein vertrauter, guter Albert le Grand.«

»Danke, Herr. So lange habt Ihr mich nicht mehr bei meinem Ehrennamen genannt.«

»Das war ein Fehler.« Hörbar sog Clemens den Atem durch die Nase ein. »Du hättest es verdient, dass ich dich den ganzen langen Tag ehre.«

»Herr?« Leicht furchte Albert die Stirn. »Darf ich nach Eurem Befinden fragen?«

»Mir war lange nicht mehr so wohl. Und der Anlass ... Diesen Anlass zu meiner guten Stimmung hat es noch nie gegeben.« Er trat zurück und begutachtete seinen Hofzwerg. »Einen Orden. Erinnere mich daran, dass ich, sobald nächsten Monat in Plittersdorf das Heerlager eingeweiht wird, dass ich auch dir einen Orden mit Schärpe verleihe.«

Außer der großen Truppenparade wusste Albert nichts von dem, was sein Fürst sprach, einzuordnen. »Bitte verzeiht. Mir ist entgangen, womit ich solch eine Auszeichnung verdient hätte.«

Clemens blickte rasch über die Schulter, dann senkte er die Stimme. »Du hast mir Madame Brion zugeführt. In einem Moment meiner tiefsten Lebenskälte.«

Deshalb. Albert atmete auf. »Eure Zuneigung zu ihr ist erneut gewachsen?«

»Mehr noch«, flüsterte Clemens. »Ich werde Vater.«

»Durchlaucht?« Erschreckt griff sich Albert ans Herz. »Ihr habt gewiss Nachricht von Eurem Bruder aus München? Kurfürstin Amalie ist wieder schwanger? Er wird ...«

»Untersteh dich, weiter so mit mir zu reden«, drohte ihm Clemens vergnügt und musste sich mühen, leise zu sprechen: »Karl Albrecht wird sich wundern, wenn er erfährt, dass nicht nur er, sondern auch sein stets verlachter kleinerer Bruder durchaus im Stande ist, ein Kind zu zeugen.«

Der erste Schock legte sich, vorsichtig nahm Albert die Neuigkeit an. »Ein Kind. Und Madame Brion ist die Mutter. Meinen Glückwunsch!«

»Der Sohn wird aufs Beste erzogen. Er wird mein Erbe, vielleicht sogar mein Nachfolger.«

»Nachfolger?« Albert ging auf der Fensterbank hin und her, wusste nicht, wie er es umschreiben sollte, sagte es dann einfach freiheraus: »Durchlaucht, Ihr seid Bischof von fünf Bistümern. Die Vaterschaft allein wird schon Aufregung genug bringen. Undenkbar scheint mir aber, dass der Sohn Euch später als Fürstbischof nachfolgt. Dies wird der Heilige Vater in Rom sicher zu verhindern wissen.«

Von einem Atemzug zum andern ernüchtert, verschränkte Clemens August die Arme vor der Brust. »Du hast recht. Wir sollten leise weiter jubeln, überdies aber daran denken, wie Madame Brion mit dem Kind am besten zu schützen ist. Und zwar müssen Vorkehrungen getroffen werden, noch ehe man sich an meinem Hofe darüber das Maul zerreißt.«

Albert sah zum Wandbrunnen auf der anderen Seite des Speisezimmers hinüber, sah die vergoldeten Putten mit dem Schwan, der seinen Hals nach oben reckte. Gleich kam ihm das schreckliche Schicksal der Mutter seines Schützlings in den Sinn. »Ich fürchte nicht allein den Klatsch. Eure Feinde werden versuchen, Euch zu schaden, indem sie Madame Brion während der Schwangerschaft erschrecken, sie verleumden, wenn nicht gar tätlich angreifen, damit sie das Kind verliert.«

»Sag das nicht!« Clemens presste die Fingerknöchel gegen beide Schläfen. »Ich habe schon einen Verlust erlitten. Sie und den Sohn zu verlieren, wäre nicht zu ertragen. Wer ...? Nein, ich weiß es, sie lauern unerkannt an meinem Hof.«

Albert wagte sich vor. »Manch einer tritt schon aus dem Dunkel. Ich erwähne nur Baron Burgau ...«

»Der Leutnant?«, unterbrach Clemens lebhaft. »Ihn sollten wir einweihen. Ein guter Gedanke. Er steht mir seit dem Tod des Komturs sehr nahe. Burgau soll den Schutz für Madame Brion übernehmen.«

»Davon würde ich abraten«, entfuhr es Albert, gleich nahm er sich zurück »So lange wie möglich sollte die Schwangerschaft verborgen bleiben.« Sein Herz schlug hinauf zum Hals. Auch wenn es im Moment zwecklos war, gegen Burgau vorzugehen, keinesfalls durfte er in Mechthilds Nähe. »In Sicherheit wäre Madame, wenn ein anderer als Ihr, mein Fürst, die Vaterschaft übernehmen würde.«

Clemens wandte sich ab, ging hinüber zum Brunnen. Nach einer Weile sagte er: »Weißt du, dass selbst Petrus verheiratet war? Dies ist im Neuen Testament nachzulesen. Der Stellvertreter hatte also eine Ehefrau. Nie hat mich dieser Gedanke beschäftigt. Jetzt aber ...« Er kehrte zum Fenster zurück.

»Verzeiht, Herr, ich wollte Euch nicht ...«

»Du hast recht.« Ein tiefer Seufzer, gefolgt von bitterem Lächeln. »Ich werde Madame Brion verheiraten müssen.«

Albert sah die Besorgnis im Blick seines Herrn. »Ich könnte einen Katalog aufstellen, was dieser Ehemann nicht sein darf, was er nicht tun darf und welche Pflichten er hat.«

»Wir stellen die Liste gemeinsam auf. Und dann werden wir nach dem geeigneten Subjekt an meinem Hof Ausschau halten. Lass uns gleich beginnen!«

Erst spät am Abend entließ der Fürst seinen Zwerg. Müde stieg Albert die Treppen zum Gesindeflur hinab. »Es war zu früh«, murmelte er vor sich hin. »In den nächsten Tagen denkt er sicher nüchterner darüber.«

Sollte es ganz nach dem Willen des Fürsten gehen, so durfte der Ehekandidat weder am selben Tisch sitzen wie Mechthild noch die gleiche Luft atmen. Und bürgerlich musste er sein. Nur kein Herr von Adel, der dann doch einen Anspruch auf Mechthild und den Sohn geltend machen könnte. Nachdem der Katalog aufgestellt war, hatte Molitor dazukommen müssen. Zu zweit waren sie die einfachen Beamten des Hofes durchgegangen, doch bisher hatte keiner Gnade vor dem Fürsten gefunden.

»Am besten würde er mich auswählen. So einen verwachsenen Zwerg.« Albert schmunzelte vor sich hin. »Vielleicht doch kein so guter Gedanke. Denn trauen würde ich selbst mir nicht. Schon gar nicht, wenn ich so eine Frau wie Madame ständig in meiner Nähe hätte.«

Er verließ den Hauptflur und bog in den Gang zu seinen Zimmern und Margarethas Kammer ein. Die Wandlichter brannten nicht. Nur schwer gewöhnten sich seine Augen an die plötzliche Finsternis. Kein Öl, dachte er verwundert. Und gleich in allen vier Lampen? Ich werde ...

Eine Bewegung dicht vor ihm. Er blieb stehen. Jetzt ertönten leise vergnügte Pfiffe. »Wer ist da?« Albert verengte die Augen.

Ein Schatten sprang aus der Dunkelheit auf ihn zu. Der heftige Stoß gegen die Brust warf ihn zurück, er stolperte, stürzte nicht, sein Hut fiel. Gleich wurde er an den Haaren gepackt, hin und her geschleudert wie eine Puppe, dann trafen ihn Faustschläge an der Halsseite, an der Kehle und immer wieder gegen das Herz. Der Angreifer schleuderte ihn zu Boden, trat auf ihn ein, traf den Magen, den Unterleib. Albert konnte nicht schreien, nicht rufen, er stöhnte, hustete, würgte, schmeckte Blut.

Jetzt wurde er herumgewälzt, ein harter Griff packte seinen Nacken. Albert ruderte verzweifelt mit Armen und Beinen. Unerbittlich wurde er mit dem Gesicht auf den Steinboden gepresst. »Zappel nur, du hässlicher Molch. Zappel nur! Am liebsten würde ich dir das Gesicht zertreten und dich vom Arsch her aufschlitzen.« Kehliges Kichern. »Aber das darf ich nicht. Noch nicht. Aber ...« Albert spürte, wie der Kerl den Höcker auf seinem Rücken betatschte. »Wollte schon immer wissen, was du da in deinem Buckel hast.«

Ein Schnitt durch das Wams tief ins Fleisch, sengend wie ein Gluteisen. Albert wimmerte, seine Zähne schlugen haltlos aufeinander. Der nächste Schnitt quer über den Höcker, dann riss der Kerl, zerfetzte den Stoff. Schnell hintereinander furchte er ihm drei Kreuze in den Buckel, schlug hart mit der Faust auf die Wunden. »Nichts kommt raus. Und ich dachte, da wär 'ne Schlange drin.«

Schmerz löschte jeden Gedanken, das Bewusstsein zerplatzte, kehrte wieder und erstickte im neuen Schmerz. »Hast wohl schon genug, Krüppel?«, hörte Albert durch das Tosen der Qual. »Für heute lass ich dich leben.« Sein Kopf wurde an den Haaren hochgezogen. Albert riss die Augen auf. Nah vor seinem Gesicht erkannte er im Dunkel eine schwarze Maske, mehr nicht.

»Mein Herr mag es nicht, wenn du dich in seine Angelegenheiten mischst.«

Diese Stimme? Sie erinnerte ihn ... »Wer ...?« Albert mühte sich zu sprechen. »Wer bist du?«

»Beim nächsten Mal sag ich's dir.« Langsam wischte der Kerl die Messerklinge an den Wangen seines Opfers ab. »Denn dann verschönere ich dir dein hässliches Gesicht und danach, danach schneid ich dir die Kehle durch.« Er ließ den Kopf fallen, erhob sich. »Du versperrst den Weg.« Wie einen Lumpen trat er das Hindernis beiseite und entfernte sich. Albert glaubte Pfiffe zu hören, dann überspülten ihn Farben, drehten sich schneller und schneller.

Wer ruft? Eine ängstliche Stimme flehte: »Wacht auf! Bitte, Herr! Hört Ihr mich?«

Wie angenehm kühl sich der Lappen auf der Stirn anfühlte. Albert öffnete die Lider. Er lag auf der Seite. Vor ihm kauerte seine Hündin Misca und beobachtete ihn. Langsam drehte er den Kopf. Über sich sah er Margarethas Gesicht. Jetzt lachte ihr Mund. »Der Madonna sei Dank! Ihr seid nicht ganz tot.«

Albert erkannte seine Kammer. Jemand stand an der Tür. Oder? Langsam versuchte er, auch den Körper zu drehen. Sofort durchzuckte Schmerz den Rücken. »Wie komme ich hierher?«

»Als ich bei der Madame fertig war, hab ich erst Misca aus dem Zwinger geholt. Und als wir runterkamen, hat sie Euch draußen im dunklen Flur gefunden. Ich hab Euch geschüttelt, aber Ihr habt Euch nicht geregt. Da haben wir Euch erst mal hier ins Zimmer gezogen.« Mit einem Mal schluchzte sie auf. »Und beim Licht hatte ich dann die Hände voller Blut. Von Eurem Rücken.«

Wir? Gleich schienen die Kräfte zurückzukehren. Albert winkte sie näher, flüsterte: »Wer ist noch hier?«

»Nicht böse sein. Ich hab nicht nur Misca mitgenommen. Ich weiß, dass es verboten ist. Sebastian wollte mir nur ... Ach, verflucht. Seid froh, dass er bei mir war. Allein hätte ich Euch nicht hergebracht.«

»Danke. Nur gut, dass du dem Kerl nicht in die Arme gelaufen bist.«

»Was ... was ist denn passiert?«

»Ein Überfall«, murmelte Albert. »Jemand hat mir aufgelauert.«

Mehr und mehr kehrte das Geschehene zurück. »Der Kerl trug eine Maske. Er ... er wollte mich nicht umbringen, wollte auch keine sichtbaren Spuren. Sonst hätte er mir sicher das Gesicht zertrümmert. Und ...« Etwas war noch? Jetzt wusste Albert es wieder. »Pfeifen. Er hat vor sich hin gepfiffen.«

Margaretha schrie auf. Gleich presste sie die Hand vor den Mund. »Das ist er gewesen. Der Stumpff pfeift immer. Das hat er auch getan, als er meine Mama so zugerichtet hat.« Sie lief zu Sebastian, zerrte ihn vor den Verletzten. »Sagt es ihm, Herr, wie furchtbar dieser Kerl ist. Nur weil der Stumpff sein Vorgesetzter ist, will er es nicht glauben.«

Sebastian legte ihr den Arm um die Schulter, drückte sie. »Manchmal ist der Obertreiber schon grob zu uns. Aber das mit deiner Mutter? Und jetzt hier mit Herrn Albert? Das traue ich ihm nicht zu.«

»Verdammter Idiot«, weinte sie. »Du bist viel zu gutgläubig. Irgendwann ... irgendwann verprügelt er auch dich. Und nur, weil du mich kennst.« Sie presste das Gesicht an seine Schulter. »Ich hab Angst, schlimme Angst.«

»Ruhig, Mädchen, ganz ruhig«, tröstete Albert vom Boden her und warnte Sebastian: »Du solltest wirklich wachsam sein. Selbst wenn dieser Peter Stumpff mich nicht überfallen hat, so ist er der Handlanger einer der gefährlichsten Männer hier am Hofe.« Mühsam rutschte er auf das Wandregal zu. »Irgendwann überführe ich diesen Satan und seinen Herrn gleich dazu.« Die Schmerzen meldeten sich wieder, erschöpft rang er nach Atem. »Aber jetzt müssen wir meine Wunden versorgen.«

»Lasst mich Euch helfen!«

Albert deutete zu den Lederkisten neben dem Regal. »Da sind Salben und Verbandstoff. Das Schlüsselbund befindet sich in meiner Rocktasche.«

Margaretha brachte eine der Kisten, schloss auf und schlug den Deckel zurück. »Ich sehe keine Salben. Auch keine Binden. Nur kleine Flaschen.« Sie hob eine heraus und drehte den Korken.

»Nicht öffnen«, keuchte Albert. »Nur nicht. Stell das Fläschchen vorsichtig zurück. Um alles in der Welt. Nur nicht öffnen!«

Erschreckt gehorchte sie.

»Das ist der falsche Koffer. Dort bewahre ich alle Gifte auf. Im anderen ist die Medizin.«

»Wozu braucht ihr denn Gift?«, erkundigte sie sich und stellte die zweite Lederkiste vor ihn hin.

»Für meine Nase. Als Vorkoster unseres Fürsten muss ich das Gift bereits am Geruch erkennen. Sonst wäre ich längst schon tot.«

»Tot?«, flüsterte Margaretha. »Nein, bitte nicht.« Furchtsam deutete sie auf seinen Buckel. »Soll ich nicht besser den Doktor holen?«

»Ich will kein Aufsehen. Und keinesfalls soll der Fürst davon erfahren. Ohne Beweis will ich ihn nicht damit belästigen. Ihr beide zieht mir das Wams aus. Dann beschreibt ihr mir die Wunde.«

Behutsam halfen sie ihm. Seine Brust war zerschunden, die Haut übersät mit blauroten Flecken, an vielen Stellen aufgeplatzt. Als Margaretha die breit klaffenden Schnitte auf dem Buckel sah und das an den Rändern dick verkrustete Blut, weinte sie wieder. »Der Doktor muss kommen. Ihr könnt ihm ja sagen, dass er darüber schweigen soll. Bitte, er muss Euch versorgen.«

Und Albert willigte ein.

15

Stille herrschte im kleinen Kabinett der Münchner Residenz. Dann, welch ein Geräusch! Dunkles Gurgeln, im Aufschäumen wurde es heller, satter. Andächtig sahen Kurfürst Karl Albrecht und Graf Törring dem Mundschenk zu. Gekonnt goss er das Bier aus der Kanne in den Humpen, füllte den zweiten an und schenkte dann jedem Krug eine goldschimmernde, aufkräuselnde Krone. Mit einer tiefen Verneigung wollte sich der Diener zurückziehen, als ihm der Graf befahl: »Lasse die Kanne hier neben uns stehen. Ich schenke später selbst nach.« Er schnippte. »Nun entferne dich. Sage den Wachen draußen, dass wir in keinem Fall gestört werden dürfen.«

Scharf rief ihm Kurfürst Karl Albrecht hinterher: »Niemand, hörst du. Auch die Kurfürstin nicht.« Kaum hatte sich die Tür geschlossen, seufzte er auf: »Gut, mein Freund, sehr gut. Ein Bier aus deiner Familienbrauerei. Welch eine famose Idee, diese Verkostung. Doch das Beste ist – wir haben dadurch mitten im Tag eine gestohlene Stunde allein für uns beide.«

»Darauf, Hoheit, habe ich nun schon seit einigen Tagen gewartet.« Törring hob den Krug. »Auf Euer Wohl und das Wohl des Hauses Wittelsbach in Bayern.« Die Herren nahmen große Schlucke, beide atmeten zugleich aus, der Fürst wischte sich mit dem Ärmel über den Mund. »Ein Genuss. Nicht zu herb, es rollt weich hinunter. Wenn du nicht planst, meinem Weizenbier Konkurrenz zu machen, so trinke ich davon gerne noch mehr.«

Törring sah ihn über den Krugrand an. »Fürchtet keine Gefahr für Euer Hofbräuhaus. Das Monopol für Obergäriges bleibt unangetastet. Allerdings denke ich an den verbesserten Hopfen. Meine Gewährsleute haben ...« Er schmunzelte vielsagend. »Ich will es umschreiben: Sie haben sich etwas Saatgut aus Böhmen verschafft und es mit dem unseren durchsetzt. Außerdem haben wir von dort die besondere Methode der Ernte übernommen. Dies zusammen hat dem Bier einen volleren Geschmack verliehen.«

»Genehmigt und gekauft. Meine Hopfenbauern sollen dazulernen. Unser bayerischer Hopfen muss besser sein als der habsburgische.« Karl Albrecht setzte erneut an, rülpste danach genießerisch. »Es ist wahr – jeder Schluck verlangt gleich nach dem nächsten.« Er stellte den Krug zurück auf den Tisch.

»Ich kenne dich, mein Freund. Wegen solch eines kleinen Geschäftes hast du dieses Treffen nicht arrangiert. Was gibt es Größeres?«

Behutsam tastete Törring sich vor. »Wir könnten zum Beispiel über Kurköln und Euren Bruder einige Worte ...«

Lautes Auflachen unterbrach ihn. »Hast du es auch vernommen? Der fromme Hengst hat eine Stute besprungen und sogar erfolgreich. Sie ist trächtig.« Karl Albrecht schlug sich auf die Schenkel. »Nicht zu fassen. Ich musste den Brief zweimal lesen, dann erst habe ich meinen Augen getraut.« Er ließ sich nachschenken. »Und ich habe geglaubt, dass Clemens es nur mit Männern treibt, sich bei den Weibern keusch zurückhält. Bei seinem nächsten Besuch werde ich ihn wieder zu meinen Nixen bringen. Und dann werde ich es nicht zulassen, dass er sich davonschleicht, dann muss er zeigen, was er zwischen den Lenden hat. Und du, mein Freund, wirst die Bewertung zwischen ihm und mir vornehmen.«

»Dafür bedarf es keiner Probe. Der Entscheid fällt ganz gewiss zu Euren Gunsten aus.«

»Das will ich wohl meinen.« Selbstgefällig sprach Karl Albrecht dem zweiten Krug zu, während der Graf noch mit dem ersten beschäftigt war.

»Diese Stute ...« Törring räusperte sich. »Diese Madame Brion scheint mehr zu sein als nur eine Liebschaft.« Sein Ton blieb halb spöttisch. »Gleich von mehreren Seiten haben mich Informanten darauf hingewiesen. Die verlässlichste Quelle aber ist mein Gewährsmann, der dem Kölner sein Ohr zur Verfügung stellt. Scherz beiseite. Ich meine Pater Friedrich Maralt. In der Beichte hat sich Fürst Clemens August ihm anvertraut. Demnach quälen ihn Gewissensbisse. Doch nicht, wie anzunehmen wäre, weil er sich als Erzbischof mit einem Weibe eingelassen hat. Weit gefehlt, er grämt sich, weil er diese Madame nicht an seine Seite heben darf.«

»Du hast auch den Beichtvater auf der Lohnliste?« Karl Albrecht drohte seinem Ratgeber spielerisch mit dem Finger. »Wehe dir, wenn du den meinen in Versuchung führst. Aber selbst wenn, vor dir habe ich nichts zu verbergen. Was also ist mit der Stute meines Bruders?«

»Der Eindruck verstärkt sich, dass Madame Brion mehr und mehr Einfluss auf den Fürstbischof bekommt. Ähnlich wie im letzten Jahr der Komtur von Roll.«

»Mein Bruder ...« Karl Albrecht trank und knallte den Krug auf den Tisch. »Geht es schon wieder von vorn los? Der Blitz soll ihn treffen. Warum kann er nicht wie ein normaler Mann genießen? Einfach nur die Lanze reinstecken und Jupp heißa? Nein, er muss gleich sein Herz mit reinhängen.« Er riss an seinem Kragen. »Dann sollten wir diese Madame kaltstellen.«

»Ich stimme Euch zu, nur ...« Die steile Stirnfalte ragte hinauf bis ins Scheiteltal der ondulierten Perücke. »Für solch eine delikate Aktion fehlt inzwischen, so fürchte ich fast, das geeignete verlässliche Personal.«

Karl Albrecht lehnte sich verblüfft im Sessel zurück. »Dank deiner Fähigkeiten verfügt kein Hof in Europa über eine so straff organisierte Informantentruppe wie wir. Was ist vorgefallen?«

Erst nach einem tiefen Schluck formulierte Törring zögerlich die Antwort: »Noch ist die Sachlage nicht klar erkennbar. Sicher aber scheint mir, dass sich zwei unserer wichtigsten Agenten im Umfeld des Kölner Fürsten der Habsburger Seite öffnen.«

»Verrat?«

»Nachzuweisen ist ein Seitenwechsel bisher nur der Freifrau Aloysia von Notthafft. Zum einen existiert die Abschrift ihres an Graf Plettenberg adressierten Briefes, in dem sie diesem schamlos schmeichelt und ihm ihre Dienste anbietet, damit er an den Kölner Hof zurückkehren kann.«

»Dieser westfälische Fuchs gibt nicht auf. Sollte er bei meinem Bruder wieder in Amt und Würden gelangen, so wird Clemens für die Erbfolge dieser Maria Theresia stimmen.«

»Gottlob hat sich Baronin Notthafft an den Richtigen gewandt. Sie hat Pater Maralt gebeten, beim Kurfürsten Gnade für Plettenberg zu erwirken ...« Törring nahm sich Zeit für ein dünnes Lächeln.

»Und?« Der bayerische Landesherr ließ sich auf der Sesselkante nieder, beugte sich vor. »Nun sag schon!«

»Der Beichtvater hat es allein mir gebeichtet.«

»Tüchtiger Mann. Bezahle ihn gut, hörst du.«

»Wovon?« Um Zeit zu gewinnen, füllte der Graf beide Krüge bis zum Rand. »Unsere Finanzlage ist denkbar schlecht.« Damit setzte er die erste Nadel an, ruhig drückte er nach: »Ein Grund sicher, warum Baronin Notthafft und, ich fürchte, auch Baron Burgau nicht mehr zu halten sind. Mir fehlen einfach die Gelder, sie für geleistete Dienste zu entlohnen. Hingegen verfügt Plettenberg, unterstützt vom Wiener Hof, über genügend Mittel, unsere Agenten abzuwerben.«

Keine Antwort. Karl Albrecht stürzte das Bier in sich hinein, setzte den Krug ab und stierte vor sich hin. Nach langem Wulsten der Unterlippe sagte er: »Verdammte Schulden.«

»Ihr drückt es noch milde aus, Hoheit.« Törring erinnerte an die Verträge mit den Franzosen. Um stärker als die Habsburger zu sein, musste Bayern seine Truppen auf 40.000 Mann verstärken. Und die zugesagten Hilfsgelder würden nur fließen, wenn auch aus der Kurpfalz und vor allem aus Kurköln weitere 30.000 gut ausgerüstete Soldaten gestellt würden. »In Wahrheit aber«, der Graf drehte den Bierkrug auf dem Tisch in beiden Händen, »haben wir höchstens 7000 Mann unter Waffen. Diese reichen nicht einmal, um dem Kaiser die Truppen zu senden, zu denen wir als Reichsangehörige verpflichtet sind. Wenn Euer Bruder nicht auf unserer Linie bleibt, dann ...« Törring hielt inne und Karl Albrecht nickte langsam. »Sag es nur heraus. Dann wird meine Idee unnütz, dann lösen sich alle Pläne und Träume in Luft auf.«

Der Graf setzte die nächste Nadel. »Euer Bruder hat bereits Hilfsgelder erhalten. Doch er vergeudet sie, lässt, wie ich hörte, prunkvolle Uniformen schneidern. Außerdem wird nahe Bonn ein riesiges Heerlager errichtet. Aufwand und Kosten übersteigen jede Vorstellung. Im Klartext: Wenn niemand ihn zur Vernunft bringt, wird auch er die verlangten Truppen nicht stellen können. Die Franzosen werden nicht weiter zahlen. Dafür wird sich Plettenberg letztlich als Retter des Kurstaates anbieten und für die Habsburger den Sieg erringen.«

»Ich brauche das Geld.« Karl Albrecht sah im Bierrausch das Schreckliche vor sich, stöhnte: »Ohne die Subsidien wird alles umgestürzt. Das Haus Bayern kann sich nicht halten. Und ... Und mein Bayern ist nur ein Bollwerk aus Luft. Ehe mein Kaiserreich entsteht, zerfällt es schon in Trümmer. O Gott. Und Schuld trägt mein Bruder, dieser verfluchte Sonnenfürst.«

Mit einem Mal sprang er hoch, stürmte im kleinen Kabinett auf und ab. »Nichts darf meinen Weg zum Kaiserthron gefährden. Du hast mir zugesagt, alle Hindernisse zu beseitigen.« Er rüttelte an der Sessellehne des Ratgebers. »Ignaz, Freund, mein Helfer. Was soll geschehen? Sag es mir!«

Lärm draußen im Nachbarzimmer. Beide Herren fuhren herum. Rufe, Flüche. Gerangel. Dann flogen beide Türflügel auf.

»Was geht hier vor?« Kurfürstin Amalie stampfte herein und schob den Wachposten, im Genick gepackt, vor sich her. »Dieser Wicht wollte mir den Zutritt verweigern. Er behauptet, auf Befehl des Fürsten.« Sie stieß den Armen in Richtung der beiden Herren, er stolperte, schaffte es gerade noch vor dem Tisch zurück ins Gleichgewicht und nahm Haltung an. »Heraus mit der Sprache, werte Herren.« Sie näherte sich ihrem Gemahl. »Oder soll ich selbst nachschauen, wo die zweibeinigen Rehe versteckt sind? Wenn ich sie finde, dann gnade ihnen Gott. Also sag es besser gleich!«

Karl Albrecht hatte sich vom ersten Schreck des Überfalls erholt, er beschwichtigte mit beiden Händen. »Ruhig, meine Liebe! Als Schwangere solltest du jede Aufregung vermeiden.«

»Ach ja? Seit wann nimmt mein Herr Gemahl denn Rücksicht?« Sie strich über ihren sichtlich noch weiter angewachsenen Leib. »Mit jedem Kind war ich und bin ich allein. Diese plötzliche Besorgnis macht dich erst recht verdächtig.« Sie ging auf Törring los. »Und Ihr? Habt Ihr die Rückendeckung für die Laster des Kurfürsten übernommen? Oder seid Ihr heute mit von der Partie?«

Leicht verneigte sich der Graf. »Hoheit, erlaubt mir zu sagen, dass Ihr irrt. Diese private Unterredung hat einen sehr ernsten Hintergrund ...«

»Das sehe ich. Zwei halb geleerte Bierkrüge.«

»Es geht um die fatale Finanzlage unseres geliebten Bayerns. Dazu, quasi als Trost, verkosten wir das neue Bier aus meinem Brauhaus. Ein gelungenes Produkt.«

»Wie artig Ihr die Worte setzt, verehrter Graf. Wüsste ich es nicht besser, so müsste ich denken, Ihr könntet kein Wässerchen trüben.« Mit schnellem Griff schnappte Amalie nach dem Krug ihres Gemahls. »Du erlaubst doch.« Schon hatte sie angesetzt und trank in langen Schlucken, endlich setzte sie ab. »Doch. Ein gutes Gebräu!«

Gleich sah Karl Albrecht die Friedenssonne aufgehen. »Du siehst also, meine Liebe. Hier geschieht nichts Anrüchiges hinter deinem Rücken. Sei also beruhigt ...«

»Niemals. Um dich unter Kontrolle zu haben, müsste ich jeden deiner Atemzüge auf seine Reinheit überprüfen. Also, wenn hier schon über Golddukaten gesprochen wird, so will ich an mein neues Schloss im Park erinnern, und zwar mit einer Terrasse auf dem Dach, von der aus ich Fasanen und Rebhühner schießen kann. Der Baubeginn soll noch in diesem Jahr sein.«

Sofort verschränkte Törring fest die Arme vor der Brust und der Kurfürst erhob sich. »Meine Taube, mein Engel, du Mutter meiner Kinder ...«

»Untersteh dich!« Kämpferisch ballte Amalie die Fäuste. »Für deine Huren sorgst du sehr gut – Schmuck, Häuser und teure Kleider. Ich will meine Burg, denn ich, Amalie, ich allein bin deine Gemahlin. Und wehe dir, wenn nicht bis zur Geburt des nächsten Kindes der erste Spatenstich erfolgt ist.« Stellvertretend ohrfeigte sie den Wachsoldaten und deutete zum Ausgang. »Auf deinen Posten, Mann!« Sie folgte ihm dicht auf den Fersen. An der Tür drohte sie dem Gemahl noch einmal über die Schulter: »Spare bei den anderen, nicht aber bei mir.« Mit hartem Getöse schlossen sich beide Flügel hinter der Landesmutter.

Karl Albrecht ging ihr einige Schritte nach, kehrte um und presste die Hand vor die Stirn. »Was habe ich nur getan, dass ich so gestraft bin?«

Der Freund schenkte frisches Bier nach. »Verzagt nicht, Hoheit. In jeder Ehe gibt es ein Auf und Ab.«

»Dieses Schloss ...« Wie nach einem Retter griff Karl Albrecht nach dem Krug, hob ihn langsam zwischen den Händen bis an die Lippen. »Außer Kosten habe ich nichts davon, nicht einmal ein extravagantes Liebesspiel mit einer dankbaren Nixe. Amalie will es für sich allein, will dort kochen und vom Dach aus in die Lichtung hinunter aufs Federvieh schießen.« Nach dem Trinken klagte er: »Wovon soll ich den Bau bezahlen?«

»Entweder aus Eurer privaten Schatulle ...«

»So tief werde ich nicht sinken.«

»Dann wäre ein neuer Kredit bei unserm Bankier zu empfehlen. Doch fürchte ich auch von ihm ein entschiedenes Kopfschütteln.«

»Steuern. Wir erheben eine Extrasteuer. Lass prüfen, ob dafür eine Chance besteht.« Leicht schwankend strebte der Fürst auf das Fenster zu. »Wäre ja noch schöner, wenn ich für das Vergnügen meiner Gemahlin aus der eigenen Tasche bezahlen müsste.«

Törring betupfte sich mit dem Sacktuch die Stirn. »Wir müssen entscheiden, was in Kurköln geschehen soll. Dort liegt nicht nur die Ursache unserer finanziellen Misere, sondern dort lauern auch die Gefahren für die angestrebte Kaiserkrone.«

Mit Schwung fuhr Karl Albrecht herum, Bier schwappte aus dem Krug. »Die Agenten sind übergelaufen?« Er hatte den Tisch wieder erreicht und ließ sich in den Sessel sinken. »Schicken wir neue, die sollen dann die Verräter eliminieren und ihre Plätze einnehmen.«

»So offen dürfen wir nicht vorgehen.«

»Du hast einen Plan? Ich sehe es dir im Gesicht an.« Karl Albrecht nahm rasch einen Schluck. »Das hab ich schon als Junge gesehen, als du noch für Vater gearbeitet hast. Immer wenn du so gelächelt hast, wusste ich es. Also heraus damit!«

»In den vergangenen Wochen habe ich nach einem wirklich geeigneten Ersten Minister Ausschau gehalten, den wir Eurem Bruder zur Seite stellen könnten. Doch der Vorsitzende des Rates, Graf von Hohenzollern, hat abgelehnt und Baron Magis ist nur ein willenloses Werkzeug ohne Rückgrat. Er ist keiner wirklichen Belastung gewachsen.«

»Nein, nein.« Unruhig schabte der Fürst mit beiden Füßen. »Nicht schon wieder davon, was alles im Argen liegt. Sag die Lösung! Sag mir, wie wir unser Ziel erreichen.«

»Durchgreifen. Wenn schon keinen neuen Ersten Minister, so werden wir Eurem Bruder einen militärischen Berater schicken. Und zwar dachte ich an General Santini ...«

»Sehr gut«, unterbrach Karl Albrecht und lachte. »Vor dem knochigen Haudegen hat Clemens früher schon höllischen Respekt gehabt. Ich glaube sogar, dass Santini ihm eine Ohrfeige verpasst hat. Der wird mit dem Sauhaufen dort in Kurköln schon aufräumen.« Karl Albrecht wollte daran glauben und spülte die hartnäckigen Zweifel mit Bier hinunter.

»Hoheit, da wäre noch Madame Brion.«

Der bayerische Kurfürst verschluckte sich, hustete, prustete Bier über den Tisch und wischte sich mit dem Ärmel den Mund ab. »Dieses Weib! Wir haben es mit keiner Frau von Adel zu tun? Oder? Eine Bürgerliche, dazu noch Harfenistin. Also, wo siehst du das Problem?«

»Ein Unfall der Schwangeren wäre die sicherste Lösung. Allerdings muss er außerordentlich gründlich vorbereitet und durchgeführt werden. Bedenkt die Rachsucht Eures Bruders im Zusammenhang mit dem Tode des von Roll. Bei einer Beseitigung dieser Dame darf nicht der leiseste Verdacht eines Komplotts aufkommen, ansonsten, so fürchte ich, wird Euer Bruder für keinen Eurer Pläne mehr zu gewinnen sein. Das Beste wäre, zunächst einen Keil zwischen die Liebenden zu treiben. Sobald die Brion nicht mehr in unmittelbarer Nähe des Fürsten ist, können wir mit ihr nach Belieben verfahren.«

Aufmerksam beobachtete Törring seinen Herrn, als der nickte und in seiner Bierseligkeit sogar sagte: »Weg mit der Stute! Du wirst schon einen Weg finden«, da stellte der Ratgeber leise noch eine Frage: »Und was tun, wenn General Santini nichts ausrichten kann?«

»Dann bin ich es endgültig leid.« Karl Albrecht warf sich zurück in die Lehne. »Dann soll seine Sonne untergehen. Wir sprachen früher schon darüber. Nichts darf uns in die Quere kommen. Sollte mein Bruder zur Gefahr werden, so ...«

»Ich habe verstanden. Und die Lücke wäre rasch zu schließen, zumindest vorübergehend. Denn Euer nächstjüngerer Bruder, der Erzbischof von Regensburg, könnte in die Fußstapfen treten und Kurköln in unserem Sinne regieren.«

»Ohne dich, mein lieber Ignaz, ohne dich möchte ich nicht sein.« Die Krüge stießen aneinander. Karl Albrecht reckte sich. »Ach, Freund, wir sollten alles für heute vergessen, sollten uns in die Badenburg zurückziehen und nach den Nixen angeln.«

Geige und Flöte, so jubilierend, so lockend. Die Musik erfüllte die Hofkapelle von Bonn. Mechthild saß auf der von einer Girlande aus Margeriten und Kornblumen umkränzten Bank vor dem Altar. Weiß und Blau! Sie war eingehüllt in einen cremefarbenen Traum aus Seide und Taft, das rote Haar floss in Wellen über ihre Schultern, nach vorn schmiegten sich Locken bis zum

Rande des Dekolletés. Ein durchsichtiges Brusttuch verschleierte den Busenansatz. Sie hütete sich, den Kopf zu drehen.

So gerne würde ich nach links schauen und mich freuen. Dort spielen Vater und der Bruder mein Lieblingsstück von Vivaldi. Wie leicht diese Italiener mit ihrer Musik verführen können! Sie seufzte. Und so gerne würde ich da vorn an der Harfe sitzen und mit euch zur Trauung spielen. Zur Trauung eines anderen Paares! Aber so ...

Vom im Chorgestühl saß der Kurfürst im weißen Ornat. Obwohl es nur wenige Schritte sind, bist du, Geliebter, heute so unendlich weit entfernt von mir. Nicht einen Blick für mich. Du schaust vor dich hin, bist nur der Priester, der gleich eine Ehe schließen wird. Mein Herz weint. Obwohl ich weiß, wie traurig du selbst über dieses Versteckspiel bist, obwohl Albert le Grand mir alles erklärt hat, ich die Gründe sogar verstehe, ist es ein Unglückstag für mich.

Sie setzte sich aufrecht, drückte den Reif ihres Kleides mit den Ellbogen etwas nach unten. Nein, es wird nicht gejammert, ermahnte sie sich. Du heiratest, um nicht von ihm fort zu müssen und damit dein Kind in der Nähe des Vaters aufwachsen kann.

Die Instrumente schwiegen, zart verklangen die letzten Töne im kleinen Himmel der Kapelle. Mechthild wollte den beiden Musikanten mit einem Lächeln danken, wandte den Kopf nach links und sog erschreckt den Atem ein. Sie sah direkt ins teigfarbene Gesicht; im halb geöffneten Mund zeigten sich die schwärzlichen Zähne des Unterkiefers, die leicht vorgewölbten blauen Augen leuchteten. Bernhard Alexander Trogler strahlte seine Braut an.

Das darfst du nicht, dachte Mechthild sofort. Nach dem Katalog deiner Verhaltensregeln hast du zwar stets freundlich zu mir zu sein, nicht aber mehr. Unmerklich schüttelte sie über sich selbst den Kopf und nickte ihm zu. Armer Wicht, solange du mich nicht belästigst, will ich Frieden mit dir halten.

Clemens August erhob sich, schritt rasch zum Altar. Nichts Weihevolles lag in seiner Stimme, monoton das Gebet; mit ungeduldig gefurchter Stirn wartete er schließlich auf das Ende des Gesangs der Versammelten. »Nun erhebet Euch!«

Schon beim ersten Wort war Bernhard Trogler auf den Füßen. Er bot Mechthild hilfreich den Arm, doch sie übersah die Geste und ging neben ihm her bis zur Stufe. Clemens trat näher. Sie zwang sich aufzusehen, und für einen Moment versank ihr Blick in seinem. Es ist unser Tag. In Wahrheit werde ich deine Frau. Durch ein Rauschen hörte sie ihren Namen, fühlte sie den Ring, der mit einem Mal an ihrer rechten Hand steckte.

Der Fürstbischof wandte sich an die Braut. Sie wiederholte, was er vorsagte, wie eine Schülerin, die den Text nicht begriff, nur nachsprach: »Ich, Mechthild Brion, nehme dich, Bernhard Alexander Trogler, zu meinem angetrauten

Mann.... Bis dass ...« Ihre Kehle war wie zugeschnürt, sie musste husten, neu ansetzen. »Bis dass der Tod uns scheidet.« Sie nahm den Ring vom Samt und streifte ihn Bernhard an die Hand, dachte dabei, wie kurz geraten diese Finger sind. »Trage diesen Ring ...«

»Im Namen des Vaters«, unterbrach der Priester sie übereilt, »des Sohnes und des Heiliges Geistes. Amen.« Und ehe es zu dem Kuss kommen konnte, setzte er im Befehlston hinzu. »Nehmt wieder Platz!«

Auf dem Rückweg zur Bank sah Mechthild die kleine Festgemeinde. Sie fand das tränennasse Gesicht der Mutter. Sah die zufriedenen feisten Mienen der Familie ihres Mannes. Dahinter lachte Margaretha und schmiegte sich aufgeregt an ihren Sebastian. In der letzten Bank entdeckte sie Freiherrn von Wolff-Metternich und neben ihm über der Kante der Kirchenbank nur das ernste Gesicht von Albert le Grand.

Kein rauschendes Fest, kein Aufsehen, lediglich ein Umtrunk im Haus Nummer acht in der Rysselstraße unweit der Bonner Residenz, mehr war von höchster Stelle nicht erlaubt worden. Die beiden Trauzeugen, Baron Wolff-Metternich und der Hofzwerg des Fürsten, hatten auf Einhaltung gedrungen und jeden Protest vonseiten der Familie Trogler geschickt abgewehrt. »Seine Durchlaucht hat noch Großes mit dem Bräutigam vor. Um seine Karriere nicht durch vorschnelles öffentliches Gerede zu gefährden, muss strikte Unauffälligkeit gewahrt werden.«

Das hatte den geld- und ämtergierigen Schwiegereltern sehr rasch eingeleuchtet. Mutter und Vater Brion, auch der Bruder wussten vorher schon von dem Notarrangement und stellten keine Fragen. Vor einer Stunde dann waren die wenigen Gäste gegangen.

Margaretha hatte das Geschirr in die Küche gebracht und nahm gerade ihr neues Reich in Besitz. Dank Albert le Grand sollte sie in Zukunft die Köchin im Hause Trogler und weiterhin auch die Zofe Mechthilds sein. Nur weil ihre Herrin so unglücklich aussah, hatte Margaretha auf den Jubelschrei verzichtet, dafür aber ihren Beschützer so stürmisch umarmt, dass er wegen der immer noch nicht ganz verheilten Wunden auf seinem Buckel schmerzhaft das Gesicht verziehen musste.

Allein mit ihm, Bernhard Alexander. Wäre doch wenigstens das Mädchen im Zimmer geblieben. Mechthild saß in der Wohnstube und starrte die Blumensträuße auf dem Tisch an. Drei Vasen mit weißen Nelken und als Mittelpunkt und Augenweide ein Porzellanpfau, dessen Rad aus langstieligen roten und gelben Rosen bestand. Wenigstens sind es echte Blumen. Dies war das Hochzeitsgeschenk des Fürsten. Es hatte bereits hier gestanden, als die Brautleute von Baron Wolff-Metternich ins Haus geführt wurden.

Nach der Kirche der höfliche Händedruck für die Frischvermählten, verbunden mit dem verhaltenen Wunsch: »Gottes Segen, Glück und Gesundheit!« Für einen kurzen Moment nur hatte Mechthild seine Hand an ihrem Rücken verspürt, ehe es ein Streicheln, eine Zärtlichkeit werden konnte, hatte er sich schon abgewandt.

»Frau?«

Sie schreckte zusammen, sah verwundert zur Seite. Drüben am Sekretär stand Bernhard Trogler. Er hatte den schwarzen Rock gegen einen hellblauen Hausmantel getauscht. Nenn mich nicht so, dachte sie empört, gleich nahm sie sich zurück. »Was gibt es?«

Er zeigte sein Lächeln. »Unser reicher Gönner hat uns Weinschläuche in die Vorratskammer bringen lassen.«

»Wer?« Gleich begriff sie. »Der Herr, von dem du sprichst, mag dein Gönner sein, nicht aber meiner. Er ist der Vater meines Kindes, mich verbindet viel ...« Sie brach ab. Jeder Satz darüber war zu schade für diesen Kerl. »Was wolltest du?«

»Ich dachte, zum Fest heute könnten wir einen Becher trinken.«

Mechthild willigte ein, stieß sogar mit ihrem Gatten an, der gleich austrank, sich nachschenkte und leutselig einen Sessel näher schob. »Sobald wir uns etwas besser kennengelernt haben, wirst du sehen, was ich für ein tüchtiger Mann bin.« Selbstgefällig faltete er die Hände vor der Brust. »Was gibt es von mir zu berichten? Nun, zunächst sollte ich Priester werden, weil mir das Latein nicht schwerfiel. Doch dann meinte Vater, der ja Futtermeister und Truchsess bei unserm Gönner, oh, verzeih, ich vergaß, bei Hofe ist, also er meinte, ich sollte mich auch in der Residenz bewerben, dort ließe sich ein Batzen mehr Geld als nur mit einer Pfaffenpfründe verdienen. Nun ...« Bernhard Trogler drückte die Fingerkuppen gegeneinander. »Eine Karriere als Violinist in der Hofkapelle hätte mir gefallen.« Er kicherte in sich hinein. »Stell dir vor, du an der Harfe und ich mit der Geige daneben.«

Mechthild trank und schloss die Augen. Welch entsetzliche Vorstellung, dachte sie, sagte aber: »Und warum hast du auf deine künstlerische Laufbahn verzichtet?«

»Die Finger.« Er hielt die rechte Hand hoch. »Sie sind leider etwas zu kurz geraten. Nun, da entschloss ich mich, Beamter zu werden. In der Hofkasse führe ich die Listen aller Futterlieferungen. Vater meinte, dass ich in einigen Jahren dann selbst zum Futtermeister aufsteigen kann.« Er schwenkte den

Becher siegesgewiss vor seinem Mund hin und her –»Doch ab heute ist alles anders« – und labte sich mit geräuschvollem Kehlkopfwürgen an dem Wein.

Du bist wirklich ein Wicht. Der Zorn in Mechthild wuchs, stumm sah und hörte sie ihm zu. Erst nach tiefem Ein- und Ausatmen erkundigte sie sich beherrscht: »Warum hat sich alles geändert?«

»Dank dir, verehrte Gemahlin.« Er dienerte im Sitzen. »Ich brauche nun nichts anderes mehr zu tun, als dein Ehemann zu sein. Ist das nicht wunderbar? Und ich werde von Posten zu Posten aufsteigen, werde ein Vermögen verdienen, und dies nur, weil du so geschickt warst, dich vom Fürsten … nun ja, von ihm ein Kind zu erwarten.«

In jäh aufwallender Wut schleuderte ihm Mechthild ihren Becher vor die Füße. Er zerplatzte, Rotwein spritzte bis auf den hellblauen Hausmantel. »Wage es nie mehr, so über mich zu sprechen.« Sie erhob sich, drohte ihm mit dem Finger. »Nur ein Wort der Klage von mir bei Baron Wolff-Metternich genügt – und ehe du dich versiehst, landest du … Ach, verflucht. Ich will dir nichts. Will auch nichts von dir. Wir sind durch diese Ringe aneinandergekettet worden, und dies ganz sicher gegen meinen Willen. Nun müssen wir uns damit abfinden. Das Einzige, was ich möchte, ist Frieden in diesem Hause. Und dazu gehört auch, dass du dir in Zukunft vorher überlegst, was du sagst.« Weil Bernhard sie mit offenem Mund anstarrte, setzte sie nach: »Hast du mich verstanden?«

»Ja, Frau, ja, ich tue alles. Bitte, keine Meldung an Baron Wolff-Metternich. Er soll doch in Zukunft nur Gutes über mich beim Fürsten berichten, wegen meiner Karriere.« Jetzt entdeckte Trogler die Flecken auf seinem hellblauen Mantel. »Kein Unglück, Frau. Unser Personal soll den Mantel reinigen.« Er lachte gönnerhaft. »Denke, das wird diesem Bauerntrampel schon gelingen.«

»Wehe dir!« Schon hatte Mechthild eine der Vasen gepackt, im letzten Moment aber verschonte sie ihn. »Ein für alle Mal: Margaretha gehört zu mir. Du darfst essen, was sie kocht. Und wenn du ihre Hilfe benötigst, dann bittest du sie freundlich darum. Befehle hast du ihr nicht zu geben. Ist das verstanden worden, Herr Gemahl?«

Gleich neigte er willig den Kopf, und als hätte sie ihm nur einen freundlichen Hinweis gegeben, antwortete er: »Wenn es dir so gefällt, so werde ich mich daran halten.«

Du bist nicht nur ein Wicht, bist dazu auch noch wie ein schleimiger Lurch. Wortlos wandte sich Mechthild ab und verließ die Wohnstube. Draußen rief sie nach Margaretha und stieg nach oben.

Ihr großzügiges Schlafgemach befand sich im ersten Stock, während der Ehemann vom eingesetzten Kontrolleur, Baron Wolff-Metternich, im Speicher ein Zimmer zugewiesen bekommen hatte, welches nur etwas komfortabler eingerichtet war als die Kammer der Zofe.

Mechthild stellte sich vor den Spiegel. Ihr Haar war zerzaust, die Seide verknittert, bitter lächelte sie sich an. »Du siehst aus wie eine Braut auf der Flucht. Nur gut, dass dein Sohn dich noch nicht beobachten kann.« Sie ließ sich auf dem Hocker nieder. Das Elend griff wieder nach ihr. So fremd warst du mir heute, Liebster. Nie hab ich mich so alleingelassen gefühlt.

Leise trat Margaretha ein, sah die so verloren dasitzende Frau. »Ach, Herrin. So schlimm ist es hier doch gar nicht.«

»Wenn du das Haus meinst, gebe ich dir recht.« Mechthild zerrte an dem Hochzeitskleid. »Das hier und dieser Mensch unten in der Wohnstube – wenn sie nicht Wirklichkeit wären ...«

»Wir ziehen das Kleid einfach aus.« Entschlossen trat Margaretha hinter sie und nahm ihr den Übermantel ab, löste im Rücken die Schleifen.

»Ja, befreie mich wenigstens davon.« Mechthild half nun mit. Das Mieder, der Rock, dann sank auch das Unterkleid mit dem Reif. Aufatmend trat Mechthild nackt über den Ringwall aus Stoff.

Margaretha summte den Anfang eines Kinderliedes und stellte dann fest: »Er ist schon wieder gewachsen.«

»Das sagst du nur, um mich aufzumuntern.« Mechthild strich über ihren Bauch. »Drei Monate werden es jetzt sein. Ich meine, es ist kaum was zu sehen.«

»Ich wünscht, ich wär schon mal so weit«, seufzte die Zofe und bückte sich nach den Kleidungsstücken. »Heute in der Kirche, als ich Euch da so stehen sah, hab ich mit einem Mal mich vor dem Altar gesehen.«

Bitter lachte Mechthild: »Aber nicht mit solch einem Bräutigam an der Seite.«

»Heilige Madonna, nein. Das war mein Sebastian. Ach, entschuldigt, ich weiß ja ...«

»Schon gut, du bist mir wirklich ein Trost. Gerade heute.«

Margaretha wollte den Übermantel auf die Drahtpuppe hängen, strich den Stoff und stockte, fühlte nach. »Da ist was in der Tasche.« Sie griff hinein. Eine kleine, weiß und blau gefärbte Lederdose.

Mechthild sah die Farben, seine Farben, und wusste, von wem das Geschenk war.

Die kurze Berührung an der Kirchentür. Da hatte er ihr die Dose in den Mantel gesteckt. Langsam ging sie hinüber zum Bett, dort erst öffnete sie den Deckel. Unter dem eng gefalteten Papierblatt lag ein Ring. Glitzern, Lichter blinkten im großen Stein. Daneben lag eine fein gearbeitete Goldkette.

Margaretha war ihr gefolgt, sah den Brillanten. »O schöner Gott«, flüsterte sie andächtig.

Mechthild berührte das Schmuckstück nicht, fühlte neue Wärme in sich aufsteigen, sie entfaltete den Brief. Seine Handschrift.

Neugierig reckte Margaretha den Kopf. »Was schreibt der hohe Herr?«

»Wirst du wohl ...« Mechthild drehte sich ab.

»Oh, Mist.« Die Zofe biss sich auf die Unterlippe. »Verzeiht, das geht mich nichts an. Aber ich freue mich.«

»Danke. Und nun lass mich allein!«

An der Tür wandte sich Margaretha noch einmal um. »Darf ich denn morgen den Ring sehen?«

»Versprochen. Gute Nacht.«

Mechthild setzte sich aufs Bett, glättete den Brief. »Für dich allein«, las sie flüsternd:

So viel mehr wäre zu sagen an diesem Tag. Trage meinen Ring an der Kette. So ist er deinem Herzen nahe. Und der Vers von Heinrich Brockes soll dir mein Fühlen übermitteln und dich an den Tag erinnern, als ich ihn dir rezitierte.

Flammende RoseZierde der Erden, Glänzende Gärten Bezaubernde Pracht; Augen, die deine Vortrefflichkeit sehen, müssen vor Anmut erstaunend gestehen, dass dichein göttlicher Finger gemacht.

Mechthild presste das Blatt an ihre Brüste. »Die Lichtung hinter der Kapelle von Falkenlust. Wie gerne wäre ich heute mit dir dort gewesen und nicht ...«

In Gedanken zog sie den Ehering ab, streifte dafür sein Geschenk an den Finger und legte die Hand auf ihren Bauch. »So sind wir uns an diesem Tag doch noch nah.« Sie schloss die Augen. »Du bist bei unserm Sohn und bist bei mir.«

Gebannt vom Anblick der Schönen auf dem Kanapee schloss Baron Magis die Tür zum Boudoir mit dem Rücken. »Liebste Baronin, Liebste. Habt tausend Dank, dass Ihr mich empfangt.«

»Einmal genügt, mein Freund. Nicht ‚Liebste' – einigen wir uns auf ‚liebste Baronin'.« Im blass-rosafarbenen Gewand lehnte Aloysia halb sitzend an einem mit Goldfäden durchwirkten Kissen. Warte nur, dachte sie, zwischen uns ist noch was offen, Freund. Du wirst mir heute die Kleiderrechnung vom Fest in Falkenlust begleichen. Diesen Nachmittag sollst du nicht so schnell vergessen. Ihre Füße lugten bis zu den Knöcheln unter dem Saum des Kleides hervor.

Sie wippte leicht mit einem perlenbesetzten Pantöffelchen. »Ich habe lange gezögert, ob ich Euch wirklich hier in mein Heiligtum einladen sollte, doch ...« Sie seufzte, nachsichtig mit sich selbst. »Zehn Flaschen Champagner. Wer kann da schon Nein sagen. Was führt Euch zu mir?«

»Ich suche Rat, benötige Hilfe. Und vor allem ist es die Leidenschaft.« Er streckte die Arme, wollte zu ihr, da schreckte sie hoch, befahl halb flüsternd: »Stehen bleiben! Nicht bewegen. Nur nicht bewegen.« Magis hielt mit einem Ruck inne, sein Bauch erbebte. »Was ...?«

»Still!« Aloysia legte warnend den Finger auf die Lippen. Nur ein Plätschern war zu vernehmen. Sie sah an dem Gast hinunter und ein wohlgefälliges Lächeln umspielte ihren Mund. Magis neigte das Gesicht, doch erst als er den Kopf zur Seite legte, vermochte er um die Leibeswölbung herum ganz nach unten zu blicken. Dort entdeckte er einen braunseidigen Mops, der gerade das Hinterbein hob und ergiebig gegen seinen Strumpf und auf die große Samtschleife des Schuhs urinierte. »Aber ...?«

»Stört Herkules nicht. Jede Unterbrechung ist ungesund für ihn.« Sie spitzte die Lippen: »Lass es laufen, mein Held! Sehr fein machst du das.«

Der Mops schlenkerte noch einmal das krumme Beinchen, würdigte das Opfer keines Blickes und kehrte auf seine Damastdecke neben dem Kanapee zurück. »Ist er nicht allerliebst?«

»Ein Prachtkerl«, presste Magis hervor, wagte im Unterton eine kleine Kritik. »Und so frei in seinen Manieren.« Er hüstelte. »Vielleicht leiht Ihr mir ein Tuch, liebste Baronin?«

»Leider habe ich keines griffbereit. Aber warum die Umstände? Herkules macht nur saubere Bächlein. So nehmt doch einfach Euer Schnupftuch.«

Der Gast schnaufte beim Niederbücken und angestrengter noch, als er sich wieder aufrichtete. Nun endlich glaubte er, sich dem Kanapee nähern zu dürfen. Nach wenigen Schritten aber hob Aloysia den Fächer. »Bleibt, mein Freund. Ich sehe Euch so gerne an. Also erst der Kummer, dann die Lustfreude. Nun?«

Magis wischte mit dem Ärmel über die heiße Stirn. »Damals bei unsrer Kahnpartie im Park von Nymphenburg durfte ich Euch mein Herz ausschütten.«

»Ich erinnere mich noch an einiges mehr.« Aloysia ließ die Lider schlagen und fächerte sich im selben Rhythmus etwas Luft zu. »Verzeiht die Unterbrechung. Also?«

»Lasst mich offen sprechen: Ich weiß um Eure guten Beziehungen. Verwendet Euch für mich bei Graf Törring in München.«

»Törring?«, entfuhr es Aloysia. Wie nach einem Nadelstich richtete sie sich auf, ließ die Rolle der Verführerin im Goldkissen zurück. Eine Falle? Weißt du etwas von meiner Beziehung zu Plettenberg und willst mich überführen? Scharf beobachtete sie die Miene ihres Besuchers. Nein, du schwitzender Fettkloß, dazu bist du nicht schlau genug. Sie ließ den Fächer einschnappen. »Was soll ich bei meinem guten Freund Graf Törring für Euch erreichen?«

Magis rang die Hände. »Überredet ihn zu einer erneuten Reise nach Bonn.«
»Hierher ...?« Mehr gelang ihr vor Schreck nicht. Den Teufel selbst? Das hätte uns allen gerade noch gefehlt. Aloysia wies auf einen Stuhl. »So setzt Euch doch, mein François! Ehe ich mich verwenden kann, müsst Ihr mir Gründe nennen oder wenigstens Andeutungen machen.«
Magis hockte sich nieder, rückte dann näher. »Alles hat sich verschworen gegen mich. Das Geld. Die Truppen. Selbst meine beiden engsten Berater. Besonders dieser Steffné ...«
»Langsam, eins nach dem anderen.« Aloysia zog den geschlossenen Fächer durch die linke Handfläche. Sei geschickt, altes Mädchen, ermahnte sie sich. Mit diesen neuen Informationen kannst du dir heute einen Teil der nächsten 6000 von Graf Plettenberg verdienen. »Erklärt es mir mit einfachen Worten. Vielleicht beginnt Ihr mit dem Geld.«
»Weil die Finanzlage so schlecht ist, hat mein Feind Steffné mich beim Fürsten angeschwärzt. Jetzt gibt es eine Kommission gegen mich, die meine Amtsführung und auch die Rechnungsbücher prüft. Und wer gehört dazu? Graf von Hohenzollern und natürlich Steffné. Außerdem ist dieser alte General, der gerade aus München hergeschickt wurde, auch noch dabei.«
»Also Santini?« Aloysia nickte. »Ein gefährlicher Mann, das ist wahr. Er will in den nächsten Wochen die Truppen meines Mannes visitieren.« Sie wischte den trüben Gedanken beiseite. »Und wie steht es mit dem Geld?«
»Ich kann nichts dafür. Alles kostet und kostet, nun sind auch die Reserven fast ausgeschöpft.«
Ruin, frohlockte sie stumm. Genau dahin wollte mein neuer Gönner den Kurstaat bringen. Graf Plettenberg wird mir diese Nachricht vergolden. Weiter. Aloysia hob den Busen. »Ihr Ärmster, so von allen verfolgt. Was tut Ihr dagegen?«
»Noch steht der Fürst zu mir. Deshalb zögere ich die Offenlegung der Bücher heraus. Das muss mir wenigstens noch bis nach der großen Truppenparade am Geburtstag Seiner Hoheit Mitte August gelingen.« Ohne an den Mops-Urin zu denken, wischte er sich mit dem getränkten Schnupftuch den verschwitzten Nacken. »Gerade das Heerlager in Plittersdorf wird den Fürsten begeistern und mich wieder fester in den Sattel heben.«
»Und wozu braucht Ihr die Hilfe des ehrenwerten Grafen Törring?«
»Rettung vor all meinen Feinden. Er ist wie ein Vater zu mir. Jeden Brief, den ich schreibe, den lasse ich in München von ihm durchsehen. Dann erst wird er abgeschickt.«
Dies bedeutet, dachte sie, solange du hier Erster Minister bist, steht Kurköln unter vollständiger Kontrolle durch München. Ehe Graf Plettenberg zurückkeh-

ren kann, musst du also weg, mein Freund. Das ist eine weitere Zusatzinformation von hohem Wert. Aloysia befeuchtete die Lippen. Nun ist es Zeit für deine Lektion, ohne die kommst du mir heute nicht davon. Und so nebenbei werde ich mit deiner Hilfe auch noch einen Auftrag meines neuen Gönners erfüllen. Sie zupfte an der Spitzenborde ihres Dekolletés.»Eure Lage ist wirklich nicht leicht.«

»Wenn Graf Törring hier wäre, dann würde sofort Ordnung in den Kurstaat gebracht, und außerdem hätte ich ...« Angelockt von ihrem Fingerspiel, irrte sein Blick immer wieder zu den Brüsten.»Ich meine, ich hätte Zeit für die Freuden mit Euch.«

»Die habe ich schon so sehr vermisst, mein François.«

Gleich erhob er sich, wollte ...

»Nein, nicht gleich so stürmisch.« Sie schlenkerte wie unbeabsichtigt den Fächer gegen seine Hose.»Vorher wollte ich Euch mit gutem Rat beistehen.« Ohne das leichte Tätscheln mit dem Fächer abzubrechen, erklärte sie ihm:»Die sicher größte Gefahr für Euch stellt die seit neuestem verheiratete Mätresse des Fürsten, diese Madame Mechthild, dar.«

Mehr auf Grund der stetigen Berührung seufzte Magis leise.»Madame Trogler?«

»Wusstet Ihr das etwa nicht? Diese schwangere Harfenspielerin ist seine heimliche Beraterin. Er tut, was sie ihm vorschlägt.« Aloysia schlug etwas härter auf die nun sichtbare Ausbeulung, sagte nebenbei:»Ihr dürft den Gefangenen befreien.« Und während er an den Schlaufen riss, entblößte sie eine Brust, setzte dann das Thema fort.»Sorgt für Eifersucht und Hass! Nur wenn eine andere Dame das Bett mit Seiner Durchlaucht teilt, könnt Ihr den gefährlichen Einfluss der Trogler verhindern. Sie ist Eure wahre Feindin.«

Er wollte nun eigenhändig den Gefangenen in der Freiheit beglücken, doch schon hinderte sie mit dem jetzt gespreizten Fächer seine Hand.»Wartet, mein heißblütiger Freund! Habt Ihr meinen Rat verstanden?«

»Ja, ja. Ich werde dem Fürsten eine neue Dame empfehlen.« In Bächen lief ihm der Schweiß von der Stirn. Er versuchte nach seiner Erregung zu fassen, doch Aloysia verbot es.»Und ich weiß auch die geeignete Person für diese delikate Aufgabe. Baronin von Schade.«

Magis schnappte nach Luft, seine Hand schloss sich zur leeren Faust.»Christina von Schade? Die Geliebte des Juden Süß Oppenheimer? Unseres Bankiers. Sie wäre ... oh, der Gedanke ist gut. Ich schaffe sie ins Bett des Fürsten und zum Dank beschafft sie mir einen neuen Kredit beim Juden.«

»Seht Ihr?« Sie hob auch die zweite Brust aus dem Ausschnitt.»Nun habt Ihr begriffen. Nun dürft Ihr Euren Sklaven tüchtig herannehmen.«

»O liebste Gräfin, Ihr seid wunderbar!«

Sie sah ihm über dem Fächerrand zu. Schnell geriet er in Verzückung, und während er die Grenze erreichte, warnte sie mit harter Stimme: »Nicht auf den Boden. Denkt an meinen Mops. Wehe Euch!« Der Glücksstrahl war nicht mehr einzuhalten, in seiner Not presste er mit festem Fingerdruck die Hülle zu und jammerte vor Schmerz.

Aloysia lächelte, sah ihn aus holden Augen an. »Warum nehmt Ihr nicht das Schnupftuch?«

Er zerrte es aus der Tasche, erlöste sich und mit dem Schweiß liefen ihm sogar echte Tränen übers Gesicht.

»Wie tapfer Ihr seid. Danke, lieber François«, säuselte Aloysia. »Ihr müsst verstehen, mein Herkules verdirbt sich so rasch den Magen.«

16

Es war Anfang August. Noch in der Nacht waren sie von Nordkirchen aufgebrochen. Nach Westen, nach Wesel. Nur kein Aufsehen. Die Kalesche schwarz, kein Wappen an den Schlagtüren. Beim Morgengrauen hatten sie die kurkölnische Grenze passiert, waren ohne Kontrollen in der Herberge nahe der Stadt angelangt. Graf Ferdinand von Plettenberg ließ sich die Erleichterung nicht anmerken. »Ein guter Anfang für einen noch besseren Tag«, scherzte er und die Miene forderte von seinen beiden Begleitern ein Mitlachen.

Während Obrist Barbotti nach dem spärlichen Frühmahl die Kutsche hinter die Stallungen bringen ließ und für drei gesattelte Pferde sorgte, beschwerte sich Freiherr von Beverförde missgelaunt: »Und warum dieser Mummenschanz? Oben nackt und untenrum ein Preuße?«

»Weil wir höflich sein wollen.« Plettenberg sah den Cousin scharf an: »Nach vielen Mühen und auf Grund meiner guten Beziehungen haben wir eine Privataudienz bei seiner Majestät König Friedrich Wilhelm I. bekommen. Es geht um deine Zukunft.«

»Ganz sicher hast du auch deinen Vorteil mit eingeplant.«

»Schweig!« Plettenberg vergewisserte sich über die Schulter, dass Barbotti noch nicht zurückkam. »Ist das der Dank, dass ich dich nun schon seit mehr als einem Jahr bei mir verstecke?«

»Dafür soll ich auch noch dankbar sein?« Beverförde trat gegen den Koffer mit Kleidungsstücken. »Du und die werten Herren aus München, ihr habt mich doch nur benutzt. Meinen Degen brauchtet ihr, um den Komtur von Roll zu erledigen. Und was hab ich davon? Im Münsterland darf ich mich nicht mehr sehen lassen. Haus und Hof sind vom Fürsten konfisziert. Und ich hocke auf deinem Schloss in Nordkirchen und sterbe vor Langeweile.«

»Gut. Schon gut.« Gleich wechselte der Graf in die väterliche Rolle über. »So betrachtet, gebe ich dir recht. Ohne Aufgabe oder Ziel, dieser Zustand war sicher schwer, insbesondere für solch einen starken, tatenhungrigen jungen Mann wie dich.« Schritte nahten. Rasch setzte er noch hinzu: »Ab heute werden sich neue Wege für dich auftun. Vertraue mir!«

Ronaldo Barbotti meldete, dass die Pferde bereitstünden.

»Danke, mein Freund.« Plettenberg sah von einem zum anderen. »Nun denn, kleiden wir uns um!«

Statt Strümpfen weiße Hosen, statt eleganter Schnallenschuhe schwarze Halbstiefel, und nach Ablegen der üppigen Perücken flocht Barbotti den Herren das Haar im Nacken zu einem Zopf. Bei seinem Grafen reichten die Strähnen nur zu einem angegrauten dünnen Schwänzchen, beim Freiherren hingegen musste er zwei Lederschnüre benutzen, um die Fülle zu bändigen. Er selbst hatte sich schon vor der Abfahrt den preußischen Zopf verpasst. Die eigenen Röcke durften es sein, allerdings ohne Orden und Goldketten.

»So werden wir den besten Eindruck machen.« Plettenberg stieg zufrieden in den Sattel. »Der Soldatenkönig hält viel von Sparsamkeit.« .

Hinter ihnen stieg die Morgensonne, wärmte die Rücken. Weit vor ihnen hob sich der Frühnebel, zeigten sich allmählich die Dächer und Türme von Wesel.

»Ich bin bestens bestückt«, sagte der Graf nach längerem Schweigen unvermittelt und lächelte dem Offizier an seiner Linken zu. »Was der Preußenkönig mit Soldaten und Kanonen bewirken will, das gelingt dir als meiner Geheimwaffe am Kurkölner Hof allein.«

»Ihr schmeichelt, Euer Gnaden.«

»Ich meine es ernst. Der Preuße will mit seinem hochgerüsteten Militär halb Europa beeindrucken. Wäre ich wieder auf meinem angestammten Platz, wäre ich erst wieder Erster Minister, so könnte ich mit Diplomatie und vor allem mit meinen Vertrauten im Hintergrund wesentlich mehr erreichen. Und von all denen stehst du an vorderster Stelle, mein Freund.«

Gleich beugte sich rechts Beverförde im Sattel vor und warnte am Grafen vorbei den Gelobten: »Aufgepasst! Wenn seine Erlaucht solche Töne anschlägt, dann hat er sicher einen Anschlag auf dich in petto.«

Ronaldo Barbotti nickte nur, ernst sah er seinen Herrn an. »Mit Freifrau von Notthafft haben wir eine unschätzbare Agentin gewonnen. Es scheint ihr geglückt zu sein, den Beichtvater des Kurfürsten, Pater Maralt, für unsere Sache zu gewinnen.«

»Ich bin sehr zufrieden mit dieser Entwicklung. In meinem letzten Schreiben nach Wien habe ich darüber berichtet. Und eine Abschrift ihres anrührenden Briefes legte ich der Depesche bei. Wie schrieb die Notthafft noch?« Plettenberg rieb sich die Stirn: »‚Wie verabscheue ich die Stunde und den Augenblick, da ich gegen Euch Handlungen unternahm, die Euch Unrecht gebracht haben.‘ Rührend, nicht wahr?«

Barbotti seufzte. »Sie ist wirklich eine überaus weitherzige Dame.«

Mit Gelächter mischte sich Beverförde wieder ein. »Das klingt nach vollem Körpereinsatz unseres Obristen. Hab ich recht?«

»Mäßige deinen Ton«, ermahnte Plettenberg, ohne das Schmunzeln ganz verbergen zu können. »Und hüte deine Zunge, wenn wir vor König Friedrich Wilhelm stehen. Er scherzt über alles, reißt selbst gerne derbe Späße, nur nicht über Weiber. Doch zurück zu dir, mein Freund.« Plettenberg schnippte einige Male. »Diese Harfenistin. Wie weit ist die Sache fortgeschritten?«

»Auf Euer Anraten hin hat Freifrau von Notthafft schon einen ersten Keil gesetzt. Dazu bedient sie sich des Barons Magis …«

»Der Sargnagel des Kurstaates? Sehr gut. Ich hoffe, nein, ich erwarte von dir, dass auch er sich, sobald unsere Zeit gekommen ist, das Genick bricht.«

»Ich denke, dafür wird dieser Herr schon selbst sorgen. Und wenn nicht, ist es ein Leichtes, dem nachzuhelfen. Zumal er in unserem zweiten Zugewinn, in Baron Burgau, einen Intimfeind hat.«

Die Reiter näherten sich dem Stadttor. In langer Reihe standen die Fuhrwerke. Bewaffnete kontrollierten die Ladung. Dicht an dicht drängte das Volk an den Wachposten vorbei. Zeit für letzte Anweisungen an den Cousin. »Widerspruch gibt es für den König nicht. Und sollte er dich mit seinem Rohrstock schlagen, so lasse um Himmels willen deinen Degen stecken. Jede Gegenwehr wäre dein Tod.«

»Was? Ich soll mich nicht wehren?« Christian von Beverförde sah seinen Gönner mit offenem Mund an. »Einfach hinnehmen?«

»Selbst wenn er dich beschimpft, hast du es zu ertragen. Zu mir sagte er bei unserer letzten Begegnung im Eifer des Gesprächs sogar: ‚Leck mich am Arsch!‘«

Beverförde erhob sich fast ganz im Sattel. »Und du?«

»Ich habe mich höflich verneigt und verhandelte weiter. Zum Abschluss hatte ich den Vertrag, den ich wollte.«

Der Cousin ließ sich zurücksinken. »Verzeih, aber so schleimen könnte ich nicht.«

»Nenne es, wie du willst. Ich nenne es Diplomatie, und die gewinnt fast jeden Krieg.«

Die Torwache winkte die Reiter mit den weißen Hosen weiter. »Zur Zitadelle?«, rief ihnen Barbotti zu und sie zeigten die Richtung.

Zwei Stunden warteten die Besucher im Innenhof der riesigen Befestigungsanlage. Soldaten marschierten im Gleichschritt vorbei, exerzierten mit Gewehr und Bajonett auf dem Fahnenplatz. Endlich näherte sich eine Ordonanz. »Graf Ferdinand von Plettenberg? Freiherr Christian von Beverförde? Seine Majestät erwartet die Herren zum Mittagstisch.«

Sie ließen die Pferde bei Barbotti zurück und folgten der Ordonanz zum Haupteingang. Nach einem Marsch durch lange Flure wurden sie in einen weiß gekalkten Raum geführt. »Bitte, geduldet Euch noch einen Moment.« Eine eckige Verbeugung. Der Uniformierte entfernte sich.

Christian von Beverförde sah sich kopfschüttelnd um. Ein Holztisch mit gescheuerter Platte, vier Stühle, dazu ein ungewöhnlich breiter Sessel aus starkem Holz. In der Ecke stand ein Eisengestell mit Waschschüssel und Handtuch. Von irgendwoher roch es nach scharf Gebratenem. »Bist du sicher, dass wir hier richtig sind? Scheint eher das Verhörzimmer eines Gefängnisses zu sein?«

»Die Zitadelle ist auch Gefängnis.« Plettenberg stellte sich mit dem Rücken zum Fenster und verschränkte die Arme. »Wir befinden uns ganz gewiss in den Gasträumen Seiner Majestät. Du darfst nicht vergessen: Die Preußen sind überaus sparsam. Und der König selbst ist ihr Vorbild und Lehrmeister.«

Sein Schützling warf sich auf einen Stuhl und streckte die Beine.

Entsetzt fuhr ihn der Graf an: »Aufstehen! Sofort. Hier darfst du dich nur setzen, wenn du gebeten wirst. Nun los!«

Sichtlich verärgert gehorchte der breitschultrige Kerl. »Ist doch keiner da.«

»Der Soldatenkönig spürt Disziplinlosigkeit, selbst wenn er nicht anwesend ist.«

»Hab schon viel über ihn gehört«, brummte Beverförde. »Aber dass er so schlimm ist? Da wäre ich doch lieber ...«

Die Tür flog auf. Ein Adjutant schnarrte: »Der König!« und nahm Haltung an.

Von draußen ermahnte eine Stimme: »Tritt er noch ein Stück weiter in die Kammer.« Der Mann gehorchte, dann füllte sich der Türrahmen, nicht in der Höhe, dafür aber vollständig in der Breite. Friedrich Wilhelm I. schob sich mit kurzen Schritten laut schnaufend herein. Eine klein geratene Gestalt mit mehr als übermäßiger Körperfülle. »Meine Herren, wir waren Schlag elf verabredet, nicht zehn Minuten vorher. Schadet also nichts, wenn Ihr warten musstet.« Den Rohrstock wie ein Schulmeister unter dem linken Arm eingeklemmt, reichte er Plettenberg die Hand. »Graf, wie schön Euch wiederzusehen.«

»Ich bin beglückt, Majestät.«

Der Blick maß den Begleiter von Kopf bis Fuß. »Sieht gesund aus.«

»Das ist mein junger Cousin: Christian von Beverförde.«

In ungeahnter Schnelligkeit sprang der Rohrstock in die Hand, und gleich folgten drei leichte Hiebe gegen den Hintern des Freiherrn. »Hat einen ordentlichen Arsch in der Hose.«

Der Geschlagene erstarrte. Unbeirrt sprach Plettenberg weiter. »Ich ließ in meinem Schreiben durchblicken, dass ich mich betreffs seiner Zukunft an Eure Majestät wenden möchte. Das Schicksal des jungen Mannes in Eure ...«

»So weit sind wir noch nicht.« Der Preuße wies auf die Stühle. »Setzen wir uns.« Mit Blick auf den Uniformierten an der Tür: »Bring Wasser!« Schwer ächzend ließ sich Friedrich Wilhelm auf dem Sessel nieder. »Kommen wir gleich zur Sache. Heraus mit dem Vorschlag! Hab eine Stunde Zeit. Werde nachher noch mit Euch speisen.« Das rundliche Gesicht gewann an Glanz. »Ein ordentlicher Fraß hält Leib und Seel zusammen.«

Beverförde gefiel der Satz. »Eine gute Küche ...«

Mit strafendem Seitenblick unterbrach ihn sein Gönner und entschuldigte sich mit einer Verneigung beim König. »Wie schon angekündigt betrifft mein Vorschlag das Winterquartier Eurer Truppen.«

»Teure Angelegenheit. Hab 9000 Mäuler zu stopfen, ganz abgesehen von den Pferden. So weit weg von Berlin reißt mir die Kaisertreue ein immer größeres Loch in den Säckel.«

Plettenberg gab sich bescheiden. »Wie gut, dass es in Zeiten drohender Kriegsgefahr gleichgesinnte Freunde gibt. Die Stationierung muss möglichst nah am Aufmarschgebiet gegen Frankreich sein.«

»Deshalb bleibt nur Wesel oder Jülich.«

»Verzeiht, Majestät. Warum vom mageren Schaf und nicht – Ihr erlaubt die burschikose Ausdrucksweise – von der großen Kuh die Milch nehmen?«

»Der Satz imponiert mir.« Anerkennend knallte der Rohrstock auf den Tisch. »Nur, wo steht die fette Kuh?«

Plettenberg lächelte leicht. »Auf den kurkölnischen Wiesen. Ich denke da speziell ans schöne Herzogtum Westfalen. Arnsberg, Brilon ...«

Der Sparsame verengte die Augen. »Und das bietet mir Kurfürst Clemens August an? Einfach so ...«

»Aber ja. Doch nicht nur aus Freundschaft, sondern auch als Beweis seiner unverbrüchlichen Kaisertreue. Ich selbst habe alle Landstände fest im Griff, sie folgen meinem Rat und sind in jedem Falle kaisertreu.« Leicht spielten die gräflichen Finger auf der Tischplatte. »Außerdem erlaubt mir den Hinweis, dass ich kraft meines Amtes selbstverständlich die kaiserliche Heeresleitung dahingehend beeinflussen werde, den preußischen Truppen das Winterquartier in den kurkölnischen Landen anzuweisen. Und somit kann und darf ich Euch das Angebot verbindlich unterbreiten.«

Der König rieb sich nachdenklich die Nase. »Dieser Clemens August ... Hab ihn als feinen Menschen kennengelernt. Reitet gut, schießt gut. Er hätte einen ordentlichen Soldaten abgegeben.« Die Spitze des Rohrstocks deutete auf Plettenberg. »Und die Zusage gilt?«

»Mit Freuden sage ich Ja.«

»Wisst Ihr, ich hasse diese Windschlägerei der Diplomaten. Sie schließen Verträge ab, um sie gleich wieder zu brechen. Das nennen diese Pinkel auch noch hohe Kunst. Für mich gilt: Vertrag ist Vertrag und damit basta.«

»So spricht ein ehrenhafter Mann, Majestät.«

»Abgemacht. Dann werde ich also meine Truppen in Westfalen überwintern lassen.« Friedrich Wilhelm leerte den Wasserbecher in einem Zug und winkte wieder dem Adjutanten. »Lasse Er das Essen bringen!« Der Blick ruhte auf Beverförde. »Nun zu dem jungen Mann.«

Mit blumenreichen Worten pries Plettenberg die Fähigkeiten seines Cousins: wie loyal, wie pflichtbewusst, wie familientreu. Friedrich Wilhelm unterbrach: »Hat er ein Fiekchen?«

Beverförde straffte den Rücken. Der Graf runzelte irritiert die Stirn: »Wie meinen?«

Die königliche Hand malte kurz die weiblichen Konturen in die Luft. »Na, ein Weib, eine Ehefrau, ein Fiekchen eben.«

»Ach, ich verstehe. Nein, er ist ledig, noch frei für alle Aufgaben.«

»Dann weiter.« Nun ließ ihn Friedrich Wilhelm reden, nickte nur aufmerksam. Erst als die Köche eine große Pfanne und Töpfe hereinbrachten, unterbrach er und versicherte: »Kann mir ein Bild von dem Mensch machen. Jetzt essen wir erst mal.«

Einfache Teller wurden verteilt, dazu Blechbesteck. Bei diesem Anblick atmete Plettenberg scharf ein. Mit Nachsicht beschwichtigte ihn der König. »Keine Sorge, Graf. Am Geschmack ändert sich nichts. Wenn meine Soldaten von dem Geschirr essen, dann können wir das auch.«

»Aber keine Frage, Majestät.«

Die Pfanne kam mitten auf den Tisch. Bratwürste, ungezählt viele, zwei Hand lang, drei Finger dick, braun gebraten. Im Nu erfüllte ihr Duft das Audienzzimmer. Der Monarch hob das Kinn, während ihm ein weißes Tuch in den Kragen gesteckt wurde. »Wenn ich die Würste nur rieche, könnte ich vor Freude weinen.«

»Oh ja«, pflichtete ihm Plettenberg etwas dünn in der Stimme bei.

Von der noch brutzelnden Pracht angetan, wedelte sich Beverförde mit der Hand den Duft unter die Nase. »Wunderbar. Hab ich lange nicht mehr gegessen.«

Gleich wählte der Monarch ihn zum Gesprächspartner. »Nicht wahr, junger Mann? Aber das Beste ...« – der Rohrstock tippte an den noch geschlossenen Kochtopf – »... befindet sich da drin.« Ein leichter Schlag traf den Arm des Kochs. »Weg mit dem Deckel!« Auf den schweren Bratgeruch setzte sich nun ein durchdringend süßer Duft. »Kompott aus Zuckerbirnen.« Plettenberg nickte beflissen. »Welch eine gelungene Kombination. Ich schwärme auch für Äpfel, besonders für die Sorte ‚Weißer Kardinal', doch solch eine Delikatesse ...«

»Äpfel? Ach was, bester Graf. Zur Bratwurst gehört die Zuckerbirne aus Brandenburg.«

Der Koch gab jedem der Herren zwei Braungebratene und dazu eine Schöpfkelle Kompott.

Vornehm zerschnitten die beiden Münsterländer das Fleisch, aßen bedächtig. Der Monarch aber verschlang die Würste in wenigen Bissen, schaufelte die Süße hinterher. Unaufgefordert legte ihm der Koch die nächsten zwei auf den Teller, füllte auch den Kompottberg wieder auf. »Nun, ran an die Sau!«, schmatzte der König. »Ich will die Pfanne nicht allein leeren.«

Noch zwei für jeden Gast, dann legte Plettenberg das Besteck ab. Mit leicht bitterem Lächeln zwang er sich zu einem Lob: »Das Mahl war köstlich.«

Ganz anders der Cousin. »Mir schmeckt's immer noch.« Beverförde hielt nun mit dem König aller preußischen Soldaten mit, der erhöhte die Portionen auf gleich drei Würste. Die Augen lachten, während der Mund unermüdlich kaute und die Masse mit dem Kompott zusammen dem Schlund überließ.

Fett lief beiden Streitern das Kinn hinunter. Die dreizehnte Wurst verursachte Freiherrn von Beverförde einen ersten gewaltigen Schluckauf. Um den Anstand zu wahren, würgte er das Wiedergekehrte in den Magen zurück und gab sich geschlagen. Genau hatte ihn Friedrich Wilhelm dabei beobachtet. Jetzt nickte er beifällig, verschlang selbst noch die drei nächsten Würste und lehnte sich wie ein siegreicher Feldherr zurück. »Dich nehme ich!«

»Verzeiht, Majestät.« Freiherr von Beverförde atmete gegen den erneuten Schluckauf an. »Wie darf ich das verstehen?«

»Habe Verwendung für dich, junger Mann. Dienstantritt gleich morgen.«

Keine Windschlägerei, ein König, ein Wort und damit basta.

Auf dem Ritt zurück brannte die Mittagssonne. Wesel lag hinter ihnen. Nur der Graf und sein Vertrauter trabten die staubige Fahrstraße entlang, Freiherr von Beverförde war gleich bei den Preußen geblieben, das nötigste Gepäck würde ihm nachgebracht. So war er endlich vor jeglichem Zugriff der Geheimpolizisten des Kölner Kurfürsten in Sicherheit.

Ronaldo Barbotti beobachtete seinen Herrn aus den Augenwinkeln. Der rang ab und zu sichtlich nach Luft, dabei schwankte er im Sattel und presste die Hand auf den Magen. »Ist Euch nicht wohl?«

»An sich, mein Freund, möchte ich jubeln. Die Audienz beim König war ein voller Erfolg. Wenn nur diese fetten Würste nicht gewesen wären. Sie melden sich bei jedem Aufstoßen. Und dazu die Hitze.«

Nach der halben Strecke bis zur Herberge, noch auf sicherem Gebiet, rasteten die Reiter auf einem Wiesenhügel im Schatten einer Eiche. »Preußisch verkleidet, erkennt mich niemand. Da darf ein Graf sich auch mal bürgerlich verhalten.« Plettenberg streckte sich lang aus und verschränkte die Hände im Nacken. »So wird mir leichter.«

Barbotti lehnte mit dem Rücken am Stamm, sein Blick verlor sich in der Weite, dann sanken ihm die Lider.

Das leise Lachen seines Herrn weckte ihn aus dem Dämmerschlaf. »Euer Gnaden?«

»Ich sagte, die Zündschnur ist gelegt. Und du verschläfst solch eine wichtige Mitteilung.«

»Ich bitte um Vergebung. Welche Zündschnur? Und woran?«

»An Kurköln. Heute ist daraus endgültig ein Pulverfass geworden.«

»Ich vermag nicht ganz zu folgen.«

»Aber, lieber Freund ...« Ferdinand von Plettenberg setzte sich auf. Zwischen den gespreizten weißen Hosenbeinen häufelte er gerupftes Gras. »Da sitzt Fürst Clemens August auf seinem Kurstaat. Bisher erhielt er Druck von zwei Seiten. Einmal verlangen die Bayern von ihm, dass er mit den Geldern der Franzosen eigene Kompanien aufstellt. Doch die Subsidien hat sein übertüchtiger Erster Minister Magis für dieses unsinnige Heerlager in Plittersdorf verpulvert. Zum anderen verlangt der Kaiser wie auch die von mir gelenkten Landstände, dass er der Reichspflicht nachkommt und Truppen zur Verfügung stellt.« Erwartungsvoll schaut Plettenberg den Offizier an. »Und?«

Barbotti hatte begriffen. »Dazu fehlen ihm die Mittel.«

»Sehr gut.« Die Hand deutete auf den Grashaufen zwischen den Schenkeln. »Damit hätten wir das Pulverfass. Nun kommt die Zündschnur.« Das grimmige Vergnügen setzte sich über den leicht verdorbenen Magen hinweg. Zeige- und Mittelfinger bewegten sich zur Mitte. »Bald schon marschiert die Katastrophe in preußischem Gleichschritt ins arme Westfalen. Und glaube mir, König Wilhelm I. erwartet ein gutes Winterquartier für seine geliebten Soldaten. Die noch übrigen Taler werden nicht ausreichen, um diese neuntausend Mäuler zu stopfen.« Die Faust schwebte drohend über dem Grashaufen. »Dann braucht der Fürst mich, denn nur ich kann ihn retten. Denn ich weiß, wie Verträge zu umgehen sind. Ansonsten ...« Die Faust fuhr nieder, die Halme spritzten auseinander. »Wie ich alle Beteiligten einschätze, würde Clemens August diese Katastrophe politisch nicht überleben. Er muss ins Exil, wenn er nicht gar einem Attentat zum Opfer fällt. Auch sein engstes Umfeld wird gleich mit in den Abgrund gerissen.«

Barbotti klatschte. »Ihr seid ein wahrer Meister, Euer Gnaden.«

Sichtlich erholt, ließ sich Plettenberg in den Sattel helfen. »So rundum zufrieden war ich lange nicht mehr. Wir müssen nur alle Feuer, die wir am Bonner Hof entfacht haben, weiter schüren. Und dafür benötige ich deine Hilfe.«

»Ihr bezahlt mich gut. Ich bin Euer ergebener Diener.«

»Und zuverlässig.« Plettenberg lenkte sein Pferd den Wiesenhang hinunter. »Was von meinem Cousin Christian nicht zu behaupten ist. Unter uns: Ihn auf Schloss Nordkirchen wohnen zu haben, war mir oft eine Last. Ich konnte ihn nach dem Duell nicht sich selbst überlassen. Bei General von der Lippe und den anderen musste ich Härte zeigen, um nicht selbst in Gefahr zu geraten.«

»Das kann ich sehr gut nachempfinden, Erlaucht«, schmeichelte der Obrist. »Schließlich ist jeder für seine Taten selbst verantwortlich.«

»Und Cousin Christian wäre ohne meinen Schutz längst schon den Geheimen ins Garn gegangen.« Der Graf wiegte den Kopf, und das Nackenschwänzchen baumelte hin und her. »Wäre der Bursche doch wenigstens etwas größer gewachsen«, seufzte er halb im Scherz. »Drei Ellen lang, nein, besser noch darüber. Dann hätte ich heute sogar noch ein lohnendes Geschäft durch ihn abschließen können.«

»Um Vergebung?«

»Nun, ab dieser Größe wäre er geeignet für die Elitetruppe, für die berühmten ‚Langen Kerls' gewesen.« Der Graf schmunzelte. »Der Soldatenkönig zahlt horrende Preise. Bis zu neuntausend Taler gibt er für solch einen jungen Riesen.«

Nun wagte Barbotti einen Scherz. »Aber Ihr seid kein Menschenhändler.«

Mit sanftem Schmunzeln antwortete der Diplomat: »Wer weiß schon, wozu wir fähig sind, wenn die Schulden allzu sehr drücken?«

Zurück auf der Fahrstraße ließen die Herren ihre Pferde antraben.

Frühmorgens am siebzehnten August bogen vier grau gekleidete Gestalten in die Rysselstraße unweit der Bonner Residenz ein. Gegen den Nieselregen trugen sie ihre breitkrempigen Hüte tief in der Stirn. Knappe Handzeichen. Jeweils zu zweit huschten sie dicht an den Mauern entlang, postierten sich rechts und links des Hauses Nummer acht in den engen Durchstiegen. Stille. Dann ein verhaltener Pfiff. Gleich tauchte Baron Wolff-Metternich, flankiert von zwei weiteren Geheimpolizisten, auf. In großen Schritten eilten sie bis vor das gesicherte Haus und Wolff-Metternich zog an der Türglocke. Gedämpft war das Läuten bis nach draußen zu vernehmen. Warten. Wolff-Metternich betätigte erneut die Türglocke, dieses Mal energischer.

Schon beim ersten Läuten war Margaretha in ihrer Dachkammer erwacht. Jetzt schimpfte sie: »Komme ja schon!« Sie warf sich den leichten Mantel über und lief barfuß die Stiege, dann die Treppen hinunter. Im Flur erschreckte sie wieder das Läuten. Sie spähte durchs Guckloch, erkannte den fürstlichen Kontrolleur. Seufzend entfernte sie den Querbalken und öffnete: »Was soll das?« Sie stemmte die Hände in die Hüften. »Hier schlafen noch alle.«

»Keine Zeit für Erklärungen.« Wolff-Metternich schob sie beiseite. »Warte hier!« Gefolgt von den Geheimen lief er ohne Lärm die Treppe hinauf. Im Dachgeschoss pochte er an die Tür des Hausherrn: »Trogler?«

Margaretha stand nur da, presste die Hand vor den Mund und begriff nicht, was geschah. Von oben hörte sie den Protest, hörte Befehle, und bald schon tappte der Gemahl von Madame vor den Herren her durch den Flur im Erdgeschoss.

»Mein Mantel«, stammelte er. Sie reichte ihm das Kleidungsstück, den Hut gleich dazu. »Weil es regnet, Herr.«

Bernhard Trogler zog die Schultern hoch. »Ich weiß auch nicht, warum ...?« Da schoben ihn die Geheimen schon zur Tür hinaus.

Rasch fasste Margaretha nach dem Ärmel des Kontrolleurs. »Und was soll ich Madame sagen?«

Wolff-Metternich lächelte. »Gar nichts. Für euch klärt sich gleich alles auf. Der Herr Gemahl aber sollte im Ungewissen bleiben. Mein Auftrag ist damit erledigt.« Sprach's und eilte davon.

»Damit bin ich auch nicht schlauer.« Margaretha drohte ihm mit der Faust nach. »Eingebildeter Pfau.«

»Wie bezeichnest du mich?« Unvermittelt stand Albert in der halb offenen Haustür. Ohne die Antwort abzuwarten, zischte er. »Reiß dich zusammen!«

»Mir sagt heute keiner was«, beschwerte sich die Zofe, dann erstarrte sie. Hochgewachsen, ein süßherbes Parfum umgab ihn: der Fürst. Er betrat den Flur, blieb bei Margaretha stehen. »Guten Morgen.« Er gab ihr den Umhang. Wie im Traum nahm sie ihn, hängte ihn in die Garderobe. Jetzt erst gelang ihr der Knicks. »Eure Durchlaucht.«

»Nun staune mich nicht so an«, schmunzelte Clemens. »Schließlich hast du mich schon mal gesehen.«

»Aber nicht hier ...« Sie spürte Alberts Blick und verbesserte. »Um Vergebung, ich meine, hier noch nicht.«

»Melde mich der Madame.«

Sofort lief Margaretha durch den Flur. Auf der Treppe hielt er sie auf. »Doch keine Umstände und vor allem keine Aufregung. Mir wäre es lieb, wenn sie im Bett bleibt. Ich möchte ihr nur einen schönen Tag wünschen.« Margaretha nickte und nahm gleich zwei Stufen auf einmal. Wenig später kehrte sie aus dem Schlafgemach zurück. »Madame ist wach. Und sie freut sich.«

Clemens August ging vorbei und strich ihr mit dem Handrücken über die Wange. »Du bist ein erfrischendes Mädchen. Bleib nur so!« Er schloss die Tür hinter sich.

Mechthild saß im Bett. Die langen Haarlocken nur notdürftig gebändigt, breiteten sich auf den Schultern aus. Das Nachthemd konnte den vollen Busen nicht verbergen. Ihr Blick strahlte ihm entgegen.

»Liebste.« Mit gestreckten Armen eilte er zum Lager, setzte sich nieder und umschlang sie mit behutsamer Zärtlichkeit. »Verzeih den Überfall! Aber ich musste erst dich sehen, an deiner Wärme mich stärken, ehe mich dieser lange Tag verschlingt.« Er küsste sie, koste ihren Hals, suchte und fand mit den Lippen ihre Brust. Mechthild streichelte seinen Rücken, spürte das Saugen bis tief in den Leib. »Welch ein Glück, hoher Herr«, flüsterte sie ihm zu. »So lange durfte ich Euch nicht nahe sein. Und gerade heute bereitet Ihr mir diese Überraschung.«

Er richtete sich wieder auf, die Blicke begegneten sich, und erst nach einem stillen Moment sagte er: »Wenn es nach mir ginge, so würde ich täglich deine Nähe suchen.«

Mechthild nahm seine beiden Hände. »Zu Eurem Geburtstag wünsche ich Euch Gottes Segen. Möge er Euch Tag und Nacht behüten. Möge das Glück Euch stets begleiten. Kein Unfall bei der Jagd, kein Feind soll bis zu Euch vordringen ...«

Sein bitteres Lachen unterbrach sie. »Ach, Liebste, danke für dein gutes Herz. Bei der Jagd kann ich durch Achtsamkeit der Gefahr entgehen. Doch meinen Feinden vermag ich nicht auszuweichen. Weil ich sie bis auf wenige nicht sehe, nicht einmal weiß, wer sie sind. Dennoch danke ich dir. Und ganz besonderen Dank empfinde ich«, er strich mit beiden Händen über ihren Bauch, »dass dort unser gemeinsamer Sohn heranwächst.«

Mechthild führte seine Rechte bis unter den Nabel. »Dort bewegt er sich schon. Hin und wieder kann ich ihn deutlich spüren.«

»Wie gerne würde ich mich jetzt zu dir legen, deinen Duft einatmen, Haut an Haut mit dir sein. An der Wange möchte ich die Bewegungen unseres Kindes fühlen können.« Er straffte den Rücken.

»Aber ich muss los. Pünktlich um acht Uhr beginnen die Feierlichkeiten in der Residenz. Dort muss ich die Huldigungen und Glückwünsche meines gesamten Hofstaates entgegennehmen. Dann folgt der Gottesdienst mit der Fahnenweihe. So geht es weiter. Großes Mittagsmahl, einige Privataudienzen. Um vier Uhr nachmittags geht es dann endlich ins Heerlager am Plittersdorfer Rheinufer.« Er zupfte seinen weiten Hemdkragen zurecht. »Mein armer Kammerdiener wartet sicher schon verzweifelt bei den Kleiderpuppen, um mir die Galauniform anzuziehen.«

Mechthild krauste die Stirn. »Freut Euch das Soldatsein?«, erkundigte sie sich vorsichtig.

»Die Pflicht hat mich in diese Rolle hineingezwungen.« Er sprach kurz von seinem Bruder in München, wie sehr Karl Albrecht darauf gedrängt hatte, dass Clemens in Kurköln aufrüstet. »Ich will dich nicht mit Politik und Verträgen langweilen, aber ich habe dieses ganze militärische Unternehmen in die Hände meines Ersten Ministers Magis gelegt. Er war es auch, der das Heerlager dort am Rheinufer errichten ließ. Und ich gestehe, als ich neulich in Hülchrath mein grünes Dragonerregiment besuchte, da ahnte ich wenigstens etwas vom Stolz eines Oberkommandierenden.«

»Und die vielen Uniformen?«

Clemens erhob sich. »Sie sind schön, wunderschön. Ich liebe Kostüme, das weißt du. Verkleiden bereitet mir Freude und in eine Rolle zu schlüpfen ohnehin. Deshalb habe ich meine Soldaten auf das Beste ausstaffiert und mir selbst für jedes Regiment eine zu den Farben passende Uniform schneidern lassen.«

»Wie auf der Bühne? Verzeiht meine Neugierde.«

»Frage nur!« Er schritt zum Fenster und starrte in den Morgen. »Wenn ich heute dort draußen inmitten der Zelte die Paraden abnehme, dann hoffe ich auf ein farbenprächtiges Schauspiel, in dem ich glanzvoll meinen Part geben werde.«

Er wandte sich wieder um. »Zum anderen aber ist es auch eine neue Wirklichkeit. Denn ich werde von allen Seiten beobachtet, sei es von meinem Bruder, von den Franzosen, von den Landständen und natürlich auch von den Habsburgern.« Er hielt inne. »In Wahrheit aber berühren du und unser Sohn mich viel mehr. Auch meine Schlösser, die ich baue. Selbst ein schönes Musikstück. Mein Herz hängt wahrlich nicht am Krieg, ob nun auf dem Schlachtfeld oder versteckt hinter den Vorhängen.«

»Darüber bin ich froh.« Mechthild stieg aus dem Bett und nahm vom Tisch einen großen Umschlag, auf dem Gänseblümchen und Veilchen wie hingestreut klebten. »Darf ich Euch dieses kleine Lied zum Geburtstag schenken.«

Clemens zog das Blatt heraus, blickte über die Noten und las die Zeilen. »Schlaf, mein Kindelein, schlaf mein Söhnelein ...« Er hielt fragend inne.

»Ein Wiegenlied.« Mechthild errötete. »Vielleicht ist es nicht das richtige Geschenk für solch einen lauten Tag heute. Aber mein Vater hat die Melodie für Viola da Gamba und Harfe eingerichtet. Und ich dachte, wir könnten es gemeinsam unserem Kind ...« Ohne dass sie es verhindern konnte, stiegen ihr die Tränen. »Ich meine, irgendwann gelingt es ja vielleicht, dass wir es gemeinsam zum Schlafen bringen.«

Er umarmte sie, wischte zart mit den Fingerkuppen ihre Augenwinkel. »Ganz sicher. Weil ich es mir auch wünsche.« Noch ein Kuss, dann ging er, drehte sich an der Tür um und hob das Couvert. »Ein schöneres Geschenk kann mir heute nicht mehr überreicht werden.«

Das große Defilee des Hofstaates zu Ehren seines fürstlichen Geburtstagskindes war vorüber. Bald danach senkten in der Schlosskapelle vier Offiziere vor den Altarstufen die Standarten und Fahnen des grünen Dragonerregiments. Fürstbischof Clemens, eilig von der Galauniform ins festliche Ornat umgekleidet, spritzte Weihwasser über die bestickten Tücher. Seine wohltönende Stimme gab dem Sprechgesang feierliche Würde. »Durch Fürsprache des heiligen Erzengels Michael gewähre uns Gott die Hilfe Seiner Rechten. So wie Du Abraham gesegnet hast, als er über fünf Könige triumphierte, und König David, der zum Lob Deines Namens siegreiche Schlachten schlug, so segne auch diese Fahne. Wird sie doch zum Schutze von Kirche und Volk gegen das Wüten des Feindes getragen.« Mit dem Wedel versprengte er erneut geweihtes Wasser.

Nach feierlichem Hochamt und Tedeum strebte Clemens August gemessenen Schritts zur Sakristei hinüber. Kaum aber hatte er den engen Raum betreten, als Molitor ihm Bischofshut, Kreuzkette, Pallium und das übrige Priestergewand förmlich vom Leibe riss.

»Gib mir zu trinken«, forderte der Fürst barfuß und im Unterzeug von Albert.

»Was darf ich einschenken?« Der Zwerg hob die Karaffe. »Ich würde Wasser empfehlen.«

Gleich verzog Clemens das Gesicht. »Damit halte ich die Hetze nicht durch. Champagner. Den Kristallkelch bis zum Rand gefüllt, hörst du! Vorweg reichst du mir einen Honiglikör.«

»Durchlaucht?«

»Keine Widerworte. Schließlich habe ich heute Geburtstag und mein Hofstaat erwartet, mich in bester Stimmung zu erleben.«

Albert nahm je eine Kostprobe mit der Nase, dann reichte er seinem Herrn während des Umziehens Schluck für Schluck die Getränke.

Molitor vollbrachte das Wunder, den Erzbischof binnen kürzester Zeit, ohne jede äußere Eile, in den weltlichen Kurfürsten zurückzuverwandeln. Jede Kleiderpuppe für diesen Ehrentag hatte er im Voraus auf das Sorgfältigste bestückt. Zuunterst das Letzte, zuoberst das, was er dem nackten Herrscher als Erstes überstreifen musste. Fünf Drahtpuppen waren für den heutigen Tag auszurüsten gewesen; das Nachtgewand führte Molitor in einem separaten Koffer bei sich. Noch glaubte er nicht, dass der Fürst bei diesem scheußlichen Regen tatsächlich wie angekündigt die Nacht im Feldherrnzelt bei Plittersdorf verbringen wollte, aber er musste vorbereitet sein.

»Und wenn auch alle Gäste sich durchnässt davonschleichen«, war ihm von Albert versichert worden, »unser Herr hält durch. Du wirst es erleben.«

»Sag das nicht so freudig.« Molitor schaute vorwurfsvoll auf den Zwerg hinunter. »Und was wird dann mit uns?«

»O Schande.« Jetzt schon fröstelnd stellte Albert seinen breiten Hemdkragen hoch. »Daran hab ich nicht gedacht.«

Endlich einmal dem immer klugen Freund überlegen, nutzte Molitor den Moment: »Aus reinem Mitleid mit den Blöden und Verwachsenen unter uns werde ich auch für dich Regenzeug und eine Decke mehr einpacken.«

Beim festlichen Mittagsmahl saß Baronin Aloysia neben ihrem greisen Gatten General Maximilian Emanuel von Notthafft an der Tafel, an der auch der Fürst vor Kopf Platz genommen hatte. So verstohlen sie auch zum Nachbartisch hinübersah, jedes Mal begegnete ihr Blick den Augen der Baronin von Schade. Kann diese dürre Schnepfe denn nicht auf ihren Teller gucken, fragte sie sich empört? Wieso beobachtet sie mich ständig? Nur weil an unserem Fürstentisch die Speisen noch warm sind und wenn bei ihr serviert wird, alles schon kalt ist? Der Gedanke erheiterte; demonstrativ spießte sie ein großes Stück vom weißen Fisch auf die Gabel, wandte sich leicht zur Seite, um auch gut gesehen zu werden. Dann spitzte sie die Lippen und blies lange auf die Gabelportion, als wäre der Fisch gerade vom Herd genommen worden.

Ihr Gemahl verspürte den Wind. »Gut, dass es hier nicht auch noch reinregnet.« Er freute sich über seinen Scherz, lachte meckernd, und einige der noch nicht geschluckten Essensbrocken fielen bis aufs Kinn, rutschten dann tiefer und wurden erst von der Schärpe mit den Orden aufgehalten. Ein kurzer diskreter Ellbogenstoß brachte ihn dazu, sich wieder ausschließlich mit dem Essen zu beschäftigen.

Beim geschmorten Pfau mit weißen Trüffeln vergaß Aloysia, nach der verhassten Freundin zu sehen, dafür nahm sie gleich zweimal von der Füllung aus fein gehackter Gänseleber und gebratenen Speckwürfeln. Erst nach dem Dessert, einer Verführung aus Vanille, Zimt und kandiertem Obst, blickte sie über den Rand der Meißener Kaffeetasse wieder zum Nachbartisch. Dieses Mal nahm Christina von Schade offen den Blick an, schlürfte vom teuren Luxusgetränk und lächelte, nickte unauffällig, aber vielsagend zum Fürsten hinüber, sah wieder auf die Rivalin, und ihre Zungenspitze benetzte die volle Unterlippe.

Aloysia hatte verstanden. Ein intimes Treffen der von Schade mit Seiner Durchlaucht. Sehr gut. Also war Magis ihrem guten Rat gefolgt. Braver Fettwanst. Der Keil zwischen der Harfenspielerin und dem Herrn ist also gesetzt. Mit sich zufrieden nahm Aloysia gleich zwei Schlückchen vom Kaffee. Erst dann neigte sie den Kopf zum Kompliment. Gleich aber ließ die Baronin zum zweiten Male ihre rosafarbene Zungenspitze sehen.

Aloysia stellte die Tasse zurück. Noch ein Treffen? Heute? Der Rücken versteifte sich. Und ich dachte, nur mir ist die Ehre erteilt worden? Aller Genuss des festlichen Mahls war dahin. Es konnte nicht anders sein. Diese Schlange hatte auch eine von den wenigen heutigen Privataudienzen ergattert. So weit hätte Magis den Auftrag nicht ausdehnen müssen. Ins Bett Seiner Durchlaucht ja, aber nicht auch privates Geplauder bei Tag.

»Gebt mir nachher eine halbe Stunde, Herr«, bat Molitor im Schlafgemach. »Die Dragoneruniform benötigt wegen der Schnallen etwas mehr Zeit.« Der Fürst saß, bekleidet mit dem silberbestickten, blauen Seidenmantel, vor ihm auf dem Frisierhocker und sah aufmerksam im Spiegel zu, wie ihm der Kammerdiener die Locken der Perücke kämmte und legte. »Dieses grüne Kostüm ist mir wichtiger als alles andere.« Er winkte seinen Hofzwerg näher. »Wie viel Zeit bleibt dann noch für die Audienzen?«

Albert zückte die Taschenuhr. »Weniger als eine Stunde, von jetzt an gerechnet.«

»Wie viele Anmeldungen?«

»Nach der Liste des Hofmarschalls sind es zehn Gratulanten. Eingeschlossen die beiden Damen, für die Ihr die Überraschung bereitgestellt haben wolltet.«

Leise lachte Clemens vor sich hin. »Auf dieses Vergnügen möchte ich keinesfalls verzichten. Streiche die Militärs, sie können mir später im Zelt gratulieren.«

»Dann bleiben außer den Damen noch zwei: der Päpstliche Nuntius und Euer Obriststallmeister, Ignatius von Roll.«

»Gut. Die Kirche hat Vortritt, dann der Stall und die beiden Schönheiten danach. Erst die Notthafft, zum Schluss die Geliebte meines Finanziers, Frau von Schade. Und ...« Clemens hob den Finger. »Denke daran: Wenn die eine Dame den Raum verlässt, darf sie der anderen nicht direkt begegnen. Sollten sie sich dann unten in der Halle treffen, was ich hoffe, trifft mich keine Schuld mehr.«

»Verlasst Euch auf mich!« Albert zögerte, trat dann doch einen Schritt näher. »Bitte erlaubt eine Frage.«

»Nur zu, du bist mein Zwerg.« Clemens schloss die Augen, während ihm Molitor das Gesicht puderte.

»Ich hörte, dass Baron Magis draußen im Heerlager für heute Nacht ein Gastzelt neben Eurer türkischen Burg für Baronin von Schade reservieren ließ. Sollen Molitor und ich Vorkehrungen für ein gemeinsames Nachtlager treffen?«

Abrupt öffnete Clemens die Lider und fuhr herum. »Mit diesem Weib? Das fragst ausgerechnet du, der du mich besser kennst als jeder hier bei Hofe?« Er sah beide an. »Sind das etwa besorgte Mienen? Meint ihr wirklich, ich würde mir gleich den Scherz mit Baronin von Schade erlauben und sie dann heute Nacht auf mein Lager bitten? Ihr kennt meine wahre, einzige Liebe. Nachdem man mir Johann genommen hat, ist sie die Wärme meines Herzens und Mutter meines Sohnes. Was kann Frau Schade dagegenhalten? Kalte Berechnung, sicher auch das Geld ihres Oppenheimers. Nein, werte Herren, ich teile das Lager nicht mit einem Fisch, mag er auch noch so bunt schillern.« Er klatschte einmal in die Hände. »Genug gepredigt, Freunde. Reicht die verbesserte Liste an den Hofmarschall weiter. Noch ein Glas Champagner. Und dann auf zur Audienzstunde ins kleine Kabinett.«

Duft aus dem Meer von Rosen durchströmte den Raum, umspielte den Prunksessel und lag im Lächeln des Fürsten. »Schönste Baronin von Schade ...«

»Christina«, unterbrach sie und sank erneut vor ihm nieder. »Bitte, beschenkt mich, wenn wir allein sind, mit dieser vertrauten Anrede.« Sie blickte auf, überspielte die Unauffälligkeit des Busens mit dem Anfeuchten ihrer üppigen Lippen.

Clemens nahm es wohlgefällig zur Kenntnis. »Schönste Christina, habt Dank für die Glückwünsche, auch für die Grüße Eures besten Freundes Joseph Süß Oppenheimer. Wo wäre der Kurstaat ohne seine Finanzhilfen?«

»Bester Freund?« Christina schüttelte bekümmert den Kopf und ihr Kunstwerk aus hochgesteckten Locken und Silberblättern erzitterte bis hinauf in den zierlichen Brillantreif. »Joseph ist ein Freund. Wenn es um Geschäftspartner geht, hört er manchmal auf meinen Rat. Aber mehr ...?« Sie seufzte. »In Euch sehe ich einen besten Freund.«

»Der Vorschlag von Oppenheimer ist bedenkenswert«, lenkte Clemens gleich zurück ins sichere Fahrwasser. »Neue Münzen aus Kupfer. Das würde Silber sparen und den Staatssäckel entlasten.«

Sie aber setzte ihren Kurs fort. »Meine Leidenschaft für Euch besteht schon seit so langer Zeit – nun ist sie entflammt, seit ich weiß, dass Ihr mich heute Nacht noch spät zu einem Schlummertrunk in Euer Zelt eingeladen habt.«

»Hab ich das?«

Kaum runzelte er die Stirn, versicherte sie: »Baron Magis hat unser Treffen arrangiert. Ich verspreche Euch den Genuss all meiner Talente, mit denen ich von Natur aus begabt bin.«

Clemens hatte sich wieder gefasst und zeigte sich beglückt. »Welch Krönung meines Geburtstages! Ich fiebere diesem Höhepunkt entgegen.«

»O Durchlaucht ...«

»Zum Beweis meiner Zuneigung ...« Er erhob sich rasch, eilte zur Truhe zwischen den Fenstern und kehrte mit einem bauchig gefüllten Lammfellsack zurück. »Nehmt dieses Kunstwerk! Ich habe es ausschließlich für Euch anfertigen lassen.« Voller Andacht legte er Baronin von Schade das Geschenk in die Arme. »Liebste Christina, bitte seid behutsam, denn es ist zerbrechlich.«

Zum Öffnen begleitete Clemens sie hinüber an den Tisch.

Die Schlaufen, erst ein scheuer Blick in die Öffnung, erregte Ratlosigkeit, dann entnahm sie das Gebilde, und als es ganz aus dem Lammfell befreit war, entglitt ihr ein Jauchzer. »Das Abbild. Es ist mein Richard Löwenherz. Mein Mops. O Durchlaucht, o ...« Sie nahm das Porzellangeschöpf mit dem weißrosafarbenen Fell und dem beinahe schwarzen Knautschgesicht an die Lippen und küsste es voll Hingabe.

Clemens August sah ihr milde lächelnd zu. Nach einer mehr als gebührenden Weile aber hüstelte er: »Ich hoffe nur, dass der wahre Richard Löwenherz nicht eifersüchtig wird.«

»Aber nein, so wie der von mir verwöhnt wird. Gleich werde ich ihn mit seinem neuen Freund bekannt machen. Er wartet draußen beim Hofmarschall.«

»Ich darf Euch jetzt verabschieden, liebste Christina, denn drüben in Plittersdorf warten schon meine Soldaten.«

Mit geübtem Griff nahm sie den Porzellanmops in Höhe ihres Dekolletés unter den linken Arm. »Und einzig für mich? Als Wahrzeichen unserer Liebe? Danke, Durchlaucht.«

»Es war mir ein Pläsier.« Er wies zur Seitentür des Kabinetts. »Bitte dort entlang!«

Sie verneigte sich und rauschte beglückt mit ihrem Geschenk hinaus.

Brennende Neugier hatte Freifrau von Notthafft unten in der Halle der Residenz festgehalten. Was war für die Nacht im Feldherrnzelt geplant? Das Wissen allein genügte ihr nicht, sie musste es aus dem Munde der Teuersten selbst erfahren. Ihre eigene Audienz beim Fürsten war ein Erfolg gewesen.

So heiter und gesprächig hatte sie ihn selten erlebt. Wichtig war, dass er mit keinem Wort ihren Besuch bei seinem Beichtvater erwähnte. Entweder wusste er noch nichts von ihrem Einsatz für Graf Plettenberg oder aber er wollte an einem Festtag wie diesem nicht darüber sprechen. »Beides ist nur gut für mich. Erst einmal muss die Harfenistin ausgeschaltet werden. Dann hat er wieder Augen für die wahren Schätze einer Frau.« Sie wiegte mit Herkules unter dem rechten und dem wunderbaren, einzigartigen Geschenk Seiner Durchlaucht unter dem linken Arm ihren Busen. »Dann wird ein Gespräch mit mir über den armen verstoßenen Ersten Minister schneller zum Erfolg führen.«

Oben auf der Treppe erschien Baronin von Schade. Sie schwebte die Stufen hinunter.

Als sie auf halber Höhe war, setzte sich Aloysia in Bewegung und gelangte, o Zufall, in die Nähe der Treppe, während Christina den Fuß auf den marmornen Hallenboden setzte. »Teuerste ...«

»Liebste ...«

Der Atem stockte, der Tag stand still. Sie starrten sich gegenseitig aufs Dekolleté. Die Brüste, ob hochgedrückt oder übervoll, hatten für den Augenblick an Wichtigkeit verloren. Jede trug ihren Mops und dazu einen Zwilling aus Porzellan. Baronin von Schade fasste das Ungeheuerliche als Erste. »Für mich wird es heute eine lange Nacht. Seine Durchlaucht will mich nach dem Ball noch zum Champagner in sein Zelt einladen. Romantisch, nicht wahr? Nur durch eine Tuchplane von den Sternen getrennt ...«

Lange nickte Aloysia vor sich hin. »Glückwunsch, Teuerste. Bei dem Wetter wird es zwar keine Sterne geben, aber wenn der Regen aufs Zeltdach pladdert, kann es auch gemütlich werden.« Nur gewaltsam konnte sie sich vom Anblick des weißrosafarbenen Mopses lösen. »Und vergesst Eure Soßenschüssel nicht – ach, wie heißt sie noch richtig? Bourdalou. Wenn es da draußen kühl und nass wird, dann erkältet Ihr Euch womöglich die Blase.«

Regen strömte vom Himmel. Windböen trieben Schwaden durch die Federbüsche auf den Köpfen der acht Schimmel. Nass glänzte das Fell der edlen Tiere. Bald hinter der Bonner Stadtgrenze bog der Prunkwagen von der befestigten Straße nach Godesberg in Richtung Rhein ab. Gleich sanken die Räder tiefer in die aufgeweichten Fahrspuren. Der Kutscher erhob sich vom Bock. Sein »Ho! Ho!« spornte die Pferde an. Hinter dem Wagen des Fürsten ritt in Paradeuniform die Leibgarde unter Führung von Leutnant Hubert von Burgau. Kalesche auf Kalesche schloss sich an.

Eng drängten sich im Innern der Wagen Militärs, Kavaliere und die Hofdamen. Warum auf die letzten Wagen warten? »Besser unbequem als zu spät«, hatte Aloysia ihren Mitstreiterinnen als Losung zugerufen, und ehe sich die Herren versahen, wurden sie im Fond ihrer Kutschen von Reifröcken schier erdrückt und erstickten beinah an Puderwolken und den süßlichsten Parfümdüften. Die Wachposten vermeldeten das Nahen des Oberkommandierenden mit Hornsignalen. Nur für den Prunkwagen war vor dem Haupteingang ein Stellplatz mit Holzplanken notdürftig befestigt worden; ein Strohweg führte von dort zum Haupteingang des Heerlagers. Die übrigen Kaleschen kamen erst nach vielem Geschrei ihrer Lenker in der aufgeweichten Wiese zum Halt.

Leutnant Burgau sprang aus dem Sattel und eilte zum Wagenschlag. Clemens August öffnete das Fenster. »Sind wir so weit?«

Burgaus Lächeln trotzte dem Regen. »Gnädigste Durchlaucht, wartet noch einen Moment. General Santini hat Eure Kutsche gleich erreicht.« Er neigte leicht den Kopf. »Wenn ein Scherz erlaubt ist, so möchte ich im Vertrauen hinzusetzen: Der alte Herr hat bei dieser Witterung wohl Schwierigkeiten mit seinem Bein. Jedenfalls stützt er sich schwer auf den Stock.«

Clemens hob warnend den Finger. »Mein treuer Freund, ich bin froh, dich in meiner Nähe zu wissen. Auch teile ich deine kritische Meinung hinsichtlich dieses Nörglers. Allerdings solltest du solcherlei Späße heute unterlassen. Jedes hier gesprochene Wort wird Santini später nach München weitermelden. Und wir wollen unseren Aufpassern wie auch unseren Feinden keine Blöße geben.«

Burgau salutierte. »Verlasst Euch ganz auf mich, auf Euren ergebensten Bewunderer.«

»Danke, Freund!«

General Santini war heran. Eine leicht gebückte Gestalt. Orden prangten auf der durchweichten Schärpe, Wasser perlte von den Schulterstücken, doch als wäre das Wetter nicht vorhanden, leuchtete ein strenges Licht in den hellblauen Augen. »Worauf wartet Ihr, Leutnant? Seht Ihr nicht, dass ich warte?«

Burgau öffnete den Wagenschlag und nahm Haltung an.

Langsam entstieg der Kurfürst dem Fond. Die Uniform der grünen Dragoner kleidete ihn aufs Beste, mit Brillanten besetzte Orden schmückten die Brust und den Kopf bedeckte der hohe, grüne Hut. »Werter Santini.«

»Eure Durchlaucht.« Die Miene im verknitterten Ledergesicht hellte sich nicht auf. »Schlechtes Wetter ausgesucht.«

»Ihr beschwert Euch?« Clemens schmunzelte. »Erinnert Ihr Euch an die Zeit, als Ihr meinen Brüdern und mir ersten militärischen Drill verabreicht habt? Damals war ich äußerst empört, dass wir auch bei scheußlichem Wetter draußen exerzieren sollten.«

»Ihr wart nicht besonders tüchtig.«

»Mehr noch.« Unerschütterlich heiter setzte Clemens hinzu: »Als ich vorschlug, die Übungen doch in eine Halle zu verlegen, sagtet Ihr schroff: Kriege werden nicht im Saale geführt.« Er wies mit einer weiten Geste zum Regenhimmel. »Dieser Satz soll heute für alle das Motto sein.«

Kein Funke der Freundlichkeit sprang über. Santini stützte sich mit dem Stock aufrecht. »Euer Wille ist mir Befehl.«

Zwei Pferde wurden gebracht. Adjutanten halfen den Herren in die Sättel.

Auf dem Paradeplatz standen die Kompanien in Reih und Glied. Die hölzerne Tribüne hatte sich mit den Ehrengästen und ihren Damen gefüllt. Schirme schoben sich ineinander, wurden zum Schuppenpanzer einer bunten Echse. Es regnete stärker. Der Oberkommandierende ritt nun allein vor die Männer. Er brachte das Pferd zum Stehen, sah langsam von einem Trupp zum nächsten, dann entblößte er das Haupt, führte die Kopfbedeckung zum Herzen, und seinem Beispiel folgten Infanteristen wie Dragoner.

»Ich gelobe ...« Ein gewaltiger Männerchor sprach den Treueid, doch kein Gleichklang stellte sich ein, die Infanteristen waren zu schnell, setzten das »Amen«, als die Dragoner erst mit der letzten Zeile begannen, und dazu heulte der Wind, prasselte das Nass aus den Himmeln.

Danach trabte der Kurfürst zur Tribüne, glitt mit elegantem Schwung vom Rappen und ließ sich inmitten der ersten Reihe auf seinem Fürstenstuhl nieder. Neben ihm zur Rechten General Santini, und linker Hand saß Baron Magis, der sich mit einem hellblauen Schirm gegen das Unwetter schützte.

»Weg mit dem Ding!«, fuhr ihn Clemens an. »Was glaubt Ihr, wo Ihr seid?«

»Ich bitte um Vergebung.« Ohne Baldachin musste nun auch der Erste Minister die Strafe der Natur über sich ergehen lassen.

Parade. Zunächst das grüne Dragonerregiment. Da der Boden zäh und schlammig war, zogen die Pferde ihre Hufe nach, ruckten die Männer in den Sätteln vor und zurück, wippten die Musketen an ihren Schultern.

Dieser Anblick entriss General Santini heftiges Stöhnen. Clemens sah weder nach rechts oder links, er starrte geradeaus, verzog keine Miene.

Die Infanterieregimenter Notthafft und Kleist schickten sich an, ihre Befehlshaber wie auch die höfischen Zuschauer auf der Tribüne zu beeindrucken. Bis zu den Knöcheln sanken die Stiefel ein, jeder Schritt schleuderte dem Vordermann eine Portion Morast gegen die weiße Hose, Dreck spritzte weiter hinauf, und bald schon verloren die Rücken der neu geschneiderten Röcke ihre Farbe. Stolperte einer der Tapferen, so riss er gleich drei Männer mit in den Matsch. Doch unverdrossen rafften sie sich wieder auf, eilten ihrer Reihe nach und kämpften sich weiter über den Paradeplatz.

Clemens bewegte sich nicht. Neben ihm aber stieß General Santini den Stock immer heftiger auf den Holzboden der Tribüne.

»Das gelbrote Dragonerregiment!«, verkündete der für die Parade verantwortliche Offizier.

Die Einheiten näherten sich. General Santini fuhr halb von seinem Sessel hoch. »Dragoner. Sind das Dragoner?«

Da keine Antwort des Fürsten kam, beugte sich Baron Magis vor und sagte beflissen, doch ohne Arg: »So ist es, General.«

»Und wo, zum Donnerwetter, sind die Gäule? Seit wann gehen Dragoner zu Fuß?«

Nun stockte der Erste Minister.

»Heraus damit!«

»Für Pferde fehlt das Geld. Aber ich habe schon Maßnahmen für einen neuen Kredit eingeleitet.«

Dem altgedienten Haudegen sank das Kinn. »Nirgendwo in Europa ... Das gibt es nur ...« Er wandte sich direkt an den Oberkommandierenden der Truppen. »Durchlaucht, bei meiner Ehre und auch im Namen Eures Bruders möchte ich bemerken, dass dieses Jammerspiel ...« Er suchte nach Höflichkeit, fand aber nur: »Die Parade scheint gründlich ins Wasser gefallen zu sein.«

Clemens wandte sich ihm zu, ihm gelang sogar das Lächeln. »Es regnet auch tüchtig. Vergesst dies nicht im Bericht an Euren Kurfürsten.« Er erhob sich, dabei trat er mit Absicht seinem Ersten Minister auf den Fuß, und als Magis scharf den Atem einsog, versicherte ihm der Fürst halblaut: »Dieser Schmerz ist nur ein Hauch von der Qual, die Ihr mir heute bereitet habt. Ich hoffe, wünsche, befehle, dass diese Zustände in den nächsten Wochen behoben werden.« Er trat noch einmal zu. »Und wehe Euch, wenn der nun folgende vergnügliche Teil auf ähnliche Weise organisiert ist.«

»Verzeiht ... An alles ist gedacht.« Magis raffte sich auf, streckte die Hände. »Gnädigste Durchlaucht ...« Der Fürst aber hatte die Tribüne schon verlassen.

»Sieht wahrlich nicht gut aus.«

Magis fuhr herum, blickte ins breite Feixen von Baron Burgau. »Kümmert Euch um Eure Pflichten!«

»Wer weiß, vielleicht muss ich die Euren bald übernehmen?«

»Ihr, Ihr ...«, stammelte der Erste Minister, doch da war der verhasste Feind bereits hinter dem Kurfürsten hergeeilt.

Am Rand des Paradeplatzes erhob sich eine türkische Burg aus Zeltplanen, war an den vier Spitztürmen geschmückt mit weiß-blauen Wimpeln. Im Innern der große Saal, dann folgten, durch kostbare Wandteppiche getrennt, die drei

Privatgemächer. Vom Empfangszimmer ging es über weiche Felle ins Kabinett und von dort aus, vorbei an der Nische mit Waschschüssel und dem bequemen Stuhl für die Notdurft, bedurfte es nur noch weniger Schritte bis ins Schlafgemach.

Der Oberkommandierende stand nackt mit hoch erhobenen Armen neben dem Paravent. Albert wehrte mit einem Fächer aus Pfauenfedern die Angriffe der unzähligen Mücken ab und Molitor trocknete den fürstlichen Rücken, rieb sorgfältig unter den Achseln und beschäftigte sich dann mit Brust und Bauch.

»Lass es gut sein!«

»Um Vergebung, gnädiger Herr. Ihr wart durchnässt bis auf die Haut.« Der Kammerdiener arbeitete sich zu den Lenden hinunter. »Bei Eurer schwachen Gesundheit wäre eine Erkältung nicht zuträglich. Vielleicht solltet Ihr vorsorglich ein Glas Holundersaft zu Euch nehmen.«

»Pfui. Ich verbiete dir an meinem Festtag solch unanständige Vorschläge.« Clemens sah sich nach seinem Zwerg um. »Schenke mir einen Honiglikör ein. Der hat die gleiche Wirkung, schmeckt dazu auch noch besser.«

Albert legte den Wedel beiseite. »Es wäre gut, wenn wir für die Nacht das Seidennetz über Eure Schlafstatt spannen würden.« Er brachte das Glas zum Paravent. »Ich fürchte, die Mücken werden in wenigen Stunden zur ernstlichen Plage. Besonders, wenn alle Leuchter angezündet sind.«

Stimmen im Vorzimmer. Gleich darauf meldete der Adjutant: »Verzeiht die Störung. Der Hofmarschall verlangt, gehört zu werden.«

Clemens nickte. »Herein mit ihm!« Ein Fingerzeig für Molitor. »Kleide mich in Ruhe weiter an. Für das Souper noch einmal alle Orden, nachher zum Ball drüben im großen Holzsaal nimmst du mir die Schärpe ab, sonst verfangen sich die Dekolletétücher gewisser Damen beim Contredance in den Zacken. Und schon haben sie die nächste Skandalmeldung über mich.« Leicht beschwingt vom vielen Champagner und Likör, hob Clemens wie ein Herold die Hand. »Der vergnügungssüchtige Kurfürst reißt beim Tanz den Damen die Kleider vom Leib.«

Inzwischen rang der Hofmarschall am Eingang die Hände. »Durchlaucht, bitte ...«

Clemens schnippte ihm. »Was gibt es? Sind die geladenen Offiziere schon im Speisezimmer eingetroffen?«

»Vollzählig. Die Liste hat Baron Magis abgezeichnet.«

»Aber, mein Bester. Das ist eine gute Meldung.« Im Unterzeug wandte sich Clemens dem blassen Mann zu. »Warum die Verzweiflung?«

»Die Stühle. Es sind nur zwölf hergebracht worden, wir haben aber zwanzig Gäste.«

»Das ist unglaublich.« Die Stimme verlor an Leichtigkeit. »Welcher Dummkopf trägt dafür die Verantwortung?«

»Auch diesen Auftrag hat der Erste Minister unterschrieben. Nun wächst Unmut zwischen den Gästen.« Mit dem Fehler konfrontiert, hatte Magis kurzerhand Strohballen als Notsitze in den Speisesaal schaffen lassen. Vor Aufregung trat der Hofmarschall einen Schritt vor. »Wer darf auf Polstern, wer muss auf Stroh sitzen? Ich habe vorgeschlagen, dass die Generäle und lang gedienten hohen Offiziere auf den Stühlen Platz nehmen und die jüngeren sich mit den Ballen begnügen. Dagegen aber wehren sie sich, allen voran Leutnant von Burgau. Er schürt den Protest sogar noch weiter an.«

»Recht hat er!« Der Finger schnellte vor. »Baron Magis sofort zu mir. Auch Burgau soll erscheinen.«

Molitor war noch mit dem Zuknöpfen des Rockes beschäftigt, als die Herren in Begleitung des Hofmarschalls gemeldet wurden. Gleich suchte der Erste Minister, verschwitzt und hochrot angelaufen, die Flucht nach vorn. »Ein bedauerlicher Irrtum ...«

»Schweigt!«, schnitt ihm der Fürst das Wort ab. »Jetzt ist keine Zeit für ein Lamento. Nicht nur über die fehlenden Pferde und das Versagen der Kanonen vorhin – nein, es wird später auch noch über die fehlenden Stühle zu reden sein.« Ein fragender Blick auf Albert. »Wie viel Zeit bleibt noch?«

»Eine halbe Stunde bis zum Souper.«

»Nun denn. Ich verlange, dass auf schnellstem Wege die fehlenden Stühle aus der Residenz herbeigeschafft werden. Vorher setze ich mich nicht an die Tafel.«

Magis verneigte sich schnaufend. »Sofort werde ich ...«

Doch da stellte sich Baron Burgau direkt vor ihn. »Hier geht es um das Ansehen Eurer Durchlaucht. Erlaubt, dass ich höchstpersönlich für die Sitzgelegenheiten sorge.«

»Ich habe von Eurem Protest gehört.« Lächeln erhellte das Gesicht des Fürsten. »Mein zuverlässiger Freund! Immer zur Stelle, wenn ich Euch benötige. Immer bereit, für mich zu streiten. Danke dafür. Und nun sorgt, dass diese peinliche Schlappe bald vergessen ist.«

»Verlasst Euch auf mich!«

Ehe Magis sich fasste, hatte ihn Burgau schon aus dem Schlafgemach gedrängt. Draußen tippte er dem Berater auf die Schulter. »Schon wieder gestolpert?«

»Ihr habt mir keine Chance gelassen.«

»So ist es, mein Bester. Und irgendwann in nächster Zukunft werdet Ihr gar nicht mehr auf die Füße kommen. Entschuldigt mich. Ich muss nun rasch Euren Fehler beheben.«

Nach dem Souper, als die Herren satt gegessen noch mit einem Scharfgebrannten beieinander standen, näherte sich General Santini dem Fürsten und pochte mehrmals den Stock auf den Holzboden. »Erlaubt, dass ich mich jetzt zurückziehe.«

»Aber der Ball? Einige Damen meines Hofes werden verzweifelt sein, wenn Ihr nicht teilnehmt.«

»Danke für das Kompliment. Zwanzig Jahre früher hätte es tatsächlich so sein können. Aber heute ... Das Wetter zieht mir ins Bein.«

Clemens sah ins lederne Gesicht. »Ich hoffe, Ihr behaltet den Tag in guter Erinnerung.«

»Darf ich ehrlich sein?«

»Bitte nicht. Nicht heute Abend.«

Von der Antwort verblüfft, schüttelte der Alte den Kopf. »Aber diese Parade, Dragoner ohne Pferde, dann auch noch das hundsmiserable Salutschießen, dazu diese Strohballen – darüber muss doch gesprochen werden!«

»Ganz gewiss.« Freundschaftlich nahm Clemens den General bei der Schulter und führte ihn zum Ausgang. »Was heute zu ändern war, änderte ich gleich. Alles andere muss bis morgen warten. Das versteht Ihr doch?«

»Da haben wir aber noch viel zu tun.«

»Mag sein.« Clemens bat den Hofmarschall, für die Heimfahrt des Generals Sorge zu tragen. »Bitte entschuldigt mich jetzt. Ich muss den Ball eröffnen. Gute Nacht.«

Mund an Mund, Brust an Brust, und sich drehen und sich wiederfinden. Nach dem Schreiten und den kleinen Hüpfern beim Menuett folgte endlich der heiß begehrte Contredance. Trotz Regen, trotz durchnässter Röcke und Kleider begann sich nun das Rad des Festes im Licht der Kerzen zu drehen. Lachen, Champagner und Mitsingen der Melodien.

Weit nach Mitternacht erst durften die Musikanten ihre Instrumente beiseitelegen. Trunken und müde vom Tanz schleppten sich die letzten Gäste durch den Morast zu den Kaleschen.

Im schlichten Zelt nahe der Feldherrnburg hatte sich Baronin von Schade von ihrer Zofe umkleiden lassen. Sie trug jetzt weiche Seide und darunter nur noch Puder und Parfüm auf nackter Haut. Innig drückte sie ihren Richard Löwenherz noch einmal an den Busen. »Sei nicht traurig, mein Liebling. Heute musst du ohne mich schlafen.« Sie setzte den Mops auf ihr Bett und ermahnte die Zofe: »Wenn er weint, weil ich nicht da bin, dann legst du dich sofort zu ihm und wärmst ihn.«

Noch ein Blick in den Spiegel. »So, und nun spann den Schirm auf und melde mich drüben!«

Schritt für Schritt tastete sich die Zofe durch die nasse Wiese. Am Eingang des Feldherrnzeltes bat sie den Wachposten: »Gib Bescheid! Meine Herrin, Baronin von Schade, bittet um Erlaubnis, dem Fürsten jetzt einen Besuch abzustatten.«

Der Uniformierte antwortete nicht, trat dafür einen Schritt beiseite. Als hinter ihm der Hofzwerg zum Vorschein kam, schreckte das Mädchen zusammen. »O Gott!«

»Nein, ich bin es nur.« Albert hob beruhigend die Hand. »Ich habe dich schon erwartet. Richte deiner Herrin die besten Grüße Seiner Durchlaucht aus. Jähe Übelkeit hat ihn befallen. Er ist untröstlich, muss aber auf das Treffen mit deiner Herrin verzichten.«

Wenig später hockte Baronin von Schade auf ihrem Bett, immer wieder schlug sie die Faust neben Richard Löwenherz ins Kissen. »Er will mich nicht. Und Schuld an dieser Blamage hat der verfluchte Magis.« Tränen stiegen. »Wie stehe ich jetzt da? Die Notthafft weiß von meiner nächtlichen Verabredung, und wenn sie es weiß, dann wissen es alle Damen bei Hofe.« Sie schnappte nach Luft. »Ich darf nicht aufgeben. Ich werde hier sein, wenn er hier ist. Wenigstens einmal muss der Fürst mich empfangen. Und ganz gleich, was dann auch nicht geschieht. Ich werde es so ausschmücken, dass jeder dieser fetten Schnepfen das Mieder platzt vor Neid.«

17

Ein Fehler, endlich. In der Bonner Residenz ballte Albert voll grimmiger Freude die Faust und zog leise die angelehnte Tür zum überdachten Flurgang zwischen den Wirtschafts- und Stallgebäuden zu. Der ach so geschickte, so raffinierte Burgau hatte einen Fehler begangen. Endlich. Endlich! Jetzt hieß es schnell handeln. Der Zwerg hastete die Wendeltreppen hinauf, eilte durch die schmalen Gänge. Er musste den Freund seines Schützlings Margaretha, er musste Sebastian erreichen, ehe der mit den anderen Treibern zur Jagd in den Kottenforst aufbrach.

»Allein schaffe ich es nicht«, flüsterte er außer Atem vor sich hin. Dieser Burgau. Albert schüttelte den Kopf. Seit Monaten beobachte ich ihn, wo ich nur kann. Und nie konnte ich ihm etwas nachweisen. Und jetzt hat er selbst seine so perfekte Tarnung für einen Moment gelüftet. Und warum? Aus Geiz. Nur weil der geldgierige Baron ein paar Stuber sparen wollte.

Durch Zufall hatte Albert den Kavalier heute ungewöhnlich früh in der Halle entdeckt. Er trug bereits die grüne Kleidung und hätte sich als Kommandant der Parforcejagd draußen im Waldhaus mit den Hundeführern und Jägern auf den morgigen Tag vorbereiten müssen.

Ohne Eile war Burgau hinüber zum Wirtschaftstrakt geschlendert. Albert hatte die versteckten Gesindegänge genutzt und sah den Baron durch den Türspalt wieder, als der im Zwischenflur hin und her ging.

Nach kurzer Zeit schon näherte sich einer der Eilkuriere aus der Reiterstafette des Fürsten. Und aus einer Entfernung von nur wenigen Schritten wurde Albert Augenzeuge: Burgau übergab dem Mann einen Brief. »Händige das Schreiben dem Kammerrat Graever in Münster aus. Der gleiche Lohn wie beim letzten Mal.« Hastig nickte der Eilkurier und ließ den Brief im Rock verschwinden, er steckte die Münzen ein und zog sich wortlos wieder zurück. Burgau hatte noch einige Augenblicke gewartet und war beschwingt davongegangen.

»Münster?« Albert hatte den Hof zu den Unterkünften der Treiber und Jagdhelfer unweit der Hundezwinger erreicht. »Wir werden ja sehen, was der saubere Herr so Geheimes mit den Münsterländern zu tun hat.« Niemand durfte die Eilstafette des Fürsten in Anspruch nehmen. Diese Kuriere beförderten ausschließlich die Depeschen des Ministerrates und die persönlichen Schreiben Seiner Durchlaucht. Wer einen privaten Brief versenden wollte, der musste entweder auf den normalen Postkutschdienst zurückgreifen oder sich einen eigenen Kurierreiter mieten, und der ließ sich mehr als gut bezahlen.

Albert fragte eine Gruppe junger Burschen nach Sebastian. »Bitte ruft ihn zu mir!« Jeder kannte den Hofzwerg, wusste um dessen hervorgehobene Stellung bei Hofe und gleich zwei rannten los.

Doch Sebastian kam nicht allein. Gleich verspürte Albert den Herzschlag hart in den Schläfen, spürte die kaum verheilten Narben auf seinem Buckel. Keine Verzögerung jetzt. Zeit bleibt mir nur bis zum Öffnen der Stadttore. Dann reiten die Eilkuriere los.

Dem Jungen direkt auf den Fersen folgte sein Vorgesetzter Peter Stumpff. Scharf blickte er den Zwerg an. »Brauche jeden Mann.« Er krotzte Speichel aus dem Hals, wandte erst im letzten Moment das Gesicht beiseite und spuckte auf den Boden. »Wir brechen heute Mittag in den Kottenforst auf.«

Albert zwang sich zu einem Lächeln. »Nur eine kleine Gefälligkeit. Ein Botendienst.« Betont setzte er hinzu: »Im Auftrag des Fürsten.«

Blitzschnell packte Stumpff den Nacken seines Untergebenen. »Du bist Treiber, Kerl. Hast nichts bei denen da oben verloren. Hast du mich verstanden?«

»Weiß ich doch«, stammelte Sebastian erschreckt. »Hab ich ...«

Schon stieß ihn Stumpff vor den Zwerg. »Am Mittag ist er zurück. Sonst ...«

»Abgemacht.« Albert neigte leicht den Kopf. »Mit Verlaub möchte ich hinzufügen: Bei so viel Höflichkeit stockt mir der Atem.«

»Was?«

Doch schon hatte der Zwerg sich abgewandt und eilte mit Sebastian davon. Peter Stumpff sah ihnen nach. »Verfluchter Krüppel. Hätte dich doch besser gleich ganz abgestochen.«

Kaum war der achte Stundenschlag auch vom letzten der Kirchtürme über Bonn verklungen, öffneten sich ächzend die Flügel des Kölntores. Die Wächter grüßten den Hofzwerg, der als einer der Ersten mit Sebastian vorbeiritt.

Er deutete hinter sich zu den beiden grau gekleideten Männern unter den breitkrempigen Hüten. »Die gehören zu mir.« Freundlich wurden auch sie weitergewunken.

Zur Verstärkung hatte sich Albert noch zwei Geheimpolizisten aus der Leibgarde des Fürsten mitgenommen. »Es soll eine Überraschung werden«, hatte er ihnen eilig versichert. »Kommt! Ihr braucht nur da zu sein. Dafür zahle ich jedem einen Groschen.«

Leicht verdientes Geld. Die Geheimen glaubten, in einem höfischen Schabernack mitspielen zu sollen, und da die Entlohnung stimmte, fragten sie auch nicht weiter.

Sobald das Stadttor nach der ersten Biegung außer Sicht war, führte Albert seine Helfer in einen Seitenweg und gab ihnen letzte Anweisungen.

Warten. Wer nach Norden wollte, musste diesen Weg nehmen. Von der Stadt her tönte der nächste Viertelstundenschlag. Hufschlag näherte sich. Die weiß-blauen Schärpen leuchteten in der Morgensonne.

Ein Kopfnicken für Sebastian. »Sei freundlich. Bitte die Männer im Namen Seiner Durchlaucht anzuhalten. Sag ihnen, eine weitere Depesche müsste mit.«

Im Trab zogen die Pferde vorbei. Noch war der Tag frisch, und so plauderten die beiden Kuriere miteinander, lachten.

Albert lenkte seinen Isländer auf die Fahrstraße, ließ Sebastian losreiten und gab danach den Geheimen das Zeichen.

Im Galopp sprengte der Junge hinter den Kurieren her, das blonde, lange Haar wehte um seinen Kopf. Bald hatte er die Männer erreicht, hob die Hand, zeigte über die Schulter zurück, und ohne Zögern zügelten alle drei ihre Gäule.

»Bleibt mitten auf der Straße stehen!«, befahl Albert den Geheimen. »Und zieht die Hüte ruhig tiefer in die Stirn. Ihr müsst gefährlich aussehen.«

Sie grinsten und gehorchten. Wenn ihr wüsstet, wie bitter ernst mir zumute ist, dachte Albert und ritt auf die Kuriere zu, ritt erst an ihnen vorbei, wendete dann sein kleines Pferd. »Ihr kennt mich?«

Die Männer nickten, sie zogen die dreispitzigen Hüte vor ihm.

»Steigt aus den Sätteln und kommt näher! Der Junge hält solange eure Pferde.«

Sie gehorchten ohne Argwohn. Hinter ihrem Rücken schlang sich Sebastian alle Zügel fest ums Handgelenk. Einfach davonzureiten oder gar eine schnelle Flucht war nun unmöglich.

Albert musterte die Männer. »Ihr reitet immer zusammen?«

Sie nickten.

»Ihr teilt auch alles miteinander?«

Die Kuriere sahen sich verblüfft an, Misstrauen erwachte. »Wie meint Ihr das?«

»Nun, ich spreche von verbotenen Nebengeschäften.«

Jetzt sahen beide verstohlen zu ihren Gäulen. Gleich mahnte Albert: »Denkt nicht einmal daran. Schaut lieber weiter nach hinten!« Dort saßen bedrohlich und düster die beiden Reiter in den Sätteln. »Ihr wisst, wie die Geheimen aus der fürstlichen Leibgarde durchgreifen. Nur ein Wink und ihr findet euch spätestens in einer Stunde im Kerker wieder.«

»Ich weiß überhaupt nicht, worum es geht?«, klagte der Ältere übertrieben jämmerlich.

Albert hob die Brauen. »Hat er es dir noch nicht erzählt? Wie viel Geld er heute Morgen eingesackt hat?«

Der Partner wehrte mit der Hand ab. »Wir sind ehrliche Leute.«

»Schluss damit!« Albert deutete mit gestrecktem Finger auf ihn. »Du und dein sauberer Freund, ihr steht schon seit langem unter dem Verdacht, gegen Geld Briefe von Privatpersonen zu befördern. Was darauf steht, wisst ihr. Entlassung, Strafe, wenn nicht gar Schlimmeres.«

»Aber das machen doch alle«, versuchte sich der Ältere zu retten.

»Beweist es uns doch!«, trotzte der Jüngere.

»Nichts leichter als das.« Albert lächelte dünn. »In der Innentasche deines Rocks befindet sich ein Brief, den dir Baron Burgau mitgegeben hat. Soll ich dich von denen dahinten untersuchen lassen oder gibst du ihn mir freiwillig?«

Nun zitterten die Lippen des Beschuldigten. »Woher wisst Ihr ...?«

»Ich kann dir auch den Empfänger nennen. Wie gefällt dir Geheimer Kammerrat Graever in Münster?«

»O Heilige Mutter.« Nur Flüstern gelang. »Bitte, Erbarmen!« Mit fahrigen Fingern nestelte der Kurier den Umschlag heraus und überreichte ihn dem Zwerg.

Endlich, Halleluja, jubelte es in Albert, doch er verzog keine Miene, verstaute den Beweis umständlich in seiner Rocktasche.

»Gnade«, flehte nun auch der Ältere des Gespanns. »Ich habe eine Frau und drei Kinder zu ernähren.«

Der Jüngere rang die Hände. »Ich habe eine Braut. Wir wollen heiraten. Ohne Arbeit nimmt mich der Schwiegervater nicht.« Er klaubte die zwei Stuber aus dem Beutel. »Hier ist der Lohn vom Leutnant Burgau. Er bezahlt immer gut. Aber ich ...«, in seiner Not sprach er für den Partner mit. »Wir wollen sein Geld nicht mehr.«

Albert sah von einem zum anderen. »Ich bin kein Unmensch. Also, wenn euch in Zukunft der Baron Burgau oder irgendein anderer von den Kavalieren einen privaten Brief mitgeben will ...«

»Dann nehm ich ihn nicht«, unterbrach der Ältere und gleich nickte der Jüngere.

»Das erwarte ich ohnehin«, pflichtete ihnen Albert bei. »Außerdem aber werdet ihr mir sofort persönlich den Namen der Person mitteilen.«

Und weil sie nur zu gern damit einverstanden waren, zeigte sich Albert milde. »Und jetzt reitet!«

Sebastian gab ihnen die Zügel zurück. Wie erlöst schwangen sie sich in die Sättel und gaben den Pferden die Sporen.

Wann ist der beste Moment? Seit er den Brief oben in seiner Dachwohnung geöffnet hatte und den Inhalt kaum fassen konnte, brannte das Schreiben Albert auf der Seele, zerrte an ihm. Jetzt, hier im Jagdhaus, trug er den Umschlag in einem flachen Lederbeutel unter dem Hemd auf bloßer Haut. Gleich, befahl er sich, sobald der Herr ausgekleidet ist und nach seinem Schlummertrunk verlangt. Molitor ist eingeweiht. Länger darfst du nicht zögern.

Am Nachmittag, während der Fahrt in den Kottenforst, hätte sich eine Gelegenheit geboten, doch da war der Fürst so vergnügt und voller Leben gewesen. Er hatte mit ihm und Molitor sogar eine Wette auf die Anzahl der Hirsche abschließen wollen, die er am nächsten Tag erlegen würde. »Ich denke, drei. Haltet dagegen! Wenn einer von euch näher am Ergebnis ist, dann stifte ich jedem eine volle Tasse Schokolade.«

»Und wenn wir verlieren«, wollte der vorsichtige Molitor wissen.

»Dann ...« Clemens lachte schon im Voraus. »Dann müsst ihr zusehen, wie ich die Schokolade allein schlürfe.«

Ich warte bis nach dem Souper mit den Jagdgästen, hatte Albert beschlossen. Wenn wir allein im Schlafgemach sind ...

Molitor legte dem Herrn den Seidenmantel um, und während er die Perücke über den hölzernen Puppenkopf streifte, ließ sich der Fürst am Kamin nieder. »Noch ein Schluck vom Roten. Morgen geht's dann früh raus.«

Albert kostete aus seinem Schöpflöffel vor, schenkte dann den Pokal halb voll. Er servierte ihn und den Brief auf dem Tablett mit dem gemalten Jagdmotiv. Hunde hatten den Hirsch umstellt ... Die Hände zitterten leicht, als er das Tablett absetzte.

Clemens bemerkte den Umschlag, nachdem er den ersten Schluck genommen hatte. »Eine Botschaft? Von wem?«

»Von Baron Burgau.«

»Wieso vertrödelt der tüchtige Freund seine Zeit mit Schreiben? Er soll sich stattdessen um die Hirsche kümmern. Was er mitzuteilen hat, kann er mir direkt sagen.«

Ein letzter, rascher Blicktausch mit Molitor, dann sagte Albert sachlich: »Den Inhalt dieses Briefes würde der Baron Euch niemals persönlich vortragen.«

Clemens nahm das Couvert zur Hand. »Du sprichst so verändert. Was ist mit diesem Brief?«

»Er ist nicht an Euch adressiert. Der Empfänger sollte ein anderer sein.« Albert verneigte sich mit der Hand auf dem Herzen. »Verzeiht meine Eigenmächtigkeit. Auch wenn Ihr mich dafür bestrafen wollt, ich würde es wieder tun.« Er schluckte, sah nicht auf. »Aus Sorge um Euch.«

»So ernst? Du erschreckst mich.« Rasch entfaltete der Fürst das Schreiben, las Anrede und die ersten Zeilen, er schüttelte den Kopf, begann erneut, las nicht weiter, überprüfte die Unterschrift und starrte seinen Hofzwerg an. »An Plettenberg? Mein Burgau korrespondiert mit dem Feind?«

Alles in Albert drängte hinzugehen, vorsorglich die Hand auf die Schulter zu legen. Er durfte aber nur die Hände falten. »Hoher Herr. Dieser Brief ist mehr als ein Brief, er ist ein großes Verbrechen. So unfasslich ... Spott, Aufstand und Verrat, bis hin zum Mord. Der Verfasser scheut vor nichts zurück.«

»Das klingt eher nach einem neuen Theaterstück«, versuchte Clemens zu scherzen und hob erneut das Blatt näher ans Kerzenlicht. Erst las er stumm, doch von Zeile zu Zeile ging der Atem heftiger. Um zu glauben, musste er Satzfetzen zitieren: »... und hochverehrter Freund, Ihr dürft zufrieden sein, denn die Zustände in Kurköln verschlechtern sich von Woche zu Woche ... Seine Durchlaucht erweist sich nicht nur als Regent unfähig, sondern zeigt sich nun auch als Oberkommandierender als ein völliger Dilettant. Weil Sold und Proviant fehlen, desertieren täglich bis zu vierzig Soldaten aus dem Heerlager und bald schon wird beim Morgenappell außer dem Trompeter kein Mann mehr hinter der Fahne antreten ...« Immer wieder tippte Clemens den Finger auf das Blatt. »Es sind die Umstände ... Aber woher nimmt sich Burgau das Recht?«

Albert reichte ihm den Pokal. »Nehmt einen Schluck, hoher Herr.«

»Lass mich!« Er studierte weiter das Pamphlet, flüsterte, sprach den Text halblaut vor sich hin. »... Außerdem hat der Erste Minister Baron Magis alle Subsidien aus Frankreich längst verwirtschaftet ... Rechnungen der Lieferanten können nicht mehr beglichen werden ... Es bedarf nur noch einiger kleiner Anstöße, bis der Kurstaat ganz aus den Fugen gerät, und Ihr, hochverehrter Freund, werdet Euren großen Nutzen draus ziehen können ...« Hastig griff der Fürst nach dem Wein und leerte den Pokal. Die Stimme gehorchte kaum noch.

»Meine Empfehlung lautet daher: Von allen Seiten muss der Würgegriff enger werden. Wien sollte ein Ultimatum für die Entsendung der Reichstruppen stellen. Andernfalls mit Reichsacht drohen. Das Misstrauen der Landstände gegen den Fürsten muss gesteigert, außerdem sollten alle Zahlungen verweigert werden ... Auch persönlich sollte der Fürst – Ihr erlaubt die Jägersprache –, er sollte so getroffen werden, dass er weidwund am Boden liegt.« Clemens hielt es nicht länger im Sessel. »Dies kann ich nicht glauben.« Er erhob sich, las unter dem großen Leuchter weiter. »Ich empfehle hier, dass seine Liaison mit der Harfenspielerin an den Vatikan nach Rom gemeldet wird. Eine besondere Wirkung auf das Gemüt des Fürsten würde natürlich ein jäher Tod der Madame Trogler ausüben. Hierzu erwarte ich Eure geschätzte Anweisung ...« Die Finger krallten sich ins Papier. »Niemals. Das darf niemals geschehen.« Er stürmte durch den Raum, blieb vor der Wand stehen.

Molitor sah den Zwerg an, beide Diener hielten sich bereit.

Endlich wandte sich Clemens um, hob das Blatt. »Hierfür gibt es nur eine einzig mögliche Erklärung. Dieses schändliche Traktat ist eine Fälschung.« Voller Abscheu warf er das Schreiben zu Boden und ging darüber hinweg. »Ich will noch mehr vom Roten.« Er warf sich in den Sessel. »Eine Fälschung. Was sonst?«

Albert schenkte nach. »Um Vergebung. Ich selbst habe ...« Er berichtete vom Vormittag und schloss: »Die Kuriere haben angegeben, dass dieser Brief nicht der einzige war, den sie für den Baron ins Münsterland transportiert haben.«

Clemens August war nun alle Farbe aus dem Gesicht gewichen. »Also ist er ein Verräter.« Er schloss die Augen. »Bringt ihn her! Sofort.«

Molitor eilte hinaus. Albert folgte ihm bis zum Paravent, dabei bekreuzigte er sich. Dank Gott, flüsterte er tonlos. Und sobald Burgau als Spion entlarvt ist, werde ich ihn noch des Mordes an Komtur von Roll bezichtigen. Außerdem klage ich diesen Stumpff an, berichte von der armen Frau Contzen, vom Überfall auf mich. Meine Narben sind Beweis genug. Alles wird gut. Vor Erleichterung wurden die Knie schwach und er musste sich einen Moment am Frisiertisch abstützen.

Befehle hallten durchs Jagdhaus. Wenig später näherten sich Schritte und Molitor meldete den Herbefohlenen.

»Mein Fürst, bitte, verzeiht die unvollständige Kleidung.« Baron Burgau verneigte sich tief. »Aber ich war schon zu Bett. Die Jagd ...«   .

»Unterlasst es, mit mir zu plaudern«, unterbrach ihn Clemens August barsch und wies auf das Schreiben am Boden unter dem Leuchter. »Hebt das auf!«

Verwundert sah Burgau zum Kammerdiener und dem Zwerg hinüber. »Aber, gnädiger Herr. Soll ich hier vor den Bediensteten ...?«

»Ihr habt richtig verstanden. Bückt Euch, Baron, und zwar tiefer noch, als Ihr es für gewöhnlich zu tun pflegt, um mir zu gefallen. Oder verweigert Ihr den Befehl?«

»Um alles in der Welt, nein.« Er gehorchte und wollte das Blatt seinem Herrn bringen.

»Bleibt stehen!«, fuhr ihn Clemens an. »Ich kenne das Schreiben. Kennt Ihr es auch?« Jetzt erst sah Burgau hin. Der kleine Kopf erstarrte auf dem Rumpf. Die spitze Nase schien das Papier durchbohren zu wollen.

»Antwortet!«

»Ich weiß nicht ...«

Von seinem Platz aus sah Albert das Zittern des Kinns. Gleich bist du überführt, dachte er grimmig. Nichts habe ich mehr herbeigesehnt als diesen Moment.

Der Fürst schnippte. »Ich kann Eurem Gedächtnis weiterhelfen. Adressiert ist das Schreiben an den von mir verbannten Graf Plettenberg. Nun tragt mir die letzte Zeile und den Absender laut und deutlich vor.«

Burgau hatte sich langsam wieder in der Gewalt. »Ich verstehe nicht, wie dieser Brief ...«

Clemens hieb mit der flachen Hand auf den Tisch. »Ich höre!«

Der ungewohnte Zorn ließ Burgau zusammenfahren. Er nahm das Blatt in beide Hände und las stockend: »In allem bin ich Euch zu Diensten und werde mit ganzer Kraft für Eure glorreiche Rückkehr auch weiterhin kämpfen. Euer ergebenster ...«

Als er stockte, schlug die Hand erneut auf den Tisch.

»Euer ergebenster Diener, Baron Hubert von Burgau.«

»Und das seid ohne Zweifel Ihr«, bestätigte der Fürst mit bitterer Stimme. »Ihr, den ich meinen Freund nannte, der mit mir auf die Wallfahrt gehen durfte, den ich beschenkt habe, dem ich vertraute. Ihr also entpuppt Euch als ein Verräter. Heimtückisch plant Ihr zusammen mit diesem Plettenberg eine Revolution gegen mich ...«

»Bitte, hoher Herr. Ich kann alles erklären.«

»Erklären? Die Beweise sind erdrückend. Mein Hofzwerg hat Euch heute Früh bei der Übergabe des Briefes an den Kurier beobachtet und wenig später ist es ihm gelungen, sich dieses Schreiben von meinen Reitern aushändigen zu lassen. Was also kann noch erklärt werden?«

Burgaus Kopf zuckte herum, der Blick aus den kleinen Augen stach nach dem Buckligen. »Euer übereifriger Zwerg hat meinen Plan durchkreuzt.«

»Dem Himmel sei Dank!«, entfuhr es Albert. »Nur auf diese Weise konnte ich das Unheil abwehren.«

»Oder es erst recht verschlimmern.« Burgau seufzte auf, sah voll innerer Qual zur Decke. »Jetzt sind mir die Hände gebunden. Monatelange Arbeit war vergebens. Und das nur, weil ein größenwahnsinniger Krüppel sich erdreistet, in die Politik einzugreifen.«

»Beißt nur um Euch!«, höhnte Albert und drohte mit der Faust. »Aus dieser Schlinge könnt Ihr Euch nicht mehr befreien.«

»Genug.« Der scharfe Ton des Fürsten brachte beide zum Schweigen. Er sah Burgau durchringend an. »Weil Ihr meinem geliebten Johann in der Sterbestunde beigestanden habt, lasse ich Euch nicht gleich abführen. Ihr dürft etwas zu Eurer Verteidigung anbringen. Von welchem Plan sprecht Ihr?«

Ein erstes Zugeständnis, gleich lebte Burgau auf. »Vor diesen Ohren?« Der Daumen wies zu den Bediensteten. »Durchlaucht, meine Mission ist so brisant, dass Unbefugte tunlichst nicht eingeweiht werden sollten.«

Als Albert den interessierten Blick des Fürsten sah, fühlte er, wie Leere nach ihm griff. »Gerede«, flüsterte er warnend. »Nur Gerede.«

Zu spät.

»Lasst uns allein!« Im Hinausgehen verspürte Albert den Triumph des Verräters. Egal, was du auch erfindest, sagte er sich, den Brief wirst du nicht wegleugnen können. Er schloss die Tür, öffnete sie im gleichen Moment wieder und blieb mit Molitor an dem Spalt.

»Allergnädigste Durchlaucht!« Burgau verneigte sich nicht nur, er senkte sogar das Knie. »Geliebter Herr, was in diesem Brief geschrieben steht, entspricht der Wahrheit.«

»Ihr gesteht also?«

»Ich gestehe ohne Scheu meine Liebe zu Euch und unserm geliebten Land. Die Wahrheit, von der ich sprach, gilt nur für den Grafen Plettenberg. Für Euch aber ist sie eine List, die ich erdacht habe.«

»Keine Rätsel, bitte.« Clemens beugte sich vor. »Redet klar!«

»Nun ...« Burgau ließ den Rücken gebogen, hob nur das Gesicht.

»Da ich von der Rachsucht Eures ehemaligen Ersten Ministers weiß, niemand aber bisher hinter die gefährlichen Pläne des Grafen gelangen konnte, selbst Euer Bruder in München nicht, habe ich mich entschlossen, Euch Gewissheit zu verschaffen. Auch wenn ich selbst dabei unter Verdacht gerate ...«

Im Versteck nahe dem Türspalt hielt Albert den Atem an.

Burgau zeigte offen beide Handflächen. »Nur zum Schein habe ich mich von Graf Plettenberg als Agent anwerben lassen. Meine Briefe, auch dieses Schreiben heute, dienten nur dem Zweck, ihn von meinem Gesinnungswechsel zu überzeugen. Dafür musste ich natürlich auch mit düster gefärbten Berichten über Euch und den Kurstaat aufwarten.«

»Ihr habt Euch als seinen Spion ausgegeben, um für mich zu spionieren?«

»Das ist die Wahrheit.« Die Stimme erstickte fast in Selbstlosigkeit. »Auch wenn ich nun wie ein entlarvter Verräter vor Euch stehe. Meine Mission diente allein dem Zweck, die gefährlichen Konzepte Eures größten Feindes mit einem Schlag aufzudecken.« Eine gebührende Pause, dann ein Seufzer. »Wenn ich Strafe verdient habe, so nehme ich sie auf mich.«

Albert sah, wie der Fürst nickte, sah das Aufhellen der Miene. Verloren, dachte er und lehnte den Kopf an die Hüfte des Kammerdieners. Die einzige Chance war vertan. Kein Spion. Und diesen Schuft jetzt noch als Mörder zu bezeichnen, würde nur auf Unglauben stoßen. Albert griff mit beiden Händen nach dem Gürtel des Freundes, zerrte ihn ein Stück von der Tür weg. »Der Beweis ist da.« Mit Mühe nur senkte er die Stimme. »Für jeden Verräter hätte solch ein Brief den sicheren Galgen bedeutet.« Er drohte ins Schlafgemach. »Aber dieser Kerl schafft es nicht nur, sich reinzuwaschen. Nein, er schlägt auch noch Kapital daraus. Komm!« Er zog Molitor zurück zum Lauscherposten. »Da, da ...« Aus Vorsicht presste ihm der Kammerherr die Hand auf die Lippen.

Der Hund hatte den Schoß seines Herrn wieder erobert. Baron Burgau schenkte sich gerade Wein in einen Becher, hob ihn und durfte auf das Wohl des lächelnden Fürsten einen Schluck trinken.

Das Himmelsgrau hellte sich im Osten weiter auf und versprach einen frisch-klaren Oktobermorgen. Nach kurzer Andacht vor der offenen Fachwerkkapelle in Ückesdorf stieg Clemens August in den Sattel. Mit großer Armbewegung gab er der wartenden Jagdgesellschaft das Zeichen zum Aufbruch. Einer seiner erfahrenen Jäger ritt in den Kottenforst voran und leitete den Fürsten und seine Gäste zum dicht bewaldeten Gebiet, in dem der erste Hirsch von den Spähern gesichtet worden war. Kein Lärm, gedämpfte Gespräche, in den Augen aller glänzte Vorfreude.

Baron Burgau lenkte den Gaul dicht neben die braune Stute seines Herrn. »Wird ein guter Morgen, Durchlaucht. Waidmannsheil!«

»Waidmannsdank!« Kein Misstrauen färbte den Blick. »Bleibt an meiner Seite!«

Gut ein Dutzend roter Jacken leuchtete an der Tannenschneise. Mit Handzeichen deuteten Treiber und Jäger querwaldein. Diese Richtung sollte die Hatz nehmen. Am Wiesenrand kauerte die Hundemeute noch still. Alle Ohren waren hochgestellt, aus den hechelnden Schnauzen kam der weiße Atem.

Auf das Nicken des Fürsten hin ritt Baron Burgau die wartenden Reihen der rotbrockten Reiter ab, befahl durch Armheben den Aufbruch. Peter Stumpff ließ den Leithund die Fährte des Hirsches aufnehmen und hetzte die Meute an. Mit einem Mal geriet die Wiese in losgelassene Bewegung, Laufen, Springen ...

Die Reiter trabten entlang der beiden äußeren Linien, derweil die Jagdgesellschaft den Hunden direkt durch den Wald folgte, allen voran der Kurfürst.

Bald schallte die Fanfare hell durch den Forst. Der Hirsch war aus seinem Versteck aufgescheucht. Nun konnte die Verfolgung beginnen. Schneller wurden die Pferde, lauter kläfften die Hunde.

Ehe das Feld der Jäger und berittenen Helfer sich ganz auseinanderzog, pfiff Peter Stumpff den jungen Sebastian zu sich. »Du bleibst bei mir!« Er grinste. »Der erste Hirsch hat's bald hinter sich. Wir beide spüren schon mal den nächsten in seinem Gehege auf.«

»Und ich darf mit?«, vergewisserte sich Sebastian völlig erstaunt. Solche Vergünstigung war für gewöhnlich nur den Freunden des Treiberführers vorbehalten.

»Bist ja doch ein tüchtiger Kerl. Hab dich gestern ein bisschen hart angefasst. Dachte, das mach ich heute wieder gut.« Peter Stumpff grinste breit. »Wer weiß, vielleicht läuft uns auch noch ein Eber über den Weg.« Er tätschelte seine Büchse. »Den erleg ich mit einer einzigen Kugel. Kannst dran glauben. Und nachher sagen wir, dass es Notwehr war … Verstehen wir uns?«

»Aber klar«, sicherte ihm Sebastian zu.

»Na, gut. Dann kann uns auch keiner was.« Der Vorgesetzte lenkte sein Pferd aus dem Tann und ließ es in Richtung Süden traben. »Und wenn's kein Eber ist, dann schieß ich mir eben was anderes. Was hältst du davon, Kleiner?«

Sebastian strahlte. »Ich bin dabei.«

Stumpff pfiff leise vor sich hin und beobachtete den unbekümmerten Knecht aus den Augenwinkeln. »Ja, ja. Wir machen uns einen schönen Tag heute.«

Als das Hundegebell aus der Ferne nur noch schwach herübertönte, bog der Treiberführer vom Hauptweg ab. Schmal wurde der Pfad. Sie mussten hintereinanderherreiten. »Du vornweg«, bestimmte Stumpff. Nach einer Weile erkundigte er sich im Plauderton: »Hast du gestern gut verdient?«

»Hoffe doch meinen Lohn, was sonst?«

»Na ich dachte, bei Hofzwerg? Bei dem feinen Herrn Albert?«

Der Tonfall ließ Sebastian vorsichtig werden, er sah über die Schulter zurück. »Ihr mögt ihn nicht. Aber er ist wirklich ein guter Mensch.«

»Mag schon sein.« Stumpff hob die Hand. »Vielleicht ändere ich meine Meinung, wenn ich den Buckel mal näher kennenlerne.«

»Das solltet Ihr wirklich …«

»Nun sag schon, hast du gut verdient?«

»Aber nein, hab Herrn Albert nur einen Gefallen getan. Bin den Kurieren nachgeritten und hab sie angehalten. Dafür nehme ich doch nichts.«

»Und ich dachte, du hättest ihnen den Brief abgenommen?«

»Aber nein, das hat Herr Albert schon selbst getan. So wichtig, wie der war …«

Sebastian stockte erschreckt.

Beiläufig erkundigte sich Peter Stumpff weiter: »Aber du weißt, von wem der Brief war?«

»Nein«, platzte es jetzt viel zu schnell aus dem Jungen heraus. »Für so was interessiere ich mich nicht.«

Darauf gab es keine Antwort. Peter Stumpff pfiff wieder vor sich hin. Erst als in der Ferne einige Schüsse fielen und gleich das Hornsignal erschallte, sagte er: »Der Hirsch ist tot. Nun müssen wir uns sputen. Sonst sind die anderen nachgekommen, ehe ich meinen Eber geschossen habe.«

Sie erreichten eine kleine Lichtung und er sah sich um. »Hier ist ein feiner Platz.« Beide stiegen ab. »Bind die Pferde an den Strauch! Ich mach inzwischen die Flinte klar.«

Sebastian gehorchte, kehrte zurück und beobachtete seinen Vorgesetzten, wie der den Lauf stopfte und die Pulvertüte aus dem Beutel nahm. »Aber Herr, hier gibt es kein Wildschwein.«

»Still«, flüsterte Peter Stumpff. »Da, ich höre den Eber.« Mit der freien Hand deutete er auf eine niedrige Birke. »Geh rüber. Und wenn er rauskommt, sorg dafür, dass er nicht zur Seite ausbricht.«

Sebastian wagte nicht zu lachen. »Aber Herr, niemals wird ...«

»Tu, was ich sage!«, zischte der Treiberführer.

»Wenn Ihr meint.« Sebastian fügte sich, grinste nun doch und ging ohne Eile über die Lichtung.

Mit den Zähnen öffnete Stumpff die Papiertüte, schüttete Pulver auf die Pfanne, er zielte ... und schoss.

Die Sonne zerplatzte. Sebastian riss die Arme auseinander, verharrte, den Rücken durchgebogen, ... ein Schmerzenslaut, kein Mann, es war der Klageschrei eines Kindes, dann stürzte er rücklings zu Boden.

»Nun, da hab ich mir einen feinen Eber erlegt.« Mit sich zufrieden, schulterte der Mörder die Flinte und salutierte vor seinem unsichtbaren Herrn. »Erster Befehl ausgeführt. Jetzt kommen noch die beiden Kuriere dran. Und dann gibt's keine Zeugen mehr für den Brief.« Er band sein Pferd los. »Bis auf den Buckel, aber den darf ich ja nicht.«

Stimmen näherten sich. Rufe! Hunde bellten. Jäh aufgeschreckt, rannte Stumpff über die Lichtung, warf sich neben Sebastian auf die Knie und schrie: »Hilfe. Mann ist getroffen! Zu Hilfe!«

Schon drängten Hunde aus dem Buschpfad, vier Rotröcke folgten. »Helft!«, rief ihnen Stumpff entgegen. »Baut eine Trage.«

Die Männer sprangen ab, rissen die junge Birke aus, eine zweite.

»Was ist geschehen?«, fragte einer.

»Ein Eber hat uns angegriffen. Der dumme Kerl ist mir ins Schussfeld gelaufen.«

»Kann passieren.«

»Ist nun mal geschehen.«

Der leichte Einspänner rollte durch das Tor des kleinen Gehöfts hinter der Brühler Stadtmühle. Von Schloss Augustusburg aus besuchte Doktor Fährmann in Begleitung des Hofzwergs den Patienten. Seit drei Tagen schon versorgte er auf besonderen Befehl des Fürsten den jungen, bei der Jagd schwer verletzten Treiber.

Margaretha erwartete sie ungeduldig im Hof, stürmte den Herren entgegen. »Warum kommt Ihr heute so spät? Sebastian hat kaum geschlafen, sagt die Mutter.«

»Erst muss ich ihn mir ansehen, mein Fräulein«, versuchte der Arzt, sie zu beruhigen.

»Aber seine Stirn ist ganz heiß. Und er schwitzt ...«

»Geduld.« Albert fasste ihren Arm. »Bedränge den Doktor nicht!«

Sie riss sich los, funkelte den Zwerg an. »Ihr habt gut reden. Warum kommt Ihr erst heute zu Besuch? Da drinnen liegt nicht irgendwer. Da in meiner Kammer liegt Sebastian.«

Doktor Fährmann kannte den Weg, war bereits im Flur, als die beiden ihn wieder einholten. An der Schwelle zum Krankenzimmer begrüßte er Frau Contzen herzlich, reichte ihr sogar die Hand. »Habe schon gehört. Der Zustand hat sich verschlechtert?«

»Gestern hat er angefangen zu sprechen. Aber dann ... Ich glaub, es ist das Fieber. Dreimal habe ich in der Nacht den Verband wechseln müssen.«

»Ihr seid sehr tüchtig.«

Das Lob ließ sie seufzen. Mehr dankbare Freude vermochte sie nicht zu zeigen. Seit jenen furchtbaren Stunden in der Scheune hatte sich Margarethas Mutter bemüht, aus dem Albtraum aufzuwachen. Doch was ihr am Tag gelang, zerstörte die nächste Nacht wieder. Nun aber war Sebastian ihr zur Pflege gebracht worden. Und die Sorge um ihn, sein Leid, drängte das eigene etwas zurück. »Ich helfe, wie ich nur kann.«

Gemeinsam traten sie ans Lager. Der Verwundete lag auf der rechten Seite. Mit Leinenbändern waren ihm Kompressen oben an der linken Brust und in gleicher Höhe am Rücken befestigt. Schweißnass sein Gesicht, die Lippen rissig. Als er den Arzt bemerkte, mühte er sich um ein Lächeln. »Danke, dass Ihr gekommen seid. Es geht mir schon viel besser.«

»Stimmt gar nicht«, schimpfte Margaretha aus dem Hintergrund. »Vielleicht ist die Medizin nicht gut.«

»Aber, Kind!« Die Mutter warf ihr einen warnenden Blick zu.

»Ist doch wahr ...«

»Still jetzt!«, befahl Albert, doch als er die Tränen in ihren Augen sah, setzte er weicher hinzu: »Er wird schon wieder.«

Margaretha nahm seinen Trost nicht an und ging näher zum Bett.

Sorgsam hatte Doktor Fährmann den Verband abgenommen. Er roch an den Kompressen. »Eitrige Fäulnis. Der Durchschuss war glatt, auch sind keine Adern oder Sehnen verletzt worden. Aber es hat sich zusätzlich eine Entzündung gebildet.« Er öffnete seine Tasche und während er einige dünne Zangen und eine lange Nadel auf ein Tuch legte, bat er Frau Contzen um eine Schüssel mit heißem Wasser.

Margaretha presste die Hände an die Wangen. »Was macht Ihr jetzt?«

Mit einem Spatel nahm Doktor Fährmann etwas Salbe aus einem Töpfchen. »Die Kugel hat den roten Rock durchschlagen. Ich hatte zwar schon Stoffreste aus der Wunde entfernt, es scheinen sich aber noch weitere Teile tiefer im Schusskanal zu befinden. Und dafür werde ich jetzt mit der Nadel einen Streifen mit Terpentinsalbe hindurchziehen.«

»Heilige Mutter, nein.«

»Mein Fräulein ...« Eine steile Falte zeigte sich auf der Stirn des Arztes. »Dieser Eingriff ist zwar schmerzhaft, aber nicht gefährlich. Allerdings benötige ich dafür eine ruhige Hand und vollständige Stille. Deshalb, mein Fräulein ...« Er wies zur Tür. »Bitte wartet draußen. Und wagt es nicht, mich bei der Behandlung zu stören! Haben wir uns verstanden?«

Margaretha wollte aufbrausen, wandte sich aber rechtzeitig ab und verließ ihre jetzt für Sebastians Pflege hergerichtete Kammer.

Ehe sie doch nicht durchhält, dachte Albert, leiste ich ihr besser Gesellschaft, und folgte seinem Schützling nach draußen in den Hof.

Margaretha stand am Brunnen. Kaum näherte er sich, drehte sie ihm den Rücken zu. »Lasst mich allein!«

»Warum? Willst du nicht mit mir reden?«

»Keine Lust.«

Langsam ging Albert um den Brunnen herum. »War ich zu streng mit dir?«

»Das ist mir gleich. Da höre ich sowieso nicht hin.«

»Wie praktisch«, versuchte er zu scherzen. Doch sie ging nicht darauf ein. Albert nahm den Hut ab und legte ihn vor sich auf den gemauerten Rand. »Also gut. Ich kann ein ehrliches Wort vertragen. Wir sind doch Freunde ...«

»Freunde?«, fuhr Margaretha auf und drohte ihm mit dem Finger. »Ein schöner Freund seid Ihr. Meinen Sebastian habt Ihr in Eure Geschäfte mit reingezogen. Ausgenutzt habt Ihr ihn. Verflucht sollt Ihr ...«

»Halt. Nicht weiter!«, unterbrach Albert und wehrte mit beiden Händen ab. »Ich verstehe nicht, worauf du hinauswillst?«

»Das fragt Ihr?« Vor Erregung suchte sie nach Worten. »Ihr ... Da musste er die Reiter abfangen. Und ... und deshalb hat der Kerl auf ihn geschossen.«

»Moment?« Albert spürte, wie ihm die Kehle zugeschnürt wurde. »Es war doch ein Jagdunfall?«

»Jetzt tut nicht so scheinheilig«, fauchte sie ihn an. »Sebastian hat's mir doch gestern erzählt. Der Stumpff war's! Mit Absicht!« Helle Tränen rannen ihr über die Wangen. »Totschießen wollte er ihn.«

Schuld und Mitleid zwangen Albert zu ihr. »Großer Gott. Wenn es wahr ist ...«

»Das ist wahr!«

Schreie aus dem Haus, Stöhnen, und wieder schrie der Patient vor Schmerz. »Da, hört Ihr? Da hört Ihr, was Ihr angestellt habt.« Sie wollte hin zu Sebastian, doch Albert stellte sich ihr in den Weg. »Bitte bleib!«

Margaretha holte zum Schlag aus, er schützte sich nicht, offen bot er ihr sein Gesicht. Da stockte sie, atmete aus, beider Blicke verschmolzen ineinander. »Das kann ich nicht«, flüsterte Margaretha. »Verzeiht!« Sie presste die Fäuste gegen die Schläfen. »Ich hab solche Angst. Bestimmt weiß der Teufel schon, wo Sebastian liegt. Und wenn er rausbekommt, dass Sebastian am Leben bleibt, dann ...« Sie schluchzte. »Er kommt her und schlägt ihn einfach tot. Und die Mutter noch dazu.«

»Niemals!«, fuhr Albert auf, gleich senkte er wieder die Stimme. »Das werde ich verhindern.« Aus dem Wirrwarr der Gedanken ordneten sich jäh einige Bruchstücke. Lange nach Ende der Jagd, erst nach der ausgelassenen Feier zum Abschuss der sechs Hirsche, war der Fürst durch Burgau vom Unfall eines Treibers unterrichtet worden. »Eine verirrte Kugel.«

Clemens August zeigte sich sehr betroffen. »Wird der Mann es überleben?«

»Wohl kaum.«

»Gebt ihm jede Hilfe! Mein Leibarzt soll nach ihm sehen.«

Als Albert erfuhr, wer dort im Stall des Waldhauses auf der Trage lag, hatte er sofort gehandelt. Nach der Erstversorgung durch Doktor Fährmann und dessen Erlaubnis für den Transport war Sebastian auf Anordnung des Zwerges gleich nach Brühl zu Margarethas Mutter gebracht worden. Bei ihr würde er es besser haben als im Hospital. Über den genauen Hergang des Unfalls hatte sich Albert bisher keine Gedanken gemacht, erst jetzt wurden ihm die Zusammenhänge klar. »Verlasse dich auf mich!«

»Ach, Herr.« Margaretha blickte ihn voller Kummer an. »Bei anderen Sachen kann ich das. Aber bei diesem Kerl? Der hat Euch selbst doch schon das Messer in den Rücken gestoßen.«

Albert straffte sich. »Bei den Narben auf meinem Buckel – ich schwöre, dass von nun an härtere Seiten aufgezogen werden.« Als er den Zweifel in ihren Augen sah, bemühte er sich um Zuversicht in der Stimme: »Noch heute sorge ich dafür, dass zwei Bewaffnete euer Haus bewachen, und zwar bei Tag und bei Nacht, bis dein Sebastian wieder gesund ist.«

Hoffnung hellte ihre Miene etwas auf, dennoch fragte sie:»Und wie wollt Ihr das anstellen?«

»Der Fürst hört auf meinen Rat.« Mehr sagte er nicht. Albert ging zurück zu seinem Hut. Mehr solltest du besser auch nicht wissen, dachte er, sonst wächst die Angst weiter. Ein neuer Gedanke bedrängte ihn. Auch wenn Burgau den Kopf aus der Schlinge gezogen hatte, so blieb doch der Inhalt des Briefes bestehen. Und dort schrieb der Verräter an Graf Plettenberg, ein jäher Tod der Madame Trogler würde den Fürst zu Boden werfen. Also war auch Mechthild in höchster Gefahr, auch sie musste geschützt werden. Du verkrüppelter Idiot, beschimpfte sich Albert, wieso denkst du erst jetzt daran?

Noch war es nicht zu spät. Ganz gleich, ob der Fürst von der Unschuld dieses Burgau überzeugt war, die Aufforderung zum Mord konnte ebenso und jederzeit von Plettenberg kommen. Um die Mutter seines ungeborenen Sohnes zu schützen, würde der Fürst ohne Zögern genügend Bewaffnete bewilligen. Und ich teile sie ein, dachte Albert und setzte sich entschlossen den Hut auf.

So lautlos wie jeden Morgen huschte Molitor durchs Schlafgemach, öffnete leise die schweren Vorhänge an den Fenstern. Ehe er die Schlafstatt erreichte, vernahm er unterdrücktes Stöhnen hinter den Seidenschals.»Herr? Fühlt Ihr Euch nicht wohl?«

»In der Nacht setzte es ein. Der Magen ...«

Rasch zog Molitor die seidenen Schals auseinander und band sie an die Bettpfosten.»Euer Gesicht ist blass. Soll ich den Leibarzt verständigen?«

»Warte noch damit!« Clemens setzte sich auf, stellte die Füße auf den Boden.»Wo ist mein Zwerg? Erst will ich seine Meinung hören.«

Nur ein Ruf und wenige Augenblicke später stand Albert am Bett.»Bitte, hoher Herr, lasst mich Euren Atem riechen.« Der Fürst beugte sich vor und behauchte die große Nase.»Ungewohnt säuerlich. Aber nicht nur das ... Bitte, hebt den linken Arm!« Albert musste sich recken, um mit dem Gesicht dicht genug unter die Achsel zu gelangen. Auch hier war er mit dem Geruch nicht zufrieden.»Beim Souper gestern, nach unserer Rückkehr aus Brühl, habe ich vorher den abgefüllten Weinvorrat und jede Speise gekostet.« Er trat zur Seite. »Darf ich fragen, was Ihr später beim Kartenspiel zu Euch genommen habt?«

Clemens August wölbte beim Luftschöpfen den schmerzenden Bauch vor und blies den Atem aus geblähten Wangen.»Wein. Denselben, von dem alle getrunken haben – die Damen, Graf von Hohenzollern, Burgau und wer noch mit am Tisch saß.«

»Kredenzt wurde der Wein von einem der Lakaien?«

»Was soll das Nachbohren? Es gab keinen anderen Wein als den von dir geprüften.«

Albert blieb beharrlich. »Bitte, hoher Herr, versucht, Euch zu erinnern.« Ärgerlich erhob sich der Fürst, er wankte leicht, bevor er das Gleichgewicht fand. Gleich war Molitor neben ihm, bereit, den Arm zu greifen. »Nur ein leichtes Schwindelgefühl«, wehrte Clemens ab und ging zum Frisiertisch hinüber.

Die Besorgten sahen einander an und Albert folgte dem Herrn. »Hat vielleicht noch jemand nachgeschenkt?«

»Aber ja. Im Eifer des Spiels, wenn gerade kein Lakai in der Nähe war. Dieser recht forsche Offizier Barbotti, auch an Burgau kann ich mich erinnern. Er hat mir sogar zugetrunken ...« Clemens brach ab, sein Blick floh voraus in Richtung des Séparées für die Notdurft. »Helft mir, rasch!«

Mit Unterstützung Molitors gelangte er rechtzeitig auf den Stuhl, Krämpfe quälten ihn, und nur mit lautem Stöhnen fand er schließlich etwas Erleichterung.

»Der Geruch. Jetzt dieser Durchfall«, flüsterte Albert dem Kammerdiener zu. »Alle Anzeichen passen. Ich vermute Gift.«

»Sag das Wort nicht!«, flehte Molitor. »Wenn der Herr es hört, wird alles gleich noch schlimmer.«

»Wenn es das Pulver vom Satanspilz ist, dann bleibt es zunächst bei dieser Übelkeit«, beruhigte ihn Albert. »Bei einem zweiten« Anschlag erst kann es bedenklich werden.« Er rieb sich die Stirn. »Ich kann mir denken, wer das Gift ins Glas getan hat.«

»Nicht das Wort! Und erwähne auch den Namen dieses Kerls nicht. Der Herr wird dir jetzt ohnehin nicht glauben.«

»Ich weiß«, seufzte Albert. »Doch ehe noch Schlimmeres geschieht, muss etwas gegen diesen Menschen und sein Untier unternommen werden.« Er nickte vor sich hin. »Und zwar bald.«

Der Fürst kehrte zurück. »Der Magen scheint etwas Ruhe zu geben.«

»Ich halte es für ratsam, wenn Ihr Euch heute schont.«

»Schonung?« Ein bitteres Lachen unterbrach den Hofzwerg. »Ausgerechnet heute? Nein, mein guter Geist, heute muss ich mich der Meute stellen.« Während er sich von Molitor das Gesäß reinigen ließ, fuhr er fort: »Die Delegierten warten im großen Audienzsaal und fletschen sicher schon die Zähne. Diese Sitzung muss ich überstehen und mehr als das. Ich hoffe nur, dass Magis und seine beiden Stellvertreter genügend vorbereitet sind, um mir bei möglichen Angriffen zur Seite zu stehen.«

»Sollte Doktor Fährmann Euch nicht vorher untersuchen?«

»Dazu fehlt die Zeit.« Für die Perücke setzte sich Clemens vor den Spiegel.

»Ich vertraue mich ganz dir an.«

Der Satz war Balsam für Albert. »Wenn ich Eure Übelkeit richtig einschätze, so empfehle ich einen Kohletrunk zur Linderung für Magen und Darm.«

»Einverstanden.« Clemens sah ihn mit sanftem Spott über die Schulter an. »Mein Albert le Grand, hast du nicht auch ein Schwert parat und am besten noch einen Schild, hinter den ich mich stellen kann?«

Sehr ernst antwortete Albert: »Wäre ich in der Lage, so glaubt mir, Ihr hättet von niemanden etwas zu befürchten.«

Sie standen eng beieinander – die Abgesandten des Kreistages, schwarz gekleidet, und in ihrer Mitte leuchtete die rote Soutane des vom Domkapitel designierten Sprechers. Kein Lächeln, nur steifes Kopfneigen, als der Fürstbischof in offiziellem Ornat seinen erhöhten Stuhl an der Stirnwand des Audienzsaales einnahm.

Nach Gruß und Willkommen dehnte er das Schweigen, sah zur rechten Wand, dort war Baron Magis mit Juanni und Steffné in Stellung gegangen. Jeder hatte vor sich auf dem Stehpult einige Unterlagen ausgebreitet. Auf der linken Seite stand mit sorgenvoller Miene sein Obristlandhofmeister Graf von Hohenzollern. Er hatte als Beobachter am Kreistag und auch bei den letzten Sitzungen des Domkapitels im Kapuzinerkloster teilgenommen.

Endlich wandte sich der Herrscher des Kurstaates an die Versammelten: »So lasst denn hören. Welche Ergebnisse sind vom gerade beendeten Kreistag in der Stadt Köln zu berichten?«

Bewegung entstand. Der Domgraf trat einen Schritt vor, matt schimmerte das Gold des Kapitelsterns auf seiner Brust. »In Anbetracht der Schwere haben wir uns vorher abgestimmt, und so gebe zunächst ich meinen Bericht über die Gesamtlage zu Gehör.«

»Das erleichtert den Ablauf«, nickte Clemens. Er musste sich aufrichten, den Rücken durchbiegen und strich den Bauch unter der Hermelinstola. Mit gequältem Lächeln erläuterte er: »Solltet Ihr mich hin und wieder seufzen hören, so ist dies lediglich auf eine kleine Unpässlichkeit zurückzuführen, nicht aber als Kommentar zu verstehen.«

Nun folgte das Handzeichen für den Sprecher. Der öffnete eine Ledermappe und las vom Blatt. Die Einleitung ging ihm glatt von den Lippen, dann aber verschärfte sich unvermittelt der Ton: »Domgrafen wie auch Priesterherren des Kapitels sind zutiefst betrübt, Eurer gnädigen Durchlaucht künftig die Gefolgschaft in Eurer franzosenfreundlichen Politik zu verweigern. Wir, die wir

von Hause aus und vom Herzen her der Heiligen Kirche und dem Reich zuge-
hören, fordern Euch letztmalig auf, dem Kaiser zu geben, was des Kaisers ist.
An der Reichstreue Kurkölns darf nie ein Zweifel aufkommen. So flehen wir,
fordern wir, dass Eure Durchlaucht endlich die verlangten Reichstruppen ent-
sendet. Bis dies geschehen ...« Der Sprecher blickte zu den Vertretern der
westfälischen Stände, stärkte sich an deren heftigem Nicken und setzte zum
Stoß an:»Bis dies geschehen, werden jegliche Mittel aus Steuereinnahmen
zurückgestellt.«

Magis erlitt einen Hustenanfall und die beiden Sekretäre starrten sich ungläubig an.

Der Fürst warf sich im hohen Sessel zurück:»Dazu fehlt Euch jede rechtli-
che Handhabe.«

»Um Vergebung«, der Domgraf ließ die Mappe sinken.»Nach der Erblands-
vereinigung aus dem Jahre vierzehnhundertdreiundsechzig ...«

»Schluss mit den juristischen Winkelzügen!«

Auf den fürstlichen Zwischenruf hin setzte der rote Domgraf mit noch
schärferer Stimme seinen Satz fort:»Danach steht uns sehr wohl dieses Recht
zu. Wenn Vergeudung von Geldern nachzuweisen ist, so sind wir gehalten, die
Haushaltsmittel des Kurstaates bis auf Weiteres zu kürzen oder gar vollständig zu blockieren.«

»Vergeudung?« Mühsam beherrscht, presste Clemens die Handflächen auf die
Knie.»Mir obliegt es, einen meinem Status angemessenen Hof zu unterhalten.«

Die Verneigung des Anklägers verstärkte nur den Hohn in seiner Stimme.
»Zwei Wochen lang saßen unsere Finanzexperten über den Büchern des Kurstaates. Und niemals zuvor ist solch eine liederliche Haushaltsführung festge-
stellt worden. Die Taler des einfachen Mannes wie auch die Goldstücke der
Städte scheinen in dubiosen Löchern versickert zu sein.«

Clemens starrte zu seinem Ersten Minister hinüber und presste zwischen
schmalen Lippen hervor:»Was muss ich mir hier sagen lassen?«

Gleich hustete Magis wieder, wischte erst die Nase, dann die Stirn.

Der Domgraf hatte den strafenden Blick bemerkt.»Ganz sicher ist es Eurer
Durchlaucht auch entgangen, dass nicht nur die Rechnungen Eurer Lieferan-
ten seit Wochen offenstehen, sondern dass inzwischen auch den einfachen
Bediensteten des Hofes der Lohn nicht mehr gezahlt wird.«

»Magis!« Qual und Übelkeit zugleich lagen in dem Ruf. Clemens erhob sich,
stürmte an dem Domgrafen vorbei.»Behaltet Euren Gedanken. Ich bin gleich
zurück.« Dann der Befehl:»Magis, folgt mir!«

Draußen warteten Albert und Molitor neben dem transportablen Klostuhl.

»Rasch, rasch!«, rief ihnen Clemens zu und mit vereinten, schnellen Handgriffen gelang es den Tüchtigen, ihrem Herrn die Gewänder zu heben, die Hosen herunterzustreifen.

Während der Notsitzung musste Magis vor ihn hintreten. »In welche Lage habt Ihr mich gebracht? Nein, schweigt, dazu werde ich mich später äußern. Jetzt will ich nur von Euch wissen, welche Vorwürfe ich mir dort im Saal gleich noch anhören muss? Was ist mit dem Winterquartier der Preußen?«

»Alles geht seinen geordneten Weg, gnädiger Herr. Ich habe stets nur das Beste gewollt und auch ausgehandelt.«

»Bisher scheint Euer Bestes nicht einmal zu genügen, um die Kerzenanzünder meines Hofes zu entlohnen.« Clemens verließ den Stuhl und sein Kammerherr sorgte für Sauberkeit und das erneute Herrichten der Kleidung. »Ihr enttäuscht mich, Baron. Lasst das Maß nicht überlaufen!«

Magis nestelte an seinem Kragen. »In allem habe ich mich korrekt verhalten. Dies brachte mir sogar das Lob Eures Bruders ein. Vor allem Graf Törring ...«

In zwei langen Schritten stand Clemens vor ihm. »Ihr solltet Euch bemühen, mir zu gefallen und keinem anderen Herrn. Nur mir allein. Und jetzt geht voran, öffnet mir die Tür, damit diese Audienz fortgesetzt werden kann.«

Der Domgraf verzichtete auf weitere Einzelheiten der Missstände und schloss seinen Bericht: »Sollte Eure Durchlaucht weiterhin an dem bayerisch-französischen Bündnis gegen den Kaiser festhalten wollen, so mag Euch dies als bayerischer Prinz erlaubt sein. Wir, das Domkapitel und auch die übrigen Stände, werden nur einen Kurfürsten unterstützen, der unsere Interessen aufseiten des Kaisers vertritt.«

»Das gleicht einer Revolte!«

»Niemals!«, empörte sich der Sprecher des Domkapitels, doch sein Tonfall überzeugte nicht. »Es ist das Fazit aller Fakten.«

»Wartet noch!«, befahl ihm Clemens und winkte Graf von Hohenzollern zu sich. »Beugt Euch zu mir.« Leise fragte er, hörte die ausführliche Antwort, und als der Obristlandhofmeister auf seinen Platz zurückkehrte, verriet die Miene des Fürsten keine Regung mehr.

»Ich danke Euch nicht«, sagte er kühl zu dem Ankläger in der roten Soutane. »Dies wäre nur Heuchelei, und wir alle hier im Saale sind doch bestrebt um Ehrlichkeit. Nun tretet zurück! Denn ehe ich Euch antworte, möchte ich erst den Bericht der westfälischen Stände anhören.«

Den Blick über die Köpfe der Anwesenden hinweg zum Fenster gerichtet, ließ der Kurfürst die Klagen der Männer über sich ergehen. Einquartierung der preußischen Soldaten. – »Das ist Willkür!« – Ohne die Zustimmung der Regionen und Städte hätte dies niemals geschehen dürfen. – »Wieso nur in

Westfalen?« – Für eine gerechte und weite Verteilung der preußischen Truppen hätte gesorgt werden müssen. – Ein schrecklicher Winter steht nun der betroffenen, sehr armen Bevölkerung bevor. –»So treibt die Politik uns alle in den Abgrund!«

»Genug!« Clemens atmete gegen die Magenkrämpfe an. »Ich ging bis vorhin davon aus, dass neben dem gesamten Herzogtum Westfalen auch noch die Veste Recklinghausen mit einbezogen werden sollte.« Es dauerte, bis er fortfahren konnte. »Wer? Wer hat Euch, Ihr Herren, diese scharfen Worte in den Mund gelegt?«

Keine Antwort. Die Männer schwiegen, boten nur die Stirn.

Langsam gewann der Fürst an Kraft zurück. »Ist es nicht der von mir davongejagte Graf Plettenberg? Nein, leugnet es nicht, denn ich weiß inzwischen, dass er Euch drüben in Köln um sich geschart hat. Viele von Euch gehen dort in seinem neuen Wohnsitz ein und aus. Dort in Köln wird der Umsturz vorbereitet.«

»Durchlaucht!«, mischte sich nun der Domgraf ein, die Unterlippe flatterte vor Erregung. »Uns steht nicht der Sinn nach pöbelartigem Protest. Wir stehen hier in tiefster Sorge um das Wohlergehen des Landes. Und niemand im Rat der Freien Reichsstadt Köln ...«

»Dieser Status einer Freien Reichsstadt ist von mir nie anerkannt worden.« Geübt in politischen Diskussionen ging der Kapitelherr darüber hinweg. »Niemand hegt den Wunsch, mit Euch den Weg einer harten Konfrontation zu beschreiten.«

»Bis auf diesen einen Herrn, der sich wie ein giftiger Parasit in die Herzen der redlichen Menschen einzunisten droht, – wenn er nicht gar schon Besitz von einigen ergriffen hat.« Clemens hob beide Hände wie zum Segen, sah von einem Gesicht zum nächsten und unterband damit jede weitere Widerrede. »Wir bedauern zutiefst, dass Unzufriedenheit mancherorts entstanden ist. Die geschilderten Missstände werden von meinem Ministerrat geprüft, die Verursacher und Schuldigen« – ein bedeutsamer Seitenblick traf Baron Magis – »werden gefunden und zur Rechenschaft gezogen. Werte Herren, nehmt diese Botschaft mit und berichtet sie in den noch anstehenden Sitzungen.«

Erst erstauntes, bald schon zustimmendes Gemurmel unter den Anwesenden. Clemens nutzte den Moment, atmete tief gegen die Übelkeit, als erneut Ruhe einkehrte, sammelte er noch einmal alle Kräfte. »Eine Maßnahme allerdings soll mit sofortiger Wirkung Gültigkeit erlangen.«

Nun runzelte Graf von Hohenzollern die Stirn. Für ein Edikt gab es keine Absprache. Auf der gegenüberliegenden Seite reckten Juanni und Steffné die Hälse, bereit mitzuschreiben, und Baron Magis faltete die Hände, in Erwartung seines persönlichen Jüngsten Gerichtes.

»Hiermit erklären Wir, Clemens August, Fürstbischof zu Kurköln, in aller Schärfe, dass Wir den Grafen Ferdinand von Plettenberg niemals als kaiserlichen Bevollmächtigten anerkennen werden. Dies ist allen Beteiligten des Kreistages in der Stadt Köln mitzuteilen. Ferner ordnen Wir an, dass in all Unsren Landen der folgende Befehl in gedruckten Anschlägen bekanntzugeben ist: Bei Strafe Unserer gänzlichen Ungnade ist jedem Beamten, vom höchsten bis zum niedrigsten, jeder mündliche wie auch schriftliche Verkehr mit diesem Grafen verboten.«

Dem Paukenschlag folgte Stille. Unhörbar atmete der Erste Minister aus, der Kelch war an ihm vorübergegangen.

Clemens ließ die Pause wirken, sagte dann kühl und sachlich: »Gott mit Euch, werte Herren!« Damit erhob er sich und verließ aufrechten Schritts den großen Audienzsaal. Draußen krümmte er sich, wankte und wurde von seinem Kammerdiener rechtzeitig gestützt. »Zum Stuhl?«

»Nein, mir ist nur übel.«

Der inzwischen gerufene Doktor Fährmann nahm den anderen fürstlichen Arm auf seine Schulter. »Erlaubt mir, Euch zu untersuchen, Durchlaucht.«

»Später. Erst muss ich den begonnenen Einschnitt vertiefen, auf dass er nicht mehr rückgängig gemacht werden kann. Bringt mich dort drüben zum Kanapee.« Er blickte sich nach Albert um. »Du schaffst Magis und die beiden Räte sofort zu mir.«

Wenigstens ein Glas mit in Wasser verrührtem Kohlestaub hatte sich der Kranke zur Linderung geben lassen. Mit davon geschwärzten Lippen und Zähnen empfing er das Führungstrio seines Hofes. »Wenn einem Theaterdirektor die Schauspieler fehlen, so muss er sich mit Laien begnügen ...«

Er wartete auf eine gekränkte Reaktion, doch Magis und Steffné nickten zustimmend, als wären nicht sie gemeint, und Juanni lächelte wie stets, weil er des Deutschen nicht mächtig war. Clemens nickte. »Mein Unwohlsein hat sich während der Sitzung noch verschlimmert, und ganz sicher haben die alarmierenden Neuigkeiten ihren Anteil daran. Deshalb fasse ich mich kurz ...«

Zunächst befahl er, noch heute den Hof des Grafen Plettenberg unten am Rhein nebst allem Inventar zu beschlagnahmen. Der Verwalter hätte binnen vierundzwanzig Stunden das Haus zu verlassen. »Zum Zeichen, dass mein Zorn gegen Plettenberg, diesen Meister aller Heimtücke, für immer lodert, übergebe ich Euch, meine Herren, seinen Hof als neuen Wohnsitz. Er ist wahrhaft groß genug und von seiner Pracht weiß jedes Kind in Bonn zu erzählen. Lebt darin, feiert Feste und löscht damit jede Erinnerung an den Vorbewohner aus.«

Magis erstrahlte. »Allergnädigster Herr, Ihr beglückt Euren Diener ...«

»Nicht Ihr seid gemeint.« Der Baron schreckte wie nach einer Ohrfeige zusammen. »Die neuen Hausherren werden Juanni und Steffné sein. Ihr aber sollt nicht ohne Belohnung bleiben.« Beim schwarzen, dünnen Lächeln erbebte der Bauch des Ersten Ministers. »Ich bin Euer Diener«, hauchte er.

»Ihr habt mir damals in meiner tiefsten Not einen Freund an meinen Hof gebracht, den Domdechanten zu Worms, Anton von Roll. Ob Ihr aus reiner Seele oder um Eures Vorteils willen gehandelt habt, mag ich nicht beurteilen. Doch rettet Euch diese Geste vor Schlimmerem. Zumindest heute noch. Ihr hattet den Auftrag, mit den Preußen zu verhandeln, die Einquartierung der Truppen in meinem Westfalen zu verhindern.«

»Alles hab ich versucht. Doch Plettenberg hat dem preußischen König ...«

»Unterbrecht mich nicht. Jetzt gilt es, den Tatsachen ins Auge zu blicken. Euer Versagen treibt mich und den Kurstaat an den Rand eines Krieges. Euer großes Unvermögen hingegen schließt einen Krieg gegen die Preußen auch wieder aus. Denn Ihr habt das Land in den Ruin geführt, und ohne Bezahlung sind meine Soldaten vor Hunger fast alle desertiert.« Clemens stützte die Stirn in die Hand und schüttelte den Kopf. »Allmächtiger Gott, gib uns allen Weisheit!« Er blickte wieder auf seinen Ersten Minister. »Wie ich von Graf von Hohenzollern erfahren habe, sollt Ihr entgegen meiner Weisung eigenmächtig die Preußen sogar bei der Einquartierung unterstützt haben. Nein, schweigt. Sonst fühle ich mich zu geschwächt, um Euch noch eine kleine Chance einzuräumen.« Clemens nahm angewidert den Rest des Kohletrunks zu sich. »Hiermit entziehe ich Euch jegliche Verfügung über die Steuergelder. Gleichzeitig werdet Ihr Eure gesamten Rechnungsbücher einer Kommission unter der Leitung des Grafen von Hohenzollern zur Prüfung übergeben. Bis zu Eurer Entlastung dürft Ihr an keiner Konferenz mehr teilnehmen, noch ist es Euch erlaubt, bei Hofe zu erscheinen.«

Magis trat zurück, wäre beinah über einen Sessel gestolpert, stürzte nicht und versuchte eine Verbeugung. »Allergnädigste Durchlaucht, soll das heißen, ich bin meiner Ämter enthoben?«

»Eure Aufgaben werden bis auf Weiteres von Euern Stellvertretern wahrgenommen. Und ...« Clemens winkte ab. »Genug jetzt. Bitte geht, ich will Euch fürs Erste nicht mehr sehen.«

Durchfall und Erbrechen wechselten sich ab. In der zweiten Nachthälfte endlich ließen die schlimmsten Beschwerden nach. Doktor Fährmann und die beiden engsten Diener hatten Hand in Hand den Patienten gewaschen, umgekleidet und versorgt. Jetzt lag Clemens ermattet, aber ohne Schmerzen auf seinem Lager. Er winkte den Zwerg zu sich. »Es war Gift, nicht wahr?«

Albert zögerte, sagte dann: »Ihr habt heute bewiesen, wie gesund und stark Ihr seid.«

»Weiche nicht aus. War es Gift?«

»Doktor Fährmann und ich sind derselben Meinung. Jemand hat Eurem Wein ein schädliches Pulver beigemengt.«

Das blasse Gesicht wandte sich ihm zu. »Also ist der Feind ganz in meiner Nähe?«

»Ich fürchte, ja, hoher Herr. Und nach dem, was Ihr heute begonnen habt, wird die Gefahr für Euch noch zunehmen.«

»Ich stelle mich dem Feind.« Er furchte die Stirn. »Wie sicher ist die Mutter meines Sohnes? Kein Sieg ist es mir wert, dass sie und das Kind ernstlich gefährdet werden.«

»Das Haus wird Tag und Nacht bewacht. Außerdem stattet Baron Wolff-Metternich täglich und zu unterschiedlicher Stunde der Madame Trogler einen Besuch ab. Euch sehe ich mehr in Gefahr.«

»Ich will es so. Die Unsichtbaren sollen endlich aus den Löchern hervorkommen.«

Albert strich am Bettrand umständlich das Laken glatt. »Es werden vielleicht Personen sein, denen Ihr vertraut.«

Clemens antwortete nicht, sah wieder zur Decke, erst nach einer Weile flüsterte er: »Gib auf mich acht.«

18

Grau hing der Novembermorgen über Bonn, Nebelschwaden zogen vom Rheinufer herauf, es wollte nicht Tag werden. Albert war der Bitte des Domdechanten Anton von Roll gefolgt und erwartete diesen nach der Morgenmesse in der Schlosskapelle, draußen am Nebeneingang zur Sakristei.

»Gott zum Gruße, mein Sohn.« Das freundliche Lächeln konnte über den sorgenvollen Blick nicht hinwegtäuschen. »Danke für dein Kommen.« Von Roll schlug den Kragen des Mantels hoch. »Lass uns ein paar Schritte tun. Hier, so fürchte ich, gibt es zu viele Ohren. Während des Gehens spricht es sich leichter.«

»Wir könnten hinunter zum Rhein. Auf dem Leinpfad sind wir vor Lauschern sicher.«

Albert musste sich eilen, um dem hageren Kleriker zu folgen. In Ufernähe aber hatte von Roll die Not des Zwerges bemerkt und mäßigte den Schritt. »Nun bin ich schon seit zwei Wochen in Bonn und erst heute ist es mir gelungen, dich allein zu sprechen.«

»Der Fürst hat Euch so sehr gebraucht.« Albert sah zu ihm hoch. »Ich bin froh, dass Ihr der Einladung sofort gefolgt seid. Er hätte diese zweite Vergiftung nicht so rasch überstanden, wenn Ihr ihm nicht Beistand geleistet hättet.«

»Vergiss nicht die aufbauenden Briefe, die ihm Schwester Crescentia aus Kaufbeuren gesandt hat.« Mehr zu sich selbst ergänzte Anton von Roll: »Die gesunde Seele hilft dem kranken Körper zu genesen, daran glaube auch ich fest.« Er hing weiter seinen Gedanken nach, erst auf dem Leinpfad entlang des Ufers sagte er: »Wie ich seit langem weiß, hegt Fürst Clemens großes Vertrauen zu dir. Und du wiederum sorgst dich aufopfernd um sein Wohlergehen.«

Albert wollte zustimmen, da setzte von Roll rasch hinzu: »Was geht vor an seinem Hofe? Ich selbst spüre beständig eine Bedrohung. Jeder leere Flur in der Residenz bereitet mir Unbehagen. War der Giftanschlag eine Warnung? Wenn ja, von wem? Steht wirklich der viel bescholtene Graf Plettenberg in Verdacht? Oder war der vergiftete Wein ein – dem Himmel sei Dank –, ein missglückter Mordanschlag von unbekannter Hand? Dann müsste nach dem Täter gesucht werden. Weißt du Antwort? Oder hast du wenigstens eine Vermutung?«

»Euer Gnaden, die wahren Kräfte im Hintergrund sind sicher nie zu fassen. Doch habe ich einen der dringend Verdächtigen bei Hofe ausgemacht, habe diese Person dem Fürsten benannt, vor Wochen sogar einen Beweis geliefert, doch ich bin damit gescheitert.«

»Wer ist es? Vielleicht kann ich ...?«

Albert wehrte ab. »Verzeiht, ich gab mein Wort, dass ich ohne neue Beweise diesen Herrn nicht mehr bezichtige.«

»Deine Aufrichtigkeit in Ehren.« Anton von Roll schüttelte den Kopf. »Ich will nicht weiter in dich dringen, aber einem Mörder muss Einhalt geboten werden. Mit allen Mitteln.«

Stimmen vor ihnen. Beim Näherkommen schälten sich Gestalten aus dem Nebel. Boote lagen hochgezogen an der Böschung. Es waren einige Fischer, die mit den Händen gestikulierten, die Köpfe schüttelten und sich immer wieder über etwas in ihrer Mitte beugten. Als sie die Fremden bemerkten, fuhren sie auseinander.

»Nicht erschrecken, Leute«, beruhigte Anton von Roll. »Hier geht nur ein Priester mit einem Freund spazieren.«

»Priester?« Einer der Fischer trat auf sie zu. »Da kommt Ihr gerade recht, Hochwürden. Wir haben zwei arme Seelen aus dem Wasser gezogen.«

Er führte ihn und den Zwerg neben die Boote. Albert sah die Leichen, erkannte trotz des Schmutzes die Uniformen, sah etwas vom Weiß-Blau der Schärpen und wusste, wer die Männer waren.

Für einen Moment verspürte er Stiche im Kopf, neben sich vernahm er die Stimme des Fischers. »Die Strömung hat sie wohl angetrieben. Da haben sie sich hier bei unseren Holzstegen verfangen.« Der Mann zog die Kappe ab. »Von uns war's keiner. Das müsst Ihr uns glauben, Hochwürden.«

»Wovon sprichst du, Sohn?«

»Seht nur«, unterbrach Albert. Dem Schmerz folgte Klarheit der Gedanken, er kauerte sich nieder, drückte mit zwei Fingern den Kopf eines der Toten etwas beiseite, dann den des zweiten. »Jemand hat ihnen die Kehle durchtrennt. Sie waren schon tot, als sie ins Wasser geworfen wurden.«

»Großer Gott, ermordet!«

»Schlimmer noch.« Albert hatte die Einstiche unterhalb der Ohren entdeckt. »Ich würde sagen, sie sind geschlachtet worden. Nach Judenart. Erst geschächtet wie ein Hammel, dann folgte der lange Schnitt.«

»Deshalb sind die Gesichter so voller Grauen.«

Albert richtete sich auf, sah den Fischer an. Der wehrte sogleich mit den Händen ab. »Von uns war's keiner, hat auch keiner was gesehen. Wir haben die Männer nur gefunden. Wir ...«

»Es ist genug«, schnitt der Zwerg die Verteidigung ab. »Niemand verdächtigt euch.« Kurz stellte er sich den Fischern mit Namen und seinem Rang bei Hofe vor. »Diese Toten sind Eilkuriere unseres allergnädigsten Fürsten. Ihr wartet hier, bis die Leichen abgeholt werden. Der hochwürdigste Herr Domdechant und ich werden euch Bedienstete vom Schloss mit Tragen schicken.«

Die Fischer nickten. »Verlasst Euch auf uns.«

Erst außer Hörweite erkundigte sich Anton von Roll: »Geschächtet? Die Tat eines Juden?«

»Nein, Euer Gnaden, auf keinen Fall. Der Mörder wollte es durch das Schächten seiner Opfer so aussehen lassen, wollte den Verdacht auf einen Juden lenken. Nichts wird heutzutage leichter geglaubt.«

»Und woher nimmst du deine Sicherheit?«

Albert sah zu dem Kleriker auf. »Ich kenne die Art und Weise des Täters. Ich weiß aus eigener Erfahrung, wer es liebt, Menschen mit dem Messer zu quälen und dabei an Tiere zu denken. Ob nun Gänse, Kröten oder Hammel.«

Anton von Roll schauderte es. »Welch grauenhafte Vorstellung! Und dazu dieser Nebel.« Da Albert nichts erwiderte, auch nichts sagte, als sie fast schon die Residenz erreicht hatten, beugte er sich zu ihm hinunter. »Du hüllst dich in Schweigen?«

Albert forschte in den klugen Augen. »Euer Gnaden, bitte helft mir bei einem Gedanken. Wenn ein Mann Angst vor dem hat, was zu tun ist, und er tut es dennoch. Was ist von solch einem Mann zu halten?«

»Wenn er sich aller Folgen bewusst ist? Die Not aber ihn dazu zwingt?« Anton von Roll richtete sich wieder auf. »Dieser Mann beweist wahren Mut.«

»Danke.« Albert nickte. »Erlaubt, dass ich mich hier schon verabschiede. Ich muss die Bergung der Toten organisieren. Und«, er lächelte bitter, »und ich muss mich um das zukünftige Leben einiger Menschen sorgen.«

»Ich frage nicht ...« Kurz nur berührte der Kleriker die Schulter des Zwerges. »Es wird das Richtige sein.«

Nach dem Mittagsläuten überquerte Albert den Innenhof und betrat die Unterkünfte der Treiber. Am Ende des langen Flurs pochte er.

»Wer stört?«, bellte die raue Stimme aus der Stube.

»Albert le Grand.«

»Wer?« Die Tür wurde aufgerissen. »Was zum Teufel hast du Krüppel hier verloren?«

»Darf ich eintreten? Ich möchte dir ein Angebot machen.« Mit festgefrorenem Lächeln setzte Albert hinzu: »Ein lohnendes Angebot.«

»So? Du willst Geschäfte mit mir machen?« Peter Stumpff trat zur Seite. Unter der losen Lederweste trug er das Hemd vom Hals bis zur behaarten Brust offen. Wie zur Probe nahm er sein Messer aus dem Hosengürtel und steckte es wieder zurück.

Bis zum Tisch ließ er den Gast in den Raum. »Kannst dich setzen.« Er lachte hämisch. »Aber nur, wenn du auf den Stuhl allein raufkommst. Helfen tue ich nicht.«

»Es geht schon, danke.« Mit leichtem Schwung gelangte Albert auf den Sitz.

Peter Stumpff zog sich aus der Ecke einen Hocker heran und setzte sich breitbeinig an die andere Seite des Tisches. »Also, wie viel gibt es zu verdienen?«

Albert sah ihn an. »Zwei Leichen sind angeschwemmt worden. Mit durchschnittener Kehle.«

Stumpff stieß einen leisen Pfiff aus, dann drückte er nach und nach mit hässlichem Knacken jeden seiner Fingerknöchel ein. »Und? Was hab ich mit den Kurierreitern zu schaffen? Weiß der Satan, wo die sich überall rumtreiben.«

»Der Teufel wusste es ganz gewiss«, antwortete Albert trocken und dachte: Denn du führst aus, was er befiehlt.

»Wie meinst du das?« Die Faust knallte auf den Tisch. »Bist du hergekommen, weil du Streit suchst?«

»Im Gegenteil.« Nun breitete Albert beide Arme aus. »Die Toten vom Rhein schicken mich. Als ich sie sah, wurde mir deutlich, wer hier am Hof der Stärkere ist.«

»Und?«

»Du und dein Herr.«

Da feixte Peter Stumpff. »Na, endlich. Hat aber lange gedauert. Aber so ein Krüppel hat's im Buckel und nicht im Kopf.« Er lachte über seinen Scherz. »Nichts für ungut.« Und lachte noch mehr.

Gleichmütig nahm Albert den Spott hin, nickte schließlich sogar zustimmend. »Aus diesem Grund biete ich dir Frieden an. Wenn in Zukunft niemand mehr zu Schaden kommt, soll alles, was war, vergessen sein.«

»Und was zahlst du?«

Albert zog erst eine kleine Flasche aus dem Rock, dann einen Beutel. Er rückte die Flasche beiseite und schüttete eine Handvoll Silberstücke auf die Holzplatte.

»Das sind mehr als zwei Golddukaten.«

»Lass sehen!« Peter Stumpff rückte bis an die Tischecke näher, gierig begann er zu zählen, leckte die Lippen, dann pfiff er vor sich hin. »Das lohnt sich. Also mir soll's recht sein.«

Albert sah sich im Raum um. »Wenn du Becher hast, dann hab ich hier einen Selbstgebrannten aus Obst und Kräutern. Den hab ich vom Pastor in Brühl. Wir sollten auf den Frieden einen Schluck nehmen.«

»Aufs Geschäft, meinst du.« Kaum konnte sich Stumpff von dem Münzsegen lösen. Er ging zum Regal und stellte zwei kleine Tongefäße neben den Silberberg. Albert schenkte ein, ruhig schob er dem neuen Partner einen Becher zu und hob den zweiten zum Trinkspruch. »Mögen die Zeiten von nun an besser werden!«

»Warte noch, Buckel!« Feixend beugte sich der Treiberführer vor, nahm Albert den Becher aus der Hand und gab ihm dafür seinen. »Hast doch nichts dagegen?«

»Aber der eine ist genauso gut wie der andere.«

»Deinen hab ich nun mal lieber.« Stumpff pfiff vergnügt vor sich hin. »Na, schluck schon.« Er wartete, bis Albert getrunken hatte, dann erst kippte er seinen Schnaps mit Schwung in den Rachen. Beide schüttelten sich und Stumpff lobte: »Himmel und Arsch. Der Pfaffe versteht was von gutem Weihwasser.« Langsam näherte sich die Hand wieder den Münzen. Aus halb geschlossenen Lidern belauerte er den Besucher. »Und es ist dir ernst? Ich mein, dass alles vergessen ist? Auch das mit den Kurieren? Und keine Geheimen, die rumschnüffeln?«

»Du kannst dich auf mein Wort verlassen.«

»Du hast schon Macht, Buckel, muss ich zugeben. Und dadrüber ärgert sich mein Herr so. Immer schon.« Beiläufig stellte Stumpff seinen Becher vor ihn hin – »Gib uns noch einen vom Weihwasser!« – und setzte den Gedanken fort: »Aber was sag ich meinem Baron? Ich mein, weil wir uns ab jetzt vertragen?«

Während Albert nachschenkte, sah er zu ihm auf. »Zahlt der Baron so gut wie ich?« Er stellte die Flasche ab. »Da, sieh dir den Haufen nur richtig an!«

Als wären die Münzen köstliche Früchte, näherte sich ihnen Stumpff mit der Nase, das Silber spiegelte sich in seinen Augen. »So viel gibt er mir nicht im ganzen Jahr.« Er schöpfte den Schatz mit den Händen, ließ ihn durch die Finger rieseln.

Der Moment genügte Albert, er zupfte an seinem Rockärmel, als wollte er den Sitz korrigieren, dann glitt seine linke Hand über den Becher direkt vor ihm, dabei entleerte er Flüssigkeit aus einer Phiole in den Schnaps, und ohne Stocken sank seine Hand in die linke Rocktasche. »Wenn du noch heute deinen Herrn verständigst«, er zog einen Taler hervor, »dann leg ich den hier noch obendrauf.«

»Her damit!« Kaum lag die Krönung auf dem Silberberg, grunzte Stumpff vor Vergnügen. »Buckel, Buckel, du fängst an mir zu gefallen. Her mit dem Weihwasser!« Er griff sich den Becher gleich neben der Flasche.

Das Herz schlug Albert herauf. Kein Zögern jetzt. »Ich denke, wir werden ein gutes Gespann.« Es gab keinen anderen Ausweg mehr. Er musste selbst das präparierte Tongefäß zum Kinn heben.

»So nicht, Buckel.« Stumpff hielt sein Handgelenk fest, nahm sich den Becher und drückte ihm dafür seinen eigenen Becher zwischen die Finger. »Nichts für ungut. Bin halt vorsichtig.« Mit sich zufrieden prostete er: »Auf uns!«

Zugleich tranken beide ihren Schnaps, ohne abzusetzen.

»Beim Satan, von Mal zu Mal schmeckt das Zeug immer besser.«

»Die Wirkung ist schon erstaunlich«, pflichtete ihm Albert bei.

»Sag, Buckel«, Stumpff stieß ihm leicht die Faust gegen die Schulter, »einen Gefallen musst du mir noch tun. Dann glaub ich dir wirklich.« Er leckte sich die Lippen. »Wo hast du meinen Eber versteckt?«

»Eber?«

»Meinen Treiber, diesen Sebastian? Ich hatte ihn so gut getroffen.« Mit dem Finger fuhr sich Stumpff in den Mund, rieb die Zunge.

Da lächelte Albert. »Das verrate ich dir gern. Ich habe den Jungen nach Brühl zu Frau Contzen bringen lassen. Frau Contzen, die kennst du doch?«

»Hinter der Mühle? Aber ja. Mit dem geilen Weib hab ich Gans gespielt.«

Laut stöhnte Peter Stumpff auf, griff sich mit beiden Händen nach der Kehle. »Feuer. Das brennt mir den Hals ab.« Seine Augen quollen, dann erbrach er sich, hustete. Er versuchte aufzustehen, die Kraft in den Beinen fehlte, verwundert sah er den Zwerg an. »Und du? Hast du auch ...?«

»Ich fühle mich wohl.« Albert stellte sich auf den Stuhl. »So sehe ich dich besser.«

»Aber du hast doch auch vom Weihwasser getrunken?«

»Nicht aber vom Gift.«

»Was?« Dann brüllte Stumpff, holte aus, um nach ihm zu schlagen, der Schwung riss ihn aus dem Gleichgewicht und er stürzte zu Boden. Zucken, Krämpfe befielen ihn. Weißer Speichel quoll blasig aus dem Mund. Mit einem Mal gewann er neue Kraft, raffte sich hoch, kroch zum Stuhl. »Ich zerreiß dich, Buckel. Warte nur. Ich werf dich den Hunden vor.«

Albert sah die drohende Gefahr, kletterte auf den Tisch und wich bis in die Mitte der Platte zurück. Keuchend schaffte es Stumpff, sich am Tischbein hochzuziehen. Die Finger krallten an der Kante, fanden Halt. Langsam tauchte das verzerrte Gesicht auf. »Du entkommst mir nicht ...« Da drehten die Augen sich ein, nur das Weiße noch, dann schlug Stumpff rücklings wieder zu Boden. Vorsichtig schob sich Albert bis zur Kante vor und betrachtete ohne Mitleid den Vergifteten. Die Füße zappelten, der Kopf fuhr hin und her. »Bis zuletzt wirst du wach bleiben«, versprach er.

»Mein Geld«, brabbelte Stumpff und erbrach sich. Das Zucken der Glieder nahm zu, haltlos fuhren die Arme auf und nieder, dann röchelte er, schnappte nach Luft. Die Finger betasteten den Hals. Stumpff bäumte sich jäh auf. Das Röcheln schlug um in tiefes Gurgeln. Er schaffte es bis auf die Knie. Furchtbares Rucken ging durch den Leib, immer wieder. Weißer Schaum quoll aus seinem Rachen. Weit, weiter noch riss er den Mund auf, doch der Atem fehlte. Die Augäpfel traten vor, jede Muskelkraft zerriss, der Körper fiel.

Albert sah ungerührt zu, bis jedes Zucken aufhörte, bis Peter Stumpff am eigenen Erbrochenen erstickt war. Dann sammelte er die Münzen ein, steckte Beutel und die kleine Flasche mit dem Selbstgebrannten zurück in die Rocktasche, kletterte vom Tisch auf den Stuhl, vom Stuhl auf den Boden.

Ohne einen weiteren Blick für den Toten zu erübrigen, verließ er die Kammer.

Hoch zu Ross zückte General von der Horst seine Taschenuhr. »Bin zufrieden«, lobte er sich selbst. »Wir sind genau im Zeitplan.« Er nickte dem Kanonier an der Haubitze zu. »Warte auf den Uhu! Schießen dann erst auf mein Zeichen. Verstanden?« Exakt wendete er das Pferd auf der Hinterhand, blieb in der Deckung des Waldes. Erst außer Sicht des Haupttores überquerte er die breite Straße und hielt erneut auf das Schloss zu.

Gestern war er mit seinen Truppen von Münster her in die Herrschaft Nordkirchen eingerückt. Beim Morgengrauen hatte er in einer wohldurchdachten Aktion vier der umliegenden Ortschaften gleichzeitig eingenommen. »Keine Gegenwehr«, war ihm von den Offizieren gemeldet worden.

Dies hatte der Befehlshaber mit leichtem Bedauern hingenommen. Aber was war schon von einfachen Bauern und Handwerkern anderes zu erwarten? »Sind eben keine Kämpfernaturen«, brummte er. »Mästen den eigenen Bauch. Das genügt ihnen.« In einer wahren Schlacht hätte er sicher jetzt schon dem Feind eine empfindliche Schlappe beigebracht.

Die Lafette mit der zweiten Haubitze stand auf gleicher Höhe und ebenso versteckt hinter Gesträuch wie die erste auf der anderen Seite der langen Zufahrt zum Haupttor des Schlosses. »Seid ihr bereit?«

Die Männer nickten. Von der Horst zückte wieder seine Taschenuhr. Noch fünf Minuten bis zwölf Uhr. Der Zeigefinger des Generals deutete auf den Melder, der Melder formte die Hände vor dem Mund und ließ mit geblähten Wangen den Ruf des Uhus ertönen.

So oft geübt – jeder Mann kannte seine Aufgabe und wenig später standen die beiden Lafetten mit den Haubitzen nebeneinander in der Mitte der Zufahrt, die Rohre geradewegs aufs Schloss gerichtet.

Der Große vereinte sich mit dem Kleinen über der Zwölf. »Feuer!«, schnarrte der General.

Die Kanoniere legten Lunten an die Zündschnüre. Erst ein Funkenprickeln, dann ein Knall, gleich der zweite. Die Bombenkugeln heulten aus den Rohren, jede zog einen Funkenschweif hinter sich her. Im hohen Bogen überquerten sie das Tor, fuhren nieder. Die erste verplatschte ohne Knall im Wassergraben, die zweite aber schlug nach der Brücke auf und explodierte im Kies des Schlosshofes. Kanoniere und Helfer stießen begeistert die Fäuste zum Himmel.

»Gut gemacht, Männer!«, lobte der Feldherr. »Nachladen! Und auf mein Signal warten!«

Wie von Geisterhand brachen jetzt rechts und links der Fahrstraße dreißig Dragoner mit ihren Pferden aus der Deckung. Hinter ihnen formierte sich ein Trupp Infanteristen. »Meine Armee«, flüsterte von der Horst stolz. »Glaub nicht, dass die Preußen über besser gedrillte Männer verfügen.«

Hoch aufgerichtet trabte er zur Spitze. »Wir nehmen das Schloss im Sturmangriff. Sobald das Tor unser ist, verteilen und über die Flügelbauten zum Haupthaus vorstoßen!« Im kantigen Gesicht mahlten die Kieferknochen. »Seid hart zum Gegner, übt Gnade mit dem Verlierer! Vorwärts!«

Mit Trompetenschall und Fahnenflattern preschten die Angreifer auf Schloss Nordkirchen zu. Als sie das hohe Gittertor erreichten, war dieses schon längst weit geöffnet, am Rande standen die Wächter stramm und grüßten die Eroberer. Als der Sturm die Seitenflügel brechen wollte, warteten die Bediensteten mit erhobenen Händen vor den Türen. An der Treppe zum Haupthaus schwang sich der General aus dem Sattel. »Mitkommen!«, befahl er drei Offizieren und marschierte mit ihnen durchs Portal; wortlos wies ihnen der erbleichte Hofmeister die Richtung zum Speisesaal. Die Offiziere erhielten Befehl. Und kräftige Muskeln stießen die Türflügel gleichzeitig auf.

Der Eroberer trat ein und erstarrte.

»... und vergib uns unsere Schuld, wie auch wir vergeben unsern Schuldigern.«

An der langen Tafel saßen Frauen, Kinder und einige Männer ins Gebet vertieft. Vor Kopf neigte Gräfin Bernhardine die Stirn über die gefalteten Hände.

Am Fußende stand Prälat Heinze, Domherr zu Münster, und führte mit lauter Stimme den Chor der Betenden an:»... und führe uns nicht in Versuchung, sondern erlöse uns von dem Bösen. Amen.«

Langsam hob die Gräfin das Haupt und blickte den General offen an.»Wollt Ihr Euch setzen? Es sind ausreichend Speisen zubereitet. Auch ein unverhoffter Gast soll in meinem Hause satt werden.«

Sein Plan war durchkreuzt. Der Feldherr benötigte einige Zeit, dann nahm er den Dreispitz ab und schlug die Hacken zusammen.»Gestatten, General von der Horst. Soeben ist Schloss Nordkirchen von mir und den kurkölnischen Truppen erobert worden.«

»Wir alle haben den lauten Knall vernommen, General.« Die Gräfin seufzte bekümmert.»Ich hoffe nur, dass niemand verletzt wurde.«

Ihre stille Freundlichkeit versetzte den Befehlshaber sichtlich in Unruhe. Mit lauter Stimme versuchte er, sich darüber hinwegzuhelfen.»Hiermit verhänge ich den Hausarrest über alle, die sich zurzeit im Schloss befinden.«

Rasch bekreuzigte sich der Domherr.»Gefangene? Aber ich muss noch heute zurück nach Münster.«

»Keine Ausnahme, Euer Gnaden.«

Gräfin Bernhardine hob einladend die Hand.»Bitte esst mit uns, General. So müsst Ihr uns nicht als Feinde betrachten, eher als die Opfer Eures Auftraggebers.«

Hier wurde keine Regel eingehalten. Verflucht. Von der Horst krallte die Finger in den Hut. Mit Frauen war kein vernünftiger Krieg zu führen.»Mit Verlaub, ich bin dienstlich hier.«

Die Gräfin deutete auf die Obstschale.»So nehmt wenigstens einen Apfel mit für unterwegs!«

»Der Hausarrest gilt ab sofort.« Auf dem Absatz kehrte der General um und floh mit großen Schritten aus dem Speisesaal.

Schon am nächsten Tag erreichte die Nachricht vom Militärschlag gegen Schloss Nordkirchen die Stadt Köln, wühlte den Stadtrat auf. Das Wort Krieg ängstigte die Versammlung. Und einer wurde nicht müde zu warnen: Graf Plettenberg. Niemand kannte den Kurfürsten so genau wie der ehemalige Erste Minister. Aus seinem Haus nahe dem Alter Markt kam die düstere Prophezeiung: Beachtet die Zeichen! Jetzt war der Kurfürst nur gegen einen einzelnen Gegner vorgegangen. Doch welche Willkür folgte dann? Vielleicht Belagerung oder gar Einnahme der Reichsstadt Köln?

Gegen Mittag meldete der Diener an der Tür zum Empfangszimmer:»Der kaiserliche Geheimrat, Freiherr von Ramschwag!«

»Endlich.« Graf Plettenberg eilte dem österreichischen Gesandten entgegen. »Habt Dank, dass Ihr meiner Einladung so rasch gefolgt seid.«

Im Gesicht des Besuchers weiteten sich unmerklich die brauenlosen Augen. »Ihr seid meinem Wunsch zuvorgekommen. Spätestens in der nächsten Woche hätte ich selbst um eine Audienz bei Euch nachgefragt.« Leicht wiegte er die kraftvollen Schultern. »Aber so ergibt sich Gelegenheit für Euch wie auch für mich, ohne zum Zeitdieb zu werden, das eigene wichtige Anliegen vorzutragen.«

»Wie wahr. Und wie elegant ausgedrückt. Dazu der wienerische Tonfall. In Anbetracht der ernsten Situation schlage ich jedoch vor, gleich zum Kern zu kommen.« Plettenberg geleitete den Gast zur Sitzgruppe unter dem Gobelin mit der Kölner Stadtansicht. »Wäre ein Cognac genehm?«

»Ich denke, der Genuss dieser französischen Gaumenfreude erfüllt nicht den Tatbestand eines Verrates am Hause Habsburg.«

»Welch ein Scherz.« Der Graf bemühte ein Lachen.

Die Herren ließen die Gläser klingen. Noch zwei gebührende Atemzüge fürs Nachschmecken, dann vermochte Plettenberg nicht länger zu warten. »Seine Majestät der Kaiser ist beleidigt worden«, verkündete er unheilschwer.

»Von wem?« Sonderbar gelassen entfernte der Gesandte ein Staubkorn vom Rockärmel. »Und in welcher Form?«

»Von Kurfürst Clemens August höchstselbst. Indem er mich, des Kaisers Bevollmächtigten, angreift, beleidigt er die Krone selbst. Ich denke, die Einnahme meines Schlosses muss eine Klage auf dem Reichstag zu Regensburg nach sich ziehen.«

Von Ramschwag nickte. »Um einer Beschwerde in Wien auch von meiner Seite Nachdruck zu verleihen, sollte ich zunächst genauer informiert sein.«

»Die Einzelheiten des Willküraktes sind ebenso erschütternd wie grausam.«

Der reservierte Unterton des Gesandten hatte die Erregung noch gesteigert, den Grafen hielt es nicht im Sessel. Während seiner Schilderung schritt er vor dem Gast auf und ab. Im Morgengrauen waren auf Befehl des Kurfürsten die umliegenden Dörfer von Nordkirchen gebrandschatzt worden. »Dann folgte Kanonenbeschuss von allen Seiten. Gewaltsam haben die Truppen das Tor genommen. Verzweifelt wehrten sich meine Knechte gegen die Eindringlinge. Viele der Tapferen sanken blutend zu Boden. Schließlich aber war der Kampf verloren. Und die Meute stürmte das Haus. Dort fanden sie ...« Die Stimme erstickte im Schauder. Mit gefalteten Händen erst vermochte Plettenberg fortzufahren: »Dort fand General von der Horst meine Familie im Speisesaal. Welche Erniedrigungen, welche Qualen mussten meine Lieben durchleiden!« Er blieb vor dem Gesandten stehen. »Ihr wisst selbst, wie roh und menschenunwürdig das Verhalten der Soldaten im Krieg ist. Erspart mir deshalb die Schilderung.« Mit zittriger Hand griff der Graf nach dem Cognac, erst beim Absetzen des Glases schien er wieder bei Kräften zu sein.

Sein Gast sah zu ihm auf.»Zunächst möchte ich darauf hinweisen, dass meine Regierung keinesfalls an einem Bruch mit Seiner Durchlaucht Clemens August interessiert ist. Und des Weiteren erlaube ich mir, Euch daran zu erinnern, dass auch Ihr diesem ausdrücklichen Wunsch des Kaisers verpflichtet seid.«

Plettenbergs Gesicht zuckte wie nach einer Ohrfeige, gleich aber hatte er sich wieder gefasst.»Niemals – ich betone: niemals – lasse ich dieses wichtigste Ziel aus den Augen. Alles, was ich unternehme, dient nur dem Zweck, die Zustände am Bonner Hof so zu destabilisieren, dass ich als Retter gerufen werde und den Kurstaat wieder an die Seite der Habsburger führen kann.«

»Möge dem Wort auch wirklich die Tat folgen«, bemerkte der Gesandte frostig.»Was den Übergriff auf Euer Anwesen betrifft, so denke ich, wird der Vorfall in Wien einige Beachtung finden.«

»Selbstverständlich werde ich meine Klage auch in schriftlicher Form an den Wiener Hof senden«, haspelte der sonst so souveräne Diplomat, er setzte sich, rückte gleich bis zur Sesselkante vor.»Wenn Ihr die Güte hättet, meinen Bericht durch eine Note zu unterstützen? Damit würde die Aufmerksamkeit noch größer sein.«

»Soweit es mir angebracht scheint, will ich Euch dabei unterstützen.« Der Blick aus den nackten Augen kühlte ab.»Doch nun zu einem anderen Brief.« Von Ramschwag zog ein Couvert aus der Innentasche.»Dieses Schreiben hätte mich ohnehin sehr bald schon zu Euch geführt. Mit Verlaub, es hat in Wien die Enttäuschung über Euch dramatisch anwachsen lassen. Selbst Eure Fürsprecher zweifeln inzwischen an Eurem Nutzen und warnen Seine Majestät davor, Euch zu viel Vertrauen entgegenzubringen.«

Furcht befiel Plettenberg, eine Falte wuchs zwischen den Brauen steil hinauf bis unter den Perückenansatz.»Mir unverständlich. Gerade habe ich nach Wien gemeldet, dass mein Nachfolger im Amt, dieser unsägliche Magis, sich selbst vernichtet hat und in letzten Todeskrämpfen liegt. Sobald dieser Mensch gefallen ist, wird mein Weg zurück an die Macht leichter werden. Meine Gewährsleute bei Hofe informieren mich ständig über die neuesten Entwicklungen. Es sind die tüchtigsten ...«

»Darüber sollten wir sprechen«, unterbrach der Gesandte.»Doch erst wenn Ihr diesen Brief gelesen habt.«

Plettenberg öffnete den Umschlag und beugte sich über den Text.»Die Schriftzüge sind mir bekannt.« Er prüfte den Unterzeichner.»In der Tat, es ist Hubert von Burgau, mein Agent.«

»Ungeachtet der Schwere des Inhalts dürfte in diesem Zusammenhang für Euch der Empfänger des Briefes von großem Interesse sein. Ja, Ihr lest richtig: Es ist Graf Ignaz Felix von Törring. Unsere wirklich tüchtigen Fahnder konnten diesen Brief abfangen, ehe er München erreichte.«

»Aber Burgau ist mein Gewährsmann in unmittelbarer Nähe des Fürsten!« Fahrig strich Plettenberg über das Blatt, studierte einige Zeilen. »Ich fasse es nicht.« Er las weiter, musste unterbrechen. »Er teilt München mit, dass Freifrau von Notthafft für mich spioniert. Verrät Details, wie sie sich bei Seiner Durchlaucht zu meinen Gunsten einsetzt. Dieser Burgau? Mein Agent ist gleichzeitig auch ein Spion des Gegners?« Ohne den Diener zu rufen, schenkte sich Plettenberg vom Cognac ein, trank und vergaß, den Gast mit einzuladen.

Von Ramschwag nahm die Unhöflichkeit mit dünnem Lächeln hin. »Nun werdet Ihr verstehen, dass Eure Glaubwürdigkeit durch diese Entlarvung großen Schaden erlitten hat.«

Keine Antwort. In den Gesichtszügen aber spiegelte sich der Zusammenbruch eines Karrieregebäudes wider.

Unbeeindruckt setzte der Gesandte hinzu: »Ich bin von Wien ermächtigt, Euch ultimativ aufzufordern, diesem gefährlichen Menschen das Handwerk zu legen.«

Plettenberg mühte sich, Fassung zu bewahren, dennoch übermannte ihn die innere Erregung so, dass er die Fäuste gegeneinanderschlug. »Ich schwöre Euch, diese unerhörte Falschheit soll Burgau mir büßen. Binnen kürzester Zeit werde ich den Verräter genau in die Grube stürzen lassen, welche er für andere ausgehoben hat.«

»Dies und noch mehr wird von Euch erwartet.« Das Lächeln des Gesandten ließ den Graf gefrieren. »Wien sieht mit erhöhter Aufmerksamkeit dem Ergebnis Eurer Bemühungen entgegen.«

Langsam rollte der Einspänner am späten Nachmittag durch die enge Rysselstraße unweit der Bonner Residenz. Kaum hielt der Kutscher vor dem Haus mit der Nummer acht, als zwei Geheimpolizisten zur Stelle waren. »In welchem Auftrag?«

Statt des Fuhrmanns antwortete Albert vom Seitenfenster her. »In geheimer Mission des Fürsten.« Er verließ die Kutsche über die Trittstufen und hielt den Wächtern ein Papier hin. Sie kannten den einflussreichen Hofzwerg, verzichteten auf die Überprüfung des Ausweises. »Sonst keine Vorkommnisse, Herr.«

»Gut. Zunächst werde nur ich hineingehen. Ihr wartet hier auf weitere Anweisungen. Kein Fremder darf sich dem Wagen nähern.«

Albert reckte sich und zog an der Türglocke. Wenig später öffnete die Zofe.

»Ihr, Herr?«

»Darf ich eintreten?«

Rasch drückte sie hinter ihm die Tür ins Schloss. »Bedeutet Euer Besuch eine gute Überraschung oder eine schlechte?«

»Das kommt darauf an.« Er gab ihr seinen Federhut.

»Sagt es mir vorher. Meine Herrin muss geschont werden.«

»Danke für den Hinweis.« Albert blieb ernst, nichts ließ er aus sich herauslocken. »Du darfst mir auch den Mantelumhang abnehmen. Dann melde mich der Madame!«

»Ich wollte Euch nur warnen«, schmollte Margaretha. »Wenn jetzt was schiefgeht, dann geht es auf Eure Kappe.« Sie ging voraus in die Wohnstube. »Besuch. Es ist Herr Albert.«

»Wie schön. Bitte ihn sofort herein!«

Margaretha knickste übertrieben tief. Kaum war der Zwerg an ihr vorbei, flüsterte sie ihm hinterher: »Sonst seht Ihr mich womöglich von da unten nicht.«

Über die Schulter parierte Albert: »Ich hab's gehört. Sehr entgegenkommend von dir.« Dann verneigte er sich. »Madame, ich hoffe, Ihr seid wohlauf?«

Sie saß am Tisch. Vor ihr lagen etliche mit Noten beschriebene Papierbögen. »Danke. Dem Kind und mir geht es gut. Obwohl mein Bauch, wie du siehst, immer dicker wird und inzwischen sogar das Harfenspiel behindert, empfinde ich die Schwangerschaft nach wie vor als Glück. Aber so nimm doch Platz!« Während er sich auf den Stuhl mühte, steckte sie den Federkiel zurück ins Tintenfass. »Statt zu üben, schreibe ich für den Vater Partituren ab. So kann ich beim Übertragen der Noten wenigstens im Innern die Musik hören.«

»Bewundernswert.«

»Darf ich dir einen Tee anbieten? Aus Minze? Ich habe sie im Sommer noch selbst gesucht.«

»Danke, jetzt nicht. Ich bin etwas in Unruhe.«

Gleich legte Mechthild eine Hand auf ihren Leib. »Gibt es neue Anweisungen wegen unserer Sicherheit?«

»Nein, es besteht für Euch kein Grund zur Sorge. Im Gegenteil.« Albert sah kurz zu Margaretha hinüber, dann blickte er sie wieder an. »Seit der Treiberführer Stumpff so plötzlich verstorben ist ...«

»Um den sicher niemand trauert.«

»Bis auf Baron Burgau, dem nun der Handlanger fehlt.«

»Das habt Ihr gut gemacht«, mischte sich Margaretha ins Gespräch. »Als ich hörte, dass der Kerl an was Verdorbenem krepiert ist, dachte ich gleich an Euch und Euren Koffer mit den Fläschchen.«

»Denken – dies darfst du nur denken!« Albert stieß den Finger auf die Tischplatte. »Rede niemals vor Fremden so darüber«, befahl er ungewöhnlich scharf. »Niemals, hörst du. Jede Verbindung zwischen mir und dem Tod des Stumpff gefährdet uns aufs Neue.«

»Schon gut. Ich sag's nicht mehr. Aber gut finde ich es trotzdem.« Mechthild berührte den Arm des Zwerges. »Auch ich bewundere deinen Mut.«

»Es gab keinen anderen Ausweg«, murmelte Albert. Nach einem Seufzer begann er neu: »Seit also Stumpff nicht mehr ist, hat sich die Lage wesentlich gebessert. Für Margarethas Mutter in Brühl besteht keine Gefahr mehr, deshalb sind auch dort die Wachen abgezogen worden.«

Gleich war Margaretha am Tisch. »Und mein Sebastian? Wer schützt ihn jetzt? Schließlich gibt es immer noch den Burgau!«

»Schau an!« Albert sah ins zornige Gesicht. »Kaum geht es um deinen Freund, scheinst du sofort zu begreifen, warum es dringend notwendig ist, dass wir uns bedeckt halten.« Er wandte sich an Mechthild. »Und wegen Sebastian bin ich auch heute hier. Wäre es möglich, dass er bei Euch bis zu seiner vollständigen Genesung unterkommt? Er könnte so lange als Hausdiener ...«

Margarethas Jubelschrei unterbrach ihn, gleich war sie wieder am Tisch. »Das sagt Ihr erst jetzt? Ganz sicher kann er hier ...«

»Du bist nicht die Hausherrin«, wies Albert sie zurecht.

»Lass nur!« Mechthild schmunzelte. »Gern nehmen wir Sebastian in Pflege. Und wenn er sich nützlich macht, umso besser. Wann bringst du ihn uns?«

In diesem Moment betrat Bernhard Trogler die Wohnstube. »Wer soll gebracht werden? Da draußen steht ein Wagen vor unserer Tür?« Er fuhr die Zofe an. »Möchte sofort wissen, wer da die Straße versperrt?« Jetzt erst bemerkte er den Hofzwerg und nahm sofort die Stimme zurück. »Ach, Ihr seid hier. Zum Gruße, zum Gruße.« Die schwarzen Zahnstummel zeigten sein Lächeln. »Ich komme gerade von der Residenz. Und war überrascht. Aber der Wagen dort draußen gehört nicht zum Kutschpark Seiner Durchlaucht ...«

»Ich bedaure, Euch darüber keine Auskunft geben zu können«, wies Albert den Gatten-Stellvertreter in die Schranken. »Nur so viel sei gesagt: Auf Wunsch des Fürsten soll ein Hausdiener hier einziehen.«

»Und ich habe dem bereits zugestimmt«, ergänzte Mechthild, ihr Ton erlaubte keinen Protest.

Ihr Gemahl schluckte und nickte. »Wo soll der Neue wohnen?«

»Ich denke oben unter dem Dach. Neben deiner und der Kammer unserer Zofe.«

Eifrig pflichtete ihr Margaretha bei. »Dann hab ich Sebastian auch besser im Auge. Weil er als Hausdiener unter mir steht. Stimmt doch?«

Entwaffnet lachte Albert. »Ich sehe schon, hier ist ein Mann gut aufgehoben.«

Trogler begriff die Anspielung nicht, ernst fragte er: »Und wer bezahlt den Knecht?«

»Verdammt, er ist kein ...« Gerade noch konnte sich Margaretha zurückhalten, stattdessen antwortete Albert: »Die Kosten für Lohn und Logis übernimmt der Fürst.«

»Das gefällt mir. Und wann kommt der Bursche?«

»Sofort. Er sitzt draußen im Wagen.«

Ohne Auftrag war Margaretha schon unterwegs.

Mechthild sah ihr nach. »Ich denke, um den Empfang und die Unterbringung unseres neuen Mitbewohners müssen wir uns vorerst nicht kümmern.«

19

In der Nacht zum fünften Dezember hatte es leicht geschneit und die Dächer Bonns waren mit weißem Puder überzogen.

»Jerusalem, surge et sta in excelso, et vide jucunditatem, quae veniet tibi a Deo tuo ...« Aus guter Weihnachtstradition hielt Clemens August an diesem zweiten Adventssonntag persönlich die Morgenmesse in der Schlosskapelle. Und da er am Altar zelebrierte, war der Besuch in der kleinen Kirche für alle höhergestellten Hofbeamten eine zwar nicht befohlene, dennoch selbstverständliche Pflicht; verschlafene Gesichter nach einer durchzechten Nacht, der Gesang noch krächzend von allzu viel Schaumwein. Ganz gleich.

»Per Dominum nostrum.« Nur die Anwesenheit zählte jetzt.

Vorn hob der Hirte beide Arme. »Dominus vobiscum.«

»Et cum spiritu tuo.« Endlich. Die müde Herde drängte zum Ausgang.

Baron Hubert von Burgau trat aus der zweiten Bankreihe und blieb im Hauptgang stehen. Erst als Graf von Hohenzollern, einige Minister und auch Freiherr von Wolff-Metternich mit stummem Gruß an ihm vorbei waren, strebte er gemessenen Schritts zum Altarraum und erreichte den Fürstbischof noch auf dem Weg zur Sakristei. »Allergnädigste Durchlaucht? Verzeiht ...«

Beim Klang der Stimme wandte sich Clemens um. »Ihr?« Er lächelte. »Warum diese besorgte Miene?«

»Darf ich Euch stören?«

»Für einen guten Freund habe ich stets ein offenes Ohr. Kommt mit in die Sakristei. Während mein Kammerdiener mich umkleidet, haben wir Gelegenheit dazu.«

Burgau rang die gefalteten Hände unter dem Kinn. »Bitte, Durchlaucht! Unter vier Augen. Die Angelegenheit ist ernst und sehr heikel. Oder soll ich zu einer günstigeren Stunde ...?«

»Wir bleiben gleich hier. Kommt!« Clemens kehrte um und ließ sich von Burgau zum Mittelgang begleiten.

Molitor stand wartend an der angelehnten Sakristeitür, hörte noch die Stimme des Fürsten: »Gewiss habt Ihr unter dem Besuch des Domdechanten von Roll leiden müssen. Aber jetzt, da er wieder abgereist ist, will ich den vernachlässigten Freunden mehr Zeit widmen.«

Dann verstand er nichts mehr, sah nur, dass sein Herr auf halbem Rückweg vom Portal erschreckt stehen blieb. Der Leutnant seiner Leibgarde zu Pferd sprach auf ihn ein, erklärte mit den Händen, legte den kleinen Kopf schräg, dann verneigte er sich, verneigte sich immer wieder und presste die rechte Faust aufs Herz. Da berührte der Fürst dankbar den Arm des Leutnants und stimmte ihm mit heftigem Nicken zu. Dieses Mal salutierte Burgau, schnarrte laut: »Durchlaucht, Ihr könnt Euch auf Euren treuesten Diener verlassen«, und verließ mit großen Schritten die Schlosskapelle.

In der Sakristei seufzte Clemens während des Kleiderwechsels: »Wirklich treu ergebene Männer sind eine Seltenheit an meinem Hofe.«

Molitor hielt den Atem an. Erst als die Mitra zurück in der Schachtel lag, gelang ihm ein leichter Tonfall. »Und dazu zählt Ihr auch Baron Burgau?«

»Oh ja. Gerade eben hat er bewiesen, mit welcher Umsicht und Klarheit er sein Amt als leitender Offizier meiner Leibgarde versieht.« Ein Blick zur Wasserkaraffe. »Wo ist mein Zwerg?«

»Ich wünschte, er wäre jetzt hier«, entglitt es Molitor, gleich verbesserte er sich: »Das Wasser ist von ihm vorgekostet. Albert befindet sich im kleinen Audienzsaal. Dort bezieht er, wie befohlen, bereits seinen Posten hinter dem Vorhang.«

»Gut so.« Clemens ließ sich einschenken. »Auch wenn heute meine erste Besucherin leicht zu durchschauen ist, soll er dort bleiben. In diesen Zeiten können wir nicht wachsam genug sein. Und niemand kann Lüge und Wahrheit in einem Gespräch besser erkennen als er.«

Das Gewand schlicht, ein weiches Dunkelblau, kein allzu freizügiges Dekolleté und über den durchs tiefe Tal getrennten Hügeln ein blassrotes Seidentuch. Baronin Aloysia war auf dem Weg zur Audienz. Sie hatte bei ihrer Garderobe auf jeden Prunk verzichtet, und selbst ihr ständiger Begleiter, Mops Herkules, war zu Hause geblieben. Überdies sollte der schwarze Schönheitsfleck, direkt auf der Stirn platziert, den Ernst ihrer Gemütsverfassung signalisieren.

Im Vorzimmer stockte ihr Fuß. Trotz der frühen Stunde war die Sesselreihe an der Wand mit Bittstellern besetzt. Aloysia blickte zum Fenster hinaus. »Darf ich fragen, wer von den Anwesenden über einen festen Termin verfügt?«

Da auch nach zwei tiefen Atemzügen niemand antwortete, schritt sie bis nah an die Saaltür und forderte, wieder ohne hinzusehen, den Herrn im ersten Sessel auf: »Dürfte ich um diesen Platz bitten? Er steht mir zu, denn ich werde wohl als Einzige von Seiner Durchlaucht erwartet.«

Der Höfling erbleichte, das Kinn zitterte, schließlich räumte er dennoch ohne Protest den begehrtesten Sessel im Vorzimmer. Wer ihn von den Nichtangemeldeten frühmorgens an einem der Adventssonntage besetzt hatte und nicht verjagt wurde, der hatte die größte Chance, auch ohne Termin noch eine Audienz beim Fürsten zu erlangen. Nun musste sich der Höfling, begleitet von den schadenfrohen Blicken der anderen Wartenden, ganz hinten am Eingang wieder anstellen.

Kaum hatte sich Aloysia niedergelassen, als neben ihr eine Stimme wisperte. »Verehrteste, Euch schickt der Himmel.«

Sie wandte leicht den Kopf und sah ins rot angelaufene Gesicht. »Werter Magis? Ich dachte, Ihr hättet Palastverbot?«

»Dies gilt nicht an Gnadentagen wie heute.« Er rückte nun auch den Bauch in ihre Richtung. »Allerschönste, Ihr seid mein Engel. Rettet mich!« Er musste die Zunge benetzen. »Überall zeigt man mir die kalte Schulter. Sie prüfen die Rechnungsbücher, sie behaupten, durch Misswirtschaft fehlten riesige Summen.« Auf seiner Stirn erblühten Schweißperlen. »Und nun werde ich verdächtigt, dass ich mich persönlich an Steuergeldern bereichert haben soll.«

»So?« Matt funkelten die dunklen Augen. »Und habt Ihr?«

»Aber liebste Freundin!«

»Sagt einfach Madame, das genügt.« Der Lichtschimmer erlosch wieder. »Was wollt Ihr von mir?«

»Fürsprache. Ihr findet bei Seiner Durchlaucht aufmerksames Gehör. Wenn Ihr ...?«

»Ich kann nichts mehr für Euch tun. Seit der Fürst mit dieser Strenge vorgeht, muss jeder sich selbst am nächsten sein. Also habt die Güte und rückt deutlich etwas zur Seite.«

»Aber?« Entsetzen weitete das Gesicht. »Aber wir ...?« Die Tür öffnete sich. »Freifrau Aloysia von Notthafft!«

Ohne einen weiteren Blick an ihn zu verschwenden, reckte sie das Kinn und folgte dem Kammerdiener.

Clemens August lächelte ihr entgegen. »Welch liebreizender Glanz in dieser dunklen Zeit.«

Tief knickste Aloysia vor ihm. »Gnädigste Durchlaucht, habt Dank, dass Ihr etwas von Eurer Zeit für mich opfert.«

»So erhebt Euch!« Clemens führte sie am flackernden Kaminfeuer vorbei zu den Lehnstühlen neben dem Schreibsekretär. »Lasst uns beim Tee ein wenig plaudern und lachen.«

Gleich nach dem ersten Schluck setzte Aloysia die zierliche Tasse ab. »Durchlaucht, heute bin ich nicht zu einer Plauderstunde zu Euch geeilt, auch nicht um Euch zu erheitern.« Sie faltete die Hände im Schoß. »Heute trete ich als einfache Magd vor ihren Herrn.«

Clemens glaubte an ein Spiel. »Vorzüglich, meine Liebe. Kostüm, Haltung und Tonfall stimmen überein. Doch welches Stück?«

»Bitte, Durchlaucht. Dies soll keine Theaterrolle sein, sondern ernste Wirklichkeit.«

Immer noch hielt er an einem Scherz fest: »Ich glaube Euch jedes Wort. Das ist Schauspiel im Schauspiel. Eine Delikatesse auf jeder Bühne.«

»Durchlaucht!«, stieß sie notvoll hervor. Mit fahrigen Fingern klaubte sie ein Bündel Briefe aus der Faltentasche ihres Reifrockes und hielt es mit beiden Händen hoch. »Diese Schreiben enthüllen ein furchtbares Verbrechen!« Wie eine Waffe legte sie das Paket neben sich aufs Polster.

Sofort erstarb jede Heiterkeit in der Miene des Herrschers. »Verzeiht. Ihr seid für gewöhnlich ein Sonnenstrahl an meinem Hofe. Nur einmal habe ich Euch so engagiert erlebt. Das war im Park bei Schloss Starnberg.«

»Damals habe ich Euch vor Graf Plettenberg gewarnt. Weil ich damals um Euer Ansehen bangte. Doch ich war bewusst falsch von dem verruchten Manne informiert worden, den ich auch heute vor Euch anklage. Denn Graf Ferdinand von Plettenberg sehnt nichts mehr herbei als seine Rückkehr an Eure Seite.«

»Schweigt von diesem Menschen!« Clemens war aufgesprungen und stürmte zum Fenster. Hinter dem zurückgezogenen Vorhangschal neben ihm stand Albert. »Herr«, flüsterte er. »Woher weiß sie, was der Graf möchte?«

Angespannt kehrte der Fürst zum Sessel zurück, nahm wieder Platz. »Welche Verbindung besteht zwischen Euch und dem von mir Ausgestoßenen?«

»Verbindung?« Aloysia nestelte am blassroten Brusttuch, zog es schließlich fort. Leicht beugte sie sich vor, legte den Anblick ihrer Brüste mit in die Waagschale. »Ich bin nur eine Frau, gnädigste Durchlaucht. Wenn ich um Rettung gebeten werde, so kann ich die Hilfe nicht verweigern.«

»Das ehrt Euch, doch beantwortet es nicht meine Frage.«

»Graf Plettenberg hat mich um Vermittlung gebeten.«

»Dann seid Ihr einem hinterlistigen, bösartigen Schurken im Adelsgewande ins Netz gegangen.«

»Verzeiht mir und habt Erbarmen!« Sie wagte einen Augenaufschlag. »Denn mit diesen Briefen bringe ich Euch den wahren Teufel. Auch mich hat er lange hinters Licht geführt, ebenso wie Euch.«

Clemens beugte sich vor. »Wer ist es?«

»Der Leutnant Eurer Leibgarde. Hubert von Burgau.« Hinter dem Paravent für den Servierwagen entglitt Molitor ein Silberlöffel und klirrte zu Boden. Heftig bewegte sich am Fenster der Vorhangschal, nur mit Mühe hielt es Albert noch in seinem Versteck.

»Erst kürzlich ...« Clemens unterbrach sich. »Woher habt Ihr diese Schreiben?«

»Graf Plettenberg gab sie mir für Euch. Um endlich dem Scheusal die Maske herunterzureißen.« Beinah feierlich überreichte Aloysia das Paket.

Der Fürst warf einen Blick auf die Anrede und den Absender des ersten Briefes, des zweiten. Er blätterte weiter, dann ließ er die Bögen sinken, hob nicht den Blick. »Von ihm?« Trauer und Enttäuschung schwangen in seiner Stimme. »Von Burgau an Plettenberg.« Er las einige Absätze, zitierte leise: »... Und so werde ich nun alles daransetzen, endlich auch die letzte Zeugin des Duells zu beseitigen. Damit besteht für Euch keine Gefahr mehr, wegen einer Mitschuld am Tode des Komturs bezichtigt zu werden.«

Das nächste Blatt zitterte in seiner Hand. »... Außerdem soll es mir eine Freude sein, auch die Konkubine des Fürsten in ihrer Schwangerschaft so zu erschrecken, dass sie ihr Kind verliert und damit auch den Einfluss auf Seine Durchlaucht.« Rasch erhob sich Clemens. »Großer Gott!«

Aloysia streckte ihm die Hände hin. »Bitte, gnädigste Hoheit. Auch wenn ich gefehlt habe, so übt Milde mit mir armem Weib.«

»Hinaus!«, murmelte Clemens, immer noch konnte er sich von den Zeilen nicht lösen. »Geht, Baronin. So geht!«

»Aber Eure Antwort?«

»Beizeiten werdet Ihr sie erhalten. Nur nicht jetzt.« Er rief fast erstickt. »Hinaus! Sofort!«

Vor dem drohenden Unheil in seiner Stimme raffte Aloysia ihren Rock und floh aus dem kleinen Audienzsaal.

Gleich stand Albert mitten auf der Fensterbank. »Durchlaucht.« So rasch er es vermochte, glitt er über den Hocker zu Boden. Molitor erschien ungerufen hinter dem Paravent. Beide Freunde erreichten fast zur gleichen Zeit den Schreibsekretär. Immer noch starrte Clemens auf den Brief. »Was hab ich getan?«

»Bitte, Durchlaucht!«, flehte Albert.

»Burgau war in der Kapelle bei ihm«, flüsterte Molitor. »Ein Auftrag?«

Entschlossen trat der Zwerg vor den Herrn, verzichtete auf jede Höflichkeit: »Weiht uns ein!«

Die Starre löste sich. »Ich gab ihm freie Hand.« Lebhafter wurde der Blick. »Burgau kam nach der Messe zu mir. Er warnte mich, dass Madame Trogler in höchster Gefahr sei. Die Zofe und der neue Hausdiener wären von Plettenberg gedungene Agenten. Er schlug vor, die Geheimpolizisten abzuziehen, und wollte selbst die Verdächtigen verhaften. Danach sollten seine Männer allein den Schutz für Madame Trogler übernehmen.« Clemens krallte die Finger in das Blatt. »Dabei ist er die wahre Gefahr. Großer Gott! Ich habe den Wolf zum Jäger gemacht.«

Albert stieß Molitor in die Seite. »Papier und Tinte. Rasch, leg es bereit!« Mit gestrecktem Arm wies er seinem Gebieter den Weg zum Schreibtisch. »Bitte, Durchlaucht. Stellt den Haftbefehl aus. Vielleicht gelingt es, das Schlimmste zu verhindern.« Ohne Zögern setzte sich Clemens August. Der Federkiel kratzte über das Papier. Und während Molitor die Tinte trocknete, war jedes Zaudern gewichen. Nun übernahm der Fürst selbst, gab klare Anweisungen. Graf von Hohenzollern sollte unverzüglich mit acht Offizieren der Palastwache zur Rysselstraße reiten. Dort war der Verdächtige dingfest zu machen. »Bei Widerstand darf von der Waffe Gebrauch gemacht werden.«

Die Lakaien eilten mit den Befehlen aus dem Audienzsaal. Clemens legte kurz die Hand auf den Buckel seines Zwerges. »Du warst mit deinem Verdacht im Recht. Ich hätte gleich auf dich hören sollen.«

»Lasst mich auch zum Haus der Troglers. Bitte, Herr! Burgau ist gerissen. Mein Gefühl sagt mir, dass er sich wieder herauswinden wird.«

»Nimm einen Wagen. Doch versuche nicht, einzugreifen. Das Kämpfen überlasse den Offizieren.«

Albert war schon unterwegs, da bat der Fürst: »In jedem Fall solltest du nach ihr sehen. Vielleicht muss sie beruhigt werden. Gib ihr jede Hilfe, nach der sie fragt.«

Vor dem Haus mit der Nummer acht saß Leutnant Burgau hoch aufgerichtet im Sattel. Über der blauen Uniform trug er gegen die Kälte einen Umhang mit breitem Pelzkragen. »Auf Befehl des Fürsten.« Ohne viel zu fragen, hatten sich die Geheimpolizisten vom langweiligen Wachdienst ablösen lassen. Seitdem war Burgau mit zwei Leibgardisten an seiner Seite alleiniger Herrscher über das Schicksal der Menschen im Hause Trogler.

Die Tür stand weit offen. Vor wenigen Minuten hatte er seine Handlanger losgeschickt. Jetzt drangen empörte Rufe aus dem Innern. Flüche. Schmerzensschreie kamen hinzu.

Im Nachbarhaus öffnete sich ein Fenster. Ehe die Frage gestellt werden konnte, blaffte Burgau: »Zurück, Weib! Dies ist eine Maßnahme im Auftrag des Fürsten.« Gleich verschwanden Gesicht und Haube wieder.

348

Eilfertig trat Bernhard Trogler ins Freie und näherte sich bis auf wenige Schritte dem Befehlshaber. »Kein Irrtum möglich? Ist es wirklich ein Gaunerpaar? Und die beiden haben es auf unser Geld abgesehen, wie Eure Männer sagen?« »Wenn es nur das wäre ...« Burgau hob vielsagend die Hand. »Dafür allein schickt der Fürst nicht seine Elite. Aber mit Rücksicht auf Eure schwangere Gemahlin sollen die beiden nur als Diebesgesindel verhaftet werden. Die wirkliche Anklage folgt dann noch.«

»Meine Mechthild hält sich. Ist eine starke Frau.« Bernhard Trogler grüßte wie ein Soldat. »Danke, Leutnant.« Er marschierte in den Hausflur und bellte: »Schafft sie raus. Weg mit dem Pack!«

Zuerst stieß ein Bewaffneter Margaretha am Halsstrick vor sich her. Die Hände waren ihr auf dem Rücken gebunden. Das Haar zerwühlt, eine rote Schramme zog sich von der Stirn bis über die rechte Wange. »Alles gelogen!«, schimpfte sie. »Verfluchte Kerle!« Doch dann erkannte sie, wer dort auf dem Pferd wartete, und verstummte entsetzt.

Dicht hinter ihr stolperte Sebastian. Sein Gesicht war von den Schlägen angeschwollen, aus den aufgeplatzten Mundwinkeln quoll Blut. Kaum vermochte sich der Gefesselte noch auf den Beinen zu halten, immer wieder riss ihn der Scherge an der Würgeschlinge weiter.

»Her mit ihnen. Wir lassen sie am Strick mitlaufen.«

Hufschlag. Rasch bogen Reiter in die Rysselstraße ein. Hubert von Burgau verengte die Augen. »Weitermachen«, zischte er seinen Männern zu. »Knotet die Gefangenen an eure Sättel. Ich kläre das sofort.« Er wandte sein Pferd, und als er den Graf von Hohenzollern erkannte, hob er die Hand zum Gruß. »Hochverehrter Freund. Wie überflüssig von unserm geliebten Fürsten, auch noch Verstärkung zu entsenden.« Der Daumen wies auf die Gefesselten. »Wie Ihr seht, habe ich die Lage völlig im Griff. Ihr hättet daheimbleiben können, im Warmen bei der hochverehrten Gattin und den Kindern. Und ausgerechnet am heiligen Adventssonntag musstet Ihr ...«

»Leutnant, es ist genug«, unterbrach Graf von Hohenzollern das Geschwafel. »Dieser Pflicht heute komme ich von Herzen gerne nach.« Mit knappem Wink befahl er dem Trupp abzusitzen. Kein weiterer Befehl war nötig. Vier der Offiziere gesellten sich zu den beiden Leibgardisten und deren Gefangenen. Die übrigen vier umstanden das Pferd des Leutnants.

»Was soll das werden?« Leicht beunruhigt lächelte Burgau. »Ich bin im Auftrag des Fürsten hier.«

Niemand lächelte zurück.

Nun zog Graf von Hohenzollern ein Papier aus dem Rock. »Hubert von Burgau! Hiermit erkläre ich Euch im Namen Seiner Durchlaucht, Fürstbischof

Clemens August, für verhaftet. Ihr werdet des Hochverrates beschuldigt, gleichzeitig wird Euch Mord und Anstiftung zum Mord zur Last gelegt.« Er streckte fordernd die Hand aus. »Euren Degen, Baron!«

»Das muss ein Irrtum sein.«

Margaretha hatte mit offenem Mund dagestanden, nun rief sie: »Alles wahr. Ich kann's bezeugen. Der feine Herr hat ...«

»Halt dein Maul, elende Bauernhure«, schrie Burgau. Der kleine Kopf zuckte hin und her. Der kürzere Weg aus der Falle war von den Pferden des Trupps verstopft. Jäh riss er seinen Gaul herum, ritt einen der Offiziere nieder und trieb das Tier die enge Rysselstraße hinunter. Flüche, Befehle. Viel zu langsam schwangen sich hinter ihm die Bewaffneten in die Sättel. Immer wieder blickte sich Burgau um, sah nach den Verfolgern, sah nicht nach vorn, hatte fast schon die Straßenecke erreicht, als sein Pferd scheute, sich aufbäumte. Burgau schrie. Direkt vor ihm stand eine Kutsche quer, sie versperrte den Weg. Zu schnell, zu mächtig der Schwung nach vorn. Die Vorderhufe wirbelten, krachten ins Seitenfenster, durchschlugen das Holz. Die Kutsche schwankte, kippte nicht um. Schwer stürzte das Pferd, schleuderte seinen Reiter wie eine Puppe zu Boden.

Im Fond des Wagens rüttelte Albert am Türgriff, endlich vermochte er den Seitenschlag aufzustoßen. Sein erster Blick galt dem Kutscher. Der Mann hielt sich am Laternenhalter fest. »Dieser Saukerl!«, schimpfte er. »Den hol ich mir.«

Albert winkte erleichtert. »Schon gut, das mache ich schon.«

Burgau lag stöhnend auf dem schneenassen Pflaster. »Verfluchter Krüppel«, zischte er. »Irgendwann zerquetsche ich dich noch.«

»Ihr seid jetzt endlich dort, wo Ihr schon lange hingehört«, spottete Albert mit sanfter Stimme. »Nun muss sogar ein Zwerg sich bücken, um zu sehen, wie tief Ihr gefallen seid.«

Am Montag nach dem vierten Advent bückte sich Freifrau Aloysia von Nott-hafft im Flur ihres Hauses, fasste Mops Herkules mit beiden Händen um die fleischige Mitte und bettete ihn in der linken Armbeuge, dass sich sein schwarzes Knautschgesicht eng an die warme Brust schmiegte. »Nun, mein starker Held, werden wir das Weihnachtszimmer inspizieren. Mal sehen, wie fleißig unser Töchterchen war.«

Sie öffnete die Tür. »Du liebe Güte!«, entfuhr es ihr. »Was sind das nur für Stutenhintern?« Alle Stühle waren auf den Tisch hochgestellt. Auf Knien rutschte die Magd über den Boden und wienerte mit einem Tuch das Parkett, dabei schwang ihr ausladender Po im Rhythmus hin und her. Auf dem Drei-stufentritt stand mit dem Rücken zu ihr Tochter Clementine und wand der geschnitzten Madonna einen Kranz aus selbst gefalteten weißen Papierrosen ums Haupt. So erhöht wirkte das Hinterteil der inzwischen Einundzwanzigjährigen noch beeindruckender als gewöhnlich.

»Mama!« Wegen des vollen Mundes war das Wort nur zu erahnen. Erst nachdem sie geschluckt hatte, wandte sich Clementine halb zu ihr um. »Bitte, nicht in unserm heiligen Zimmer fluchen!«

»So? Das Fräulein Tochter ermahnt die Mutter?« Schon stand Aloysia neben der Trittleiter. »Und wer hat dir erlaubt, schon vor Weihnachten von den Zuckerkringeln zu naschen?«

»Nur einen, einen nur ...«

Das aufgeregte Stottern war der Mutter Beweis genug für den ausgedehnten Naschzug der Tochter durch die Vorratsschachtel, gefüllt mit Zuckerfigürchen, Lebkuchen und Mandelstückchen. »Ach, Kind, warum nur mästest du dich wie eine Gans?« Mit einem Seufzer hob Aloysia eine Handvoll bunter Blüten und Zischgoldblätter aus dem Schmuckkorb, warf sie hoch und sah zu, wie die kleine Pracht niederschaukelte. »Wie soll ich denn je einen Mann für dich begeistern?«

»Martha hat mir vorhin erzählt, dass es Länder gibt, in denen nur Frauen mit viel Gewicht begehrt sind.«

Gleich hielt die Magd mit dem Wienern inne, wollte erklären, doch da traf sie schon der Tritt in den Hintern. »Was redest du für dummes Zeug?«

»Aber es ist die Wahrheit, Herrin. Mein Bruder ...«

»Papperlapapp. Wir sind hier nicht im Morgenland. Wenn bei uns in Kurköln die Mitgift stimmt, ist es egal, wie du aussiehst. Wenn kein Geld da ist, bringt dir zu viel Speck auf den Hüften erst recht keinen Bräutigam.«

Die Türglocke schlug an. Wenig später erschien der Hausdiener. »Madame? Zwei Kavaliere bitten, empfangen zu werden.«

»Um diese Tageszeit? Ich erwarte niemanden.«

»Sie bestehen darauf.«

»Bestehen darauf?« Die Stirn krauste sich. »Haben die Herren sich vorgestellt?«

»Sie wollten den Namen nicht nennen, sagten nur, dass sie eine Überraschung bringen. Für das Weihnachtsfest.«

Aloysia atmete befreit. »Boten.« Sie neigte das Gesicht zu Herkules, der neben ihrem Dekolleté schniefte. »Sicher schickt uns Ronaldo Barbotti ein Geschenk.« Mit der freien Hand scheuchte sie den Hausdiener vor sich her. »Vite, vite! Das Glück soll man nicht ...« Beim Betreten der Empfangshalle versickerte die Freude in ein Flüstern – »... nicht warten lassen.«

Dort standen die Herren Steffné und Juanni. Der eine mit hoher Stirn und scharfen Falten in den Mundwinkeln, der andere mit ewigem Lächeln, stumpfer

Nase und großen Wimpernaugen. Was wollen die Ratgeber von Baron Magis bei mir?

Bei Erscheinen der Hausherrin zogen beide die Hüte ab und verneigten sich leicht. Ohne den Gruß zu erwidern, hob Aloysia von Notthafft den Busen und trat auf sie zu. »Keine Anmeldung? Ich bin erstaunt. In wenigen Tagen ist Weihnachten. Die Vorbereitungen halten mich in Atem. Wer also, meine Herren, gibt Euch das Recht, bei mir einzudringen?«

»Erlaubt, dass nur ich dieses Gespräch führe.« Übertrieben zuvorkommend ließ Geheimrat Steffné seine Stimme salben. »Kollege Juanni ist, wie Euch bekannt, des Deutschen nicht mächtig. Aber er hört gerne zu.« Die scharfen Mundfalten zuckten einige Male. »Seine allergnädigste Durchlaucht hat uns mit dieser Mission beauftragt. Dürften wir näher treten?«

Nach kurzem Zögern überreichte Aloysia ihrem Hausdiener den Mops. »Führe Herkules in den Speisesaal. Er soll etwas Wurst zu sich nehmen. Und vergiss auch nicht, ihm vom Rosenwasser zu geben.«

Steffné hatte zugesehen und dennoch nicht verstanden. »Verzeiht, Baronin. Ins Speisezimmer? Sollen wir dort die Unterredung führen?«

»Ihr nicht. Für gewöhnlich führt der Erste Minister Magis Gespräche von Wichtigkeit mit mir und nicht seine Sekretäre.« Sie deutete auf die mit Leder gepolsterten Bänke an der Wand. »Aber wenn Ihr müde seid, so könnt Ihr Euch gerne dort niederlassen. Ich ziehe es vor zu stehen.«

Leicht verneigte sich Steffné. »Auf Baron Magis werdet Ihr für immer verzichten müssen.« Ohne das Gesicht ganz zu heben, belauerte sein Blick die gestrenge Gastgeberin. »Nach unserer kleinen Überraschung wird für Euch die Nähe einer Sitzgelegenheit gewiss vonnöten sein.«

Gefahr. Aloysia spürte den warnenden Druck im Magen, dennoch wehrte sie sich dagegen. Gefahr? Nicht von solch einem Wicht. Sie griff weiter an: »Nun kommt zur Sache, werter Geheimrat. Es ist schon spät. Das Hauspersonal will noch zum Markt und wartet dringend auf die Einkaufslisten.«

»Nun, dann nüchtern und ohne Schonung.« Steffné ging drei Schritte auf sie zu und wieder zurück, schnalzte leicht mit der Zunge. »Baronin Notthafft, laut Beschluss unseres geliebten Fürsten habt Ihr den kurkölnischen Hof binnen acht Tagen zu verlassen und seid aufgefordert, Euch unverzüglich nach Bayern zu begeben.«

Aloysia wankte. Einen Schlag hatte sie erwartet, nicht aber diesen Stich ins Herz. »Warum? Ich bin eine treue Dienerin ...«

»So setzt Euch!« Der schwarze Bote wollte nach ihrem Arm greifen, doch sie schlug die Hand beiseite. »Wagt es nicht, Herr!«

Aloysia wandte sich ab, musste aufschluchzen, musste bis in die Mitte der Halle fliehen. Von dort aus klagte sie: »Mir geschieht großes Unrecht. Ich habe mich Seiner Durchlaucht geöffnet. Ich war es doch, der Burgau entlarvt hat.« Wie ein Richter trat nun Steffné vor sie hin. »Dieser Fakt hat auch die Milde des Urteils bestimmt.«

»Milde?«

»Ihr könnt Eurem Glück danken. Denn sonst wäret Ihr womöglich wie Burgau jetzt nach Jülich gebracht worden. Dort im finstersten Verlies der Festung erwartet den Hochverräter ganz gewiss der Strick oder das Schwert.«

»Nach Bayern?« Aloysia faltete die Hände. »Dort warten Löwen auf mich.« Steffné erfreute sich an der Vorstellung. »Ihr seid doch berühmt für Eure Zähmungskünste.« Wieder ließ er die Zunge schnalzen. »Der Fürst schickt Euch zwar fort, aber nicht ohne neue Aufgabe.«

Er wartete den Hoffnungsschimmer in ihren Augen ab. »Seine Durchlaucht verzeiht Euch gerne alles Unrecht, das Ihr ihm wegen Graf Plettenberg angetan habt. Und er bittet Euch, damit der Fürst endlich Ruhe habe, in Bayern allerorten zu verkünden, dass, so lange das Haus Wittelsbach existiere, niemals ein Plettenberg ihm, dem Kölner Kurfürsten, künftig dienen werde.«

Steffné deutete mit einem Hutschlenker den Rest einer Höflichkeit an. »Binnen acht Tagen. Keine Stunde länger.« Er schritt mit Juanni zum Ausgang. Dort drehten sich beide noch einmal um, grüßten knapp – »Baronin« – und verließen das Haus.

Wie betäubt stand Aloysia da. Nach einer Weile nagte sie an der Unterlippe, das Leben kehrte zurück. »Dein Blatt sieht im Moment schlecht aus, altes Mädchen. Aber immerhin noch besser als der Kerker.« Langsam ballte sie eine Faust. »Nach diesem Spiel wird neu gemischt. Und dann hab ich ganz sicher bessere Karten.« Sie kämpfte gegen die Tränen an, rieb sie aus den Augenwinkeln. »Also gut, dann eben nach Bayern!«

Aloysia ging hinüber zum Weihnachtszimmer, stieß nur die Tür auf: »Schluss mit der Schmückerei! Packt das Glitzerzeug wieder in den Korb. Weihnachten fällt aus.« Entsetzt starrte Clementine die Mutter an. Ehe sie den Mund öffnete, befahl Aloysia: »Und du stopfst dir den Bauch mit so vielen Zuckerkringeln voll, wie nur hineingehen. Damit du mir unterwegs nicht verhungerst.«

»Aber Mutter ...«

»Wir verreisen. Und nun frag nicht so viel, friss lieber!«

Auf dem Absatz kehrte Aloysia um und stellte sich im Wohnzimmer vor das riesige Tableau mit den in hügeliger Landschaft aufmarschierten bunten Armeen aus Zinn. »Ich muss in wenigen Tagen abreisen«, rief sie dem General zu.

Er deutete auf die Kanonenbatterie der Weiß-Blauen: »Habe genug Eisenrohre in Stellung.«

»Du bleibst hier!«

Und weil er nichts verstanden hatte, lachte er meckernd, winkte seiner Gemahlin zu und rückte zwei Trompeter vor die Schlachtordnung.

Beim Hinaufgehen musste Mechthild mitten auf der Treppe stehen bleiben. Sie presste die Hand in den Rücken. Wieder das dumpfe Ziehen, es strahlte vom Bauch her bis in die Taille nach hinten. »Ruhig, mein Kleiner!« Sie atmete gegen den Schmerz. »Hab keine Eile. Ganz ruhig.« Doch das Ziehen ebbte nicht ab, hielt länger an als in den Tagen zuvor.

Anfang der Woche noch war die Hebamme bei ihr gewesen, hatte sie untersucht und zum Abschluss mit beiden Händen sanft über den Bauch gestrichen. »Auch wenn das Kind schon recht munter ist, geben wir ihm noch vierzehn Tage. Ende Januar, schätze ich, wird's dann Zeit mit uns.«

Endlich zog sich der Schmerz zurück und Mechthild stieg langsam weiter. Vor der letzten Stufe wuchs die nächste Welle heran, wurde so heftig, dass sie sich ans Geländer klammern musste. Was ist mit mir? Ist es schon der Junge? Gott, ich weiß es nicht. Sorge und Angst vermischten sich, bedrohten sie. Die Mutter hatte ihr geraten: »Wenn du's spürst, nur nicht allein bleiben. Nicht allein bleiben!«

Nach einer Weile wurde das Ziehen wieder erträglich. Noch unsicher ging sie durch den Flur, verzichtete aber, sich auf einem der Stühle auszuruhen. Im Schlafgemach griff sie gleich neben dem Eingang nach der Stielglocke und läutete heftig und lange.

Von tief unten aus dem Vorratskeller hastete Sebastian herauf. Vom Dachgeschoss sprang Margaretha die Stiege herunter. »Herrin! Ist das Kind da?«

Verblüfft lächelte Mechthild ins atemlose Gesicht. »So einfach scheint es wohl doch nicht zu kommen.«

»Verzeiht, ich dachte ... Ach was, hab gar nichts gedacht. Bin nur erschrocken.«

Sebastian wischte sich die Hände am Kittel ab. »Kann ich helfen, Madame?«

Mechthild sah beide an. »Ich weiß es nicht. Aber die Wehen kommen jetzt heftiger. Vielleicht will der Junge früher ans Licht, als wir gedacht haben.«

»Alles ist vorbereitet, Herrin.« Mit einem Mal sehr ernst nickte ihre Zofe. »Am besten fangen wir sofort an. Ich sorg für heißes Wasser.« Sie stieß ihrem Sebastian leicht in die Seite. »Du läufst zur Hebamme! Nein, halt, erst in die Mühlengasse und gibst Frau Brion Bescheid, die soll dann mit der Hebamme gleich herkommen. Und sag, dass es eilt!« Sebastian wollte los, doch sie hielt ihn am Kittel fest. »Danach zur Residenz, zu Herrn Albert. Sag einfach: Jetzt ist es mit dem Kind so weit. Der weiß dann schon, was er machen muss. Und dann kommst du sofort wieder her. Fürs Schleppen und so ...«

Sebastian nahm bei jedem Satz gleich drei Stufen und stürmte aus dem Haus.

»Und wenn es falscher Alarm ist?« Mechthild betastete ihren Bauch.

»Dann schicken wir eben alle wieder heim.« Margaretha bückte sich nach einem Stapel weißer Tücher und trug ihn zum Tisch mit der großen Schüssel. »War dann eben nur eine Übung. Dafür klappt's dann beim zweiten Mal noch viel besser.«

Mechthild pustete lange den Atem aus. »Bin nur gespannt, wie du dich bei deinem ersten Kind anstellst!«

»Da fall ich bestimmt vor lauter Aufregung in Ohnmacht.« Ein kurzes Lachen. »Ach, ja. Wenn's nur bald so weit wäre, dass Sebastian und ich endlich heiraten dürfen.«

Eine neue Wehe krümmte Mechthild, sie hielt sich den Bauch, konnte lange nicht aufsehen. Margaretha umfasste den Rücken. »An falschen Alarm glaub ich jetzt nicht mehr.«

Gleich nach Sebastians Botschaft hatte Albert noch vor der Ministerratssitzung den Fürsten verständigt. »Durchlaucht, die Ankunft Eures Sohnes steht bevor. Vielleicht sogar heute schon.«

Clemens August nahm seinen Zwerg rasch beiseite. »Ich will sofort Nachricht haben. Und wie verabredet bereitest du im Haus alles für meinen Besuch vor!«

»Seid unbesorgt, Herr. Euer Ruf ist mir wichtig. Kein Aufsehen und doch höchste Sicherheit.«

Am frühen Nachmittag war Albert dann mit seiner Hündin Misca zu Fuß von der Residenz aufgebrochen und gelangte zur selben Zeit wie Freiherr von Wolff-Metternich zu dem Troglerschen Haus in der Rysselstraße.

»Es ist noch nicht da«, empfing Sebastian die Herren, führte sie in die Wohnstube und brachte den Besuchern etwas Schinken und zwei gut gefüllte Bierkrüge. Warten.

Von oben aus dem Schlafgemach drangen ruhige Stimmen, manchmal sogar ein Auflachen. Nach zwei Stunden kam Margaretha herunter, ihre Wangen rot gefleckt. »Die Hebamme meint, er muss. Doch er will noch nicht.« Mit einer Kanne heißem Wasser stieg sie die Treppen wieder hinauf. Warten.

Unvermittelt entstanden Geräusche an der Haustür, lautes Gerangel, dann schimpfte Bernhard Trogler: »Lasst mich los. Dies ist mein Haus. Und ich kann bestimmen ...«

Sofort waren Albert und Wolff-Metternich im Flur. Zwei Geheimpolizisten hielten den Hausherrn an den Armen fest. Die vorgequollenen Augen funkelten den Zwerg an. »Ich verlange, dass Ihr mich von diesen Kerlen befreit. Und zwar plötzlich!«

Ein Wink Wolff-Metternichs ließ die Geheimen zurücktreten.

Albert verschränkte die Arme vor der Brust. »Wollt Ihr nicht wissen, warum wir heute hier sind?«

»Ich komme gerade aus der Residenz. Hatte einen harten Arbeitstag ...« Bernhard Trogler stockte, sah zum oberen Stockwerk, und sein Grinsen zeigte die schwarzen Zahnstummel. »Ich verstehe.«

»Deshalb werdet Ihr jetzt leise und sofort verschwinden. Besucht Eure Familie! Ihr kehrt erst zurück, wenn Ihr aufgefordert werdet.«

Nun dienerte Trogler. »Ganz wie gewünscht.« Er schob sich an den Freiherrn heran. »Und mit dem Nachwuchs wird's hier eng«, schleimte er. »Könnt Ihr das nicht an höchster Stelle anmerken? Ich meine, ein größeres Haus wäre angebracht.«

Wolff-Metternich drückte ihn von sich weg, doch Trogler gierte weiter: »Und eine bessere Stellung für mich. Schließlich geb ich meinen guten Namen her für diese ...« Gerade rechtzeitig bemerkte er die erhobene Faust und verbesserte: »Für die Frau und das Kind.«

»Raus jetzt!« Albert deutete auf Misca. »Oder ich hetze meinen Hund auf Euch.«

»Nichts für ungut«, winkte Trogler ab. »Ich hab's nur schon mal zur Sprache gebracht.« Er ließ sich von den Geheimen wegführen, sagte aber noch über die Schulter: »Darüber verhandeln können wir ja später.«

Die Tür schloss sich hinter ihm. Albert schüttelte den Kopf. »Dieser Mensch hat es nicht verdient, gemeinsam mit Madame unter einem Dach zu wohnen.«

Er war mit Wolff-Metternich auf dem Weg zurück in die Stube, als ein leiser Schrei sie aufhielt. Wie angewurzelt blickten beide nach oben. Erneut ein Schrei, kräftiger, anhaltend. Dann verstummte er beinah.

Wenig später huschte Margaretha die Treppe herunter. Seliges Strahlen erhellte ihr Gesicht. »Es ist da. Und so schön!« Sie deutete auf den Hofzwerg. »Ihr möchtet nach oben kommen, bittet die Herrin.«

Albert stieg rasch hinauf, blieb lange, und als er das Schlafgemach verließ, wurde ihm der Weg nach unten Stufe für Stufe schwerer.

Voller Erwartung kam Wolff-Metternich auf ihn zu, sah aber den besorgten Blick und zögerte. »Ist die Mutter wohlauf?«

Kopfnicken. Erst nach einer Weile hatte sich Albert gefunden.

»Lieber Freund, lasst mich Euch heute so nennen, wir kennen uns seit Eurem ersten Erscheinen bei Hofe. Und immer schon wart Ihr der Überbringer von Botschaften. Waren sie nun schlecht oder gut.« Sein Tonfall wurde entschlossener. »Bitte, reitet unverzüglich hinüber zur Residenz. Molitor wird Euch unter Umgehung jedes Zeremoniells direkt zu Seiner Durchlaucht führen, dafür ist gesorgt. Eure Nachricht an den Fürsten lautet: ‚Eine glückliche Geburt. Mutter und Kind sind gesund.' Allein diese beiden Sätze.« Er wehrte mit der Hand ab. »Bitte, fragt nicht! Eilt Euch, Ihr werdet dort dringend erwartet.« Ohne Zögern verließ der Freiherr die Wohnstube. Während Albert ihm nachsah, kraulte er das schwarze Nackenfell seiner Hündin. »Lass uns hoffen, Misca, dass alles gut wird.«

Im Schutz der rasch fallenden Dunkelheit rollte die schlichte Kalesche durch die Rysselstraße. Keine Umstände – kaum hielt der Wagen, öffnete sich der Schlag und Clemens August betrat schnellen Schritts das Haus. Im Flur überließ er Margaretha seinen pelzbesetzten Mantel, nur ein Kopfnicken für ihren Segenswunsch, angespannt vergewisserte er sich bei Albert: »Und beide sind wirklich wohlauf?«

»Die Mutter ist erschöpft. Aber sie und das Kind sind bei bester Gesundheit.«

»Gottlob.« Sein Blick war voller Ungeduld. »Wer befindet sich noch bei Madame?«

»Ihr seid mit ihr und dem Kind allein.« Albert deutete zur Wohnstube. »Die Helferinnen stärken sich dort inzwischen bei Brot und Wein.«

Ohne ein weiteres Wort stieg Clemens August die Treppe hinauf. Mechthild erkannte seine Schritte, löste den verliebten Blick vom Kissen neben ihrem Herzen. Du bist meine neue Welt. Weich gebettet lag das Kind da, in warme Tücher gewickelt. Die Finger zu kleinen Fäusten geballt, rosig das Gesicht, und im Blau der halbgeöffneten Augen schimmerte das Flackern der Kerzen und Öllampen. Mechthild richtete den Rücken etwas auf, strich die Strähne aus der Stirn und erwartete ihn.

An der Tür verharrte Clemens einen Moment. Nahm das Bild in sich auf und breitete weit die Arme. »Hier wohnt das Glück.« Langsam, doch ganz erfüllt von dem Ziel, ging er zum Bett. »So geliebte Liebste.«

Sie streckte ihm die Hand entgegen, er ergriff sie und zog sich selbst zu ihr. Das Knie aufgestützt, beugte er sich über ihr Gesicht, küsste die Stirn. So nah. Sie atmete seinen Geruch, trank sein Lächeln. »Hoher Herr.« Leicht wandte sie den Kopf nach links. »Wir bitten um Audienz.«

Jetzt erst betrachtete er das Wunder auf dem Kissen neben ihr. »Das gleiche Gold. Es strahlt mir bis ins Herz.« Andacht schwebte in seinem Flüstern. »Mein Sohn hat das Haar der Mutter.«

»Tochter«, verbesserte Mechthild leise. »Unsere Tochter.«

Stille. Der weiche Blick erlosch. Als er sich löste, hölzern aufrichtete, fühlte Mechthild Eis in ihre Brust dringen. »Hoher Herr?«

Er stand vor ihrem Lager. »Ein Mädchen?« Seine Miene war undurchdringlich. Sie vermochte nur zu nicken, wies hilflos auf das Kind. Gab es denn ein größeres Geschenk? Dort lag doch der Beweis aller Schönheit, aller Hoffnungen und Kraft, dort lag ihr Leben.

Der Fürst wandte sich um. Mechthild sah die große Gestalt von ihr fortgehen, wollte bitten zu bleiben, doch er war schon im Tränenschleier entschwunden.

Nichts. Mechthild lag nur da, verwundet.

Unwilliges Schniefen neben ihr brachte sie aus der Tiefe zurück, ohne Übergang schrie das Neugeborene. Gleich drehte sich die Mutter zu ihm. »Hab keine Angst. Ich bin bei dir.« Leicht schaukelte sie das Kissen und bald beruhigte sich ihr Kind. »Du bist meine Anna Maria, mein Liebling.« Und wenn wir auch allein sind, wir haben uns. Deine Mutter ist stark, du wirst schon sehen.

Das Schwingen einer Saite in ihrem Rücken. Gleich folgte ein langgestrichener sanfter Ton. Unsere Melodie? Ihr Herz weitete sich, es schlug hinauf in den neuen Takt.

Schlaf, mein Kindelein, schlaf mein Töchterlein ...

So behutsam die Stimme. Mechthild hob ihre Tochter auf, legte sie in den Arm. So wandten sie sich um.

Nicht weit von ihnen saß Clemens da, seine Viola zwischen den Knien. Die Blicke fanden sich, versanken ineinander.

Schlaf, mein Hoffnung,
und mein Tröstung,
schlaf, o Freud des Herzens mein ...

Mechthild wiegte das Mädchen und summte leise mit:

... Schlaf, mein Wonne, schlaf, mein Krone,
schlaf und schließ die Äugelein.

Sie strich über den kleinen Kopf. »Ich habe mich geirrt«, flüsterte sie, »du bist nicht allein nur meine Tochter.«

PERSONEN

Albert, genannt **Albert le Grand:** ehemals Knopfmacher aus Köln, Hofzwerg bei *Clemens August von Bayern,* Freund des Kammerdieners *Molitor* und Beschützer von *Margaretha Contzen*

Amalie von Österreich aus dem Hause Habsburg (1701–1756): Tochter Kaiser Josefs I. und von Amalia Wilhelmine von Braunschweig–Calenberg, Ehefrau von *Karl Albrecht von Bayern*

Barbotti, Ronaldo: Obrist, im Dienst von *Wilhelm Ferdinand Reichsgraf von Plettenberg*

Beethoven, Ludwig van (1712–1773): Basssänger, Großvater des Komponisten

Bellanger: Geheimsekretär von *Wilhelm Ferdinand Reichsgraf von Plettenberg*

Beverförde, Friedrich Christian von (1702–1768): Vizeobriststallmeister im Dienst von *Clemens August von Bayern.* Nach dem Duell mit *Johann Baptist von Roll* Flucht zu *Wilhelm Ferdinand Reichsgraf von Plettenberg,* dann unter *Friedrich Wilhelm I.* in preußischem Dienst

Breuer: Stadtpfarrer von Brühl

Brion, Mechthild: Harfenistin aus einer Bonner Musikerfamilie, Geliebte von *Clemens August von Bayern* und Mutter eines gemeinsamen Kindes

Burgau, Hubert von: Freiherr, Obristjagdmeister, Leutnant und Kommandant der berittenen Leibgarde von *Clemens August von Bayern*

Clemens August von Bayern aus dem Hause Wittelsbach (1700–1761): Erzbischof von Köln und Kurfürst sowie Inhaber weiterer kirchlicher und weltlicher Würden. Sohn des Kurfürsten Max Emanuel von Bayern und seiner zweiten Frau Therese Kunigunde, Prinzessin von Polen. Bruder des bayerischen Kurfürsten *Karl Albrecht von Bayern*

Contzen, Hildegund: Müllerswitwe, Mutter von *Margaretha Contzen*

Contzen, Margaretha: Tochter von *Hildegund Contzen,* Zeugin des Duells, Küchenmagd und dann Zofe, Schützling von *Albert Le Grand*

Droste, Baron von: Vorsitzender des Untersuchungsausschusses zum Duell zwischen *Johann Baptist von Roll* und *Friedrich Christian von Beverförde*

Fährmann: Leibarzt von *Clemens August von Bayern*

Fischbach, Florenz von: Freiherr, Geheimsekretär von *Ignaz Felix Graf von Törring*

Friedrich Wilhelm I., König in Preußen (1688–1740): Soldatenkönig, bemüht um den Aufbau Preußens zur Militärmacht und um umfangreiche Reformen des Staates

Hohenzollern, Ferdinand Leopold von (1692–1750): Obristlandhofmeister, Ratspräsident, später Erster Minister unter *Clemens August von Bayern*

Höss, Crescentia (1682–1744): Maria Crescentia Höss stammte aus einfachen Verhältnissen und war am Ende ihres Lebens Oberin im Kloster der Franziskanerinnen in Kaufbeuren. 2001 wurde sie heilig gesprochen. Bekannt als kluge Ratgeberin half sie unter anderem *Clemens August von Bayern* und *Amalie von Österreich*

Horst, von der: General, Oberkommandierender der kurkölnischen Armee im Münsterland

Juanni: höherer Beamter am Hof von *Clemens August von Bayern*

Karl Albrecht von Bayern aus dem Hause Wittelsbach (1697–1745): Kurfürst und Herzog von Bayern, später Kaiser Karl VII., Bruder von *Clemens August von Bayern*

Kaufmann, Moses: Großhändler

Leveilly, Michael (1700–1762): kurfürstlicher Hofarchitekt bei *Clemens August von Bayern*

Lippe, August Wolfart von der (1688–1739): Graf, Generalleutnant. Freund von *Friedrich Christian von Beverförde*

Magis, Jean François von: Baron aus Lüttich, Geheimrat bei *Clemens August von Bayern*

Maralt, Friedrich: Franziskanerpater, Beichtvater von *Clemens August von Bayern*

Molitor: Kammerdiener von *Clemens August von Bayern* und Freund des Hofzwerges *Albert le Grand*

Notthafft, Aloysia von: Freifrau, Ehefrau von *Max Emanuel von Notthafft*

Notthafft, Clementine von: Tochter von *Aloysia von Notthafft*

Notthaft, Maximilian Emanuel von: Freiherr von Weißenstein (1668–1763): Generalleutnant und Gouverneur der kurkölnischen Residenzstadt Bonn, Ehemann von *Aloysia von Notthafft*

Oppenheimer, Joseph Süß (1698–1738), auch genannt **Jud Süß**: Finanzmakler und Berater für den pfälzischen Kurfürsten und *Clemens August von Bayern*

Plettenberg, Bernhardine von: Gräfin, Ehefrau von *Wilhelm Ferdinand Reichsgraf von Plettenberg*

Plettenberg, Wilhelm Ferdinand Reichsgraf von (1690–1737): Erster Minister des Kurfürstentums Köln unter *Clemens August von Bayern* bis 1733

Ramschwag, Franz Christia Joseph von (1689–1768): Freiherr, Geheimrat im Dienst der Habsburger

Roll, lgnatius von: Bruder von *Johann Baptist von Roll* und *Joseph Anton von Roll*, an den Hof von *Clemens August von Bayern* berufen

Roll, Johann Baptist von (1683–1733): Freiherr, Komtur des Deutschen Ordens, enger Freund von *Clemens August von Bayern*, bis zu seiner Ermordung während eines Duells Minister für die Angelegenheiten des Deutschen Ordens am kurkölnischen Hof

Roll, Joseph Anton von: Freiherr, Domdechant in Worms, Bruder von *Johann Baptist von Roll*, nach dessen Ermordung persönlicher Freund von *Clemens August von Bayern*

Santini: bayerischer General, als Berater zu *Clemens August von Bayern* geschickt

Schade, Christina von: Baronin, Geliebte des Hofbankiers *Joseph Süß Oppenheimer*

Sebastian: Jagdgehilfe am Hof zu Brühl unter *Peter Stumpff*, Freund von *Margaretha Contzen*

Steffné: höherer Beamter am Hof von *Clemens August von Bayern*

Stumpff, Peter: Diener und Vertrauter von *Hubert von Burgau*

Törring, lgnaz Felix Graf von (1682–1783): Diente bereits dem Kurfürsten Max Emanuel und dann als Berater und guter Freund *Karl Albrecht von Bayern*, Oberbefehlshaber der bayerischen Truppen und Außenminister des Kurfürstentums Bayern

Trogler, Bernhard Alexander: Beamter bei der Hofkasse in Brühl, Ehemann von *Mechthild Brion*

Wolff-Metternich zur Gracht, August Wilhelm von (1705–1764): Freiherr, Domherr in Paderborn und Osnabrück, im Auftrag von *Clemens August von Bayern* Betreuer von *Mechthild Brion*

Zweiffel, Bertram Ludwig von: Freiherr, Novize des Deutschen Ordens, Begleiter *Hubert von Burgaus* bei dem Duell zwischen *Johann Baptist von Roll* und *Friedrich Christian von Beverförde*

TILMAN RÖHRIG, ...

... Jg. 1945, lebt in der Nähe von Köln. Der ausgebildete Schauspieler ist seit über vier Jahrzehnten als
freier Schriftsteller tätig und ist einer der bekanntes-
ten deutschen Autoren historischer Romane, die alle-
samt Bestseller und vielfach übersetzt wurden. Für
sein literarisches Werk erhielt der Autor, dessen le-
bendige Lesungen begeistern, zahlreiche Auszeichnungen, unter anderem den Großen Rheinischen Kul-
turpreis.